한 번에 합격,
자격증은 이기적

이렇게
기막힌
적중률

함께 공부하고 특별한 혜택까지!
이기적 스터디 카페 🔍

구독자 13만 명, 전강 무료!
이기적 유튜브 🔍

자격증 독학, 어렵지 않다!
수험생 합격 전담마크

이기적 스터디 카페

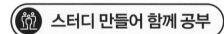 스터디 만들어 함께 공부

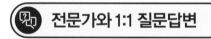 전문가와 1:1 질문답변

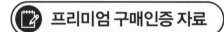 프리미엄 구매인증 자료

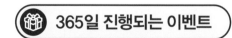 365일 진행되는 이벤트

이기적 스터디 카페

인증만 하면, **고퀄리티 강의**가 **무료!**

100% 무료 강의

STEP 1
이기적
홈페이지
접속하기

STEP 2
무료동영상
게시판에서
과목 선택하기

STEP 3
ISBN 코드
입력 & 단어
인증하기

STEP 4
이기적이 준비한
명품 강의로
본격 학습하기

영진닷컴 이기적 🔍

1년 365일 이기적이 쏜다!

365일 진행되는 이벤트에 참여하고 다양한 혜택을 누리세요.

EVENT ❶
기출문제 복원

- 이기적 독자 수험생 대상
- 응시일로부터 7일 이내 시험만 가능
- 스터디 카페의 링크 클릭하여 제보

이벤트 자세히 보기 ▶

EVENT ❷
합격 후기 작성

- 이기적 스터디 카페의 가이드 준수
- 네이버 카페 또는 개인 SNS에 등록 후
  이기적 스터디 카페에 인증

이벤트 자세히 보기 ▶

EVENT ❸
온라인 서점 리뷰

- 온라인 서점 구매자 대상
- 한줄평 또는 텍스트 & 포토리뷰 작성 후
  이기적 스터디 카페에 인증

이벤트 자세히 보기 ▶

EVENT ❹
정오표 제보

- 이름, 연락처 필수 기재
- 도서명, 페이지, 수정사항 작성
- book2@youngjin.com으로 제보

이벤트 자세히 보기 ▶

N Pay
네이버페이
포인트 쿠폰
20,000원

영진닷컴 쇼핑몰
30,000원

- N페이 포인트 5,000~20,000원 지급
- 영진닷컴 쇼핑몰 30,000원 적립
- 30,000원 미만의 영진닷컴 도서 증정

※ 이벤트별 혜택은 변경될 수 있으므로 자세한 내용은 해당 QR을 참고하세요.

이기적 크루를 찾습니다!
WANTED

저자 · 강사 · 감수자 · 베타테스터 상시 모집

저자 · 강사

분야 수험서 전 분야
수험서 집필 혹은 동영상 강의 촬영

요건 관련 강사, 유튜버, 블로거 우대

혜택 이기적 수험서 저자 · 강사 자격
집필 경력 증명서 발급

감수자

분야 수험서 전 분야

요건 관련 전문 지식 보유자

혜택 소정의 감수료
도서 내 감수자 이름 기재
저자 모집 시 우대(우수 감수자)

베타테스터

분야 수험서 전 분야

요건 관련 수험생, 전공자, 교사/강사

혜택 활동 인증서 & 참여 도서 1권
영진닷컴 쇼핑몰 30,000원 적립
스타벅스 기프티콘(우수 활동자)
백화점 상품권 100,000원(우수 테스터)

◀ 모집 공고 자세히 보기

이메일 문의하기 ✉ book2@youngjin.com

기억나는 문제 제보하고 N페이 포인트 받자!

기출 복원 EVENT

성명	이기적		수험번호	2 0 2 4 1 1 1 3

Q. 응시한 시험 문제를 기억나는 대로 적어주세요!

① 365일 진행되는 이벤트 　② 참여자 100% 당첨 　③ 우수 참여자는 N페이 포인트까지

영진닷컴 쇼핑몰
30,000원

네이버페이
포인트 쿠폰　　20,000원

적중률 100% 도서를 만들어주신 여러분을 위한 감사의 선물을 준비했어요.

신청자격 이기적 수험서로 공부하고 시험에 응시한 모든 독자님

참여방법 이기적 스터디 카페의 이벤트 페이지를 통해 문제를 제보해 주세요.
　　　　　※ 응시일로부터 7일 이내의 시험 복원만 인정됩니다.

유의사항 중복, 누락, 허위 문제를 제보한 경우 이벤트 대상에서 제외됩니다.

참여혜택 영진닷컴 쇼핑몰 30,000원 적립
　　　　　정성껏 제보해 주신 분께 N페이 포인트 5,000~20,000원 차등 지급

이벤트 페이지 확인하기 ▶

이기적이
다 드립니다

여러분은 합격만 하세요! 이기적 합격 성공세트 BIG 3

저자가 직접 알려주는, 무료 동영상 강의

시간 단축 조리법부터 절대 실수하지 않는 방법까지!
조리법 순서대로 차근차근, 저자와 함께 만들어 보세요.

연습할 때도 간편하게, 모바일 핵심암기장

실기 연습할 때, 교재 펼쳐놓고 보기 불편하시죠?
여러분을 위해 모바일 버전도 준비했어요.

무엇이든 물어보세요, 1:1 질문답변

회원 수 14만, 조리기능사 자격증 최대 커뮤니티!
저자가 함께하는 '조리모' 카페를 적극 활용해 보세요.

※ 〈2025 이기적 조리기능사〉 교재를 구매한 회원에게만 드리는 자료입니다.

조리모 카페 방문하기 ▶

시험 환경 100% 재현!
CBT 온라인 문제집

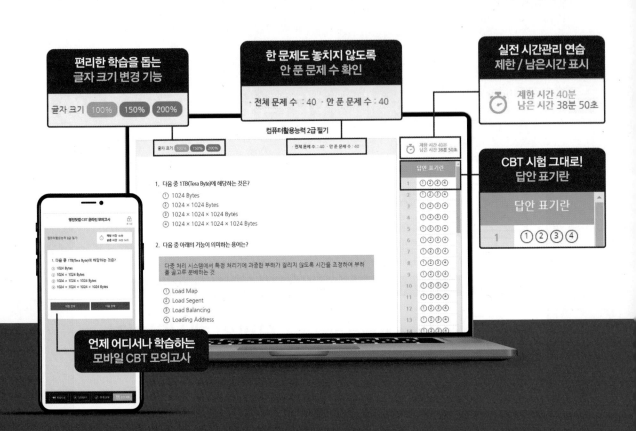

편리한 학습을 돕는
글자 크기 변경 기능

글자 크기 100% 150% 200%

한 문제도 놓치지 않도록
안 푼 문제 수 확인

· 전체 문제 수 : 40 · 안 푼 문제 수 : 40

실전 시간관리 연습
제한 / 남은시간 표시

제한 시간 40분
남은 시간 38분 50초

CBT 시험 그대로!
답안 표기란

답안 표기란

1 ① ② ③ ④

언제 어디서나 학습하는
모바일 CBT 모의고사

이용 방법

STEP 1	STEP 2	STEP 3	STEP 4
이기적 CBT cbt.youngjin.com 접속	과목 선택 후 제한시간 안에 풀이	답안 제출하고 합격 여부 확인	틀린 문제는 꼼꼼한 해설로 복습

이기적 CBT 🔍

이렇게
기막힌
적중률

중식·일식·복어조리기능사
필기+실기 올인원

1권 · 필기

"이" 한 권으로 합격의 "기적"을 경험하세요!

차례

출제빈도에 따라 분류하였습니다.
상 : 반드시 보고 가야 하는 이론
중 : 보편적으로 다루어지는 이론
하 : 알고 가면 좋은 이론

추가 제공자료

CBT 온라인 모의고사
cbt.youngjin.com

실기 시험 과제 핵심 요약
license.youngjin.com

'영진닷컴 이기적' 검색→이기적 홈페이지
(license.youngjin.com) 접속 → '자료실'
게시판→'조리/제과제빵/운전면허' 클릭

이 책의 구성

STEP 01

꼼꼼하게 정리된 이론

다년간 분석한 기출문제의 출제빈도, 경향을 토대로 각 섹션마다 출제빈도를 (상)(중)(하)로 나눴습니다.

출제빈도 (상)(중)(하)

각 SECTION을 (상)(중)(하) 등급으로
나누었습니다.

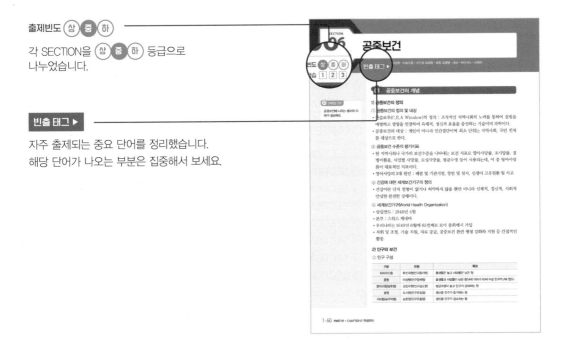

빈출 태그 ▶

자주 출제되는 중요 단어를 정리했습니다.
해당 단어가 나오는 부분은 집중해서 보세요.

🅑 기적의 TIP

시험공부를 하며 꼭 알아야 하는 선생님의
노하우와 팁을 제시하였습니다.

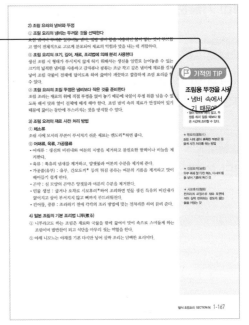

해설과 함께 보는 최신 기출문제

이론학습이 모두 끝난 후 빠르게 실력을 점검할 수 있도록 해설과 함께 보는 최신 기출문제를 과목별로 3회분씩 제공합니다.

문제 바로 아래의 해설을 참고하며 정답이 아닌 선택지를 지워갈 수 있어요. 해설을 꼼꼼히 읽으며 문제를 내 것으로 만드는 연습을 하세요.

해설과 따로 보는 최신 기출문제

출제 경향을 제대로 반영한 최신 기출문제를 과목별로 3회분씩 해설과 따로도 준비했습니다. 실전처럼 풀어보며 감각을 키워보세요.

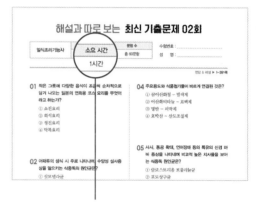

소요 시간 1시간 내로 문제를 모두 풀이할 수 있도록 꾸준히 연습하세요.

오답 피하기와 추가 이론을 해설에 꼼꼼히 담았습니다. 틀렸거나 헷갈렸던 문제들은 해설을 다시 한번 짚어보며 단순 채점으로 끝내지 않도록 하세요.

시험의 모든 것

01 필기 응시 자격 조건

남녀노소 누구나 응시 가능

02 원서 접수하기

- 큐넷(www.q-net.or.kr)에서 원서 접수 가능
- 자세한 사항은 시행처(큐넷) 사이트 확인

03 필기 시험

- CBT(Computer Based Test) 시험
- 객관식 4지택일형, 총 60문항(1시간)

04 필기 합격자 발표

- 큐넷(www.q-net.or.kr)에서 합격자 확인 가능
- 필기시험 합격예정자 및 최종합격자 발표시간 은 해당 발표일 09:00임

01 실시기관 명칭 및 홈페이지

한국산업인력공단(www.q-net.or.kr)

02 검정 방법 및 합격 기준

• 객관식 4지 택일형, 총 60문항(60분)
• 100점 만점에 60점 이상

03 출제기준 출제 기준 바로보기

• 중식조리기능사 필기시험 주요항목

1. 음식 위생관리
2. 음식 안전관리
3. 음식 재료관리
4. 음식 구매관리
5. 중식 기초 조리실무
6. 중식 절임 · 무침조리
7. 중식 육수 · 소스조리
8. 중식 튀김조리
9. 중식 조림조리
10. 중식 밥조리
11. 중식 면조리
12. 중식 냉채조리
13. 중식 볶음조리
14. 중식 후식조리

• 일식조리기능사 필기시험 주요항목

1. 음식 위생관리
2. 음식 안전관리
3. 음식 재료관리
4. 음식 구매관리
5. 일식 기초 조리실무
6. 일식 무침조리
7. 일식 국물조리
8. 일식 조림조리
9. 일식 면류조리
10. 일식 밥류조리
11. 일식 초회조리
12. 일식 찜조리
13. 일식 롤 초밥조리
14. 일식 구이조리

• 복어조리기능사 필기시험 주요항목

1. 음식 위생관리
2. 음식 안전관리
3. 음식 재료관리
4. 음식 구매관리
5. 복어 기초 조리실무
6. 복어 부재료 손질
7. 복어 양념장 준비
8. 복어 껍질초회조리
9. 복어 죽조리
10. 복어 튀김조리
11. 복어 회 국화모양 조리
12. 복어 선별 · 손질관리

시험 출제 경향

PART 01 위생관리 및 안전관리

음식조리 작업에 필요한 위생 관련 지식을 이해하고, 주방의 청결 상태와 개인위생 · 식품위생을 관리하여 전반석인 소리작업을 위생적으로 수행할 수 있고, 조리사가 주방에서 일어날 수 있는 사고와 재해에 대하여 안전기준 확인, 안전수칙 준수, 안전예방 활동을 할 수 있도록 학습합니다.

1. 위생관리

빈출태그
식품 위생, 질병, 미생물의 종류, 곰팡이, 세균, 바이러스, 기생충, 살균, 소독, 식품첨가물의 종류, HACCP의 정의, 12절차 7원칙, 교차오염, 위해요소, 식중독의 종류, 곰팡이, 세균성 식중독, 독소형 식중독, 자연독 식중독, 식품위생관계법규의 정의, 신고와 허가업종, 원산지 표시, 소분업, 식품의약품안전처장, 공중보건, 직업병, 수질오염, 수인성 감염병, 법정 감염병, 세균, 바이러스, 리케차

2. 안전관리

안전관리, 사고, 예방, 조치, 안전한 조리 장비, 도구 관리, 작업장 환경, 안전 교육, 소화기

PART 02 재료관리 및 구매관리

식품은 물, 단백질, 지질, 탄수화물, 비타민, 무기질로 구성되어 있는데 각 구성 성분과 성질을 이해하고 색, 맛, 향의 변질에 대해서도 공부합니다. 또한 필요한 재료를 저장 · 재고 관리 · 선입선출하여 효율적으로 관리할 수 있도록 하고, 조리에 필요한 양질의 식재료, 조리기구, 장비를 적절한 시기에 구매할 수 있도록 학습합니다.

1. 재료관리

빈출태그
유리수, 자유수, 수분활성도, 탄수화물, 단백질, 지질, 비타민, 무기질의 종류와 특징, 갈변, 효소적 갈변, 비효소적 갈변, 분해효소, 식품, 영양, 영양소의 정의, 칼로리

2. 구매관리

시장조사, 식품의 구매, 대치 식품, 신선한 식품 검수, 조리기구, 원가, 직접원가, 제조원가, 총원가, 판매원가

PART 03

중식·일식·복어 조리실무

중식 · 일식 · 복어 조리의 각각의 특징과 문화에 대해 학습하는 파트입니다. 준비하고 있는 시험에 따라 선택하여 이론을 학습하세요.

1. 중식 기초 조리실무와 조리

빈출태그
북경 · 남경 · 광동 · 사천요리의 특징, 조리 용어, 도구, 재료 및 양념, 절임과 무침에 사용되는 식재료와 향신료, 조리법, 중식의 육수의 종류, 육수 만들 때 주의점, 전분 튀김의 특징, 튀김 조리의 방법, 조림 요리의 종류, 쌀의 종류와 특징, 중국 면의 특징, 면조리 시 주의점, 냉채 재료, 조리법, 담는 방법, 볶는 방법의 조리 용어, 중식 후식의 종류

2. 일식 기초 조리실무와 조리

일식 요리, 칼, 사시스세소, 시치미, 오색, 오미, 오법, 아시라이, 무침의 재료, 국물요리의 종류, 일본 된장, 가다랑어와 다시마의 종류와 특징, 맛국물 내는 방법, 간장과 맛술의 특징, 조림의 특징, 조림을 할 때 유의할 점, 면류의 종류, 면 맛국물의 종류와 특징, 면류에 쓰이는 도구, 밥 짓는 방법, 오카유와 조우스이, 차밥의 종류, 덮밥류의 특징, 초회의 특징과 쓰이는 재료와 양념, 찜의 종류, 조리하는 방법과 유의점, 초밥 짓기, 초밥에 쓰이는 식재료, 후토마끼, 호소마끼, 우라마끼, 구이의 종류, 구이를 할 때 유의점, 곁들이는 재료

3. 복어 기초 조리실무와 조리

테트로도톡신, 복어의 독성, 복어 칼, 복어의 부재료와 채소 손질법, 복떡, 폰즈, 가다랑어포, 오로시, 복어 껍질의 특징, 복어 손질, 초회 양념장, 무치는 방법, 오카유, 조우스이, 튀김의 종류, 튀김의 조리용어, 포 뜨는 방법과 용어, 회 뜨는 방법, 회 접시, 복어의 해체 순서와 주의점, 제독처리, 껍질과 가시밀기, 불가식 부위 폐기법

CBT 시험 가이드

CBT란?

CBT는 시험지와 필기구로 응시하는 일반 필기시험과 달리, 컴퓨터 화면으로 시험 문제를 확인하고 그에 따른 정답을 클릭하면 네트워크를 통하여 감독자 PC에 자동으로 수험자의 답안이 저장되는 방식의 시험입니다.
오른쪽 QR코드를 스캔해서 큐넷 CBT를 체험해 보세요!

큐넷 CBT
체험하기

CBT 필기시험 진행방식

본인 좌석
확인 후 착석 ➡ 수험자
정보 확인 ➡ 화면 안내에
따라 진행 ➡ 검토 후
최종 답안 제출 ➡ 퇴실

CBT 응시 유의사항

• 수험자마다 문제가 모두 달라요, 문제은행에서 자동 출제됩니다!
• 답지는 따로 없어요!
• 문제를 다 풀면, 반드시 '제출' 버튼을 눌러야만 시험이 종료되어요!
• 시험 종료 안내방송이 따로 없어요.

FAQ

Q CBT 시험이 처음이에요! 시험 당일에는 어떤 것들을 준비해야 좋을까요?

A 시험 20분 전 도착을 목표로 출발하고 시험장에는 주차할 자리가 마땅하지 않은 경우가 많으므로, 대중교통을 이용하는 것을 추천합니다. 무사히 시험 장소에 도착했다면 수험자 입장 시간에 늦지 않게 시험실에 입실하고, 자신의 자리를 확인한 뒤 착석하세요.

Q 기존보다 더 어려워졌을까요?

A 시험 자체의 난이도 차이는 없지만, 랜덤으로 출제되는 CBT 시험 특성상 경우에 따라 유독 어려운 문제가 많이 출제될 수는 있습니다. 이러한 돌발 상황에 대비하기 위해 이기적 CBT 온라인 문제집으로 실제 시험과 동일한 환경에서 미리 연습해두세요.

CBT 진행 순서

좌석번호 확인	수험자 접속 대기 화면에서 본인의 좌석번호를 확인합니다.
↓	
수험자 정보 확인	시험 감독관이 수험자의 신분을 확인하는 단계입니다. 신분 확인이 끝나면 시험이 시작됩니다.
↓	
안내사항	시험 안내사항을 확인하고, 다음을 클릭합니다.
↓	
유의사항	시험과 관련된 유의사항을 확인합니다.
↓	
문제풀이 메뉴 설명	시험을 볼 때 필요한 메뉴에 대한 설명을 확인합니다. 메뉴를 이용해 글자 크기와 화면 배치를 조정할 수 있습니다. 남은 시간을 확인하며 답을 표기하고, 필요한 경우 아래의 계산기를 이용할 수 있습니다.
↓	
문제풀이 연습	시험 보기 전, 연습을 해 보는 단계입니다. 직접 시험 메뉴화면을 클릭하며, CBT가 어떻게 진행되는지 확인합니다.
↓	
시험 준비 완료	문제풀이 연습을 모두 마친 후 [시험 준비 완료] 버튼을 클릭하면 시험 감독관의 지시에 따라 시험이 시작됩니다.
↓	
시험 시작	시험이 시작되었습니다. 수험자분들은 제한 시간에 맞추어 문제풀이를 시작합니다.
↓	
답안 제출	시험을 완료하면 [답안 제출] 버튼을 클릭합니다. 답안을 수정하기 위해 시험화면으로 돌아가고 싶으면 [아니오] 버튼을 클릭합니다.
↓	
답안 제출 최종 확인	답안 제출 메뉴에서 [예] 버튼을 클릭하면, 수험자의 실수를 방지하기 위해 한 번 더 주의 문구가 나타납니다. 완벽히 시험 문제 풀이가 끝났다면 [예] 버튼을 클릭하여 최종 제출합니다.
↓	
합격 발표	CBT 시험이 모두 종료되면, 퇴실할 수 있습니다.

이제 완벽하게 CBT 필기시험에 대해 이해하셨나요?
그렇다면 이기적이 준비한 CBT 온라인 문제집으로 학습해 보세요!

이기적 온라인 문제집 : https://cbt.youngjin.com

이기적 CBT
바로가기

위생관리 및 안전관리

파트 소개

음식조리 작업에 필요한 위생 관련 지식을 이해하고, 주방의 청결 상태와 개인위생·식품위생을 관리하여 전반적인 조리작업을 위생적으로 수행할 수 있고, 조리사가 주방에서 일어날 수 있는 사고와 재해에 대하여 안전기준 확인, 안전수칙 준수, 안전예방 활동을 할 수 있도록 학습합니다.

01

위생관리

위생관리 과목은 미생물을 분류하고 각각의 미생물의 특징과 종류 등을 알아야 합니다. 그 외 기생충, 식중독도 공부하는 방법은 동일하고 문제는 골고루 출제가 됩니다. 소독하는 방법과 종류 식품첨가물의 종류와 유해 첨가물도 한 문제 이상 출제됩니다. HACCP에 대해 용어 정의, 식품위생법의 지정자, 단체급식에 대한 내용이 자주 출제됩니다.

01 위생관리기준

1) 손의 세척 및 소독

① 식품을 취급하기 전에는 반드시 손을 세척한다.

② 역성비누로 손을 소독하는 방법은 일반비누로 먼저 손을 세척하고, 10% 희석한 역성비누로 약 30초 정도 손을 비비면서 소독한다.

③ 일반비누와 역성비누를 같이 섞어 사용하면 살균력이 떨어지니 주의해야 한다.

2) 상처 및 질병

① 식품 취급자 자신의 건강상태를 확인하고 개인 위생에 주의를 기울인다.

② 음식물을 통해 감염될 수 있는 병원균을 보유하고 있거나 설사, 구토, 황달, 기침, 콧물, 가래, 오한, 발열 등의 증상이 있을 때는 일을 해서는 안 된다.

③ 위장염 증상, 부상으로 인한 화농성 질환, 피부병, 베인 부위가 있을 때는 즉시 상급자에게 보고하고 작업하지 않는다.

3) 개인 위생수칙

① 주기적으로 위생교육을 받아야 하며 교육에 대한 효과를 확인 받는다.

② 작업장에서는 지정된 위생복, 위생모, 위생화, 위생장갑 및 위생마스크를 청결한 상태로 착용한다. 머리카락이 외부로 노출되지 않도록 위생모를 착용한다. 앞치마는 조리용, 서빙용, 세척용으로 용도에 따라 색상을 달리하거나 구분하여 사용한다. 위생장갑은 전처리용, 조리용, 설거지용, 청소용 등으로 용도에 따라 색상별로 구분, 관리할 수 있다.

③ 작업자는 작업 전에 손, 신발을 세척하고 소독한다.

④ 손톱은 청결하게 하고, 매니큐어 및 짙은 화장, 향수는 사용하지 않는다.

⑤ 작업장 내에는 음식물, 담배, 장신구 및 기타 불필요한 개인용품의 반입을 하지 않는다.

⑥ 작업장 내에서는 흡연행위, 껌 씹기, 음식물 먹기 등을 하지 않는다.

⑦ 작업장 내에서는 지정된 이동경로를 따라서 이동한다.

⑧ 작업장에의 출입은 반드시 지정된 출입구를 이용하여야 하며, 별도의 허가를 받지 않은 인원은 출입을 할 수 없다.

⑨ 작업장에서 사용하는 모든 설비 및 도구는 항상 청결한 상태로 정리, 정돈한다.

⑩ 모든 종업원은 작업장 내에서의 교차오염 또는 2차 오염의 발생을 방지한다.

1) 식품 취급 시의 위생관리

① 식품은 항상 청결하고 위생적으로 취급하여 병원미생물, 먼지, 유해물질 등에 의한 오염을 방지한다.
② 식품이 오염되거나 부주의에 의한 위생사고가 없도록 주의한다.
③ 사람의 손, 파리, 바퀴, 쥐, 먼지 등에 의하여 오염되지 않도록 위생적으로 취급한다.
④ 살충제, 살균제, 기타 유독 약품류는 식품과 별도로 보관한다.

2) 건강진단의 의무

식품 또는 식품첨가물을 채취·제조·가공·조리·저장·운반 또는 판매하는 일에 직접 종사하는 영업자 및 종업원(단, 완전 포장된 식품 또는 식품첨가물을 운반하거나 판매하는 일에 종사하는 사람은 제외)은 1년에 1회 건강진단을 해야 한다.

3) 조리사의 결격 사유

① 정신질환자(전문의가 조리사로서 적합하다고 인정하는 자는 제외)
② 감염병환자(B형간염환자는 제외)
③ 마약이나 그 밖의 약물 중독자
④ 조리사 면허의 취소처분을 받고 그 취소된 날부터 1년이 지나지 아니한 자

기적의 TIP

조리사의 결격 사유에 대해 묻는 문제가 나와요.

개념 체크

1 손을 세척할 때는 일반비누와 역성비누를 섞어서 사용하면 좋다. (O, X)

2 피부병 등이 있을 때에는 즉시 상급자에게 보고하면 조치 후 작업할 수 있다. (O, X)

3 B형간염환자는 조리사의 결격 사유에 해당하지 않는다. (O, X)

1 X 2 X 3 O

식품 위생관리

01 미생물의 종류와 특성

★ 미생물
육안으로 볼 수 없고, 현미경으로만
식별할 수 있는 생물군

1) 미생물★의 종류

① 곰팡이(Mold)

• 포자법으로 번식하고, 호기성으로 약산성 pH 5~6에서 잘 자란다.
• 질병, 감염, 알레르기를 발생시킨다.
• 비정상적인 곰팡이 식품은 폐기한다.

종류	식품
Aspergillus(누룩곰팡이) 속	누룩과 메주 제조에 이용함
Penicillium(푸른곰팡이) 속	치즈의 제조, 떡, 빵, 과일 등에 번식함
Mucor(털곰팡이) 속	전분의 당화나 치즈 숙성에 이용함
Rhizopus(거미줄곰팡이) 속	채소, 과일, 빵에 번식, 술 양조에 이용함

② 효모(Yeast)

• 형태로는 원형, 균사형, 소시지형이 있다.
• 출아법으로 번식하고, 비운동성이다.

종류	식품
Zygo saccharomyces(삭카로미세스) 속	누룩과 메주 제조에 이용함
Torula(토루라) 속	된장, 간장, 포도주, 맥주, 청량음료, 꿀, 치즈의 당을 변패
Pichia(피키아), Hansenula(한센눌라) 속	• 산막효모 • 알코올 제조에 이용
Candida(칸디다), Mycoderma(마이코데르마) 속	• 산막효모 • 맥주, 간장, 포도주의 유해 군주

③ 스피로헤타(Spirochaeta)

• 연약한 나선형 구조를 하고 있다.
• 운동성을 갖는다.
• 매독, 재귀열, 와일씨병의 병원체이다.

④ 세균(Bacteria)

• 병원 미생물의 대부분이 세균이다.
• 단세포이고, 분열에 의하여 증식하여 분열균이라고 부른다.
• 형태로는 구균, 간균, 나선균의 형태로 존재한다.

종류	식품
Bacillus(바실러스) 속	쌀밥, 어묵, 통조림 식품 부패의 원인균
Vibrio(비브리오) 속	어류
Clostridium(클로스트리디움) 속	육류, 가공품, 어패류, 통조림 등에 번식함
Lactobacillus(락토바실러스) 속	치즈, 발효음료, 술, 된장, 간장의 제조에 이용함

⑤ 리케차(Rickettsia)
- 운동성이 없고, 살아 있는 세포 속에서만 증식한다.
- 발진티푸스, 발진열의 병원체이다.

⑥ 바이러스(Virus)
- 보통의 광학현미경으로 볼 수 없고 세균여과기에 통과하는 가장 작은 미생물이다.
- 천연두, 인플루엔자, 소아마비, 일본뇌염의 병원체이다.
- 식품 취급자의 위생으로 예방이 가능하다.

2) 미생물 증식에 필요한 조건

① 영양소
- 질소원 : 아미노산, 무기질소
- 탄소원 : 탄수화물, 포도당 등의 당류 등(주로 에너지원으로 이용)
- 무기질 : 황(S), 인(P) 등
- 비타민 : 비타민 B군 등

② 수분
- 미생물의 증식에 이용되는 물은 자유수이다.
- 수분활성도(Aw)가 0.6 이하이면 미생물 번식 억제가 가능하다.
- 미생물 생육 수분활성도(Aw) : 세균(0.94) 〉 효모(0.88) 〉 곰팡이(0.80)

③ 온도
- 미생물은 최저 온도 이하에서는 증식이 정지되지만 사멸되지는 않는다.
- 저온균 : 최적온도 10~20℃인 세균으로 물속, 냉장고에서도 번식한다.
- 중온균 : 최적온도 25~40℃인 세균으로 자연계에 가장 광범위하게 분포한다.
- 고온균 : 55℃ 이상에서 증식이 가능하고, 온천수에서도 번식한다.

④ 산소
- 호기성균 : 산소가 존재하는 상태에서만 증식하는 세균이다.
  - 예 곰팡이, 효모, 바실러스, 식초산균, 방선균 등
- 혐기성균 : 산소가 없거나 아주 미량일 경우에만 증식하는 세균으로 산소를 필요로 하지 않는다.
  - 예 낙산균, 클로스트리디움 등
- 통성 혐기성균 : 산소가 있거나 없거나 관계 없이 발육하는 세균이다.
  - 예 젖산균, 효모 등
- 편성 혐기성균 : 산소를 절대적으로 기피하는 균이다.
  - 예 보툴리누스균, 웰치균 등

🎯 기적의 TIP

미생물의 크기를 순서대로 외워주세요.
곰팡이 〉 효모 〉 스피로헤타 〉 세균 〉 리케차 〉 바이러스

⑤ pH(수소이온농도)
- 곰팡이, 효모 : pH 4.0~6.0인 약산성에서 잘 자란다.
- 세균 : pH 6.5~8.0인 보통 중성 내지 약알칼리성에서 잘 자란다.

⑥ 삼투압
- 식염용액의 경우 보통 1~2% 정도의 농도에서 미생물 생육이 저해된다.
- 내염성 미생물 : 10~20% 농도에서도 생육이 가능한 균이다.
- 호염성 세균 : 어느 정도의 식염농도가 없으면 증식되지 않는 균이다.

3) 미생물에 의한 식품의 변질

① 변질의 정의

식품이 여러 환경 요인에 의해 맛, 냄새, 색, 유해물질 등이 생성되어 섭취가 불가능한 상태를 말한다.

② 변질의 원인
- 미생물의 번식(세균, 곰팡이, 효모)
- 자가소화, 효소적 갈변 현상
- 공기 중 산화로 비타민 파괴, 지방의 산패

③ 변질의 종류

변패	식품 성분 중 탄수화물, 지방이 분해되어 변질된 현상
부패	단백질 식품이 미생물에 의해 분해되어 악취, 유해 물질이 생성되는 현상
산패	지방질 식품이 산화되어 불쾌한 냄새를 형성하고, 성분과 색이 변질된 현상
발효	탄수화물 식품이 미생물에 의해 알코올과 유기산을 생성하여 유용한 물질을 만들어 내는 현상

④ 식품의 부패판정
- 관능검사 : 시각, 촉각, 미각, 후각을 이용한다.
- 생균수 : 식품 1g당 생균수가 10^7~10^8인 경우 초기 부패로 판정한다.
- VBN(휘발성 염기질소) : 초기 부패 어육은 30~40mg%100g, 부패 생선은 50mg% 이상으로 보고 있다. 식품 공전에서 20mg% 이하로 규정, 우육에서는 15mg% 이상이 되면 부패 감지가 가능하다.
- TMA(트리메틸아민) : 1μg에서 맛이 저하되고, 2~3μg 정도이면 부패 어류이다.
- K값 : 생선의 K값이 20 전후이면 생선회로 섭취가 가능하고, 40~50이면 가열 조리가 필요하다.
- 히스타민 : 어육은 4~10mg%이면 알레르기성 식중독을 일으킨다.
- pH : 어육은 pH 5.5 전후이면 신선하고, pH 6.2이면 초기 부패로 판정한다.
- 황화수소(H_2S), 인돌, 암모니아, 피페리딘 : 식품의 부패 과정에서 생기는 냄새이다.

1) 중간숙주에 의한 기생충 분류

① 중간숙주가 없는 것

- 회충 : 경구침입, 일광에 사멸, 소장에 기생
- 요충 : 집단감염, 항문소양증
- 편충 : 대장에 기생, 채소류로부터 감염, 충란으로 감염
- 구충(십이지장충) : 경피 감염
- 동양모양선충 : 내염성, 절임채소에도 붙어 감염

② 중간숙주가 하나인 것

- 무구조충(민촌충) : 소
- 유구조충, 선모충 : 돼지
- 만소니열두조충 : 닭

③ 중간숙주가 두 개인 것

기생충	제1중간숙주	제2중간숙주
간흡충(간디스토마)	왜우렁이	붕어, 잉어
폐흡충(폐디스토마)	다슬기	가재, 게
요꼬가와흡충	다슬기	담수어, 은어, 잉어
광절열두조충(긴촌충)	물벼룩	연어, 송어
유극악구충	물벼룩	민물고기(가물치), 양서류
아니사키스	프랑크톤	대구, 청어, 조기, 오징어

2) 선충 예방법

① 육류나 어패류를 날것으로 먹지 않는다.
② 야채류는 희석시킨 중성세제로 세척 후 흐르는 물에 5회 이상 씻는다.
③ 조리 기구를 잘 소독한다.
④ 개인위생 관리를 철저히 한다.
⑤ 인분뇨를 사용하지 않고 화학비료를 사용하여 재배한다.

3) 구충 및 구서

해충	감염병	예방법
파리	소화기계, 호흡기계 감염병	서식처 제거, 방충망, 살충제, 끈끈이 테이프
모기	말라리아, 사상충증, 황열, 뎅구열	발생지 제거, 하수도의 고인 물 정체 방지
이	발진티푸스, 재귀열	주위 청결, 세탁, 세발, 살충제 살포
벼룩	발진티푸스, 페스트, 발진열, 재귀열	주의 청결, 살충제
바퀴	소화기계 질병, 소아마비	서식처 제거, 청결, 살충제
진드기	쯔쯔가무시, 재귀열, 유행성출혈열, 양충병	서식처 제거, 청결, 온도 습도 관리
쥐	유행성출혈열, 쯔쯔가무시, 페스트, 서교증, 와일씨병, 발진열	살서제(쥐약), 포서기(쥐덫), 훈증법(연막탄)

기적의 TIP

회충은 우리나라에서 감염률이 제일 높아요.

4) 구충과 구서의 구제법

① 발생의 근원, 즉 서식지를 제거한다.
② 광범위하게 동시에 실시한다.
③ 생태, 습성에 따라 실시한다.
④ 발생 초기에 실시한다.

03 살균 및 소독의 종류와 방법

1) 세척과 살균의 정의

① 세척 : 시설, 도구 및 조리장비로부터 더러운 오염물질을 제거하는 과정이다.
② 살균, 소독 : 세척표면에서 미생물의 수를 안전한 수준으로 줄이는 과정이다.

2) 소독의 종류

① 멸균 : 병원 미생물뿐만 아니라 균, 아포, 독소 등을 사멸시키는 것이다.
② 살균 : 미생물을 사멸 또는 불활성화 시키는 것을 말한다.
③ 소독 : 병원성 미생물을 죽이거나 병원성을 약화시키지만 아포는 죽이지 못한다.
④ 방부 : 미생물의 증식을 억제하여 균의 발육을 저지시켜 부패나 발효를 방지한다.

기적의 TIP

살균 작용의 정도를 순서대로 외워주세요.
멸균 〉 살균 〉 소독 〉 방부

3) 세척제의 종류

① 알칼리성 세제 : 유리창용 세제, 가정용 왁스세제, 기름때 전용 세제, 얼룩 제거 세제, 탄화 전용 세제, 만능 세제 등
② 중성 세제 : 가정용 식기 세제나 욕조 전용 세제 등
③ 산성 세제 : 불산, 염산, 인산, 붕산 등 산성을 띤 세제, 화장실 전용 세제
④ 표백제 : 염소계 세제, 화장실용 세제
⑤ 살균제 : 도마 등의 조리용구의 살균에 사용하는 알코올이 주성분인 세제

구분	사용 용도
1종 세제	야채, 과일 세척제
2종 세제	식기 세척제
3종 세제	식품의 가공기구 세척제

4) 소독의 물리적인 방법

① 무가열에 의한 방법
• 일광법
  - 장티푸스, 결핵균, 페스트균은 10~15초의 조사로 사멸
• 자외선 조사
  - 살균 파장 : 2500~2800 Å *
  - 소독 : 공기, 물, 식품, 기구, 용기 등
  - 자외선 살균 효과가 크고, 내성이 없음
  - 자외선이 닿는 표면에만 살균 효과
  - 단백질이 많은 식품에 살균력 저하

★ 1Å (옹스트롬)
0.1nm(나노미터)

- 방사선 조사
  - Co^{60}, $Cs^{i\ 7}$의 γ선이 널리 이용
  - 양파, 감자의 발아 억제, 과일, 채소의 후숙 지연
  - 열에 의하지 않고 성질의 변화 없이 살균 가능
- 여과
  - 미생물이 통과할 수 없는 여과기에 제거하는 방법
  - 가열로 맛이 변할 수 있는 음료수
  - 가열 살균으로 조성이 불안해지는 의약품이나 세균배양기 등

기적의 TIP

여과 과정을 통해서 바이러스가 제거되지는 않아요.

② 가열에 의한 방법

분류	소독 방법	종류
화염멸균법	화염 속 20초 접촉	불에 타지 않는 금속, 도자기 멸균
고압증기멸균법	121℃, 15~20분	통조림, 고무제품, 거즈 및 약액
유통증기간헐멸균법	100℃의 증기, 30분씩, 3회	유리그릇, 금속제품
유통증기소독법	100℃의 증기, 30~60분	기구, 의류, 고무제품
자비소독	100℃, 10~20분	식기, 행주
저온살균법(LTST법)	61~65℃, 30분간	
고온단시간살균법	70~75℃, 15~20초	우유
초고온단시간살균법	130~140℃, 2초	

5) 소독의 화학적인 방법

① 소독약의 구비 조건
- 살균력과 침투력이 강할 것
- 간편하고 저렴할 것
- 금속 부식성이 없을 것
- 표백성이 없을 것

② 소독약의 종류

분류	사용 용도	사용 농도
염소	수돗물, 과일, 야채, 식기	상수도 0.2ppm, 수영장 0.4ppm
표백분(클로르칼키)	우물, 수영장, 과일, 야채, 식기	50~200ppm
역성비누(양성비누)	과일, 야채	0.01~0.1%
	식기, 손 소독	10%
석탄산	변소, 하수도, 오물, 의류	3%
포름알데히드(기체)	병원, 도서관, 거실	40%
포르말린	변소, 하수도, 진개 등의 오물	30~40%
생석회	변소, 하수도, 진개 등의 오물	석회:물 = 2:8
크레졸	변소, 하수도, 진개 등의 오물	3%
과산화수소	피부, 상처 소독	3%
승홍수	피부 소독, 금속 부식성	0.1%
에틸알콜	손 소독	70%

③ 석탄산
- 비교적 안정적이고 유기물에도 소독력이 약화되지 않으므로 살균력의 지표가 된다.
- 독성이 강하고 피부 점막에 자극성이 있으며 금속을 부식시킨다는 단점이 있다.
- 석탄산 계수 = 소독약의 희석배수 ÷ 석탄산의 희석배수
- 석탄산 계수가 낮을수록 소독력은 떨어진다.
- 크레졸은 석탄산보다 냄새와 소독력이 강하고 피부 자극은 약하다.

04 식품의 위생적 취급기준

1) 주방위생 관련 시설기준

① 주방 시설·도구 관리기준 준수
- 청소 용이성, 비독성, 녹슬지 않는 제품
- 작업장의 모든 장비, 용기, 바닥을 물로 청소하고 식품 접촉표면은 염소계 소독제 200ppm을 사용하여 살균한 후 습기를 제거

② 주방 시설·도구 위생 관리
세척, 살균, 소독, 건조 등

③ 주방시설 방역을 위한 약품 선정
- 허가된 지정약품만 사용하고 약품에 대한 내성을 고려해서 반기별로 약품을 교체
- 세계보건기구(WHO)가 공인한 약품만을 사용
- 약품 보관 장소는 격리된 장소에 잠금장치를 하여 보관하고 사용현황을 파악할 수 있도록 담당자를 지정하여 기록을 유지
- 외부 전문방역업체의 방역작업 후 소독필증을 보관

2) 식품 조리기구의 관리

① 청소의 용이성, 독성, 식품에 유해성이 없는 조리기구인지 확인한다.
② 작업장의 모든 장비, 용기, 바닥을 물로 청소하고 식품에 닿는 표면은 염소계 소독제를 사용한다.

3) 방충·방서 및 소독

① 해충은 전문적인 점검과 진단을 통해 해충의 특성 및 생태를 파악하여 발생 원인을 제거하고 방역방법 및 방역주기를 결정한다.
② 물리적 방역 : 해충의 서식지를 제거하거나 발생하지 못하도록 물리적으로 환경을 조성한다. 시설 개선 및 환경을 개선한다.
③ 화학적 방역 : 약제를 살포하여 해충을 구제하는 방법으로 난시간에 효과적이고 경제적이다. 독성이 강하기 때문에 관리에 주의해야 한다.
④ 생물학적 방역 : 천적생물을 이용하는 방법으로 해충의 서식지를 제거한다.

4) 위생적인 식품 선택

① 식품이 유통기한, 제조일 표시

- 식품은 유통기한을 정하여 표시하여야 한다. 다만, 설탕, 아이스크림류, 빙괴류, 식용얼음, 과자류 중 껌류(소포장 제품에 한한다)와 제재 · 가공 소금 및 주류(탁주 및 약주를 제외한다)는 유통기한 표시를 생략할 수 있다.
- 유통기한은 식품의 제조일로부터 소비자에게 판매가 허용되는 기한을 말한다.

② 위생적인 식품 보관 및 선택

- 야채류 : 야채류는 선입선출하고 필름 포장하여 냉장온도에서 신선도를 유지한다.
- 냉동식품류(냉동육류, 냉동해산물류) : 냉동보관을 하고 해동한 것은 재냉동하지 않는다. 식품을 냉동하여도 유해균이 생기므로 유통기한을 잘 지킨다.
- 냉장식품류 : 냉동식품에 비해 유통기한이 짧으므로 주의하고, 온도의 변화가 심하지 않도록 일정온도를 유지한다. 개봉한 제품은 당일 소비하는 것이 좋으며, 보관을 해야 할 경우 랩이나 위생팩으로 포장하여 보관한다.
- 과일류 : 사과 같이 색이 잘 변하는 과일은 껍질을 벗기거나 남은 경우 레몬을 설탕물에 담가 방지하도록 한다. 바나나는 상온에 보관하고 수박이나 멜론 등은 랩을 사용하여 표면이 마르지 않도록 하며, 딸기 등은 쉽게 뭉그러지고 상하기 쉬우므로 눌리지 않게 보관한다.
- 건어물류 : 장기 보관 시 냉동보관하고 개별 포장하여 사용하는 것이 편리하고 위생적이다.
- 양념류 : 플라스틱 용기에 보관하여 사용하고 습기로 인해 딱딱하게 굳거나 이물질이 섞이지 않도록 뚜껑을 잘 덮어서 보관하도록 한다. 물이 묻은 용기의 사용은 피하도록 한다.
- 소스류 : 적정 재고량을 보유하고 유통기한을 수시로 체크하도록 한다. 사용하기에 편리하도록 물기를 제거한 플라스틱 용기에 적정량의 소스를 담는다.
- 캔류 : 개봉한 캔은 바로 사용하고, 밀폐용기 보관 시 유통기한을 표시한다.

🅱 기적의 TIP

식품의 유통기한과 품질기준 등을 확인하여 위생적인 선택을 해야 해요.

05 식품첨가물과 유해물질

1) 식품첨가물의 의의

① **식품첨가물의 정의** : 식품을 제조 · 가공 또는 보존하는 과정에서 식품에 넣거나 섞는 물질 또는 식품을 적시는 등에 사용되는 물질을 말한다. 이 경우 기구 · 용기 · 포장을 살균 · 소독하는 데에 사용되어 간접적으로 식품으로 옮아갈 수 있는 물질을 포함한다.

② **식품첨가물의 지정** : 식품의약품안전처장은 국민보건을 위하여 필요하면 판매를 목적으로 하는 식품 또는 식품첨가물에 관한 사항을 정하여 고시한다.

③ 식품첨가물의 조건
- 인체에 무해하다.
- 식품 목적에 따른 효과는 소량으로 충분해야 한다.
- 식품에 나쁜 영향을 주지 않아야 한다.
- 식품의 상품가치를 향상시켜야 한다.
- 식품의 영양가를 유지해야 한다.
- 식품성분 등에 의해서 그 첨가물을 확인할 수 있어야 한다.

④ 식품첨가물의 사용 목적
- 식품의 부패와 변질을 방지한다.
- 기호 및 관능을 만족시킨다.
- 영양을 강화한다.
- 품질 개량 및 일정기간 유지시킨다.

기적의 TIP

식품첨가물의 종류를 짝짓는
문제가 주로 나와요.

2) 식품첨가물의 종류

① 보존료(방부제)
- 식품의 변질 및 부패를 방지한다.
- 데히드로초산(DHA), 데히드로초산나트륨(DHA-S) : 치즈, 버터, 마가린 외 사용 금지
- 소르빈산(염), 소르빈산칼륨 : 육제품, 절임 식품, 잼, 케첩, 된장, 고추장
- 안식향산(염), 안식향산나트륨 : 청량 음료수, 간장, 식초
- 프로피온산(염) : 빵, 생과자
- 파라옥시안식향산부틸, 파라옥시안식향산에틸 : 간장, 식초, 청량 음료, 과일 소스, 과일 및 과채의 표피
- 이초산나트륨 : 빵, 식용유지, 식육가공품

② 살균료
- 식품의 부패 원인균을 사멸시킨다.
- 차아염소산나트륨(표백 작용) : 참깨 사용을 금지하고, 과일과 채소의 살균을 목적으로 하며, 최종 식품 완성 전에 제거해야 한다.
- 표백분(표백 작용), 고도표백분(표백 작용), 이염화이소시아눌산나트륨, 에틸렌옥사이드

③ 항산화제(산화방지제)
- 식품의 산화에 의한 변질 현상을 방지한다.
- 천연 첨가물(비타민 C-아스코르브산, 비타민 E-토코페롤), BHA(부틸히드록시아니졸), BHT(디부틸히드록시톨루엔), 에르소르브산염, L-아스코르브산나트륨, 몰식자산프로필, 아스코르빌팔미테이트, 고시폴

④ 조미료
- 식품에 지미(감칠맛)를 부여한다.
- 구연산나트륨, 글리신, 호박산나트륨, 이노신산(염), 글루타민산나트륨, 구아닐산나트륨

⑤ 감미료
- 식품에 감미(단맛)를 부여한다.
- 사카린나트륨, D-소르비톨액, 글리실리진산2나트륨, 아스파탐

⑥ 산미료
- 식품에 산미(신맛)를 부여한다.
- 구연산(결정), 구연산(무수), 빙초산, 이산화탄소, 젖산, 초산

⑦ 강화제
- 손실된 영양분의 보충, 본래 함유된 영양분의 증가, 함유되지 않은 영양분의 첨가를 위해 사용하는 식품첨가물이다.
- 구연산염, 구연산칼슘(무기염류 강화), 비타민제

⑧ 팽창제
- 빵, 과자를 부풀게 하여 연하고 맛을 좋게 하고 소화되기 쉬운 상태가 되게 하기 위한 것이다.
- 황산알루미늄칼륨(명반), 탄산수소나트륨, L-주석산수소칼륨, 탄산암모늄, 탄산수소암모늄, 효모(천연, 이스트)

⑨ 착색료
- 색을 복원하거나 외관을 보기 좋게 하기 위한 식품첨가물이다.
- 식용색소 : 녹색3호, 적색2, 3호, 청색1, 2호, 황색4, 5호, 적색0호
- 삼이산화철, 수용성 안나토, 철클로로필린나트륨, 동클로로필린나트륨, 이산화티타늄

⑩ 발색제
- 색의 변색 방지, 발색, 식품 중 색소 성분과 반응한다.
- 아질산나트륨, 질산나트륨, 질산칼륨 : 식육 제품, 고래고기 제품(0.07g/kg), 어육소시지, 어육 햄(0.05g/kg), 명란젓, 연어알젓(0.005g/kg)
- 황산제1철, 황산제2철, 소명반 : 채소, 과일의 변색 방지

⑪ 착향료
- 식품 자체 내의 냄새를 없애거나, 변화, 강화시킨다.
- 계피알데히드, 멘톨, 바닐린

⑫ 표백제
- 퇴색을 방지하고, 흰 것을 더 희게 하고, 본래 색을 없앨 때 사용한다.
- 과산화수소(최종 식품 완성 전에 분해 제거), 아황산염

🅑 기적의 TIP

아질산칼륨은 발색제이나 국내에서 식품첨가물로 지정한 발색제는 아니다.

✅ 개념 체크

1 식품첨가물은 다량으로 효과를 볼 수 있어야 한다. (O, X)
2 식품에 단맛을 부여하는 것은 조미료이다. (O, X)

1 X 2 X

⑬ **소맥분 개량제**
- 표백작용을 하고, 밀가루를 쫄깃쫄깃하게 한다.
- 표백 및 숙성기간을 단축한다.
- 과산화벤조일(희석), 과황산암모늄, 이산화염소, 염소, 스테아릴젖산나트륨, 아조디카르본아미드

⑭ **호료(증점제) 및 안정제**
- 매끈하고 점성이 커지고, 분산안정제, 결착보수제, 피복제 역할을 한다.
- 젤라틴(동물성 응고제), 알긴산프로필렌글리콜, 카르복시메틸셀룰로오스칼슘, 카르복시메틸스타치나트륨, 폴리아크릴산나트륨

⑮ **유화제(계면활성제)**
- 서로 혼합되지 않는 2종류의 액체를 유화시키려는 목적으로 첨가하는 식품첨가물이다.
- 대두 인지질 및 지방산에스테르 4종, 노른자의 레시틴

⑯ **소포제**
- 거품을 소멸, 억제하는 식품첨가물이다.
- 규소수지(실리콘수지)

⑰ **피막제**
- 수분 증발을 방지한다.
- 초산비닐수지, 몰호린지방산염

⑱ **이형제**
- 빵을 제조할 때 형태를 손상시키지 않고 빵을 분리해내기 위한 식품첨가물이다.
- 유동 파라핀

⑲ **용제**
- 식품첨가물을 넣을 경우 잘 녹지 않으므로 용해시켜 균일하게 흡착하기 위해 사용하는 식품첨가물이다.
- 글리세린, 글리세린지방산에스테르, 프로필렌글리콜

⑳ **추출제**
- 유지의 추출을 용이하게 하기 위해 첨가하는 식품첨가물이다.
- n-헥산 : 우유에서 지방만 빼낼 때 사용한다.

㉑ **껌 기초제**
- 착향료와 감미료를 제외한 추잉껌의 기초원료로, 추잉껌(Chewing Gum)의 기초제라고도 한다.
- 초산비닐수지, 에스테르껌, 연껌, 폴리부텐, 폴리이소부틸렌, 로진

3) 불량 식품첨가물

① 유해 착색제
- 아우라민 : 황색색소, 단무지
- 로다민 B : 핑크색 색소, 토마토 케첩, 과자류
- 파라니트로아닐린(황색 색소), 실크스카렛(등적색 색소)

② 유해 감미료 : 에틸렌글리콜, 파라니트로오르토톨루이딘, 둘신, 페릴라틴, 사이클라메이트, 니트로아닐린, 메타니트로아니린

③ 유해 표백제 : 롱갈리트, 형광표백제, 니트로겐트리클로라이드, 아황산납, 삼염화질소

④ 유해 보존제 : 붕산, 포름알데히드, 불소화합물, 승홍

⑤ 메탄올
- 주류 발효과정에서 존재하고 포도주, 사과주 등에 메탄올이 생성되어 함유될 수 있다.
- 허용량 : 0.5mg/mL 이하
- 증상 : 시신경 염증, 두통, 구토, 설사, 실명, 심하면 호흡곤란으로 사망하게 된다.

F 기적의 TIP

식품인증마크를 알아두세요.

▲ 방사선조사식품마크

▲ 유기농(친환경)농산물

▲ HACCP

▲ 쇠고기이력추적시스템

01 주방 위생 위해요소

1) 생물학적 위해요소

곰팡이, 세균, 바이러스 등의 미생물과 기생충 및 원충 등의 생물체가 관여하는 것을 말한다.

구분	미 생물
세균	클로스트리디움보툴리누스균, 바실러스세레우스, 살모넬라, 비브리오, 황색포도상구균, 리스테리아, 병원성대장균, 이질균 등
바이러스	노로바이러스, 로타바이러스 등
기생충	아니사키스, 선모충, 페디스토마, 간디스토마, 편충 등

2) 화학적 위해요소

① 식품의 제조, 가공, 포장, 보관, 유통, 조리 등의 과정에서 오염되는 것을 말한다.
② 곰팡이독(에르고톡신), 감자(솔라닌, 셉신), 복어(테트로도톡신), 살구(아미그달린), 농약, 항생제, 중금속, 식품첨가물 등이 있다.

3) 물리적 위해요소

① 식품에 오염된 원료, 잘못된 시설이나 장비, 오염된 포장재, 직원의 부주의 등과 관련된 것을 말한다.
② 머리카락, 장신구, 곤충, 비닐, 못, 열쇠, 뼈, 돌 등이 있다.

✔ 개념 체크

1 화학적 위해요소에는 곰팡이독, 감자독, 복어독 등이 있다. (O, X)

2 머리카락, 비닐, 돌 등의 위해요소를 심리적 위해요소라고 한다. (O, X)

3 '위해요소중점관리기준'을 줄여서 'HACCP'이라고 한다. (O, X)

1 O 2 × 3 O

02 식품안전관리인증기준(HACCP)

1) HA*CCP*(Hazard Analysis and Critical Control Point)의 정의

① '해썹', '위해요소중점관리기준'이라고 한다.
② 식품의 원재료 생산, 제조, 가공, 보존, 유통을 거쳐 최종 소비자가 섭취하기 전까지 각 단계에서 생물학적, 화학적, 물리적 위해요소가 해당 식품에 혼입되거나 오염되는 것을 방지하기 위한 위생관리 시스템이다.

2) HACCP의 특징

① 미국, 일본, 유럽연합, 국제기구(Codex, WHO, FAO) 등에서도 모든 식품에 HACCP 적용을 권장한다.
② 우리나라는 1995년 12월 29일 식품위생법에 HACCP 제도를 도입하고, 제32조에 위해요소중점관리기준에 대한 조항을 신설하였다.

3) HACCP의 목적

① 식품의 안전성을 확보한다.
② 식품 업체의 자율적이고 과학적 위생 관리 방식의 정착을 도모한다.
③ 국제기준 및 규격과의 조화를 도모한다.

4) HACCP 의무적용대상

① 법 제48조제2항에서 "총리령으로 정하는 식품"이란 다음 각 호의 어느 하나에 해당하는 식품을 말한다.
   1. 수산가공식품류의 어육가공품류 중 어묵 · 어육소시지
   2. 기타수산물가공품 중 냉동 어류 · 연체류 · 조미가공품
   3. 냉동식품 중 피자류 · 만두류 · 면류
   4. 과자류, 빵류 또는 떡류 중 과자 · 캔디류 · 빵류 · 떡류
   5. 빙과류 중 빙과
   6. 음료류(다류(茶類) 및 커피류는 제외)
   7. 레토르트식품
   8. 절임류 또는 조림류의 김치류 중 김치(배추를 주원료로 하여 절임, 양념혼합 과정 등을 거쳐 이를 발효시킨 것이거나 발효시키지 아니한 것 또는 이를 가공한 것에 한함)
   9. 코코아가공품 또는 초콜릿류 중 초콜릿류
   10. 면류 중 유탕면 또는 곡분, 전분, 전분질원료 등을 주원료로 반죽하여 손이나 기계 따위로 면을 뽑아내거나 자른 국수로서 생면 · 숙면 · 건면
   11. 특수용도식품
   12. 즉석섭취 · 편의식품류 중 즉석섭취식품
   12의2. 즉석섭취 · 편의식품류의 즉석조리식품 중 순대
   13. 식품제조 · 가공업의 영업소 중 전년도 총 매출액이 100억 원 이상인 영업소에서 제조 · 가공하는 식품

★ 위해요소분석(HA)
위해가능성이 있는 요소를 분석, 평가

★ 중요관리점(CCP)
해당 위해요소를 방지, 제거하고 안전성을 확보하기 위해 중점적으로 다루어야 하는 관리점

② 제1항에 따른 식품에 대한 식품안전관리인증기준의 적용·운영에 관한 세부적인 사항은 식품의약품안전처장이 정하여 고시한다.

기적의 TIP

HACCP의 공정 순서를 외워야 해요. 12절차의 첫 번째 단계와 7원칙의 첫 번째 단계를 구분할 수 있는지 묻는 문제가 나올 수 있어요.

5) HACCP 적용의 순서(12절차 7원칙)

① HACCP 팀 구성
- 생산, 시설 설비, 물류, 품질 관리 등의 인력으로 각 팀원과 팀장을 구성한다.
- CCP 모니터링 관리 요원까지 해당 공정의 현장 종사자를 구성한다.

② 제품 설명서 작성
위해요소 파악, 예방 조치에 필요한 모든 정보를 파악하기 위해 제품 설명서를 작성한다.

③ 제품의 용도 확인
소비 대상, 가열 또는 섭취 방법을 확인한다.

④ 공정 흐름도 작성
원 부재료 및 포장 재료의 입고부터 출하까지 전 공정에 대하여 위해요소의 교차오염, 증식, 2차 오염 가능성을 파악하고 공정도를 작성한다.

⑤ 공정 흐름도 현장 확인
공정 흐름도 및 평면도가 현장과 일치하는지를 검증한다.

⑥ 원칙 1 : 위해요소 분석
- 인체의 건강을 해칠 우려가 있는 생물학적, 화학적, 물리적 위해요소 목록을 작성한다.
- 위해 평가 실시, 심각성과 발생 가능성 평가, 예방 조치 방법
- 급성 독성 : 화학물질을 시험동물에 1회 또는 24시간 안에 반복 투여하거나, 흡입될 수 있는 화학물질을 24시간 안에 1회 노출시켰을 때 1일~2주 안에 나타나는 독성
- 아급성 독성 : 농약 등의 약물을 실험동물에 반복 처리할 경우 처리 후 1~3개월 사이에 생체의 기능 혹은 조직에 장해를 주는 성질
- 아만성 독성 : 3개월간을 연속 투여했을 때 생기는 특성으로, 아만성 독성시험 결과 최대무작용량 산출 및 만성독성 투여약량 수준을 결정하는 데 이용됨

⑦ 원칙 2 : 중요 관리점(CCP) 결정

• 위해요소를 예방하고 제거할 수 있는 공정상의 단계 과정이다.

• 공정을 결정한다.

⑧ 원칙 3 : 한계 기준 설정

• 위해요소 관리 허용 범위의 기준치를 설정한다.

• 반수치사량 : 일정한 조건하에서 시험동물의 50%를 사망시키는 물질의 양

• 최대무작용량 : 식품첨가물의 사용기준을 정하기 위한 각종 독성시험(급성, 만성, 발암, 변이원성 등)에서, 전혀 유해 작용이 확인되지 않는 투여량

• 1일 섭취 허용량 : 인간이 한평생 매일 섭취하더라도 장해가 인정되지 않는다고 생각되는 화학물질의 1일 섭취량(mg/kg 체중/1일)

⑨ 원칙 4 : 모니터링 방법 설정

지속적인 측정, 관찰 방법을 설정한다.

⑩ 원칙 5 : 개선 조치 설정

중요 관리점의 한계 기준에 준수되지 않은 경우, 재발 방지를 위한 원인을 규명하고 개선 조치를 설정한다.

⑪ 원칙 6 : 검증 방법 설정

• 적절성과 실행성을 파악한다.

• 최초 검증, 정기 검증, 일상 검증, 특별 검증

⑫ 원칙 7 : 기록 유지 및 문서 관리

HACCP 관리 과정 기록물을 문서화시킨다.

 개념 체크

1 HACCP의 12절차 7원칙 중 원칙 1은 'HACCP 팀 구성'이다. (O, X)

2 일정한 조건 하에서 시험 동물의 50%를 사망시키는 물질의 양을 반수치사량이라고 한다. (O, X)

3 인체의 건강을 해칠 우려가 있는 위해요소 목록을 작성하는 단계는 '위해요소 분석' 단계이다. (O, X)

1 × 2 ○ 3 ○

03 작업장 교차오염 발생요소

1) 교차오염의 원인

① 나무재질의 도마, 행주, 주방 바닥, 트렌치*, 생선과 채소, 과일 준비 코너 등에서 교차오염이 발생한다.

② 냉장·냉동 저장 공간은 식자재와 음식물의 출입이 빈번하여 세균침투와 교차오염이 발생한다.

2) 교차오염 개선 방안

① 원재료의 전처리 과정에서 더욱 세심한 청결상태의 유지와 식재료의 관리가 필요하다.

② 냉장·냉동고는 최대한 자주 세척 및 살균한다.

③ 상온 창고에 적재용 깔판, 팔레트, 선반, 환풍기, 창문 방충망, 온습도계 등을 관리한다.

④ 배수로는 하부에 부착된 찌꺼기까지 청소하여 해충이나 악취가 발생하는 것을 차단한다.

★ 트렌치
건물의 배선·배관·벨트 컨베이어 따위를 바닥을 파서 설치한 도랑 모양의 콘크리트 구조물

식중독관리

01 세균성 식중독

1) 감염형 식중독

미생물에 의해 오염된 음식물의 섭취가 원인이 되는 식중독*으로, 균이 증식하는 데
일정한 시간이 걸리므로 잠복기가 대체로 길다.

> 🅑 기적의 TIP
>
> 식중독의 종류를 분류하여
> 암기하면 이해가 쉬워요.

> ★ 식중독
> 음식물, 기구, 용기, 포장, 첨가물을
> 통해 인체에 들어간 병원 미생물,
> 유독, 유해한 화학물질이 급성 위
> 장염 등의 생리적 이상을 초래하
> 는 것

① 살모넬라 식중독(Salmonella Food Poisoning)

특징	• 식품이 쥐, 파리에 의해 오염되고, 우리나라에서 흔한 발병 • 그램 음성, 통성 혐기성, 무포자 간균
잠복기	12~24시간(평균 18시간)
증상	두통, 복통, 설사
원인 식품	어패류, 난류, 우유, 채소, 샐러드
예방대책	조리기구 청결, 열에 약하여 60℃에서 30분간 가열하면 사멸, 저온보존

② 장염비브리오 식중독(Vibrio Food Poisoning)

특징	3% 소금이 있는 환경에서 생육하는 호염성 세균, 통성 혐기성, 아포가 없는 간균, 그램 음성균
잠복기	식후 13~18시간
증상	빈번한 설사, 두통, 복통
원인 식품	어패류, 조리기구 등을 통한 2차 감염, 7~9월 집중 발생
예방대책	가열 조리 후 섭취, 청결한 관리

③ 병원성 대장균 식중독(Enterotoxigenic Escherichia Coli Food Poisoning)

특징	• 물, 흙 속에서 존재, 분변오염지표로 사용 • 젖먹이(영유아)에게 많이 발생, 분변오염 • 그램 음성균, 간균, 호기성 또는 통성 혐기성균 • E.Coli O157:H7
잠복기	평균 13시간
증상	두통, 복통, 설사, 발열
원인 식품	우유, 가정에서 만든 마요네즈
예방대책	분변오염 유의, 변소시설과 위생상태를 관리해야 함

2) 독소형 식중독

식중독 세균이 증식할 때에 생산된 독소를 함유한 음식물을 섭취함으로써 일어나는 균으로 포도상구균, 보툴리늄균, 세레우스균이 있으며 잠복기가 비교적 짧다.

① 황색포도상구균 식중독(Staphylococcus Food Poisoning)

특징	• 독소인 엔테로톡신은 열에 강하지만, 포도상구균은 열에 약하여 80℃에서 30분 가열 시 파괴 • 밥을 주식으로 하는 나라에서 많이 발생함 • 그램 양성균
잠복기	1~6시간(평균 3시간)
증상	급성 위장염
원인 식품	떡, 콩가루, 쌀밥
예방대책	• 화농성질환자의 식품 조리 및 가공 금지 • 조리사의 마스크, 모자 착용

② 클로스트리디움 보툴리늄 식중독(Clostridium Botulinum Food Poisoning)

특징	• 독소인 뉴로톡신은 열에 약하여 80℃에서 30분 가열 시 파괴 • 아포는 열에 강하여 120℃에서 20분 이상 가열해야 함 • 그램 양성균, 혐기성균
잠복기	12~36시간
증상	특이한 신경 증상, 눈의 시력 저하, 동공 확대, 청각마비, 언어장애, 치사율이 높음
원인 식품	햄, 소시지, 병조림, 통조림 식품
예방대책	음식물 가열 처리, 통조림 살균을 철저히 함

③ 바실러스 세레우스 식중독(Bacillus Cereus Food Poisoning)

특징	• 포자는 내열성으로 135℃에서 4시간 가열에도 죽지 않음 • 엔테로톡신, 그램 양성균, 간균, 통성 혐기성균
잠복기	8~16시간(평균 12시간)
증상	복통, 설사, 구토
원인 식품	• 가열 조리 식품 중에서 살아남아 냉각과 함께 발아, 증식을 함 • 쌀밥, 면류, 복합식품, 육류, 채소, 수프, 푸딩 등
예방대책	오염 가능한 식품은 조리 후 바로 섭취, 저온 저장

3) 기타 식중독

① 웰치균 식중독(Clostridium Perfringens Food Poisoning)

• 웰치균의 경우 A, C형은 감염형이고, 나머진 독소형이다. 따라서 중간형으로 분리하기도 한다.
• 포자 형성 시 엔테로톡신을 형성한다.

특징	그램 양성균, 편성 혐기성, 아포 형성(열에 강함), 식중독 원인균은 A, F형
잠복기	8~22시간(평균 12시간)
증상	심한 설사, 1~2일이면 회복
원인 식품	육류, 가공품, 통조림, 족발, 국 등의 재가열 식품
예방대책	10℃ 이하나 60℃ 이상에서 보존

② 알레르기성 식중독

특징	• 세균이 직접 원인이 아니라, 세균의 효소작용에 의해 유독 물질이 생산되어 발생 • 식품 중의 아미노산의 분해로 히스타민이 생성됨 • 원인균 : 프로테우스 모르가니균
잠복기	30~60분
증상	두드러기성 발진, 두통, 발열, 구토, 설사
원인 식품	꽁치, 고등어, 정어리, 건어물, 가공품 등 히스티딘 함량이 많은 식품
예방대책	항히스타민제 투여

③ 바이러스 식중독

특징	• 원인 물질에 따라 식중독으로 분류되고 감염형에 속함 • 미량의 개체로 발병하며, 2차 감염으로 인한 대형 식중독 유발 가능성이 있음 • 노로바이러스, 아스트로바이러스, 장관아데노바이러스, 로타바이러스 A군
잠복기	24~48시간
증상	오심(메스꺼움), 구토, 복통 및 설사 증상
원인 식품	오염된 음식물, 물, 물체
예방대책	청결, 손 씻기, 위생을 철저히 함

4) 경구 감염병과 세균성 식중독의 차이점

구분	경구 감염병(소화기계 감염병)	세균성 식중독
원인	감염병균에 오염된 식품과 물을 섭취한 경우 발생	감염병균에 오염된 식품을 섭취한 경우 발생
균의 양	적은 양의 균으로도 감염	많은 양의 균과 독소가 있음
2차 감염	있지만 적은 편임	없음
잠복기	세균성 식중독에 비하여 긺	짧음
예방	예방접종이 되는 경우도 있지만, 대부분 불가능	식품 중 균의 증식을 억제함
음료수	물에 기인하는 경우가 많음	음료수와 관련이 적음
독성	강함	약함
면역성	대부분 면역성이 있음	대부분 면역성이 없음

02 자연독 식중독

1) 식물성 식중독

① 식물성 식품과 독성

종류	독성 물질
감자 싹	솔라닌(Solanine)
부패된 감자	셉신(Sepsine)
독미나리	시큐톡신(Cicutoxin)
청매, 살구씨	아미그달린(Amygdalin)

기적의 TIP

식품과 독의 이름을 연결시켜서 외우세요.

피마자	리신(Ricin)
목화씨(면실유)	고시풀(Gossypol)
독보리	테물린(Temuline)
맥각	에르고톡신(Erogotoxin)
미치광이풀	히요시아민(Hyoscyamine)
꽃무늬	리코린(Lycorine)
독버섯	무스카린, 무스카리딘, 팔린, 아마니타톡신, 필지오린

② 독버섯의 특징

- 줄기가 세로로 찢어지지 않고 부스러지며, 찢었을 때 액즙이 분비된다.
- 특유의 향이 나고 악취가 있다.
- 색깔이 선명하고 아름답다.
- 표면에 점액이 있다.
- 쓴맛, 신맛이 나지만 절대 맛을 봐서는 안 된다.
- 은수저 등으로 문질렀을 때 검은색으로 변한다.

③ 독버섯의 중독 증상

- 콜레라형 중독(알광대버섯, 독우산버섯) : 경련, 허탈, 혼수상태
- 위장형 중독(무당버섯, 큰붉은버섯, 화경버섯) : 위장장애
- 신경계 장애 중독(파리버섯, 광대버섯) : 중추신경장애, 땀내기, 광증, 침흘리기
- 혈액형 중독(마귀곰보) : 콜레라형 위장장애, 용혈작용, 황달, 혈색뇨

2) 동물성 식중독

① 동물성 식품과 독성

종류	독성 물질
복어	테트로도톡신(Tetrodotoxin)
모시조개, 굴, 바지락	베네루핀(Venerupin)
검은조개, 섭조개, 대합조개	삭시톡신(Saxitoxin)

② 복어

- 독성 : 테트로도톡신
- 독소량 : 난소 〉 간 〉 내장 〉 피부
- 치사량 : 2ml
- 치사율 : 50~60%
- 유독시기 : 산란기(5~6월)
- 증상 : 마비성 식중독, 사지의 마비, 호흡곤란, 호흡마비로 인한 사망

③ 모시조개, 굴, 바지락

- 독성 : 베네루핀
- 특징 : 끓여도 파괴되지 않음
- 유독시기 : 5~6월
- 증상 : 피하의 출혈성 반점, 구토, 변비, 의식혼란 등

④ 검은조개, 섭조개, 대합조개
- 독성 : 삭시톡신
- 특징 : 끓여도 파괴되지 않음
- 유독시기 : 2~4월
- 증상 : 신경마비, 신체마비, 호흡곤란 등

3) 화학성 식중독

① 유해성 금속에 의한 식중독

유해성 금속	원인	증상
Cu(구리)	첨가물, 식기, 용기	구토, 매스꺼움
Zn(아연)	식기, 용기	구토, 설사, 복통
Cd(카드뮴)	식기, 기구, 용기	골연화증, 신장장애, 이타이이타이병
Hg(수은)	유기수은 오염된 해산물	지각이상, 구토, 미나마타병
Pb(납)	인료, 농약	피로, 지각소실, 시력장애
As(비소)	농약, 살충	구토, 설사, 심장마비
Sn(주석)	통조림	구토, 설사, 복통
PCB(미강유중독)	PCB	식욕부진, 구토, 흑피증

② 농약에 의한 식중독

농약의 종류		증상	예방법
유기인제	파라티온, 말라티온, 다이아지논, TEPP	설사, 구토, 두통, 전신권태의 증상	살포 시 흡입 주의, 과채류의 산성액 세척, 수확 전 15일 이내 살포 금지
유기염소제	DDT, BHC		
비소화합물	산성비산납, 비산석회		
카바메이트제	BPMC, MIMC, NAC		

③ 식품 반응에 의한 발암성 물질

- 니트로소아민(Nitrosoamine)
  - 아질산염과 아민류가 산성조건하에서 반응하여 생성하는 물질로 강한 발암성을 갖는 물질이다.
  - 햄, 베이컨, 소시지 등에 붉은색을 내고 장기 보관할 수 있도록 발색제로 아질산염을 첨가하는데, 식품의 아민과 반응하여 생성하기도 하고 체내의 위 내에서 합성될 가능성이 있다.
- 벤조피렌(Benzopyrene)

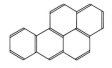

  - 다환방향족 탄화수소이며, 훈제육이나 태운 고기에서 다량 검출되는 발암 물질이다.
  - 석탄, 석유, 목재 등을 태울 때 매연, 담배연기 등 불완전 연소에서 생성된다.

- 메탄올(Methyl Alcohol)
  - 과실주의 알코올 발효 과정에서 펙틴으로부터 생성되고, 정제가 불충분한 에탄올, 증류주에 미량씩 함유되어 있다.
  - 중독 증상은 두통, 현기증, 구토, 복통, 심하면 시신경의 염증, 실명, 사망을 초래하는 경우도 있다.
- 트리할로메탄(THM)
  - 물의 염소 소독 시 유기물질과 반응하여 생성되는 오염물질이다.
- 다이옥신(Dioxin)
  - 석탄, 석유를 쓰는 발전소, 쓰레기 소각, 염소계 표백공정, 자동차나 도시가스, 염소 등의 세정수에서 검출된다.

④ 기구, 용기 및 포장의 유해물질
- 종이류
  - 외관을 희게 보이게 하기 위하여 형광 증백제가 사용되고 있다.
  - 유해물질 : 착색제, 형광염료, 파라핀, PCB 펄프용 잔류 방부제
- 금속제품
  - 식품의 조리 기구, 용기를 금속이나 합금으로 많이 사용하는데, 금속의 용출과 불순물의 용출이 되어 위생상의 문제가 된다.
  - 유해물질 : 납, 주석(도금), 도료성분, 구리, 안티몬, 카드뮴, 아연
- 도자기, 법랑기구, 유리제품
  - 오래된 법랑 용기가 산성물질과 접촉한 경우 금속이 쉽게 용출된다.
  - 도자기는 표면에 채색할 때 전사지에 연단 또는 붕산을 사용하는데, 산성물질과 접촉할 경우 쉽게 용출된다.
  - 유리는 규산을 주성분으로 하여 만드는데, 오랫동안 산성물질과 접촉하면 용출된다.
  - 유해물질 : 납(유약, 크리스털 잔), 안료, 규산
- 플라스틱
  - 플라스틱을 만들 때 안정제, 착색제, 가소제, 산화방지제 등 각종 첨가제가 사용된다.
  - 유해물질 : 페놀, 포르말린, 독성이 강한 첨가제

⑤ 방사성 물질

기적의 TIP

유해한 발암물질의 이름과 특징을 암기해 주세요.

- ^{90}Sr(스트론튬) : 골수의 조혈 기능 저해, 백혈병, 골수암을 일으킨다.
- ^{137}Cs(세슘) : 생식선 조사 장해를 일으킨다.
- ^{131}I(요오드) : 갑상선 장애를 일으킨다.

4) 곰팡이 식중독(Mycotoxin)

① 식중독을 일으키는 곰팡이 독

구분	독소	증상	원인 식품
아스퍼질러스 속	아플라톡신	간장독	재래식 된장, 간장, 고추장, 밀가루
	오크라톡신		쌀, 보리, 밀, 옥수수
	루테오스키린		황변미
페니실리움 속	시트리닌	신장독	황변미
	아스란디톡신	간장독	황변미
	시트리오비리딘	신경독	황변미
	파툴린		젖소(사료)
맥각균	에르고톡신, 에르고타민	간장독	호밀, 보리, 밀

② 곰팡이 독의 특징

- 발생한 지역의 식품이나 사료에 곰팡이 오염과 독이 함께 존재한다.
- 고온다습하면 발생한다.
- 계절과 밀접한 관련이 있다.
- 탄수화물이 풍부한 곡류에 많이 발생한다.
- 감염성, 항생물질의 효과가 없다.

🅑 기적의 TIP

종류		예
세균성 식중독	감염형	살모넬라 식중독, 장염비브리오 식중독, 병원성대장균 식중독
	독소형	황색포도상구균 식중독, 클로스트리디움 보툴리늄
	중간형	웰치균 식중독
	기타	알러지성 식중독
바이러스성 식중독	감염형	노로바이러스, 아스트로바이러스, 장관아데노바이러스, 로타바이러스
자연독 식중독	식물성	독버섯, 감자
	동물성	복어독, 조개류
	곰팡이	아플라톡신, 황변미독
화학성 식중독	의도적	인공감미료, 착색료 등 식품첨가물
	비의도적	농약, 수은, 납 등

01 총칙

기적의 TIP

매년 변경되는 식품위생법은
국가법령정보센터(www.law.
go.kr)에서 확인해 볼 수 있
어요.

① **목적** : 식품으로 인하여 생기는 위생상의 위해를 방지하고 식품 영양의 질적 향상을 도모하며 식품에 관한 올바른 정보를 제공하여 국민 보건의 증진에 이바지함을 목적으로 한다.

② **정의**

• **식품** : 모든 음식물(의약으로 섭취하는 것은 제외)

• **식품첨가물** : 식품을 제조 · 가공 또는 보존하는 과정에서 식품에 넣거나 섞는 물질 또는 식품을 적시는 등에 사용되는 물질

• **화학적 합성품** : 화학적 수단으로 원소 또는 화합물에 분해 반응 외의 화학 반응을 일으켜서 얻은 물질

• **기구** : 식품 또는 식품첨가물에 직접 닿는 기계 · 기구나 그 밖의 물건

• **용기 · 포장** : 식품 또는 식품첨가물을 넣거나 싸는 것으로서 식품 또는 식품첨가물을 주고받을 때 함께 건네는 물품

• **위해** : 식품, 식품첨가물, 기구 또는 용기 · 포장에 존재하는 위험요소로서 인체의 건강을 해치거나 해칠 우려가 있는 것

• **영업** : 식품 또는 식품첨가물을 채취 · 제조 · 수입 · 가공 · 조리 · 저장 · 소분 · 운반 또는 판매하거나 기구 또는 용기 · 포장을 제조 · 수입 · 운반 · 판매하는 업(농업과 수산업에 속하는 식품 채취업은 제외)

• **영업자** : 영업 허가를 받은 자나 영업 신고를 한 자 또는 영업 등록을 한 자

• **식품위생** : 식품, 식품첨가물, 기구 또는 용기 · 포장을 대상으로 하는 음식에 관한 위생

• **집단급식소** : 영리를 목적으로 하지 아니하면서 특정 다수인에게 계속하여 음식물을 공급하는 기숙사, 학교, 병원, 사회복지시설, 산업체, 국가, 지방자치 단체 및 공공기관, 그 밖의 후생기관

• **식품이력추적관리** : 식품을 제조 · 가공 단계부터 판매 단계까지 각 단계별로 정보를 기록 · 관리하여 그 식품의 안전성 등에 문제가 발생할 경우 그 식품을 추적하여 원인을 규명하고 필요한 조치를 할 수 있도록 관리하는 것

• **식중독** : 식품 섭취로 인하여 인체에 유해한 미생물 또는 유독물질에 의하여 발생하였거나 발생한 것으로 판단되는 감염성 질환 또는 독소형 질환

• **집단급식소에서의 식단** : 급식대상 집단의 영양섭취기준에 따라 음식명, 식재료, 영양성분, 조리 방법, 조리 인력 등을 고려하여 작성한 급식 계획서

③ 식품 등의 취급

- 누구든지 판매 목적으로 식품 또는 식품첨가물을 채취 · 제조 · 가공 · 사용 · 조리 · 저장 · 소분 · 운반 또는 진열을 할 때에는 깨끗하고 위생적으로 하여야 한다.
- 영업에 사용하는 기구 및 용기 · 포장은 깨끗하고 위생적으로 다루어야 한다.
- 식품, 식품첨가물, 기구 또는 용기 · 포장의 위생적인 취급에 관한 기준은 총리령으로 정한다.

02 식품과 식품첨가물

① 위해식품 등의 판매 등 금지

- 누구든지 다음 각 호의 어느 하나에 해당하는 식품 등을 판매하거나 판매할 목적으로 채취 · 제조 · 수입 · 가공 · 사용 · 조리 · 저장 · 소분 · 운반 또는 진열하여서는 아니 된다.
- 썩거나 상하거나 설익어서 인체의 건강을 해칠 우려가 있는 것
- 유독 · 유해물질이 들어 있거나 묻어 있는 것 또는 그러할 염려가 있는 것. 다만, 식품의약품안전처장이 인체의 건강을 해칠 우려가 없다고 인정하는 것은 제외한다.
- 병을 일으키는 미생물에 오염되었거나 그러할 염려가 있어 인체의 건강을 해칠 우려가 있는 것
- 불결하거나 다른 물질이 섞이거나 첨가된 것 또는 그 밖의 사유로 인체의 건강을 해칠 우려가 있는 것
- 안전성 평가 대상인 농 · 축 · 수산물 등 가운데 안전성 평가를 받지 아니하였거나 안전성 평가에서 식용으로 부적합하다고 인정된 것
- 수입이 금지된 것 또는 수입신고를 하지 아니하고 수입한 것
- 영업자가 아닌 자가 제조 · 가공 · 소분한 것

② 병든 동물 고기 등의 판매 등 금지

- 누구든지 총리령으로 정하는 질병에 걸렸거나 걸렸을 염려가 있는 동물이나 그 질병에 걸려 죽은 동물의 고기 · 뼈 · 젖 · 장기 또는 혈액을 식품으로 판매하거나 판매할 목적으로 채취 · 수입 · 가공 · 사용 · 조리 · 저장 · 소분 또는 운반하거나 진열하여서는 아니 된다.
- 리스테리아병, 살모넬라병, 파스튜렐라병 및 선모충증

③ 기준 · 규격이 고시되지 아니한 화학적 합성품 등의 판매 등 금지

- 누구든지 다음 각 호의 어느 하나에 해당하는 행위를 하여서는 아니 된다. 다만, 식품의약품안전처장이 식품위생심의위원회 심의를 거쳐 인체의 건강을 해칠 우려가 없다고 인정하는 경우에는 그러하지 아니하다.
- 기준 · 규격이 고시되지 아니한 화학적 합성품인 첨가물과 이를 함유한 물질을 식품첨가물로 사용하는 행위
- 식품첨가물이 함유된 식품을 판매하거나 판매할 목적으로 제조 · 수입 · 가공 · 사용 · 조리 · 저장 · 소분 · 운반 또는 진열하는 행위

 기적의 TIP

병든 동물 고기 등의 판매를 금지하는 질병 이름을 외워야 해요.

03 기구와 용기 · 포장

① 유독기구 등의 판매 · 사용 금지

- 유독 · 유해물질이 들어있거나 묻어있어 인체의 건강을 해칠 우려가 있는 기구 및 용기 · 포장과 식품 또는 식품첨가물에 직접 닿으면 해로운 영향을 끼쳐 인체의 건강을 해칠 우려가 있는 기구 및 용기 · 포장을 판매하거나 판매할 목적으로 제조 · 수입 · 저장 · 운반 · 진열하거나 영업에 사용하여서는 아니 된다.

② 기구 및 용기 · 포장에 관한 기준 및 규격

- 식품의약품안전처장은 판매하거나 영업에 사용하는 기구 및 용기 · 포장에 관하여 제조 방법에 관한 기준, 기구 및 용기 · 포장과 그 원재료에 관한 규격을 정하여 고시한다.
- 식품의약품안전처장은 기준과 규격이 고시되지 아니한 기구 및 용기 · 포장에 대하여는 시험 · 검사기관의 검토를 거쳐 해당 기구 및 용기 · 포장의 기준과 규격으로 인정할 수 있다.
- 수출할 기구 및 용기 · 포장과 그 원재료에 관한 기준과 규격은 수입자가 요구에 따를 수 있다.

04 표시

① 유전자재조합식품 등의 표시

- 생명공학기술을 활용하여 재배 · 육성된 농산물 · 축산물 · 수산물 등을 원재료로 하여 제조 · 가공한 식품 또는 식품첨가물은 유전자변형식품임을 표시하여야 한다. 다만, 제조 · 가공 후에 유전자변형 디엔에이(DNA, Deoxyribonucleic Acid) 또는 유전자변형 단백질이 남아 있는 유전자변형식품 등에 한정한다.
  - 인위적으로 유전자를 재조합하거나 유전자를 구성하는 핵산을 세포 또는 세포 내 소기관으로 직접 주입하는 기술
  - 분류학에 따른 과(科)의 범위를 넘는 세포융합기술
- 유전자변형식품 등은 표시가 없으면 판매하거나 판매할 목적으로 수입 · 진열 · 운반하거나 영업에 사용하여서는 아니 된다.
- 표시의무자, 표시대상 및 표시방법 등에 필요한 사항은 식품의약품안전처장이 정한다.

05 공전

식품의약품안전처장은 다음 각 호의 기준 등을 실은 식품등의 공전을 작성 · 보급하여야 한다.
- 식품 또는 식품첨가물의 기준과 규격
- 기구 및 용기 · 포장의 기준과 규격

① 위해평가

- 식품의약품안전처장은 국내외에서 유해물질이 함유된 것으로 알려지는 등 위해의 우려가 제기되는 식품으로 의심되는 경우에는 그 식품 등의 위해요소를 신속히 평가하여 그것이 위해식품 등인지를 결정하여야 한다.
- 식품의약품안전처장은 위해평가가 끝나기 전까지 국민건강을 위하여 예방조치가 필요한 식품 등에 대하여는 판매하거나 판매할 목적으로 채취·제조·수입·가공·사용·조리·저장·소분·운반 또는 진열하는 것을 일시적으로 금지할 수 있다. 다만, 국민건강에 급박한 위해가 발생하였거나 발생할 우려가 있다고 식품의약품안전처장이 인정하는 경우에는 그 금지조치를 하여야 한다.
- 식품의약품안전처장은 일시적 금지조치를 하려면 미리 심의위원회의 심의·의결을 거쳐야 한다. 다만, 국민건강을 급박하게 위해할 우려가 있어서 신속히 금지조치를 하여야 할 필요가 있는 경우에는 먼저 일시적 금지조치를 한 뒤 지체 없이 심의위원회의 심의·의결을 거칠 수 있다.
- 심의위원회는 제3항 본문 및 단서에 따라 심의하는 경우 대통령령으로 정하는 이해관계인의 의견을 들어야 한다.
- 식품의약품안전처장은 심의위원회의 심의·의결에서 위해가 없다고 인정된 식품 등에 대하여는 지체 없이 일시적 금지조치를 해제하여야 한다.

② 소비자 등의 위생검사 등 요청

- 식품의약품안전처장, 시·도지사 또는 시장·군수·구청장은 위생검사 등의 요청에 따르는 경우 14일 이내에 출입·검사·수거(위생검사) 등을 하고 그 결과를 대통령령으로 정하는 바에 따라 위생검사 등의 요청을 한 소비자, 소비자단체 또는 시험·검사기관에 알리고 인터넷 홈페이지에 게시하여야 한다.
- 위생검사 등의 요청 요건 및 절차, 그 밖에 필요한 사항은 대통령령으로 정한다.
- 영업자나 그 밖의 관계인에게 필요한 서류나 그 밖의 자료의 제출 요구
- 관계 공무원으로 하여금 다음 각 목에 해당하는 출입·검사·수거 등의 조치
  - 판매를 목적으로 하거나 영업에 사용하는 식품 등 또는 영업시설 등에 대하여 하는 검사
  - 검사에 필요한 최소량의 식품 등의 무상 수거
  - 영업에 관계되는 장부 또는 서류의 열람
- 출입·검사·수거 또는 열람하려는 공무원은 그 권한을 표시하는 증표를 지니고 이를 관계인에게 내보여야 한다.

③ 위해식품 등에 대한 긴급대응

식품의약품안전처장은 판매하거나 판매할 목적으로 채취·제조·수입·가공·조리·저장·소분 또는 운반(이하 이 조에서 "제조·판매 등"이라 한다)되고 있는 식품 등이 다음 각 호의 어느 하나에 해당하는 경우에는 긴급대응방안을 마련하고 필요한 조치를 하여야 한다.

✔ 개념 체크

1 유전자변형식품 등은 표시가 없어도 영업에 사용할 수 있다. (O, X)
2 식품의약품안전처장은 국민건강을 급박하게 위해할 우려가 있는 경우 일시적 금지조치를 먼저 한 후 심의위원회의 심의·의결을 거칠 수 있다. (O, X)

1 × 2 O

④ 유전자변형식품 등의 안전성 심사
- 유전자변형식품 등을 식용으로 수입 · 개발 · 생산하는 자는 최초로 유전자변형식품 등을 수입하는 경우 등 대통령령으로 정하는 경우에는 식품의약품안전처장에게 해당 식품 등에 대한 안전성 심사를 받아야 한다.
- 식품의약품안전처장은 유전자변형식품 등의 안전성 심사를 위하여 식품의약품안전처에 유전자변형식품 등 안전성심사위원회를 둔다.
- 안전성심사위원회는 위원장 1명을 포함한 20명 이내의 위원으로 구성한다. 이 경우 공무원이 아닌 위원이 전체 위원의 과반수가 되도록 하여야 한다.
- 안전성심사위원회의 위원은 유전자변형식품 등에 관한 학식과 경험이 풍부한 사람으로서 식품의약품안전처장이 위촉하거나 임명한다.

⑤ 검사명령
- 식품의약품안전처장은 식품 등을 채취 · 제조 · 가공 · 사용 · 조리 · 저장 · 소분 · 운반 또는 진열하는 영업자에 대하여 식품전문 시험 · 검사기관 또는 국외시험 · 검사기관에서 검사를 받을 것을 명할 수 있다.
- 검사명령을 받은 영업자는 총리령으로 정하는 검사기한 내에 검사를 받거나 관련 자료 등을 제출하여야 한다.

⑥ 특정 식품 등의 수입 · 판매 등 금지
- 식품의약품안전처장은 특정 국가 또는 지역에서 채취 · 제조 · 가공 · 사용 · 조리 또는 저장된 식품 등이 그 특정 국가 또는 지역에서 위해한 것으로 밝혀졌거나 위해의 우려가 있다고 인정되는 경우에는 그 식품 등을 수입 · 판매하거나 판매할 목적으로 제조 · 가공 · 사용 · 조리 · 저장 · 소분 · 운반 또는 진열하는 것을 금지할 수 있다.
- 식품 등에서 유독 · 유해물질이 검출된 경우에는 해당 식품 등의 수입을 금지하여야 한다. 다만, 인체의 건강을 해칠 우려가 없다고 식품의약품안전처장이 인정하는 경우는 그러하지 아니하다.
- 식품의약품안전처장은 금지를 하려면 미리 관계 중앙행정기관의 장의 의견을 듣고 심의위원회의 심의 · 의결을 거쳐야 한다. 다만, 국민건강을 급박하게 위해할 우려가 있어서 신속히 금지 조치를 하여야 할 필요가 있는 경우 먼저 금지조치를 한 뒤 지체 없이 심의위원회의 심의 · 의결을 거칠 수 있다.

⑦ 출입 · 검사 · 수거
- 식품의약품안전처장, 시 · 도지사 또는 시장 · 군수 · 구청장은 식품 등의 위해방지 · 위생관리와 영업질서의 유지를 위하여 필요하면 다음 각 호의 구분에 따른 조치를 할 수 있다.
  - 영업자나 그 밖의 관계인에게 필요한 서류나 그 밖의 자료의 제출 요구
  - 관계 공무원으로 하여금 다음 각 목에 해당하는 출입 · 검사 · 수거 등의 조치
  - 영업소에 출입하여 판매를 목적으로 하거나 영업에 사용하는 식품 등 또는 영업 시설 등에 대하여 하는 검사
  - 검사에 필요한 최소량의 식품 등의 무상 수거
  - 영업에 관계되는 장부 또는 서류의 열람
- 출입 · 검사 · 수거 또는 열람하려는 공무원은 그 권한을 표시하는 증표 및 조사기간, 조사범위, 조사담당자, 관계 법령 등 대통령령으로 정하는 사항이 기재된 서류를 지니고 이를 관계인에게 내보여야 한다.

⑧ 식품위생감시원

- 식품위생에 관한 지도 등을 하기 위하여 식품의약품안전처, 시·도 또는 시·군·구에 식품위생감시원을 둔다.
- 식품위생감시원의 자격·임명·직무범위, 그 밖에 필요한 사항은 대통령령으로 정한다.
  - 위생사, 식품기술사·식품기사·식품산업기사·수산제조기술사·수산제조기사·수산제조산업기사 또는 영양사
  - 대학 또는 전문대학에서 의학·한의학·약학·한약학·수의학·축산학·축산가공학·수산제조학·농산제조학·농화학·화학·화학공학·식품가공학·식품화학·식품제조학·식품공학·식품과학·식품영양학·위생학·발효공학·미생물학·조리학·생물학 분야의 학과 또는 학부를 졸업한 자 또는 이와 같은 수준 이상의 자격이 있는 자
  - 외국에서 위생사 또는 식품제조기사의 면허를 받은 자나 제2호와 같은 과정을 졸업한 자로서 식품의약품안전처장이 적당하다고 인정하는 자
  - 1년 이상 식품위생행정에 관한 사무에 종사한 경험이 있는 자
  - 식품의약품안전처장, 시·도지사 또는 시장·군수·구청장은 인력 확보가 곤란하다고 인정될 경우에는 식품위생행정에 종사하는 자 중 소정의 교육을 2주 이상 받은 자에 대하여 그 식품위생행정에 종사하는 기간 동안 식품위생감시원의 자격을 인정할 수 있다.

⑨ 식품위생감시원의 직무

- 식품 등의 위생적인 취급에 관한 기준의 이행 지도
- 수입·판매 또는 사용 등이 금지된 식품 등의 취급 여부에 관한 단속
- 표시기준 또는 과대광고 금지의 위반 여부에 관한 단속
- 출입·검사 및 검사에 필요한 식품 등의 수거
- 시설기준의 적합 여부의 확인·검사
- 영업자 및 종업원의 건강진단 및 위생교육의 이행 여부의 확인·지도
- 조리사 및 영양사의 법령 준수사항 이행 여부의 확인·지도
- 행정처분의 이행 여부 확인
- 식품 등의 압류·폐기 등
- 영업소의 폐쇄를 위한 간판 제거 등의 조치
- 그 밖에 영업자의 법령 이행 여부에 관한 확인·지도

⑩ 자가품질검사

- 자가품질검사는 자가품질검사기준에 따라 하여야 한다.
- 검사를 의뢰받은 자가품질위탁검사기관은 검사를 한 후 지체 없이 그 검사 결과를 의뢰한 영업자에게 통보하여야 한다.
- 자가품질위탁검사기관은 검사 결과 부적합하여 해당 제품이 회수대상이 되는 식품 등에 해당된다고 인정되는 경우에는 지체 없이 식품의약품안전처장, 지방식품의약품안전청장 또는 신고관청에 통보하여야 한다. 이 경우 자가품질검사를 의뢰한 영업자는 유통 중인 해당 제품에 대하여 법 제45조에 따라 회수·폐기하는 등 필요한 조치를 하여야 한다.
- 자가품질검사에 관한 기록서는 2년간 보관하여야 한다.

⑪ 소비자 위생 점검 참여 등
- 식품제조·가공업자, 식품첨가물제조업자, 식품판매업자, 식품접객업자, 모범업소로 지정받은 영업자, 지방식품의약품안전청장
- 위생관리 상태 점검을 신청하는 경우에는 1개월 이내에 위생 점검을 하여야 한다. 이 경우 같은 업소에 대한 위생 점검은 연 1회로 한정한다.
- 위생 점검 방법 및 절차는 총리령으로 정한다.

07 영업

① 시설기준
- 총리령으로 정하는 시설기준에 맞는 시설을 갖추어야 한다.
- 식품 또는 식품첨가물의 제조업, 가공업, 운반업, 판매업 및 보존업
- 기구 또는 용기·포장의 제조업
- 식품접객업
- 공유주방 운영업

② 허가를 받아야 하는 영업
- 식품조사처리업 : 식품의약품안전처장
- 단란주점영업, 유흥주점영업 : 특별자치도지사 또는 시장·군수·구청장

기적의 TIP

영업 허가를 받아야 하는 영업과 신고를 하여야 하는 영업을 구분해 주세요.

③ 신고를 하여야 하는 업종
- 특별자치도지사 또는 시장·군수·구청장에게 신고한다.
- 즉석판매제조·가공업
- 식품운반업
- 식품소분·판매업
- 식품냉동·냉장업
- 용기·포장류제조업
- 휴게음식점영업, 일반음식점영업, 위탁급식영업 및 제과점영업

구분	음주행위	손님노래	유흥종사자
휴게음식점, 위탁급식, 제과점	×	×	×
일반음식점	○	×	×
단란주점	○	○	×
유흥주점	○	○	○

④ 식품소분업의 신고대상
- 식품 또는 식품첨가물과 벌꿀(자가채취하여 직접 소분·포장하는 경우를 제외)을 말한다.
- 다만, 어육제품, 식용유지, 특수용도식품, 통·병조림 제품, 레토르트식품, 전분, 장류 및 식초는 소분·판매하여서는 아니 된다.

⑤ 즉석판매제조 · 가공 대상식품
• 소비자가 원하는 만큼 덜어서 직접 최종 소비자에게 판매하는 식품을 말한다.
• 단 통 · 병조림 제품, 레토르트식품, 냉동식품, 어육제품, 특수용도식품(체중조절용 조제식품은 제외), 식초, 전분은 제외한다.

⑥ 신고하지 않아도 되는 업종
• 양곡가공업 중 도정업을 하는 경우
• 수산물가공업의 신고를 하고 해당 영업을 하는 경우
• 축산물가공업의 허가를 받아 해당 영업을 하는 경우
• 건강기능식품제조업, 건강기능식품수입업 및 건강기능식품판매업의 영업허가를 받거나 영업신고를 하고 해당 영업을 하는 경우
• 식품첨가물이나 다른 원료를 사용하지 아니하고 농산물 · 임산물 · 수산물을 단순히 자르거나, 껍질을 벗기거나, 말리거나, 소금에 절이거나, 숙성하거나, 가열하는 등의 가공과정 중 위생상 위해가 발생할 우려가 없고 식품의 상태를 관능검사로 확인할 수 있도록 가공하는 경우
• 영농조합법인과 영어조합법인이 생산한 농산물 · 임산물 · 수산물을 집단급식소에 판매하는 경우. 다만, 다른 사람으로 하여금 생산하거나 판매하게 하는 경우는 제외한다.

⑦ 신고를 하여야 하는 변경사항
• 영업자의 성명
• 영업소의 명칭 또는 상호
• 영업소의 소재지
• 영업장의 면적
• 즉석판매제조 · 가공업을 하는 자가 같은 호에 따른 즉석판매제조 · 가공 대상 식품 중 식품의 유형을 달리하여 새로운 식품을 제조 · 가공하려는 경우
• 식품운반업을 하는 자가 냉장 · 냉동차량을 증감하려는 경우
• 식품자동판매기영업을 하는 자가 같은 시 · 군 · 구에서 식품자동판매기의 설치 대수를 증감하려는 경우

⑧ 건강진단
• 대상 : 식품 또는 식품첨가물을 채취 · 제조 · 가공 · 조리 · 저장 · 운반 또는 판매하는 일에 직접 종사하는 영업자 및 종업원(단, 완전 포장된 식품 또는 식품첨가물을 운반하거나 판매하는 일에 종사하는 사람은 제외)
• 건강진단 항목 : 장티푸스, 폐결핵, 전염성 피부질환
• 횟수 : 1년에 1회

⑨ 식품위생교육의 대상
• 영업자 및 유흥종사자를 둘 수 있는 식품접객업 영업자의 종업원은 매년 식품위생에 관한 교육을 받아야 한다.
• 영업을 하려는 자는 미리 식품위생교육을 받아야 한다.

✅ 개념 체크

1 영업자의 성명이 바뀌는 경우 반드시 신고하여야 한다. (O, X)
2 식품운반업은 식품의약품안전처장에게 허가를 받아야 한다. (O, X)
3 일반음식점에서는 음주 행위는 가능하지만, 유흥종사자를 둘 수는 없다. (O, X)

1 O 2 X 3 O

- 교육을 받아야 하는 자가 영업에 직접 종사하지 아니하거나 두 곳 이상의 장소에서 영업을 하는 경우에는 종업원 중에서 식품위생에 관한 책임자를 지정하여 영업자 대신 교육을 받게 할 수 있다.
- 조리사 또는 영양사의 면허를 받은 자가 식품접객업을 하려는 경우에는 식품위생 교육을 받지 아니하여도 된다.

⑩ 식품위생교육의 시간
- 영업자와 종업원(매년 위생교육)
  - 식품제조 · 가공업, 즉석판매제조 · 가공업, 식품첨가물제조업, 식품운반, 식품 소분 · 판매업 등 영업자, 식품보존업, 용기 · 포장류제조업, 식품접객업 : 3시간
  - 유흥주점영업의 유흥종사자 : 2시간
  - 집단급식소를 설치 · 운영하는 자 : 3시간
- 영업자(영업 전 미리 받는 위생교육)
  - 식품제조 · 가공업, 즉석판매제조 · 가공업, 식품첨가물제조업 : 8시간
  - 식품운반업, 식품소분 · 판매업 등 영업자, 식품보존업, 용기 · 포장류제조업 : 4시간
  - 식품접객업 : 6시간
  - 집단급식소를 설치 · 운영하려는 자 : 6시간

⑪ 우수업소 · 모범업소의 지정
- 우수업소의 지정 : 식품의약품안전처장 또는 특별자치도지사 · 시장 · 군수 · 구청장
- 모범업소의 지정 : 특별자치도지사 · 시장 · 군수 · 구청장

기적의 TIP

우수업소와 모범업소를 누가 지정하는지 알아두세요.

08 조리사

① 조리사
- 집단급식소 운영자와 식품접객업자는 조리사를 두어야 한다.
- 복어를 조리 · 판매하는 영업을 하는 자
- 집단급식소 운영자
  - 국가 및 지방자치단체
  - 학교, 병원 및 사회복지시설
  - 공기업 중 식품의약품안전처장이 지정하여 고시하는 기관
  - 지방공사 및 지방공단
  - 특별법에 따라 설립된 법인
- 조리사를 두지 않아도 되는 경우
  - 집단급식소 운영자 또는 식품접객영업자 자신이 조리사로서 직접 음식물을 조리하는 경우
  - 1회 급식인원 100명 미만의 산업체인 경우
  - 영양사가 조리사의 면허를 받은 경우

기적의 TIP

집단급식소에는 기숙사, 학교, 병원, 산업체 등이 있는데, 특정 다수를 대상으로 1회 50인 이상에게 지속적으로 식사를 공급하는 경우 조리사와 영양사를 두어야 한다. 산업체의 경우 100명 미만은 조리사와 영양사를 두지 않아도 된다.

② 영양사

• 집단급식소 운영자는 영양사를 두어야 한다.
• 영양사를 두지 않아도 되는 경우
  – 집단급식소 운영자 자신이 영양사로서 직접 영양 지도를 하는 경우
  – 1회 급식인원 100명 미만의 산업체인 경우
  – 조리사가 영양사의 면허를 받은 경우
• 영양사의 직무
  – 집단급식소에서의 식단 작성, 검식 및 배식관리
  – 구매식품의 검수 및 관리
  – 급식시설의 위생적 관리
  – 집단급식소의 운영일지 작성
  – 종업원에 대한 영양 지도 및 식품위생교육

③ 결격사유

• 정신질환자
• 감염병환자(B형간염환자는 제외)
• 마약이나 그 밖의 약물 중독자
• 조리사 면허의 취소처분을 받고 그 취소된 날부터 1년이 지나지 아니한 자

④ 교육

식품의약품안전처장은 식품위생 수준 및 자질의 향상을 위하여 필요한 경우 조리사와 영양사에게 교육(조리사의 경우 보수교육을 포함)을 받을 것을 명할 수 있다. 다만, 집단급식소에 종사하는 조리사와 영양사는 2년마다 교육을 받아야 한다.

🄵 기적의 TIP

조리사의 결격사유, 조리사 면허 발급이 불가능한 자에 대해 체크해 보세요.

09 시정명령과 허가취소 등 행정 제재

① 시정명령

• 식품의약품안전처장, 시 · 도지사 또는 시장 · 군수 · 구청장은 식품 등의 위생적 취급에 관한 기준에 맞지 아니하게 영업하는 자에게는 필요한 시정을 명하여야 한다.
• 시정명령을 한 경우에는 그 영업을 관할하는 관서의 장에게 그 내용을 통보하여 시정명령이 이행되도록 협조를 요청할 수 있다.
• 요청을 받은 관계 기관의 장은 정당한 사유가 없으면 이에 응하여야 하며, 그 조치 결과를 지체 없이 요청한 기관의 장에게 통보하여야 한다.

② 폐기처분

• 위해식품, 병든 동물, 유독기구 등의 판매 등 금지를 위반한 경우에는 그 식품 등을 압류 또는 폐기하게 하거나 용도 · 처리방법 등을 정하여 영업자에게 위해를 없애는 조치를 하도록 명하여야 한다.

- 신고 또는 등록하지 아니하고 제조·가공·조리한 식품 또는 식품첨가물이나 여기에 사용한 기구 또는 용기·포장 등을 관계 공무원에게 압류하거나 폐기하게 할 수 있다.
- 식품위생상의 위해가 발생하였거나 발생할 우려가 있는 경우에는 영업자에게 유통 중인 해당 식품 등을 회수·폐기하게 하거나 해당 식품 등의 원료, 제조 방법, 성분 또는 그 배합 비율을 변경할 것을 명할 수 있다.
- 압류나 폐기를 하는 공무원은 그 권한을 표시하는 증표를 지니고 이를 관계인에게 내보여야 한다.

③ 허가취소
- 다음 각 호의 어느 하나에 해당하는 경우에는 영업허가 또는 등록을 취소하거나 6 개월 이내의 기간을 정하여 그 영업의 전부 또는 일부를 정지하거나 영업소 폐쇄를 명할 수 있다.
- 위해식품 등의 판매 등 금지, 병든 동물 고기 등의 판매 등 금지, 기준·규격이 고시되지 아니한 화학적 합성품 등의 판매 등 금지, 식품 또는 식품첨가물에 관한 기준 및 규격, 식품의 영양표시, 유전자재조합식품 등의 표시 등을 위반한 경우
- 영업자가 영업정지 명령을 위반하여 영업을 계속하면 영업허가 또는 등록을 취소하거나 영업소 폐쇄를 명할 수 있다.

④ 면허취소 및 행정처분
- 면허취소 : 정신질환자, 감염병환자(B형간염환자는 제외), 마약이나 그 밖의 약물 중독자, 조리사 면허의 취소처분을 받고 그 취소된 날부터 1년이 지나지 아니한 자, 업무정지기간 중에 조리사의 업무를 하는 경우

위반 사항	1차 위반	2차 위반	3차 위반
조리사, 영양사의 보수 교육을 받지 아니한 경우	시정명령	15일	1개월
식중독이나 위생과 관련한 중대한 사고 발생에 직무상의 책임이 있는 경우	1개월	2개월	면허취소
면허를 타인에게 대여하여 사용하게 한 경우	2개월	3개월	면허취소

10 보칙

① 식중독에 관한 조사 보고
- 다음에 해당하는 자는 지체 없이 관할 시장·군수·구청장에게 보고하여야 한다. 이 경우 의사나 한의사는 식중독 환자나 식중독이 의심되는 자의 혈액 또는 배설물을 보관하는 데에 필요한 조치를 하여야 한다.
  - 보고자의 주소 및 성명, 식중독을 일으킨 환자, 식중독이 의심되는 사람 또는 식중독으로 사망한 사람의 주소·성명·생년월일 및 사체의 소재지, 식중독의 원인, 발병 연월일, 진단 또는 검사 연월일을 기재

- 식중독 환자나 식중독이 의심되는 자를 진단하였거나 그 사체를 검안한 의사 또는 한의사
- 집단급식소에서 제공한 식품 등으로 인하여 식중독 환자나 식중독으로 의심되는 증세를 보이는 자를 발견한 집단급식소의 설치 · 운영자
- 시장 · 군수 · 구청장은 보고를 받은 때에는 지체 없이 그 사실을 식품의약품안전처장 및 시 · 도지사에게 보고하고, 대통령령으로 정하는 바에 따라 원인을 조사하여 그 결과를 보고하여야 한다.
- 식품의약품안전처장은 국민보건상 중대하다고 인정하는 경우에는 해당 시 · 도지사 또는 시장 · 군수 · 구청장과 합동으로 원인을 조사할 수 있다.

② 집단급식소
- 영리를 목적으로 하지 아니하면서 특정다수인에게 계속하여 음식물을 공급하는 기숙사 · 학교 · 병원 그 밖의 후생기관 등의 급식시설로서 1회 50인 이상에게 식사를 제공하는 급식소를 말한다.
- 집단급식소를 설치 · 운영하려는 자는 총리령으로 정하는 바에 따라 특별자치도지사 · 시장 · 군수 · 구청장에게 신고하여야 한다.
- 집단급식소를 설치 · 운영하는 자는 집단급식소 시설의 유지 · 관리 등 급식을 위생적으로 관리하기 위하여 다음 각 호의 사항을 지켜야 한다.
  - 식중독 환자가 발생하지 아니하도록 위생관리를 철저히 할 것
  - 조리 · 제공한 식품의 매회 1인분 분량을 총리령으로 정하는 바에 따라 144시간 이상 보관할 것
  - 영양사를 두고 있는 경우 그 업무를 방해하지 아니할 것
  - 영양사를 두고 있는 경우 영양사가 집단급식소의 위생관리를 위하여 요청하는 사항에 대하여는 정당한 사유가 없으면 따를 것
  - 그 밖에 식품 등의 위생적 관리를 위하여 필요하다고 총리령으로 정하는 사항을 지킬 것

③ 보존식
HACCP 인증 단체급식업소에서 조리한 식품은 소독된 보존식 전용 용기 또는 멸균 비닐봉지에 매회 1인분 분량을 담아 −18℃ 이하에서 144시간 이상의 시간 동안 보관하여야 한다.

11 벌칙

① 질병에 걸린 동물을 판매할 목적으로 식품 또는 식품첨가물을 제조 · 가공 · 수입 또는 조리
- 1항 : 3년 이상의 징역
  - 예 소해면상뇌증(狂牛病), 탄저병, 가금 인플루엔자
- 2항 : 1년 이상의 징역
  - 예 마황, 부자, 천오, 초오, 백부자, 섬수, 백선피, 사리풀

✓ 개념 체크

1 보존식은 매회 1인분의 분량을 담아 −18℃ 이하에서 144시간 이상 보관해야 한다. (O, X)

10

- 3항 : 제조 · 가공 · 수입 · 조리한 식품 또는 식품첨가물을 판매하였을 때에는 그 소매가격의 2배 이상 5배 이하에 해당하는 벌금을 병과(併科)한다.
- 형을 선고 받고 그 형이 확정된 후 5년 이내에 죄를 범한 자가 제3항에 해당하는 경우 제3항에서 정한 형의 2배까지 가중한다.

② 10년 이하의 징역 또는 1억원 이하의 벌금
- 위해식품 등의 판매 등 금지, 병든 동물 고기 등의 판매 등 금지, 기준 · 규격이 고시되지 아니한 화학적 합성품 등의 판매 등 금지를 위반한 자
  - 죄로 형을 선고 받고 그 형이 확정된 후 5년 이내에 죄를 범한 사는 1년 이상 7년 이하의 징역에 처한다.
- 유독기구 등의 판매 · 사용 금지를 위반한 자, 허위표시 등의 금지를 위반한 자
  - 그 해당 식품 또는 식품첨가물을 판매한 때에는 그 소매가격의 4배 이상 10배 이하에 해당하는 벌금을 부과한다.
- 영업허가 등을 위반한 자

③ 5년 이하의 징역 또는 5천만원 이하의 벌금
- 식품 또는 식품첨가물, 기구 및 용기 · 포장에 관한 기준 및 규격, 수입 식품 등의 신고 등을 위반한 자
- 식품위생검사기관의 지정취소에 해당하는 위반행위를 한 자, 영업 허가 등을 위반한 자
- 영업 제한을 위반한 자
- 폐기처분 등 또는 위해식품 등의 공표에 따른 명령을 위반한 자
- 허가취소 등에 따른 영업정지 명령을 위반하여 영업을 계속한 자

④ 3년 이하의 징역 또는 3천만원 이하의 벌금
- 표시기준, 유전자재조합식품등의 표시, 위해식품등에 대한 긴급대응, 자가품질검사 의무, 시민식품감사인, 영업허가 등, 위해요소, 위해요소중점관리기준, 식품이력추적관리 등록기준 등 단서 또는 명칭 사용 금지를 위반한 자
- 수입 식품 등의 신고, 출입 · 검사 · 수거 또는 폐기처분에 따른 검사 · 출입 · 수거 · 압류 · 폐기를 거부 · 방해 또는 기피한 자
- 우수수입업소 등록에 해당하는 위반행위를 한 자
- 시설기준을 갖추지 못한 영업자
- 영업허가에 따른 조건을 갖추지 못한 영업자
- 품질관리 및 보고 또는 영업자 등의 준수사항에 따라 영업자가 지켜야 할 사항을 지키지 아니한 자
- 허가취소에 따른 영업정지 명령을 위반하여 계속 영업한 자
- 품목 제조정지에 따른 제조정지 명령을 위반한 자
- 폐쇄조치에 따라 관계 공무원이 부착한 봉인 등을 함부로 제거하거나 손상시킨 자

⑤ 양벌규정
- 법인의 대표자나 법인 또는 개인의 대리인, 사용인, 그 밖의 종업원이 그 법인 또는 개인의 업무에 관하여 제93조제3항 또는 제94조부터 제97조까지의 어느 하나에 해당하는 위반행위를 하면 그 행위자를 벌하는 외에 그 법인 또는 개인에게도 해당 조문의 벌금형을 과(科)하고, 제93조제1항의 위반행위를 하면 그 법인 또는 개인에 대하여도 1억5천만원 이하의 벌금에 처하며, 제93조제2항의 위반행위를 하면 그 법인 또는 개인에 대하여도 5천만원 이하의 벌금에 처한다.

12 식품위생단체

① 동업자조합
- 영업자는 영업의 발전과 국민보건 향상을 위하여 대통령령으로 정하는 영업 또는 식품의 종류별로 동업자조합을 설립할 수 있다.
- 조합은 법인으로 한다.
- 조합을 설립하려는 경우에는 대통령령으로 정하는 바에 따라 조합원 자격이 있는 자 10분의 1(20명을 초과하면 20명으로 한다) 이상의 발기인이 정관을 작성하여 식품의약품안전처장의 설립인가를 받아야 한다.

② 식품산업협회
- 식품산업의 발전과 식품위생의 향상을 위하여 한국식품산업협회를 설립한다.
- 협회의 회원이 될 수 있는 자는 영업자 중 식품 또는 식품첨가물을 제조 · 가공 · 운반 · 판매 · 보존하는 자 및 그 밖에 식품 관련 산업을 운영하는 자로 한다.
- 협회는 다음 각 호의 사업을 한다.
  - 식품산업에 관한 조사 · 연구
  - 식품 및 식품첨가물과 그 원재료(原材料)에 대한 시험 · 검사 업무
  - 식품위생과 관련한 교육
  - 영업자 중 식품이나 식품첨가물을 제조 · 가공 · 운반 · 판매 및 보존하는 자의 영업시설 개선에 관한 지도
  - 회원을 위한 경영지도
  - 식품안전과 식품산업 진흥 및 지원 · 육성에 관한 사업

③ 식품안전정보원
식품의약품안전처장의 위탁을 받아 식품이력추적관리업무와 식품안전에 관한 업무를 효율적으로 수행하기 위하여 식품안전정보원를 둔다.

④ 건강 위해가능 영양성분 관리
- 국가 및 지방자치단체는 식품의 나트륨, 당류, 트랜스지방 등 영양성분의 과잉섭취로 인한 국민보건상 위해를 예방하기 위하여 노력하여야 한다.
- 식품의약품안전처장은 관계 중앙행정기관의 장과 협의하여 건강 위해가능 영양성분 관리 기술의 개발 · 보급, 적정섭취를 위한 실천방법의 교육 · 홍보 등을 실시하여야 한다.
- 건강 위해가능 영양성분의 종류는 대통령령으로 정한다.

13 제조물책임법(PL, Product Liability)

① 목적

제조물의 결함으로 발생한 손해에 대한 제조업자 등의 손해배상책임을 규정함으로써 피해자 보호를 도모하고 국민생활의 안전 향상과 국민경제의 건전한 발전에 이바지함을 목적으로 한다.

② 제조물 책임법의 용어 설명

• 제조물 : 제조되거나 가공된 동산(다른 동산이나 부동산의 일부를 구성하는 경우를 포함한다.)
• 결함 : 해당 제조물에 다음 각 목의 어느 하나에 해당하는 제조상 · 설계상 또는 표시상의 결함이 있거나 그 밖에 통상적으로 기대할 수 있는 안전성이 결여되어 있는 것

제조상의 결함	제조업자가 제조물에 대하여 제조상 · 가공상의 주의의무를 이행하였는지에 관계없이 제조물이 원래 의도한 설계와 다르게 제조 · 가공됨으로써 안전하지 못하게 된 경우
설계상의 결함	제조업자가 합리적인 대체설계(代替設計)를 채용하였더라면 피해나 위험을 줄이거나 피할 수 있었음에도 대체설계를 채용하지 아니하여 해당 제조물이 안전하지 못하게 된 경우
표시상의 결함	제조업자가 합리적인 설명 · 지시 · 경고 또는 그 밖의 표시를 하였더라면 해당 제조물에 의하여 발생할 수 있는 피해나 위험을 줄이거나 피할 수 있었음에도 이를 하지 아니한 경우

• 제조업자 : 제조물의 제조 · 가공 또는 수입을 업(業)으로 하는 자, 제조물에 성명 · 상호 · 상표 또는 그 밖에 식별(識別) 가능한 기호 등을 사용하여 자신을 가목의 자로 표시한 자 또는 가목의 자로 오인(誤認)하게 할 수 있는 표시를 한 자

14 식품 등의 표시 · 광고에 관한 법률

1) 목적 : 식품 등에 대하여 올바른 표시 · 광고를 하도록 하여 소비자의 알 권리를 보장하고 건전한 거래질서를 확립함으로써 소비자 보호에 이바지함을 목적으로 한다.

2) 표시의 기준

① 식품, 식품첨가물 또는 축산물

• 제품명, 내용량 및 원재료명
• 영업소 명칭 및 소재지
• 소비자 안전을 위한 주의사항
• 제조연월일, 유통기한 또는 품질유지기한
• 그 밖에 소비자에게 해당 식품, 식품첨가물 또는 축산물에 관한 정보를 제공하기 위하여 필요한 사항으로서 총리령으로 정하는 사항

② 기구 또는 용기 · 포장

• 재질
• 영업소 명칭 및 소재지
• 소비자 안전을 위한 주의사항

- 그 밖에 소비자에게 해당 기구 또는 용기·포장에 관한 정보를 제공하기 위하여 필요한 사항으로서 총리령으로 정하는 사항

③ 건강기능식품

- 제품명, 내용량 및 원료명
- 영업소 명칭 및 소재지
- 유통기한 및 보관방법
- 섭취량, 섭취방법 및 섭취 시 주의사항
- 건강기능식품이라는 문자 또는 건강기능식품임을 나타내는 도안
- 질병의 예방 및 치료를 위한 의약품이 아니라는 내용의 표현
- 기능성에 관한 정보 및 원료 중에 해당 기능성을 나타내는 성분 등의 함유량
- 그 밖에 소비자에게 해당 건강기능식품에 관한 정보를 제공하기 위하여 필요한 사항

④ **영양표시**

- 식품 등을 제조·가공·소분하거나 수입하는 자는 총리령으로 정하는 식품 등에 영양표시를 하여야 한다.
- 영양성분 및 표시방법 등에 관하여 필요한 사항은 총리령으로 정한다.
- 영양표시가 없거나 표시방법을 위반한 식품 등은 판매하거나 판매할 목적으로 제조·가공·소분·수입·포장·보관·진열 또는 운반하거나 영업에 사용해서는 아니 된다.

⑤ 나트륨 함량 비교 표시

- 식품을 제조·가공·소분하거나 수입하는 자는 총리령으로 정하는 식품에 나트륨 함량 비교 표시를 하여야 한다.
- 나트륨 함량 비교 표시의 기준 및 표시방법 등에 관하여 필요한 사항은 총리령으로 정한다.
- 나트륨 함량 비교 표시가 없거나 표시방법을 위반한 식품은 판매하거나 판매할 목적으로 제조·가공·소분·수입·포장·보관·진열 또는 운반하거나 영업에 사용해서는 아니 된다.

⑥ 광고의 기준

- 식품 등을 광고할 때에는 제품명 및 업소명을 포함시켜야 한다.
- 정한 사항 외에 식품 등을 광고할 때 준수하여야 할 사항은 총리령으로 정한다.

⑦ 부당한 표시 또는 광고행위의 금지

- 누구든지 식품 등의 명칭·제조방법·성분 등 대통령령으로 정하는 사항에 관하여 해당하는 표시 또는 광고를 하여서는 아니 된다.
- 질병의 예방·치료에 효능이 있는 것으로 인식할 우려가 있는 표시 또는 광고
- 식품 등을 의약품으로 인식할 우려가 있는 표시 또는 광고
- 건강기능식품이 아닌 것을 건강기능식품으로 인식할 우려가 있는 표시 또는 광고
- 거짓·과장된 표시 또는 광고
- 소비자를 기만하는 표시 또는 광고
- 다른 업체나 다른 업체의 제품을 비방하는 표시 또는 광고
- 객관적인 근거 없이 자기 또는 자기의 식품 등을 다른 영업자나 다른 영업자의 식품 등과 부당하게 비교하는 표시 또는 광고
- 사행심을 조장하거나 음란한 표현을 사용하여 공중도덕이나 사회윤리를 현저하게 침해하는 표시 또는 광고

 개념 체크

1 영양성분 및 표시방법 등에 관하여 필요한 사항은 식품의약품안전처장령으로 정한다. (O, X)

1 X

01 공중보건의 개념

🅱 기적의 TIP

공중보건에 나오는 용어의 이해가 필요해요.

1) 공중보건의 정의

① 공중보건의 정의 및 대상

- 윈슬로우(C.E.A Winslow)의 정의 : 조직적인 지역사회의 노력을 통하여 질병을 예방하고 생명을 연장하며 육체적, 정신적 효율을 증진하는 기술이며 과학이다.
- 공중보건의 대상 : 개인이 아니라 인간집단이며 최소 단위는 지역사회, 국민 전체를 대상으로 한다.

② 공중보건 수준의 평가지표

- 한 지역사회나 국가의 보건수준을 나타내는 보건 지표로 영아사망률, 조사망률, 질병이환율, 사인별 사망률, 모성사망률, 평균수명 등이 사용되는데, 이 중 영아사망률이 대표적인 지표이다.
- 영아사망의 3대 원인 : 폐렴 및 기관지염, 장염 및 설사, 신생아 고유질환 및 사고

③ 건강에 대한 세계보건기구의 정의

- 건강이란 단지 질병이 없거나 허약하지 않을 뿐만 아니라 신체적, 정신적, 사회적 안녕한 완전한 상태이다.

④ 세계보건기구(World Health Organization)

- 설립연도 : 1948년 4월
- 본부 : 스위스 제네바
- 우리나라는 1949년 6월에 65번째로 로마 총회에서 가입
- 지휘 및 조정, 기술 지원, 자료 공급, 공중보건 관련 행정 강화와 지원 등 간접적인 활동

2) 인구와 보건

① 인구 구성

🅱 기적의 TIP

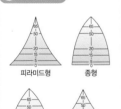

피라미드형   종형

방추형   별형

표주박형

구분	유형	특징
피라미드형	후진국형(인구증가형)	출생률은 높고 사망률은 낮은 형
종형	이상형(인구정체형)	출생률과 사망률이 낮은 형(14세 이하가 65세 이상 인구의 2배 정도)
항아리형(방추형)	선진국형(인구감소형)	평균수명이 높고 인구가 감퇴하는 형
별형	도시형(인구유입형)	생산층 인구가 증가되는 형
기타형(표주박형)	농촌형(인구유출형)	생산층 인구가 감소하는 형

② 수명
- 기대수명 : 출생자가 출생 직후부터 생존할 것으로 기대되는 평균 생존 연수
- 건강수명 : 아프지 않고 건강하게 살아가는 기간을 나타내는 지표
- 평균수명 : 어떤 연령의 사람이, 평균 몇 년을 살 수 있는가 하는 기대값

③ 보건 행정의 정의

공중보건의 목적을 달성하기 위해서 행해지는 기술 행정이며, 효율적인 보건 행정을 위해서는 보건법을 확립하고, 보건 교육, 봉사를 시행하는 데 주력하고 있다.

④ 보건 영양

지역사회 전 주민의 건강을 위해서 식생활의 결함을 제거하고 개선하여 영양이 부족하지 않도록 하는 데 목적이 있다. 지역의 경제적 여건과 식량 상태와 계절적인 변화를 고려하여 최고의 방법을 찾아낸다.

⑤ 보건 정책의 방향
- 출산 및 자녀양육을 위한 사회적 기반 조성
- 국민건강증진을 위한 사전적 보건 서비스 강화
- 아동 · 장애인 등 취약 계층 지원 강화
- 미래사회 변화에 대응한 사회 투자적 서비스 확대

3) 보건 행정의 분류

① 모자 보건
- 모체와 영유아에게 전문적인 보건의료서비스를 제공하여 사망률을 저하시키며 신체적, 정신적 건강과 정서발달을 유지, 증진시키고 유전적 잠재력을 최대한 발휘할 수 있게 하는 데 있다.
- 모성보건 : 임신과 분만, 수유하는 기간에 있는 여성
- 모성사망 : 임신과 분만, 산욕에 관계되는 합병증 등의 이상으로 발생한 사망
- 모성사망의 주요 원인 : 임신중독증, 출혈, 감염증, 자궁외 임신, 유산 등
② 학교 보건 : 학생 및 교직원을 대상으로 교육부에서 담당한다. 학교 보건 사업, 학교 급식, 건강 교육, 학교 체육 등을 다루고 있다.
③ 산업 보건 : 각 산업체에서 근무하는 근로자를 대상으로 노동부에서 담당한다. 산업보건행정은 작업 환경의 질적 향상과 근로자의 복지시설 관리 및 안전 교육 등을 통해서 직업병을 예방하는데 그 목적이 있다.

④ 4대 보험
- 국민연금
- 건강보험
- 산재보험
- 고용보험

⑤ 산업재해 발생 빈도
- 건수율 : 일정 기간 중의 평균 실 근로자수 1000명당 발생하는 재해건수의 발생 빈도
- 도수율 : 노동 시간에 대한 재해의 발생 빈도
- 강도율 : 근로시간 합계 1,000시간당 재해로 인한 근로손실일수

⑥ 공공부조
- 국민기초생활 보장법에 의한 수급자, 재해구호법에 의한 이재민, 생활유지능력이 없거나 생활이 어려운 국민의 최저생활 보장, 자립 지원 제도이다.
- 의료급여, 교육급여, 자활급여, 주거급여, 장제급여, 생계급여

⑦ 직업병 및 중금속 중독에 관한 질병

기적의 TIP

직업병이나 중금속 중독은 원인과 질병을 짝짓는 문제가 많이 나와요.

원인	질병
고열 환경	열중증(열쇠약증, 열경련증, 열사병)
저온 환경	동상, 동창, 참호족염
고압 환경	잠함병, 잠수병
저압 환경	고산병, 항공병
분진	진폐증, 규폐증, 석면폐증, 활석폐증
조명 불량	안구 진탕증, 근시, 안정피로, 백내장
소음	직업성 난청
진동	레이노드병, 수전증
납(Pb) 중독	연빈혈, 칼슘대사이상, 신장장애, 적혈구수 증가
수은(Hg) 중독	미나마타병, 언어장애, 지각이상, 보행곤란
크롬(Cr) 중독	비염, 인두염, 기관지염
카드뮴(Cd) 중독	이타이이타이병, 신장장애, 단백뇨, 골연화증
PCB 중독(미강유 중독)	식욕부진, 구토, 체중감소, 흑피증, 코프로포르피린 검출

- 수은 중독 : 미나마타병
  - 1956년 일본 규수 미나마타시에서 한 해에만 52만 명에게 발생한 미나마타병이 대표적이다.
  - 일본 질소비료에서 강으로 흘려 보낸 유기수은이 어패류에 축적되었다가 오염된 어패류를 섭취한 인근 주민들에게 언어장애, 보행장애, 난청 등의 증상이 나타나면서 사망하였다.
- 카드뮴 중독 : 이타이이타이병
  - 일명 "아프다아프다"라는 병으로, 1912년 일본 도야마현의 진즈강 하류에서 발생한 대량 카드뮴 중독으로 인한 공해병을 말한다.
  - 일본 금속광업소에서 배출된 폐수에 카드뮴이 녹아 있어 이를 이용한 쌀을 장기간 섭취하여 일어난 것이다. 카드뮴이 뼈 속의 칼슘 성분을 녹여서 칼슘 부족, 골절, 골연화증을 일으킨다.
  - 대한민국에서는 2004년 6월 경상남도 고성군 병산마을에서 이타이이타이병으로 의심되는 환자가 집단 발생하였다.
- 해녀의 잠수병
  - 잠수병은 물의 깊이에 따라 나타나는 기압 차로 몸 속에 질소가 과잉상태로 녹아 기포로 변하면서 몸 밖으로 빠져나가지 못하고 혈액 속에 용해되어 발생한다.
  - 만성두통, 관절통, 난청 등 다양한 통증과 질환을 유발하는 병이다. 사지가 마비되거나 심할 경우 목숨을 잃을 수도 있다.
  - 이를 예방하기 위해서는 물속에서 수면으로 올라올 때는 천천히 올라와야 한다.
  - 해녀, 스쿠버 다이버에게 생길 수 있는 직업병이다.

1) 일광

① **자외선(2000~3800 Å [★])**

- 일광의 분류 중 파장이 가장 짧다.
- 2500~2800 Å에서 살균력이 강해서, 소독에 이용되기도 한다.
- 2800~3200 Å (Dorno의 건강선, 생명선)에서 인체에 유익한 작용을 한다.
- 비타민 D를 형성하여 구루병을 예방하고, 관절염 치료에 효과적이다.
- 적혈구 생성을 촉진하고 혈압을 강하시킨다.
- 과다 노출은 피부 색소 침착을 일으켜서 심하면 피부암을 유발한다.

② **가시광선(3900~7700 Å)**

- 망막을 자극하여 색채를 부여하고 명암을 구분하는 파장이다.

③ **적외선(7800 Å 이상)**

- 일광의 3분류 중 파장이 가장 길다.
- 적외선은 지상에 열을 주어 기온이 좌우된다.
- 적외선 과다 노출은 일사병과 백내장을 유발한다.

2) 온열 환경

① 감각온도의 3요소 : 기온, 기습, 기류
② 온열조건인자 : 기온, 기습, 기류, 복사열[★]

③ **기온(온도)**

- 실내 지상 1.5m, 실외 지상 1.2~1.5m에서의 건구 온도이다.
- 쾌감 온도는 18±2℃이다.
- 최고 기온은 오후 2시경, 최저 기온은 일출 30분 전이다.

④ **기습(습도)**

쾌적한 습도는 40~70%이다.

⑤ **기류**

- 쾌적한 기류 : 실외에서 1m/sec, 실내에서 0.2~0.3m/sec이다.
- 불감 기류 : 공기의 흐름이 0.2~0.5m/sec로 약하게 움직여 사람이 바람이 부는 것을 감지하지 못하는 것을 의미한다.
- 카타온도계(Kata Thermometer) : 불감 기류와 같은 미풍을 측정하도록 되어있는 온도계이다.

🎈 기적의 TIP

자외선, 적외선, 가시광선의 특징을 알아야 해요.

★ 1Å(옹스트롬)
0.1nm(나노미터)

★ 복사열
물체에 흡수되어 열로 변환했을 때의 에너지

3) 기온 역전 현상

대기층의 온도는 100m 상승할 때마다 1℃가 낮아지므로, 상부 기온이 하부 기온보다 낮다. 그러나 대기 오염으로 인해 상부 기온이 하부 기온보다 높은 때를 기온 역전 현상이라고 한다.

4) 불쾌지수(Discomfort Index)

① DI가 70이면 10%, DI가 75이면 50%, DI가 80이면 거의 모든 사람이 불쾌감을 느낀다.
② DI = (건구 온도℃ + 습구 온도℃)×0.72+40.6

5) 공기 및 대기오염

① 공기의 조성(0℃, 1기압)
- 질소(N_2) 78% 〉 산소(O_2) 21% 〉 아르곤(Ar) 0.9% 〉 이산화탄소(CO_2) 0.03% 〉 기타 원소 0.07%
- 산소가 10% 이하일 때는 호흡 곤란, 7% 이하일 때는 질식사한다.

② 이산화탄소(CO_2)
- 실내 공기 오염의 지표이다.
- 10% 이상일 때는 질식사, 7% 이상일 때는 호흡 곤란 증세가 있다.
- 위생학적 허용 한계 : 0.1%(=1000ppm)

③ 일산화탄소(CO)
- 무색, 무미, 무취이고 금속 부식성이 없다.
- 연탄가스, 매연, 담배에서 발생한다.
- 혈액 속의 헤모글로빈(Hb)과의 친화력이 산소보다 250~300배 강하여 조직 내 산소 결핍증을 초래한다.
- 불완전한 연소 시 발생하는 가스이다.
- 위생학적 허용 한계 : 8시간 기준 0.001%(= 10ppm), 1시간 기준 0.0025%(= 25ppm)

④ 아황산가스(SO_2)
- 실외 공기 오염의 지표이다.
- 자극적인 냄새가 난다.
- 경유의 연소 과정에서 발생한다(자동차 배기가스).
- 식물의 고사 현상, 동물의 호흡곤란, 금속 부식의 피해가 있다.
- 런던의 스모그 현상 : 석탄 연료 연소 + 아황산가스 + 차갑고 습한 기후

⑤ 군집독

1756년 한 형무소에서 146명의 죄수 중 23명을 제외한 전원이 밤 사이에 사망한 사건이 발생하였다. 사망 원인은 산소 부족이나 이산화탄소의 과잉이 아니고 공기의 이화학적 조건이 문제로 제기되었다. 극장, 강연장 등 다수인이 밀집한 실내 공기는 화학적 조성이나 물리적 조성의 변화를 초래하여 불쾌감, 두통, 권태, 현기증, 구토 등이 일어나는데 이와 같은 생리적 이상을 군집독이라 한다.

개념 체크

1 감각온도의 3요소는 기온, 기습, 복사열이다. (O, X)

2 쾌적한 습도는 20~35%이다. (O, X)

3 불쾌지수(DI)가 60 이상이면 거의 모든 사람이 불쾌감을 느낀다. (O, X)

4 이산화탄소의 위생학적 허용 한계는 0.1%이다. (O, X)

5 2차 대기오염물질은 오존, 알데히드, 산성비, 산성눈 등을 일으킨다. (O, X)

1 X 2 X 3 X 4 O 5 O

⑥ 공기의 자정작용
- 공기 자체의 확산과 이동에 의한 희석작용
- 눈과 비에 의한 세정작용
- 오존에 의한 산화작용
- 자외선에 의한 살균작용
- CO_2와 O_2의 교환작용 : 광합성에 의한 교환

⑦ 먼지
- 실내외의 환경 조건에 의해 먼지가 발생
- 미세먼지(PM_{10}) : 입자의 크기가 $10\mu m$ 이하인 먼지
- 극미세먼지($PM_{2.5}$) : 입자의 크기가 $2.5\mu m$ 이하인 먼지
- 천식과 같은 호흡기계 질병을 악화, 폐 기능의 저하
- 식물의 잎 표면에 침적, 신진대사를 방해
- 건축물이나 유적물 및 동상 등에 퇴적되어 부식

항목	대기환경 국가기준	
아황산가스(SO_2)	24시간 평균치	0.05ppm이하
	1시간 평균치	0.15ppm이하
일산화탄소(CO)	8시간 평균치	9ppm이하
	1시간 평균치	25ppm이하
미세먼지(PM_{10})	연간 평균치	$50\mu g/m^3$ 이하 ★
	24시간 평균치	$100\mu g/m^3$ 이하
미세먼지($PM_{2.5}$)	24시간 평균치	$35\mu g/m^3$ 이하
	연간 평균치	$15\mu g/m^3$ 이하

★ μg(마이크로그램)
1/1,000,000g

⑧ 오존(O_3)
- 대기 중에 배출된 NO_X와 휘발성유기화합물(VOC_S) 등이 자외선과 광화학 반응을 일으켜 생성
- PAN, 알데하이드, Acrolein 등의 광화학 옥시단트의 일종으로 2차 오염물질
- 자동차, 화학공장, 정유공장과 같은 산업시설과 자연적 생성 등 다양한 배출원에서 발생
- 반복 노출 시 가슴의 통증, 기침, 메스꺼움, 목 자극, 소화 등에 영향
- 기관지염, 심장질환, 폐기종 및 천식 악화, 폐활량 감소
- 농작물과 식물에 직접적으로 영향을 미쳐 수확량 감소

⑨ 대기오염물질
- 1차 대기오염물질 : 이산화황, 일산화탄소, 이산화질소, 먼지, 매연, 훈연, 안개, 연우, 분진 등이 있다.
- 2차 대기오염물질 : 대기 중에 배출된 오염물질끼리 반응하여 변질한 것으로 오존, 알데히드, 케톤, 산성비, 산성눈, 스모그를 일으킨다.

6) 음료수와 질병

① 음료수의 수질 기준

우리나라 상수의 수질 판정 기준은 다음과 같다. (1mg/L=1ppm)

- 일반세균은 1ml 중 100CFU(Colony Forming Unit)를 넘지 아니할 것
- 총 대장균군은 100ml(샘물 · 먹는 샘물 및 먹는 해양 심층수의 경우에는 250ml)에서 검출되지 아니할 것
- 대장균 · 분원성 대장균군은 100ml에서 검출되지 아니할 것
- 분원성 연쇄상구균 · 녹농균 · 살모넬라 및 쉬겔라는 250ml에서 검출되지 아니할 것(샘물 · 먹는 샘물 및 먹는 해양 심층수의 경우에만 적용한다.)
- 잔류염소는 4.0mg/L를 넘지 아니할 것
- 색도는 5도를 넘지 아니할 것
- 냄새와 맛은 소독으로 냄새와 맛 이외의 냄새와 맛이 있어서는 아니될 것
- 수소이온 농도는 pH 5.8 이상, pH 8.5 이하이어야 할 것
- 탁도는 1NTU(Nephelometric Turbidity Unit)를 넘지 아니할 것
- 우물과 화장실의 거리는 20m 이상, 하수관 · 배수관의 거리는 3m 이상 떨어진 곳에 설치할 것
- 건강상 유해영향 무기물질에 관한 기준
  - 질산성 질소는 10mg/L를 넘지 아니할 것(유기물의 오염지표)
  - 과망산 칼륨은 10mg/L를 넘지 아니할 것(유기물의 간접지표)
  - 납은 0.01mg/L를 넘지 아니할 것
  - 불소는 1.5mg/L를 넘지 아니할 것
  - 비소는 0.01mg/L를 넘지 아니할 것
  - 수은은 0.001mg/L를 넘지 아니할 것
  - 크롬은 0.05mg/L를 넘지 아니할 것
  - 암모니아성 질소는 0.5mg/L를 넘지 아니할 것
  - 셀레늄은 0.01mg/L를 넘지 아니할 것
  - 시안은 0.01mg/L를 넘지 아니할 것
  - 카드뮴은 0.005mg/L를 넘지 아니할 것
- 건강상 유해영향 유기물질에 관한 기준
  - 페놀은 0.005mg/L를 넘지 아니할 것
  - 다이아지논은 0.02mg/L를 넘지 아니할 것
  - 파라티온은 0.06mg/L를 넘지 아니할 것
  - 페니트로티온은 0.04mg/L를 넘지 아니할 것
  - 카바릴은 0.07mg/L를 넘지 아니할 것
  - 테트라클로로에틸렌은 0.01mg/L를 넘지 아니할 것
  - 트리클로로에틸렌은 0.03mg/L를 넘지 아니할 것
  - 디클로로메탄은 0.02mg/L를 넘지 아니할 것
  - 벤젠은 0.01mg/L를 넘지 아니할 것
  - 톨루엔은 0.7mg/L를 넘지 아니할 것
  - 에틸벤젠은 0.3mg/L를 넘지 아니할 것
  - 크실렌은 0.5mg/L를 넘지 아니할 것

• 소독제 및 소독부산물질에 관한 기준
  – 잔류염소(유리잔류염소를 말한다.)는 4.0mg/L를 넘지 아니할 것
  – 총트리할로메탄은 0.1mg/L를 넘지 아니할 것
  – 클로로포름은 0.08mg/L를 넘지 아니할 것
  – 브로모디클로로메탄은 0.03mg/L를 넘지 아니할 것
  – 디브로모클로로메탄은 0.1mg/L를 넘지 아니할 것
  – 클로랄하이드레이트는 0.03mg/L를 넘지 아니할 것
  – 디브로모아세토니트릴은 0.1mg/L를 넘지 아니할 것
  – 디클로로아세토니트릴은 0.09mg/L를 넘지 아니할 것
  – 트리클로로아세토니트릴은 0.004mg/L를 넘지 아니할 것
  – 할로아세틱에시드는 0.1mg/L를 넘지 아니할 것
  – 포름알데히드는 0.5mg/L를 넘지 아니할 것
• 방사능에 관한 기준(염지하수의 경우에만 적용한다.)
  – 세슘(Cs-137)은 4.0mBq/L를 넘지 아니할 것
  – 스트론튬(Sr-90)은 3.0mBq/L를 넘지 아니할 것

② 물과 질병
• 수인성 감염병
  – 오염수나 생존 가능한 음식물을 통해서 전염되는 질병이다.
  – 분변에 오염된 물, 소독하지 않은 물이 원인이 된다.
  – 환자 발생이 폭발적으로 증가했다가 감소한다.
  – 유행 지역과 음료수 사용 지역이 일치한다.
  – 치명률이 낮다.
  – 2차 감염 환자의 발생이 거의 없다.
  – 계절에 관계없다.
  – 성, 나이, 직업, 생활수준에 따른 발생 빈도의 차이가 없다.
  – 잠복기가 짧다.
  – 장티푸스, 파라티푸스, 콜레라, 세균성 이질, 아메바성 이질, 전염성 설사, 유행성 간염 등의 원인이 된다.
• 반상치와 우치
  – 불소(F)가 많은 물의 장기 음용은 반상치의 원인이 되고, 불소(F)가 적은 물의 장기 음용은 우치의 원인이 된다.
  – 불소는 수중에 0.8~1ppm이 적당하다.
  – 8, 9세까지의 어린이에게 많이 발생한다.
• 청색아 : 질산염이 많이 함유되어 있는 물을 장기 음용한 소아의 경우 청색증에 걸려 사망할 수 있다.
• 수도열 : 1926년 독일 하노버(Hannover)에서 장티푸스 환자 2,500명의 유행에 앞서 약 10배의 발열, 설사 환자가 발생했다. 대장균 및 잡균 때문으로 알려졌지만, 그 근본적인 원인은 상수도 소독이 불충분했기 때문으로 알려졌다. 이것을 하노버(Hannover)열 또는 수도열(Water Fever)이라고 한다.
• 설사 : 황산마그네슘($MgSO_4$)이 다량 함유된 물(250mg/L)의 음용 시 설사가 발생한다.

기적의 TIP

상수도 처리 과정의 순서를 배열할 수 있어야 해요.
취수 → 도수 → 정수(침사 → 침전 → 여과 → 소독) → 송수 → 배수 → 급수

7) 상수도 처리

① **취수** : 강, 호수의 물을 퍼 올려 침사지로 보낸다.

② **도수** : 수원의 취수 시설에서 취수한 원수를 정수장까지 끌어오는 것을 말하며, 도수로를 사용하여 도수한다.

③ **정수**

• 침사 : 물속의 흙, 모래를 밀도 차이를 이용하여 가라앉힌다.

• 침전 : 유속을 느리게 하거나 정지시켜 부유물을 침전시키는 보통 침전과, 응집제를 주입하여 침전시키는 약품 침전이 있다.

• 여과 : 침전지, 여과지를 이용하여 세균, 부유물 등 미세입자의 여과 작용이 이루어진다.

• 소독 : 일반적으로 염소 소독을 사용한다.
 - 잔류 염소량은 0.2ppm을 유지한다(단, 수영장, 제빙 용수, 감염병 발생 시에는 0.4ppm).
 - 염소 소독의 종류 : 차아염소산나트륨(Sodium Hypochlorite), 이산화염소(ClO_2), 표백분($Ca(OCl_2)$)
 - 장점 : 우수한 잔류 효과, 강한 소독력, 간편한 조작, 경제적인 비용
 - 단점 : 강한 냄새, 독성

④ **송수, 배수, 급수** : 정수지에서 배수지로, 배수지에서 가정, 학교, 사업장으로 살균, 소독된 물이 송수로를 통해 이동된다.

8) 하수도 처리

① **하수도 처리 과정의 종류**

• 합류식 : 생활하수(가정하수, 공장폐수)와 천수(눈, 비)를 같이 처리하는 방법을 말하며, 우리나라에서는 합류식을 많이 사용한다.

장점	단점
• 시설비가 적게 듦 • 하수관이 자연 청소됨 • 수리, 검사, 청소 등이 용이함	• 범람의 우려가 있음 • 천수를 별도로 이용할 수 없음 • 침천물이 생겨 막히기 쉬움 • 악취가 발생할 수 있음

• 분류식 : 천수를 별도로 운반한다.

• 혼합식 : 천수와 사용수의 일부를 함께 운반한다.

② 하수도 처리 과정

- 예비처리 : 제진망(Screen)을 설치하여 부유물질을 제거하고 유속을 느리게 하여 토사 등을 침전시키는 보통 침전과, 약품 처리를 시키는 약품 침전이 있다.
- 본처리 : 본처리 중 활성오니법은 가장 진보된 하수 처리 방식이며, 도시 하수 처리에 많이 이용된다.

본처리의 구분	특징	분류
혐기성 처리	무 산소 상태에서 유기물을 분해하는 과정	임호프탱크법
		부패조처리법
호기성 처리	호기성 균의 활동에 의하여 유기물을 산화시키는 방법	활성오니법
		살수여과법

- 오니처리 : 육상투기법, 해양투기법, 소각법, 퇴비화법, 사상건조법, 소화법 등이 일반적으로 이용되고 있다. 그 중 소화법은 혐기성 분해처리를 시키는 방법으로 제일 진보된 오니처리법이다.

③ 하수의 위생 검사

- 생화학적 산소요구량(BOD) : 하수의 오염도를 나타내는 방법이며 수중 유기물을 20℃에서 5일간 측정한다. BOD의 수치가 높으면 하수 오염도가 높다는 말로 20ppm 이하이어야 한다.
- 화학적 산소요구량(COD) : 수치가 높을수록 오염 정도가 크고 산소량은 5ppm 이하이어야 한다.
- 용존 산소(DO) : 수중에 용해되어 있는 산소량을 말하며 DO의 수치가 낮으면 하수 오염도가 높다는 말로 4~5ppm 이상이어야 한다.

9) 수질 오염

① 수질 오염의 정의

- 자연수가 오염되는 현상을 의미하는데, 물은 스스로 정화되는 자정 능력이 있기 때문에 심각하지 않다면 크게 문제가 되지 않는다.
- 오염 물질의 양이 많아지면 자정 능력이 없어지고, 생물체 내에 유해 작용을 하는 상태가 된다.

🅕 기적의 TIP

오염된 물의 특성을 알아두 세요.
유기물↑, BOD↑, COD↑,
산소↓, DO↓

✔ 개념 체크

1 하수도 처리 방법 중 합류식은 시설비가 많이 든다. (O, X)

2 상수도를 처리하는 데 일반적으로 염소 소독을 사용한다. (O, X)

3 오염된 물은 '높은 유기물, 높은 BOD, 높은 COD, 낮은 산소량, 낮은 DO'의 특성을 갖는다. (O, X)

1 X 2 O 3 O

② 수질 오염원
- 자연적 원인 : 홍수, 화산 활동의 결과
- 인위적 원인 : 농업, 공업, 광업, 도시 하수 등 인간의 생활이나 생산 활동

③ 수질 오염에 의한 피해
- 수은 중독 : 미나마타병
- 카드뮴 중독 : 이타이이타이병
- PCB 중독 : 가네미유증(= 미강유 중독 = 쌀겨유 중독)
- 농업, 어업에 피해
- 상수원의 오염
- 부영양화 현상 : 천수나 호수의 유기물, 영양염류의 농도가 높아지는 것을 부영양화 현상이라 한다. 공장 폐수, 생활하수, 농축산 폐수 등의 유기 물질이 대량 유입되어 수중에 생존하는 조류가 이상 번식하여 발생하는 수질 오염이다.
- 적조 현상 : 부영양화 된 바닷물 속에서 플랑크톤의 번식으로 인해 바닷물 표면이 붉게 변하는 현상이다. 온도가 높고 염도가 낮으며 양분이 풍부하면 각종 규조류와 편모조류, 섬모충류 등 원생생물이 이상 증식을 하게 된다. 이들 플랑크톤이 어패류의 아가미에 붙어 호흡을 방해하거나 물속의 산소를 다 소비해 버리면 많은 어패류가 질식사하게 된다.
- 녹조 현상 : 호수나 하천에서 부영양화 된 물속에 식물성 플랑크톤이나 녹조류가 대량으로 늘어나 녹색으로 보이는 현상이다.

④ 수질 오염의 방지 대책
- 하수도 정비 및 하수처리장 증설
- 산업폐수의 처리시설 완비
- 폐수 처리방법의 연구 및 개발
- 법적 규제의 강화와 지속적인 감시 관리
- 국토, 도시 또는 공업인지 계획 수립

10) 오물 처리

① 분뇨 처리
- 소화 처리법은 변소, 운반, 종말 처리로 나누어진다.
- 가온식은 28~35℃에서 1개월 정도, 무가온식은 2개월 이상 실시한다.
- 퇴비로 사용할 때 충분한 부숙 기간을 거치는데 여름은 1개월, 겨울은 3개월이 필요하다.
- 분뇨를 비위생적으로 처리할 경우 소화기계 감염병이나 기생충 질환 등에 노출될 수 있다.

② 진개(쓰레기) 처리

- 주방에서 나오는 도시 생활 쓰레기 중에서 가장 많은 부분을 차지하는 것이 음식물 쓰레기이며, 전체 쓰레기 처리 비용 중에서 가장 많은 부분을 차지하는 것은 수거 비용이다.
- 매립법 : 진개의 높이는 2m를 초과하지 말아야 하며, 복토의 두께는 0.6~1m가 좋다. 매립장에서 암모니아가스, 메탄가스, 탄산가스, 유황 수소가스 등이 발생한다.
- 소각법 : 가장 위생적인 방법이나 대기 오염이 심하고, 처리 비용이 비싸다.
- 비료화법(퇴비법) : 농촌에서 많이 이용되는 방법으로 발효시켜 퇴비로 이용한다.
- 기타 : 투기법, 가축사료로 이용한다.

③ 오물(진개)의 종류

- 주개 : 주방에서 배출되는 식품의 쓰레기로 육류, 채소, 과일 등
- 가연성 진개 : 종이, 나무, 고무
- 불연성 진개 : 금속
- 재활용성 진개 : 플라스틱류, 병류

11) 인위적 환경

① 소음

- 소음원 : 공장의 기계음, 건설 현장이나 교통 차량에 의한 소음
- 피해 : 불쾌감, 수면장애, 불안증, 작업능률 저하, 90dB(데시벨) 이상에서 난청 가능성 등
- 소음 방지 대책 : 소음 발생원의 제거, 소음의 확산 방지, 도시계획의 정비, 법적 규제
- 소음 음압의 단위 : Decibel
- 소음 음의 크기 : phon

② 진동

- 일정한 점을 중심으로 하여 양쪽으로 흔들려 움직이는 운동을 진동이라 하며 신체의 전체나 일부가 떨림을 받을 때 피해가 나타난다.
- 피해 : 레이노이드병

③ 채광

- 창의 방향은 남향이 좋다.
- 창의 면적은 벽면적의 70%, 바닥면적의 1/5~1/7 이상이 좋다.
- 창의 개각은 4~5°, 입사각은 28° 이상이 좋고 입사각이 클수록 실내가 밝다.

④ 조명

직접조명	조명 효율이 크고 경제적이나 강한 음영으로 불쾌감을 줌
간접조명	조명 효율이 낮고, 설비의 유지비가 다소 많이 들지만, 눈에 안정적
반간접조명	직접조명과 간접조명의 절충식

• 조리실 안은 반간접조명이 좋다.
• 부적당한 조명으로 가성근시, 안정피로, 안구진탕증, 백내장 등이 일어날 수 있다.
• 인공조명 시 고려할 점
  – 폭발하거나 화재의 위험이 없고, 유해가스의 발생이 없어야 한다.
  – 가격이 저렴하고, 취급하기 간단해야 한다.
  – 조명도는 균일한 것이어야 한다.
  – 빛의 색은 일광에 가까워야 한다.

⑤ 환기
• 자연 환기 : 실내외의 온도차, 기체의 확산력에 의해 이루어진다. 중성대*는 방의 천정 가까이에 있는 것이 좋다.
• 인공 환기 : 환풍기 등을 이용한 환기로 환기창은 바닥면적의 5% 이상이어야 한다.

⑥ 냉난방
• 냉방 : 실내온도 26℃ 이상에 필요하고, 실내외의 온도차는 5~8℃ 이내로 유지한다.
• 난방 : 실내온도 10℃ 이하에 필요하고, 머리와 발의 온도차는 2~3℃ 내외가 좋다.

★ 중성대
밀도의 차이에 의해 뜨거운 공기는 위로 차가운 공기는 아래로 이동하는데, 이러한 이동이 없는 중간 지점

03 역학

1) 역학의 정의

인간집단에 발생하는 유행병 및 모든 질병을 의학적, 생태학으로서 보건학적 진단학을 연구하는 학문이다.

2) 감염병의 3대 원인

① 감염원(병원체, 병원소) : 질병을 일으키는 원인이며 환자, 보균자, 토양 등을 말한다.
② 환경(전염경로) : 질병이 전파되는 과정이다.
③ 숙주의 감수성 : 감수성이 높으면 면역성이 낮으므로 질병이 발병되기 쉽다.

3) 감염병의 생성 6단계

6개 요소 중 어느 한 단계라도 차단되면 감염병은 생성되지 않는다.
① 병원체 : 세균(박테리아), 바이러스, 리케차, 기생충 등
② 병원소 : 사람, 동물, 토양, 매개 곤충
③ 병원소로부터 병원체의 탈출 : 호흡기계로 탈출, 대변 및 소변으로 탈출, 기계적 탈출
④ 병원체 전파 : 직접전파, 간접전파, 공기전파 등
⑤ 병원체의 침입 : 새로운 숙주의 호흡기계 침입, 소화기계 침입, 피부 점막 침입
⑥ 숙주의 감수성 : 병원체가 침입해도 면역력이 있으면 감염은 성립되지 않음

4) 병원체에 따른 분류

① 바이러스(Virus)

- 0.1~0.3μ 정도의 크기로 전자 현미경으로만 볼 수 있고 크기가 가장 작으며 세균 여과기에 통과한다.
- 질병
  - 호흡기계 침입 : 인플루엔자, 천연두(두창), 홍역, 유행성 이하선염 등
  - 소화기계 침입 : 급성 회백수염(=소아마비=폴리오), 유행성 간염 등
  - 경피 침입 : 일본뇌염, 광견병(공수병), AIDS 등

② 세균(Bacteria)

- 병원성 박테리아는 적절한 온도와 습도의 환경 조건하에 급속하게 증식한다.
- 질병
  - 호흡기계 침입 : 디프테리아, 백일해, 결핵, 성홍열, 폐렴, 나병 등
  - 소화기계 침입 : 장티푸스, 파라티푸스, 세균성 이질, 콜레라 등
  - 경피 침입 : 페스트, 파상풍 등

③ 리케차(Rickettsia)

- 생세포에 존재한다.
- 질병 : 발진티푸스, 발진열, 양충병 등

④ 스피로헤타성 질병 : 매독, 서교증, 와일씨병 등

⑤ 원충성 질병 : 말라리아, 아메바성 이질 등

5) 인체 침입 장소에 따른 분류

① 호흡기계 침입

- 대화, 기침, 재채기를 통해 전파된다.
- 코, 비강, 기도 등으로 성립된다.

병명	특징	증세
디프테리아	1~4세 어린이에게 많이 발생	발열과 함께 코, 인두, 편도, 후두 등에 염증
백일해	9세 이하에서 많이 발생	얼굴이 빨개지고 눈이 충혈되며, 기침 끝에 구토가 동반되고, 끈끈한 점액성 가래
결핵	폐에서 발병하는 만성 감염병	기침, 호흡장애, 가슴통증, 미열, 전신쇠약
인플루엔자	독감으로 알려진 바이러스에 의한 급성 호흡기 질환	발열과 오한, 복통
천연두(두창)	주로 겨울철에 발생	발열, 불쾌감, 전신 발진, 두통, 농포, 수포, 근육통
홍역	바이러스에 의해 1~2세에 많이 발생	발열과 전신에 발진
풍진	어린이에게 많이 발생	발열, 발진 증세
성홍열	사람 사이의 긴밀한 접촉이 흔한 학교, 군대 등에서 유행 발생	편도선염, 발진, 고열 증세
유행성 이하선염	볼거리라 불리는 급성 열성 질환	오한, 두통, 전신권태감
결핵	인류 역사상 가장 많은 생명을 앗아간 감염 질환	기침, 호흡장애, 객담, 가슴통증

기적의 TIP

호흡기계와 소화기계 감염병을 분류하고, 바이러스와 세균을 분리할 수 있어야 해요.

② 소화기계 침입

분변이나 토물에 의해서 소화기계 감염병이나 기생충 질환의 병원체가 체외로 배설된다.

병명	특징	증세
장티푸스	위생상태가 나쁜 지역에서 유행	두통, 근육통, 구역, 구토, 변비, 설사
파라티푸스	장티푸스와 유사	지속적인 고열, 두통, 발진, 설사
세균성 이질	급선 연증성 장염	발열, 혈변
아메바성 이질	아메바의 감염에 의하여 생기는 일종의 소화기 감염병	심한 설사와 혈변, 복통의 증상을 나타내는 대장의 질환
콜레라	분변, 구토물로 오염된 음식이나 물을 통해 감염	구토, 변비, 설사
폴리오	급성 이완성 마비를 일으키는 질환 급성 회백수염, 소아마비	발열, 인후통, 구역, 구토 등의 비특이적인 증상을 보이다가 수일간의 무증상기를 거친 후 비대칭성의 이완성 마비
유행성 간염	A형 감염 바이러스의 감염에 의해 집단 발생으로 나타내는 급성 바이러스성 간염	전신권태감, 식욕부진, 오심, 구토, 발열, 황달

③ 경피 침입

- 신체의 일부가 직접 토양이나 퇴비에 접촉하거나, 성병과 같은 육체적 접촉을 통해 감염된다.
- 십이지장충, 파상풍, 나병, 매독 등

6) 전염 경로에 따른 분류

① 직접 접촉 간염 : 매독, 임질

② 간접 접촉 감염
- 환자의 인후분비물에 의해 감염되는 비말 감염 : 디프테리아, 인플루엔자, 성홍열 등
- 먼지나 티끌 등에 병원균이 묻어 전파되는 진애 감염 : 결핵, 천연두, 디프테리아 등

③ 개달물 감염
- 의복, 손수건, 식기, 침구 등에 의해 감염
- 결핵, 트라코마, 천연두 등

7) 숙주*의 감수성 지수

- 급성호흡기계 감염병에 대해 감수성이 있는 사람이 환자와 접촉했을 때 발병하는 비율이다.
- 감수성 지수가 높은 두창, 홍역은 전염이 잘 된다.
- 두창, 홍역(95%) 〉 백일해 〉 성홍열 〉 디프테리아 〉 소아마비(0.1%)

★ 숙주
기생 생물에게 영양을 공급하는 생물

✅ 개념 체크

1 바이러스는 병원체 중에 크기가 가장 작다. (O, X)
2 일본뇌염, 광견병 등은 소화기계 침입이다. (O, X)
3 감염병의 3대 원인은 '감염원, 환경, 숙주의 감수성'이다. (O, X)

1 O 2 X 3 O

1) 법정 감염병(2024.1. 기준)

① 제1급감염병(17종)

- 생물테러감염병 또는 치명률이 높거나 집단 발생 우려가 커서 발생 또는 유행 즉시 신고하고 음압격리가 필요한 감염병
- 에볼라바이러스병, 마버그열, 라싸열, 크리미안콩고출혈열, 남아메리카출혈열, 리프트밸리열, 두창, 페스트, 탄저, 보툴리눔독소증, 야토병, 중증급성호흡기증후군(SARS), 중동호흡기증후군(MERS), 동물인플루엔자인체감염증, 신종인플루엔자, 디프테리아, 리프트밸리열

② 제2급감염병(21종)

- 전파 가능성을 고려하여 발생 또는 유행 시 24시간 이내에 신고하고 격리가 필요한 감염병
- 결핵, 수두, 홍역, 콜레라, 장티푸스, 파라티푸스, 세균성이질, 장출혈성대장균감염증, A형간염, 백일해, 유행성이하선염, 폴리오, 수막구균 감염증, b형헤모필루스인플루엔자, 폐렴구균 감염증, 한센병, 성홍열, 반코마이신내성황색포도알균(VRSA)감염증, 카바페넴내성장내세균속균종(CRE)감염증, E형간염, 풍진(선천성, 후천성)

③ 제3급감염병(28종)

- 발생 또는 유행 시 24시간 이내에 신고하고 발생을 계속 감시할 필요가 있는 감염병
- 파상풍, B형간염, 일본뇌염, C형간염, 말라리아, 레지오넬라증, 비브리오패혈증, 발진티푸스, 발진열, 쯔쯔가무시증, 렙토스피라증, 브루셀라증, 공수병, 신증후군출혈열, 후천성면역결핍증(AIDS), 크로이츠펠트-야콥병(CJD) 및 변종크로이츠펠트-야콥병(vCJD), 황열, 뎅기열, 큐열, 웨스트나일열, 라임병, 진드기매개뇌염, 유비저, 치쿤구니야열, 중증열성혈소판감소증후군(SFTS), 지카바이러스감염증, 매독(1, 2, 3기), 매독(선천성, 후천성)

④ 제4급감염병(23종)

- 제1급~제3급 감염병 외에 유행 여부를 조사하기 위해 표본감시 활동이 필요한 감염병
- 인플루엔자, 회충증, 편충증, 요충증, 간흡충증, 폐흡충증, 장흡충증, 수족구병, 임질, 클라미디아감염증, 연성하감, 성기단순포진, 첨규콘딜롬, 반코마이신내성장알균(VRE) 감염증, 메티실린내성황색포도알균(MRSA) 감염증, 다제내성녹농균(MRPA) 감염증, 다제내성아시네토박터바우마니균(MRAB) 감염증, 장관감염증, 급성호흡기감염증, 해외유입기생충감염증, 엔테로바이러스감염증, 사람유두종바이러스 감염증, 코로나바이러스감염증-19

🅱 기적의 TIP

법정 감염병은 급별로 구분해서 특징과 질병의 종류에 대해 알아두세요.

⑤ 신고
- 신고 경로 : 의사, 치과의사, 한의사, 의료기관의 장, 부대장, 병원체 확인기관의 장 등 → 관할 보건소장(제1급감염병의 경우 신고서 제출 전 구두·전화로 보건소장 또는 질병관리본부장에게 신고)
- 신고 기간

구분	신고기간	신고대상
제1급감염병	즉시	발생, 사망, 병원체 검사결과
제2, 3급감염병	24시간 이내	
제4급감염병	7일 이내	발생, 사망
예방접종 후 이상반응	즉시	이상반응 발생

- 벌칙
  - 감염병 신고의무자의 보고·신고 의무 위반, 거짓 보고·신고 및 보고·신고 방해자에 대한 벌칙
  - 제1, 2급감염병 : 벌금 500만 원 이하
  - 제3, 4급감염병 : 벌금 300만 원 이하

2) 검역 감염병

① 해외에 유입된 해충이나 감염병의 예방, 전파를 방지하기 위해 관리하는 감염병이다.

② 예방 방법
- 자동차, 배, 비행기, 화물 따위를 검진하고 소독
- 여객들에게 예방 주사를 접종, 병이 있는 사람을 격리
- 동물이나 식물을 따로 보관하여 병의 유무를 살핀 뒤 폐기하거나 통과
- 국내검역·국제검역·가축 및 동물 검역·식물 검역 등으로 구분하여 실시

③ 검역 질병과 기간
- 콜레라 : 120시간
- 페스트 : 144시간
- 황열 : 144시간

3) 인축공동감염병

① 사람과 동물 사이에서 동일한 병원체에 의해 발생하는 질병을 말한다.
② 인수공통감염병이라고도 한다.

질병	가축(품목)
결핵	소
탄저, 비저	양, 말
살모넬라증, 돈단독, 선모충, Q열	돼지
광견병	개
페스트	쥐, 벼룩
야토병	산토끼, 쥐, 다람쥐
파상열(부루셀라)	사람, 소, 양, 돼지

✔ 개념 체크

1 제1급 감염병은 즉시 신고해야 한다. (O, X)

2 법정 감염병은 한 번 정해지면 바뀌지 않는다. (O, X)

3 의복, 손수건, 침구 등에 의한 감염을 간접 접촉 감염이라고 한다. (O, X)

4 감염병은 10~40년 주기로 추세가 변화한다. (O, X)

5 병원체를 보유하고 있지만 증상이 나타나지 않는 자를 보균자라고 한다. (O, X)

1 O 2 X 3 X 4 O 5 O

4) 감염병의 변화

① 추세 변화
• 10~40년 주기로 유행한다.
• 디프테리아(20년), 성홍열(30년), 장티푸스(30~40년)

② 순환 변화
• 2~5년 주기로 유행한다.
• 백일해(2~4년), 홍역(2~3년), 일본뇌염(3~4년)

③ 계절적 변화
여름에는 소화기계 감염병, 겨울에는 호흡기계 감염병이 발생한다.

5) 잠복기가 있는 감염병

① 잠복기가 1주일 이내 : 콜레라(가장 짧음), 이질, 성홍열, 파라티푸스, 디프테리아, 일본뇌염, 인플루엔자
② 잠복기가 1~2주일 : 발진티푸스, 두창, 홍역, 백일해, 장티푸스, 폴리오
③ 잠복기가 긴 것 : 나병, 결핵

6) 감염병 예방대책

① 병원체에 대한 대책 : 환자의 조기발견, 격리 및 치료, 보균자 조사
② 환경에 대한 대책 : 소독, 살균, 해충 구제
③ 숙주의 감수성 대책 : 저항력 증진, 면역력 증강

④ 질병의 예방 단계
• 1차적 예방 : 건강한 사람의 예방접종, 환경 관리, 건강증진
• 2차적 예방 : 질병의 초기 또는 걸릴 가능성이 있는 사람의 건강 검진, 조기 진단 후 치료
• 3차적 예방 : 질병의 발생 후 치료, 재활

⑤ 보균자
• 병원체를 보유하고 있지만 증상은 나타나지 않는 자
• 건강보균자, 잠복기보균자, 병후보균자 등

7) 숙주의 면역

① 선천적 면역
- 개인특이성
- 종속면역
- 인종면역

② 후천적 면역

능동면역	자연능동면역	• 질병 감염 후 얻은 면역 • 두창, 소아마비
	인공능동면역	• 예방접종 후 얻은 면역 • 생균 백신 : 홍역, 결핵, 황열, 폴리오, 탄저, 두창 • 사균 백신 : 파라티푸스, 장티푸스, 콜레라, 백일해, 일본뇌염 • 순화독소 접종 : 세균의 독성을 약하게 한 것. 디프테리아, 파상풍
수동면역	자연수동면역	태반, 모유 등 모체로부터 얻은 면역
	인공수동면역	• 수혈 후 얻은 면역 • 글로불린 주사, 성인 또는 회복기 환자의 혈청

기적의 TIP

• 예방접종 효과가 가장 강한 것 : 두창(천연두)
• 예방접종 효과가 가장 약한 것 : 이질
• 환경위생 철저, 예방접종이 가장 좋은 감염병 : 소아마비

★ DPT
D(디프테리아), P(백일해), T(파상풍)

8) 정기예방접종

구분	연령	예방 접종의 종류
기본접종	4주 이내	BCG(결핵)
	2, 4, 6개월	경구용 소아마비, DPT
	15개월	홍역, 볼거리, 풍진(MMR)
	3~15세	일본뇌염
추가접종	18개월, 4~6세, 11~13세	경구용 소아마비, DPT ★
	매년	일본뇌염

CHAPTER

02

안전관리

 학습 방향

개인 안전사고 예방 및 사후 조치에 대한 내용으로 소화기 사용법, 조리시설 안전
장치 등에 대해 알아두고, 조리 기구의 명칭과 안전한 관리와 사용법에 대해 공부합
니다. 문제의 비중은 높지 않지만 조리 실무에 필수적인 요소입니다.

01 개인 안전사고 예방 및 사후 조치

1) 안전사고 예방 과정

① 위험요인을 제거한다.
② 위험요인을 차단하기 위해 안전방벽을 설치한다.
③ 위험사건을 초래할 수 있는 인적 · 기술적 · 조직적 오류를 예방한다.
④ 위험사건을 초래할 수 있는 인적 · 기술적 · 조직적 오류를 교정한다.
⑤ 위험사건 발생 이후 재발 방지를 위하여 대응 및 개선 조치를 취한다.

2) 개인 안전관리 점검표 작성

구분	원인	내용
인간(Man)	심리적 원인	망각, 무의식 행동, 위험 감각, 잘못된 판단, 착오 등
	생리적 원인	피로, 수면부족, 신체기능, 알코올, 질병, 나이 등
	사회적 원인	직장의 인간관계, 리더십, 팀워크, 커뮤니케이션 등
기계(Machine)	• 기계 · 설비의 설계상의 결함 • 안전하지 않은 설계	• 표준화의 부족 • 점검, 정비의 부족
매체(Media)	• 작업정보의 부적절 작업자세 • 작업동작의 결함 • 작업방법의 부적절	• 작업공간의 불량 • 작업환경 조건의 불량
관리(Management)	• 관리조직의 결함 규정 • 매뉴얼의 불이행 • 안전관리 계획의 불량	• 교육 · 훈련의 지도 관리 부족 • 적성배치의 불충분 • 건강관리의 불량

3) 주방 내 안전관리 사고 유형

① 개인적 유형

• 정서적 요인 : 개인의 선천적 · 후천적 소질 요인으로 과격한 기질, 신경질, 시력 또는 청력의 결함, 근골박약, 지식 및 기능의 부족, 중독증, 각종 질환 등이 있다.
• 행동적 요인 : 개인의 부주의 또는 무모한 행동에서 오는 요인으로 책임자의 지시를 무시한 독단적 행동, 불완전한 동작과 자세, 미숙한 작업 방법, 안전장치 등의 점검 소홀, 결함이 있는 기계 · 기구의 사용 등이 있다.
• 생리적 요인 : 체내에서 에너지 사용이 일정한 한도를 넘어 과도하게 행해졌을 때 일어나는 생리적 현상으로, 사람이 피로하게 되면 심적 태도가 교란되고 동작을 세밀하게 제어하지 못하므로 실수를 유발하게 되어 사고의 원인이 된다.

② 물리적 유형

각종 기계, 기구, 시설물 자재의 불량이나 결함, 안전장치 또는 시설의 미비, 각종 시설물의 노후화에 의한 붕괴, 화재 등의 요인이 있다.

③ 환경적 유형

• 주방의 환경적 요인 : 고온, 다습한 환경으로 피부 질환, 땀띠 등을 유발하고, 장화 착용으로 무좀, 습진 등의 질병이 발생할 수 있다.
• 주방의 물리적 요인 : 젖은 상태, 기름기가 있는 바닥으로 인한 미끄러짐, 낙상 사고가 발생할 수 있다.
• 주방의 시설 요인 : 잦은 물의 사용으로 전기 누전의 위험이 있고, 이로 인해 신체적 안전에 영향을 끼칠 수 있다.

4) 칼의 안전관리

① 칼을 사용할 때는 집중하고 안정된 자세로 작업에 임한다.
② 칼을 본래의 목적 이외에는 사용하지 않는다.
③ 칼을 떨어뜨렸을 경우에는 잡으려고 하지 말고, 한 걸음 물러서서 피한다.
④ 주방에서 칼을 들고 다른 장소로 옮겨갈 때에는 칼끝을 정면으로 두지 않으며 지면을 향하게 하고 칼날이 뒤로 가게 한다.
⑤ 칼은 항상 잘 보이는 곳에 두고, 물이 들어있는 싱크대 등에 담그지 않는다.
⑥ 칼을 사용하지 않을 때에는 안전함에 넣어서 보관한다.

5) 개인 안전사고 예방 및 조치

① 재해발생의 원인을 분석한다.
• 부적합한 지식
• 부적절한 태도의 습관
• 불안전한 행동
• 불충분한 기술
• 위험한 환경

② 안전사고 예방을 위한 안전 수칙 교육을 한다.
• 현장을 자주 방문하고 모범적인 행동을 한다.
• 안전보건관련 계획, 의사결정에 참여한다.
• 안전성과에 대한 책임감을 갖도록 유도한다.
• 안전에 대한 적극적인 태도를 유지하는 것이 중요하다.

③ 안전사고 조치
• 발생 시 신속, 정확한 응급조치를 할 수 있도록 교육한다.
• 응급환자의 처치를 돕고, 질병이 악화되는 것을 막고, 통증을 경감시킨다.
• 응급처치 현장에서의 자신의 안전을 확인한다.
• 최초로 응급환자를 발견하고 응급처치를 시행하기 전에 임의로 환자의 생사 유무를 판정하지 않는다.
• 응급환자를 처치할 때 원칙적으로 의약품을 사용하지 않는다.
• 응급환자에 대한 처치는 어디까지나 응급처치로 그치고, 이후에는 전문 의료요원의 처치에 맡긴다.

기적의 TIP

개인 안전사고 예방을 위해서는 안전관리 기준준수 및 무리한 작업을 하지 않는 것이 중요해요.

장비·도구 안전작업

빈출 태그 ▶ 안전한 조리 장비 · 도구 관리

01 조리도구의 종류

① 준비도구
- 재료손질과 조리준비에 필요한 용품이다.
- 앞치마, 머릿수건, 양수바구니, 야채바구니, 가위 등

② 조리기구
- 준비된 재료를 조리하는 과정에 필요한 용품이다.
- 솥, 냄비, 팬 등

③ 보조도구
- 준비된 재료를 조리하는 과정에 필요한 용품이다.
- 주걱, 국자, 뒤집개, 집게 등

④ 식사도구
- 식탁에 올려서 먹기 위해 사용되는 용품이다.
- 그릇 및 용기, 쟁반류, 상류, 수저 등

⑤ 정리도구
수세미, 행주, 식기건조대, 세제 등

① 음식절단기

• 전원 차단 후 기계를 분해하여 중성세제와 미온수로 세척하였는지 확인한다.
• 건조시킨 후 원상태로 조립하고 안전장치 작동에서 이상이 없는지 확인한다.

② 튀김기[★]

★ 튀김기

• 사용한 기름을 식은 후 다른 용기에 기름을 받아내고 오븐클리너로 골고루 세척했는지 확인한다.
• 기름때가 심한 경우 온수로 깨끗이 씻어 내고 마른 걸레로 물기를 완전히 제거하였는지 확인한다.
• 받아둔 기름을 다시 유조에 붓고 전원을 넣어 사용한다.

③ 육절기

• 전원을 끄고 칼날과 회전봉을 분해하여 중성제제와 이온수로 세척하였는지 확인한다.
• 물기 제거 후 원상태로 조립 후 전원을 넣고 사용한다.

④ 제빙기

• 전원을 차단하고 기계를 정지시킨 후 뜨거운 물로 제빙기의 내부를 구석구석 녹인다.
• 중성세제로 깨끗하게 세척하였는지 확인한다.
• 마른 걸레로 깨끗하게 닦은 후 20분 정도 지난 후 작동시킨다.

⑤ 식기세척기

• 탱크의 물을 빼고 세척제를 사용하여 브러시로 깨끗하게 세척했는지 확인한다.
• 모든 내부 표면, 배수로, 여과기, 필터를 주기적으로 세척하고 있는지 확인한다.

⑥ 그리들[★]

★ 그리들

• 그리들 상판의 온도가 80℃가 되었을 때 오븐클리너를 분사하고 밤솔 브러시로 깨끗하게 닦았는지 확인한다.
• 뜨거운 물로 오븐클리너를 완전하게 씻어내고 다시 비눗물을 사용해서 세척하고 뜨거운 물로 깨끗이 헹궜는지 확인한다.
• 세척이 끝난 철판 위에 기름칠을 하였는지 확인한다.

작업환경 안전관리

01 작업장 환경관리

1) 안전관리 지침서 작성

① 직접적인 대책

작업환경의 개선, 기계 · 설비의 개선, 작업방법의 개선 등이 있다.

② 간접적인 대책

조직 · 관리기준의 개선, 교육의 실시, 건강의 유지 증진 등이 있다.

2) 작업장 주변의 정리정돈

① 작업장 주위의 통로나 작업장은 항상 청소한 후 작업한다.

② 사용한 장비 · 도구는 적합한 보관 장소에 정리한다.

③ 고정되지 않는 것은 받침대를 사용하고 가능한 묶어서 적재 또는 보관한다.

④ 적재물은 사용 시기, 용도별로 구분하여 정리한다.

⑤ 부식 및 발화 가연제 또는 위험물질은 별도로 구분하여 보관한다.

3) 작업장의 온 · 습도 관리

① 작업장 온도는 겨울은 18.3℃~21.1℃, 여름은 20.6~22.8℃를 유지한다.

② 오븐 근처의 냄비, 튀김기, 다른 고열이 발생하는 기계 근처의 온도관리를 철저히 한다.

③ 적정한 상대습도는 40~60%를 유지한다.

4) 작업장 내 적정한 수준의 조명 유지, 미끄럼 및 오염 관리

① 조리작업장의 권장 조도는 161~143Lux이다.

② 작업장은 백열등이나 색깔이 향상된 형광등을 사용한다.

③ 미끄럼 사고가 발생하지 않게 주방설비 시 유념하여 시공한다.

1) 안전관리시설 및 안전용품 관리

① 개인 안전보호구를 사용 목적에 맞게, 청결하게, 개인 전용으로 선택한다.
② 개인 안전보호구(안전화, 위생장갑, 안전마스크, 위생모)를 착용한다.
③ 유해, 위험, 화학물질을 처리기준에 따라 관리한다.

2) 안전관리 책임자의 법정 안전교육 실시

교육과정	교육대상	교육시간
정기교육	사무직 근로자	• 매월 1시간 이상 • 또는 매분기 3시간 이상
	관리감독자	• 매분기 8시간 이상 • 또는 연간 16시간 이상
채용교육	일용직 근무자	1시간 이상
	일용직 근무자를 제외한 근로자	8시간 이상
작업내용변경교육	일용직 근무자	1시간 이상
	일용직 근무자를 제외한 근로자	2시간 이상
특별안전보건교육	일용직 근무자	2시간 이상
	일용직 근무자를 제외한 근로자	16시간 이상

✔ **개념 체크**

1 조리 작업장의 권장 조도는 161~143Lux이다. (O, X)

2 유해, 위험, 화학물질은 상사의 지시에 따라 관리한다. (O, X)

3 안전관리 관리 감독자의 경우 매분기 8시간 이상 또는 연간 16시간 이상의 안전교육을 받아야 한다. (O, X)

1 O 2 X 3 O

03 화재예방 및 조치 방법

1) 화재의 예방

① 인화성 물질 적정보관 여부를 점검한다.
② 소화기구의 화재안전기준에 따른 소화전함, 소화기 비치 및 관리, 소화전함 관리 상태를 점검한다.
③ 출입구 및 복도, 통로 등에 적재물 비치 여부를 점검한다.
④ 비상통로 확보 상태, 비상조명등 예비 전원 작동상태를 점검한다.
⑤ 자동 확산 소화용구 설치의 적합성 등에 대해 점검한다.
⑥ 가스용기는 직사광선을 피하고, 용기와 가까운 곳에 화기를 두지 않는다.
⑦ 낡은 전선이나 설치류에 의한 파손을 점검, 수리하고 누전에 유의한다.

2) 화재 조치 방법

① 응급조치 행동 계획

• 행동 계획을 세운다.
• 현장 상황의 안전을 확인한다.
• 무엇을 해야 하고 무엇을 하지 말아야 할 행동인지 인지한다.
• 전문 의료기관(119)에 전화로 응급상황을 알린다.
• 신고 후 응급환자에게 필요로 하는 응급처치를 시행하고, 전문 의료원이 도착할 때까지 환자를 지속적으로 돌본다.

② 응급처치 교육시간

교육 내용	교육 시간
1. 응급활동의 원칙 및 내용	
2. 응급구조 시의 안전수칙	1시간
3. 응급의료 관련 법령	
기본 인명구조술(이론)	1시간
기본 인명구조술(실습)	2시간

3) 소화기

① 소화기의 종류

- 물 소화기 : 물을 통해 불씨를 잠재우는 소화기로 주로 냉각작용을 통해 소화를 한다.
- 이산화탄소 소화기 : 이산화탄소를 압축 후 액화하여 사용하는 방식의 소화기로 질식작용을 통해 불씨를 잠재운다. 소화대상물의 손상이 적다는 장점 때문에 주로 미술관이나 박물관 등에 비치되나, 질식의 우려가 높으므로 지하나 일반 가정에는 비치하지 않는다.
- 분말 소화기 : 가장 흔하게 볼 수 있는 소화기의 형태로 소화약품의 분말로 진화한다.
- 하론 소화기 : 질식작용을 통해 진화되어 효과는 크지만 가격이 비싸고 하론가스의 독성 때문에 인체에 유해하여 판매가 금지된 소화기이다.
- 포말 소화기 : 액체 상태의 화학약재를 이용하는 포말 소화기는 거품 형태로 분사되며 화재를 진압한다. 사용방법이 번거롭고 화재현상 부식 가능성이 높은 편으로 많이 사용되지는 않는다.
- 청정 소화기 : 하론 소화기의 대체품으로, 하론 소화기에 비해 친환경 소재로 불씨를 잠재우며 소화 성능도 좋고 무게가 가벼워 사용이 편리하며 박물관, 쇼핑몰 등에서 많이 사용한다.
- 투척용 소화기 : 화재가 난 장소에 던져 진화하는 사용이 아주 편리한 소화기로 아이들이나 노약자들을 위해 만들어진 소화기이다.
- 스프레이형 소화기 : 최근 가정과 차량 등 비상용으로 많이 사용되는 소화기이다.

② 소화기의 사용 방법

- 손잡이 부분의 안전핀을 뽑는다.
- 바람을 등지고 자세를 취한다.
- 호스를 불쪽으로 가까이 한다.
- 손잡이를 힘껏 움켜 쥔 다음 불의 아래쪽에서 비를 쓸듯이 차례로 덮어 나간다.

③ 소화기의 압력계 점검

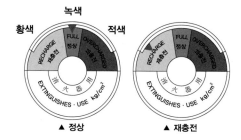

▲ 정상   ▲ 재충전

✅ 개념 체크

1 출입구 및 복도, 통로 등에 물건을 적재하여 불길이 넘어오지 못하게 해야 한다. (O, X)

2 가스 용기는 직사광선에 두어야 하며, 용기와 가까운 곳에 화기를 두지 않는다. (O, X)

3 분말 소화기는 가장 흔하게 사용되는 소화기로, 소화약품의 분말로 화재를 진화한다. (O, X)

1 X 2 X 3 O

PART

02

재료관리 및 구매관리

파트 소개

식품은 물, 단백질, 지질, 탄수화물, 비타민, 무기질로 구성되어 있는데 각 구성 성분과 성질을 이해하고 색, 맛, 향의 변질에 대해서도 공부합니다. 또한 필요한 재료를 저장 · 재고 관리 · 선입선출하여 효율적으로 관리할 수 있도록 하고, 조리에 필요한 양질의 식재료, 조리기구, 장비를 적절한 시기에 구매할 수 있도록 학습합니다.

CHAPTER

01

재료관리

🧑‍🍳 **학습 방향**

식품의 일반 성분인 탄수화물, 단백질, 지질, 비타민, 무기질의 특성과 종류에 대해 공부하고 특수 성분인 식품의 색과 갈변, 냄새의 변화에 대해 이해할 수 있어야 합니다. 문제가 자주 출제되는 과목이므로 일상 생활에서의 식품과 연관시켜 꼼꼼히 공부하도록 하세요.

식품재료의 성분

빈출 태그 ▶ 유리수 · 자유수 · 수분활성도 · 탄수화물 · 단백질 · 지질 · 비타민 · 무기질의 종류와 특징 · 갈변

01 수분

1) 물의 특징

① 인체의 60~65%는 수분으로 구성되어 있으며 인체 내에서 음식물의 소화, 운반, 체온 조절 등의 생리적 작용을 하는데 성인은 하루에 2~3L의 물이 필요하다.

② 신체를 구성하는 물을 10% 상실하면 생리적 이상이 오고, 20% 이상 상실하면 생명이 위험하다.

③ 물은 공기, 음식과 함께 인간이 생명 유지를 하는 데 필요한 기본 요소이다.

2) 결합수와 자유수

★ 결합수
식품의 구성성분인 탄수화물이나 단백질 등의 유기물과 결합되어 있는 수분

★ 자유수
식품 중에 유리 상태로 존재하고 있고 자유롭게 이동이 가능한 수분

결합수 ★	자유수 ★
용질에 대하여 용매로 작용하지 않음	전해질을 잘 녹임(용매 작용)
건조로 쉽게 제거되지 않음	건조로 쉽게 제거
−20℃에서도 동결되지 않음	0℃ 이하에서 쉽게 동결
미생물 증식에 이용되지 못함	미생물의 번식과 발아에 이용
밀도가 큼	표면 장력, 점성, 비열이 큼

3) 경수와 연수

경수	연수
칼슘, 마그네슘 등 광물질을 많이 함유한 물	광물질의 양이 낮은 물
운동 후, 임신부, 변비에 적합	녹차, 홍차, 밥, 육수에 적합

4) 수분활성도(Water Activity)

① 수분활성도의 정의

• 어떤 임의의 온도에서 순수한 물의 수증기압에 대한 그 식품이 나타내는 수증기압을 말한다.

• 순수한 물의 수증기압은 1이고, 식품의 수증기압은 순수한 물의 수증기압보다 작으므로 Aw〈1이다.

② 수분활성도의 공식

- 수분활성도(Aw) = $\dfrac{\text{식품이 나타내는 수증기압(P)}}{\text{순수한 물의 최대수증기압(P}_0)} = \dfrac{\text{용질의 증기압}}{\text{~~용매의~~ 용매의 증기압}}$

$$= \dfrac{\text{용매의 몰수}}{\text{용매의 몰수 + 용질의 몰수}} = \dfrac{\text{용매의} \dfrac{\text{농도}}{\text{분자량}}}{\text{용매의} \dfrac{\text{농도}}{\text{분자량}} + \text{용질의} \dfrac{\text{농도}}{\text{분자량}}}$$

③ 수분활성도에 따른 미생물 번식

- 세균 : 0.90~0.95
- 효모 : 0.88~0.90
- 곰팡이 : 0.65~0.8

④ 식품의 수증기압

- 채소, 과일, 어류, 육류 : 0.98~0.99
- 건조식품, 쌀, 콩 : 0.60~0.64
- 분유, 시리얼 : 0.2

02 탄수화물

1) 단당류

더 이상 가수분해되지 않는 당류로, 탄소수에 따라 4탄당, 5탄당, 6탄당, 7탄당 등으로 나뉜다.

- 예 • 5탄당 : 리보오스(Ribose), 아라비노오스(Arabinose), 크실로스(Xylose, 자일로즈)
  - 6탄당 : 포도당, 과당, 갈락토오스, 만노오스, 소르보스

① 포도당(Glucose)

- 혈액 중에 혈당량으로 0.1% 정도 존재한다.
- 맥아당, 유당, 설탕, 전분, 글리코겐의 구성 성분이다.
- 인슐린 부족 시 소변으로 당이 배설된다.

② 과당(Fructose)

- 과일, 꽃, 벌꿀 중에 널리 존재한다.
- 가장 감미도가 크다.

③ 갈락토오스(Galactose)

- 한천의 구성당, 젖과 우유에 함유되어 있다.
- 유당의 구성 성분이다.
- 뇌, 신경조직을 구성한다.

✔ 개념 체크

1 수분활성도(Aw)는 '식품이 나타내는 수증기압÷순수한 물의 최대 수증기압'으로 계산한다. (O, X)

2 순수한 물의 수증기압은 0 이다. (O, X)

1 O 2 X

2) 이당류

단당류가 2개 결합된 것을 말한다.

① 자당(Sucrose, 설탕, 서당)

- 포도당과 과당이 결합된 것을 말한다.
- 과일, 채소류, 사탕수수, 사탕무
- 비환원당
- 설탕을 가수분해하여 얻어지는 포도당과 과당의 1:1 혼합물로 자당보다 단맛이 강하고, 강한 환원력을 갖는 것을 전화당(Invert Sugar)이라고 한다.

② 맥아당(Maltose)

- 포도당과 포도당이 결합된 것을 말한다.
- 전분에 아밀라아제가 작용할 때 생성된다.
- 엿기름, 물엿

③ 유당(Lactose)

- 갈락토오스와 포도당이 결합된 것을 말한다.
- 체내 성장 촉진, 뇌신경조직에 중요한 역할을 한다.
- 살균작용, 정장작용에 도움을 준다.

3) 다당류

① 전분(Starch)

- 포도당 수천, 수백 개가 중합하며, 식물 뿌리, 줄기, 잎 등에 존재한다.
- 아밀로오스와 아밀로펙틴으로 구성된다.
- 요오드반응에 멥쌀은 청색, 찹쌀은 붉은색을 띤다.

② 섬유소(Cellulose)

- 자연계에 널리 분포되어 있다.
- 소화가 불가능하여 영양학적 가치는 없으나 소화 운동을 촉진시킨다.

③ 펙틴(Pectin)

- 세포와 세포 사이, 세포막에 존재한다.
- 과일, 해조류 등에 함유되어 있다.

④ 만난(Manan)

- 곤약만난으로 불리며, 만노오스와 포도당으로 결합된다.
- 난소화성으로 저칼로리이다.

⑤ 한천(Agar) : 홍조류를 동결 건조한 식품으로 갈락탄 형태로 존재한다.

⑥ 알긴산(Alginic Acid) : 갈조류의 세포막 성분으로 미역, 다시마에 함유되어 있다.

⑦ 글리코겐(Glycogen) : 동물의 간과 근육에 존재하고, 요오드 반응에 적갈색을 띤다.

⑧ 키틴(Chitin) : 새우, 갑각류의 껍질에 함유되어 있다.

⑨ 이눌린(Inulin) : 과당의 결합으로 우엉, 돼지감자의 성분이다.

⑩ 리그닌(Lignin) : 목재, 대나무, 짚에 함유되어 있는 복잡한 화합물이다.

4) 탄수화물의 기능과 특성

① 탄소(C), 수소(H), 산소(O)로 구성되어 있다.
② 지방의 완전연소를 위해서 필요하다(필수영양소).
③ 곡류, 감자류, 설탕류 등의 성분이다.
④ 1g당 4kcal의 열량을 내고, 총 열량의 65% 섭취가 적당하다.
⑤ 많이 먹으면 지방으로 되어 근육이나 글리코겐으로 간에 저장된다.
⑥ 혈당성분을 유지(0.1%)시켜 준다.
⑦ 간의 해독 작용을 한다.
⑧ 단백질의 절약 작용을 한다.

5) 탄수화물의 감미도

유당(16) 〈 갈락토오스(33) 〈 맥아당(60) 〈 포도당(74) 〈 설탕(100) 〈 전화당(85~130) 〈 과당(170)

6) 당 용액으로 만든 식품

① 결정형 캔디 : 퐁당★
② 비결정형 캔디 : 캐러멜, 마시멜로우, 젤리

★ 퐁당
설탕과 물을 섞어 시럽을 만들고 설탕을 부분적으로 결정화시켜 희고 뿌연 상태로 만든 것으로 케이크 위에 씌울 때 사용함

---

03 지질

1) 지방산의 분류

① 단순지질 : 유지, 납, 콜레스테롤에스테르
② 복합지질 : 인지질, 당지질, 단백지질, 황지질
③ 유도지질 : 지방산, 탄화수소, 고급알코올, 콜레스테롤, 에르고스테롤

2) 요오드가★에 따른 분류

구분	요오드가	식품
건성유	130 이상	• 들깨, 아마인, 호두, 잣 • 공기 중에서 쉽게 건조됨
반건성유	100~130	면실유, 참기름, 유채
불건성유	100 이하	땅콩, 올리브, 공기 중 쉽게 건조되지 않음

★ 요오드가
유지 100g 중의 불포화 결합에 첨가되는 요오드의 g 수

3) 지방산의 구조

구분	포화지방산	불포화지방산
이중결합	×	○
융점	높음	낮음
요오드가	낮음	높음
형태	고체	액체
식품	동물성 지방, 버터, 소, 돼지기름	식물성 지방
종류	팔미트산, 스테아린산, 뷰티르산	리놀레산, 리놀렌산, 아라키돈산, 올레산

4) 필수지방산(비타민 F)

① 불포화지방산 중에서 영양상 필수적으로 체내에서 합성될 수 없어 반드시 음식물로 섭취해야 하는 지방산이다.
② 신체 성장 유지, 생리적 과정의 정상적인 기능을 유지하도록 돕는다.
③ 혈액 내 콜레스테롤의 양을 감소시킨다.
④ 생체막의 중요한 구성 성분이다.
⑤ 리놀레산, 리놀렌산, 아라키돈산

지방산	탄소수 : 이중결합수
올레산(Oleic Acid)	18 : 1
리놀레산(Linoleic Acid)	18 : 2
리놀렌산(Linolenic Acid)	18 : 3
아라키돈산(Arachidonic Acid)	18 : 4

5) 유화 ★

① 유중수적형(W/O) : 지방 중에 물이 분산된 형태로 마가린, 버터 등이 있다.
② 수중유적형(O/W) : 수분 중에 지방이 분산된 형태로 우유, 마요네즈, 아이스크림 등이 있다.

6) 지질의 기능과 특성

① 탄소(C), 수소(H), 산소(O)로 구성되어 있다.
② 지방산 3분자와 글리세롤의 에스테르 결합이다.
③ 물에 녹지 않고, 유기용매에 녹는다.
④ 1g당 9kcal의 열량을 내고, 총 열량의 20% 섭취가 적당하다.
⑤ 필수 지방산, 지용성 비타민의 체내 운반 및 흡수를 도와준다.
⑥ 장기보호 및 체온 조절을 돕는다.

★ 유화(Emulsification)
기름과 다른 물질이 잘 섞이게 하는 작용

★ 유화액
지질과 물의 결합

★ 진용액
소금, 설탕이 물에 녹는 현상

★ 현탁액
전분이 물에 녹는 현상

04 단백질

1) 아미노산의 특징

① 단백질은 체내에서 가수분해되어 아미노산으로 흡수되고 필요에 따라 단백질로 다시 합성한다.

② 20여 종의 아미노산이 존재한다.

2) 아미노산의 종류

① 중성아미노산 : 글리시닌, 알라닌, 발린, 루신, 이소루신, 트레오닌, 시스테인, 메티오닌

② 산성아미노산 : 글루탐산, 아스파르트산

③ 염기성아미노산 : 알기닌, 히스티딘, 리신

3) 필수아미노산

① 필요한 양은 반드시 음식물로 섭취해야 한다.

② 성인 : 발린, 이소루신, 루신, 페닐알라닌, 트립토판, 메티오닌, 리신, 트레오닌

③ 성장기 어린이, 회복기 환자 : 성인 필수아미노산 + 알기닌, 히스티딘

4) 단백질의 종류

① 완전단백질 : 충분한 양의 필수아미노산 함유(단백가★ 100, 달걀)

② 부분적불완전단백질 : 일부 아미노산의 함량이 충분치 못한 단백질

③ 불완전단백질 : 생명 유지와 성장을 촉진할 수 없는 단백질

5) 단백질의 분류

① 단순단백질

• 아미노산으로만 구성되었다.

• 알부민, 글로불린, 글루테인, 프로말린 등

② 복합단백질

• 단순단백질에 아미노산 이외의 비단백성 물질이 결합한 것을 말한다.

• 인단백질(카제인, 오브비텔린), 지단백질(레시틴, 리포비텔린), 당단백질(뮤신, 오보뮤신)

③ 유도단백질

• 자연계에 존재하는 단백질이 물리적, 화학적, 효소에 의해 변성, 분해된 것을 말한다.

• 젤라틴(콜라겐), 응고단백질(알부민, 달걀)

6) 단백질의 기능과 특성

① 탄소(C), 수소(H), 산소(O), 질소(N)로 구성되어 있다.

② 1g당 4kcal의 열량을 내고, 총 열량의 15% 섭취가 적당하다.

③ 체조직을 구성하고 효소, 호르몬의 성분으로 성장을 촉진한다.

🅱 기적의 TIP

'콰시오커'는 성장기 어린이의 단백질 겹핍 시 나타나는 병으로 단백 결핍성 소아영양실조증이라고 해요. 단백질 공급을 통해 완치가 가능해요.

★ 단백가
• 단백질의 영양적 가치
• 단백가(%) = 식품 중의 가장 부족한 아미노산 함량 ÷ 아미노산 표준구성량 × 100

④ 체액과 혈액의 중성을 유지하고, 조직의 삼투압을 조절한다.

⑤ 체온을 유지하는 작용을 한다.

⑥ 단백질은 용매에 분산되어 교질용액이 된다.

7) 단백질의 변성

① 소화율이 높아진다.

② 점도가 증가하고, 용해도가 감소한다.

③ 단백질의 2차, 3차 구조가 변하면서 폴리펩티드 사슬이 풀어진다.

05 무기질

1) 무기질의 분류

① 알칼리성 식품 : Ca, Mg, Na, K, Fe, Cu, Mn, Co, Zn(야채, 과일, 해조류)

② 산성 식품 : P, S, Cl, I(육류, 곡류)

2) 무기질의 종류

★ 권장섭취량
평균필요량에 표준편차의 두 배를 더하여 정한 값

★ 평균필요량
건강한 사람들의 절반에 해당하는 사람들의 1일 필요량

★ 충분섭취량
필요량에 관한 충분한 과학적 자료가 없을 때, 역학조사에서 관찰된 건강한 사람들의 영양소 섭취량을 기준하여 정한 섭취량

종류	기능	함유식품	결핍증, 과잉	성인 1일 권장섭취량★
칼슘(Ca)	골격, 치아 구성 근육의 수축·이완 작용, 신경 운동의 전달, 혈액 응고 관여	뼈째 먹는 생선 우유, 치즈	결핍 : 골다공증, 골연화증, 경련성 마비, 구루병	700~750mg
인(P)	골격, 치아 구성, 삼투압 조절, 신경자극 전달	유제품, 난황 육류, 채소류	결핍 : 골연화증, 치아 발육 부진	700mg
나트륨(Na)	산/알칼리의 평형을 유지, 삼투압을 조절, 수분균형 유지에 관여	소금	과잉 : 고혈압, 부종, 동맥경화	5g
염소(Cl)	위액의 산성 유지, 소화	소금	결핍 : 식욕부진	2g(충분섭취량★)
칼륨(K)	삼투압, pH을 조절	곡류, 채소	결핍 : 근육이완, 식욕상실	3.5g
마그네슘(Mg)	뼈, 치아의 구성성분, 단백질의 합성과정, 신경 흥분 억제	녹색채소, 견과, 대두	결핍 : 신경, 근육경련	280~350mg
철분(Fe)	헤모글로빈 구성성분, 효소 활성화	간, 난황, 곡류의 씨눈	결핍 : 빈혈 과잉 : 신부전증	여(8~14mg) 남자(9~10mg)
구리(Cu)	철분 흡수, 운반에 관여	홍차, 간, 호두	결핍 : 빈혈	800μg
요오드(I)	기초대사를 촉진, 갑상선 호르몬 구성성분	해조류	결핍 : 갑상선 질환	150μg
아연(Zn)	인슐린, 적혈구의 구성성분	육류, 해산물, 치즈, 땅콩	결핍 : 발육장애, 상처회복 지연	7~10mg
불소(F)	충치예방, 골격, 치아 강화	해조류, 어류	결핍 : 충치 과잉 : 반상치	0.8~1ppm
코발트(Co)	조혈작용에 관여	채소, 간, 어류	결핍 : 악성빈혈	극히 미량

3) 무기질의 기능과 특성

① 인체의 약 4%를 차지한다.
② 산과 알칼리 및 수분의 평형을 유지한다.
③ 필수적 신체 구성원으로 체조직의 성장에 관여하고, 근육의 수축성을 조절한다.
④ 생리적 작용의 촉매 역할을 한다.

06 비타민

1) 수용성 비타민

종류	기능	함유식품	결핍증
비타민 B₁ (티아민)	• 탄수화물의 대사에 중요 역할 • 마늘과 함께 섭취 시 흡수 촉진	곡류, 돼지고기	각기병, 신경염
비타민 B₂ (리보플라빈)	• 당질 · 단백질 · 지질의 산화환원 작용에 관여 • 열과 산 : 안정, 알칼리 : 불안정	효모, 달걀, 우유, 녹색 채소	구각염, 설염
비타민 B₆ (피리독신)	• 아미노산 대사 관여 • 열과 산 : 안정, 알칼리 : 불안정	간, 효모, 곡류	피부염
비타민 B₁₂ (시아노코발라민)	• 혈액 생성 관여 • 산과 알칼리 : 불안정 • 코발트(Co) 함유	생선, 간, 달걀	악성빈혈, 신경증상
나이아신	• 옥수수를 주식으로 하면 부족 • 펠라그라★의 원인	효모, 우유, 버섯	피부병
비타민 C (아스코르빅산)	• 피로회복, 칼슘과 철분의 흡수 촉진 • 산 : 안정, 알칼리와 열 : 불안정	풋고추, 딸기, 무청, 과일	괴혈병
비타민 P (루틴)	모세혈관 강화	메밀, 레몬껍질	피부에 보라색 반점

2) 지용성 비타민

종류	기능	함유식품	결핍증
비타민 A (레티놀)	• 피부, 점막을 보호 • 카로티노이드가 체내에서 비타민 A 작용(프로비타 민 A) • 열 : 안정, 산과 빛 : 불안정	녹황색 채소, 간, 우유, 과일	야맹증
비타민 D (칼시페롤)	• 칼슘과 인의 흡수 촉진 • 에르고스테롤의 자외선 조사로 생성(프로비타민 D) • 열과 산소 : 안정	효모, 버섯, 간, 난황, 버터	구루병, 골연화증
비타민 E (토코페롤)	• 천연 항산화 작용 • 생식세포의 작용 정상 유지 • 열 : 안정, 알칼리 : 불안정	식물성 기름, 두류, 견과류	불임증, 생식불능
비타민 K (필로퀴논)	• 혈액의 응고에 관여 • 열 : 안정, 알칼리와 빛 : 불안정	양배추, 녹황색 채소, 달걀, 간	출혈 (과잉 : 황달)
비타민 F	• 피부 보호, 혈압 강화 • 필수불포화지방산	식물성 기름	성장정지, 피부염 및 건조

★ 펠라그라
옥수수를 주식으로 하면 나이아
신, 단백질 제인과 트립토판의 함
량이 적어 펠라그라에 걸릴 수 있
으며 피부염이 생기고, 구강의 통
증, 소화불량, 설사의 증상 등이 나
타남

1) 식물성 색소

색소	산성	알칼리성
플라보노이드	안정	불안정
안토시안	안정	불안정
클로로필	불안정	안정
카로티노이드	안정	안정

① 플라보노이드(Flavonoid)
• 감자, 고구마, 양파, 연근, 우엉의 흰색이나 노란색이다.
• 산에 안정하여 연근을 식초물에 담그면 갈변되지 않아 흰색을 유지한다.
• 알칼리에 불안정하여 밀가루 반죽에 소다를 넣으면 황색으로 변한다.

② 안토시아닌(Anthocyan)
• 사과, 적채, 가지, 비트, 블루베리 등의 빨간색이나 보라색이다.
• 산에 안정하여 생강을 식초에 절이면 적색으로 변한다.
• 알칼리에 불안정하여 가지를 삶을 때 백반을 넣으면 청자색이 된다.

③ 클로로필(Chlorophyll)
• 시금치, 오이, 고추의 녹색 야채에 있는 마그네슘(Mg)을 함유한 엽록소 색소이다.
• 산에 불안정하여 식초를 사용하면 누런색으로 변한다.
• 알칼리에 안정해서 식소다를 사용하면 녹색을 유지한다.

④ 카로티노이드(Carotenoid)
• 당근, 호박, 감 등의 황색이나 주황색이다.
• 산, 알칼리, 열에 비교적 안정적이다.
• 공기 중의 산소나 산화효소에 의해 산화되거나 퇴색한다.

⑤ 라이코펜(리코펜, Lycopene)
• 토마토, 수박, 석류의 빨간색 색소이다.
• 카로티노이드계의 일종이다.

2) 동물성 색소

① 미오글로빈 : 철(Fe)을 함유한 붉은색 육류 및 가공품의 근육 색소이다.
② 헤모글로빈 : 철(Fe)을 함유한 붉은색의 혈색소이다.
③ 카로티노이드 : 달걀 노른자의 황색 색소이다.
④ 아스타잔틴 : 새우, 게, 가재의 흑색이 가열 및 부패에 의해 아스타신의 붉은색으로 변화한다.
⑤ 헤모시아닌 : 문어, 오징어의 무색, 청자색을 가열하면 적자색으로 변화한다.
⑥ 멜라닌 : 오징어의 먹물, 피부, 머리카락 등 동식물의 조직에서 볼 수 있는 흑갈색 또는 흑색의 색소이다.

08 식품의 갈변

1) 효소적 갈변

① 효소의 반응으로 식품이 산화되어 갈변되는 것을 말한다.

효소	원인	예
티로시나아제	티로신 → 멜라닌	사과, 감자, 바나나, 버섯 등의 갈변
폴리페놀옥시다아제, 페놀라아제	폴리페놀 → 퀴논	

② 효소적 갈변을 억제하는 방법에는 가열처리, 동결저장, 산 용액, 아황산가스, 아황산염 사용, 산소 제거 등이 있다.

2) 비효소적 갈변

구분	효소	원인	예
마이야르반응 (Maillard)	X	카르보닐화합물과 단백질 같은 질소 화합물의 반응	간장의 착색, 커피, 식빵의 풍미와 색 변화
캬라멜화반응 (Caramelization)		당류를 180~200℃ 가열	과자류, 장류, 약식
아스코르브산 산화반응		아스코르브산의 산화에 의한 갈변	감귤류 갈색화

09 식품의 맛과 냄새

1) 식품의 맛

① 헤닝(Henning)의 4원미
- 단맛 : 포도당, 과당, 맥아당, 젖당, 설탕
- 신맛 : 구연산(과일 · 채소류), 사과산(과실), 주석산(포도), 식초, 호박산(청주 · 조개류)
- 짠맛 : 염화나트륨
- 쓴맛 : 커피, 초콜릿, 차, 맥주, 과일껍질, 신맛+아미노기($-NH_2$)

② 보조맛
- 매운맛 : 캡사이신, 시니그린, 알리신 등
- 맛난맛 : 이노신산, 글루타민산, 구아닌산, 시스테인, 리신, 호박산
- 떫은맛 : 탄닌
- 아린맛 : 죽순, 고사리, 우엉, 토란, 쓴맛+떫은맛
- 금속맛 : 수저, 식기

③ 온도에 따른 맛
- 30~40℃일 때는 쓴맛을 잘 느끼지 못한다.
- 50~60℃일 때는 매운맛을 잘 느낀다.
- 가장 예민한 온도는 30℃, 온도 저하에 따라 쓴맛의 감소가 심하다.

④ 음식에 알맞은 온도

종류	온도(℃)	종류	온도(℃)
전골	95	밥	40~45
홍차, 커피	70~80	맥주	8~12
국	70	사이다	15

⑤ 맛의 상호작용
- 맛의 대비(맛의 강화)
  - 서로 다른 맛 성분이 혼합되어 주된 맛 성분이 강화된다.
  - 팥죽 + 설탕 + 소금 = 단맛 강화
- 맛의 억제
  - 서로 다른 맛의 혼합으로 각각의 맛이 약화된다.
  - 쓴 커피 + 단 설탕 = 쓴맛 억제
- 맛의 상쇄
  - 두 가지 맛이 상쇄되어 한 가지 맛을 단독으로 나타내지 못하고 약화 또는 소멸된다.
  - 김치 숙성 → 짠맛 + 신맛
- 맛의 변조
  - 미맹*과는 다른 현상으로, 한 가지 맛을 느낀 후 다른 종류의 맛을 보면 정상적인 맛을 느낄 수 없는 현상이다.
  - 쓴맛의 약 + 물 = 쓴 약의 맛 변조

★ 미맹
페닝티오카르바마이드(PTC) 물질에 대해 쓴맛을 느끼지 못하는 증상

2) 식품의 냄새

① 식물성 식품의 냄새
- 알코올 및 알데히드류 : 주류, 바닐라향, 감자, 오이, 복숭아, 계피
- 에스테르류 : 복숭아, 사과, 배, 파인애플, 바나나
- 테르펜 : 녹차, 레몬, 오렌지
- 유황화합물 : 무, 파, 마늘, 양파, 간장

② 동물성 식품의 냄새
- 아민류, 암모니아류 : 수육, 어육
- 지방산, 카르보닐화합물 : 우유 및 유제품, 버터, 치즈

10 식품의 유독성분

종류	독성 물질
감자 싹	솔라닌(Solanine)
부패된 감자	셉신(Sepsine)
독미나리	시큐톡신(Cicutoxin)
청매, 살구씨	아미그달린(Amygdalin)
피마자	리신(Ricin)
목화씨(면실유)	고시풀(Gossypol)
독보리	테물린(Temuline)
맥각	에르고톡신(Erogotoxin)
미치광이풀	히요시아민(Hyoscyamine)
꽃무늬	리코린(Lycorine)
독버섯	무스카린, 무스카리딘, 팔린, 아마니타톡신, 필지오린
복어	테트로도톡신(Tetrodotoxin)
섭조개, 대합조개	삭시톡신(Saxitoxin)
모시조개, 굴, 바지락	베네루핀(Venerupin)

✅ 개념 체크

1 헤닝(Henning)의 4원미는 단맛, 신맛, 짠맛, 쓴맛이다. (O, X)

2 떫은맛은 쓴맛과 매운맛이 합쳐져서 난다. (O, X)

3 서로 다른 맛의 혼합으로 각각의 맛이 약화되는 현상을 맛의 상쇄라고 한다. (O, X)

4 탄산음료는 30℃ 정도의 온도에서 가장 맛을 잘 느낄 수 있다. (O, X)

5 감자의 싹에는 솔라닌(Solanine)이라는 독성 물질이 있다. (O, X)

1 O 2 X 3 X 4 X 5 O

01 식품과 효소

1) 가수분해효소

★ 효소
화학반응에서 반응속도를 빠르게
하는 단백질로 만들어진 촉매

구분	효소 ★	작용	소재
탄수화물 분해효소	아밀라아제(Amylase)	전분 → 덱스트린 + 맥아당	타액, 췌장액
	수크라아제(sucrase)	설탕 → 포도당 + 과당	소장, 효모
	말타아제(Maltase)	맥아당 → 포도당 2분자	장액
	락타아제(Lactase)	젖당 → 포도당 + 갈락토오스	장액
단백질 분해효소	펩신(Pepsin)	단백질 → 펩톤	위액
	펩티다아제(Peptidase)	펩티드 → 아미노산	소화액
	트립신(Trypsin)	단백질 → 펩티드, 아미노산	췌액. 장액
지질 분해효소	리파아제(Lipase)	지방 → 글리세린 + 지방산	췌장액
응고효소	레닌(Renin)	응유효소, 치즈 제조	유아, 송아지의 위액

2) 산화환원효소

효소	작용	식품
티로시나아제	티로신 → 멜라닌	버섯, 감자, 사과의 갈변(효소적 갈변)
폴리페놀옥시다아제 페놀라아제	폴리페놀 → 퀴논	
아스코르빅 옥시다아제	비타민 C 산화	양배추, 오이, 당근(효소적 갈변)
리폭시다아제	불포화지방산의 변색, 변향	두류, 곡류

식품과 영양

01 영양소의 기능 및 영양소 섭취기준

1) 식품

① 식품의 정의
- 모든 음식물(의약으로 섭취하는 것은 제외)을 말한다.
- 한 종류 이상의 영양소를 가지며, 유해물이 없는 천연물 또는 가공품을 말한다.

② 5가지 기초식품군

영양소	식품류	식품명
단백질	콩, 알, 생선류, 육류	소고기, 돼지고기, 닭고기, 달걀, 콩, 된장 등
칼슘	우유, 유제품, 뼈째 먹는 생선류	우유, 멸치, 뱅어포, 새우, 치즈 등
비타민 및 무기질	녹황색 채소류, 과일류, 해조류	당근, 배추, 사과, 토마토, 다시마, 파래 등
탄수화물	곡류, 서류, 전분류	쌀, 감자, 고구마, 설탕 등
유지	식물성, 동물성, 가공 유지	콩기름, 참기름, 마가린, 버터, 깨 등

③ 식품구성자전거
식품구성자전거에 따르면 균형 잡힌 '곡류', '고기 · 생선 · 달걀 · 콩류', '채소류', '과일류', '우유 · 유제품류'를 섭취하고 수분과 규칙적인 운동이 필요하다고 표현하였다.

식품구성자전거 / 자료출처 : 보건복지부, 2015 한국인 영양소 섭취기준

④ 소비성에 의한 식품의 분류
- 즉석식품 : 시간과 수고가 들지 않고 극히 간단한 수법으로 조리하여 바로 먹을 수 있는 저장식품이다.
- 레토르트식품 : 알루미늄으로 만든 주머니나 봉지에 넣은 다음, 고압살균솥(레토르트)에서 고온으로 멸균하고 밀봉한 식품이다.
- 강화식품 : 천연식품에 원래 함유되지 않은 성분을 보충하고 영양 가치를 높이거나 손실된 영양성분을 첨가한 식품이다.
  - ☞ 강화미(비타민 B_1 강화), 마가린(비타민 A, D 강화)

⑤ 식품의 성분

2) 영양의 정의

① 영양과 영양소의 정의
- 영양 : 생리작용을 유지하는 물질적인 현상이다.
- 영양소 : 영양을 유지하기 위해서 외부로부터 받아들이는 물질이다.

② 영양소의 기능
- 체조직 구성식품 : 단백질, 무기질
- 생리작용 조절식품 : 무기질, 비타민
- 3대 영양소 : 탄수화물, 단백질, 지질

③ 칼로리 계산
- 당질 : 4kcal/g
- 단백질 : 4kcal/g
- 지질 : 9kcal/g
- 알코올은 1g에 7kcal의 열량을 낸다.
- (당질 양×4)+(단백질 양×4)+(지질 양×9)

④ 영양소 섭취기준
- 성인남자의 기초대사량은 1,400~1,800kcal, 성인여자는 1,200~1,400kcal이다.
- 성인남자의 하루 권장섭취량은 2,400~2,800kcal, 성인여자는 1,800~2,200kcal 이다.

⑤ 단백질 계산
- 조단백질 = 질소함량×6.25
- 질소계수 = 100÷질소함량(%)

5대 영양소
탄수화물, 단백질, 지방, 무기질, 비타민

6대 영양소
5대 영양소 + 물

02

구매관리

식품을 구매하는 방법과 구매 기간 및 검수, 선입선출에 대한 재고관리에 대한 문제,
원가 계산 문제가 출제됩니다. 계산 문제는 많이 나오지는 않지만 공식만 외우면 간
단하게 풀 수 있으니 포기하지 말고 꼭 연습해 보세요.

시장조사 및 구매관리

01 시장조사

1) 시장조사의 목적

① 구매예정가격의 결정
② 합리적인 구매계획의 수립
③ 신제품의 설계
④ 제품개량

2) 시장조사의 내용

품목, 품질, 수량, 가격, 시기, 구매거래처, 거래조건

3) 시장조사의 원칙

① 비용 경제성의 원칙
② 조사 적시성의 원칙
③ 조사 탄력성의 원칙
④ 조사 계획성의 원칙
⑤ 조사 정확성의 원칙

✔ 개념 체크

1 시장조사 시 품목, 품질, 수량,
  가격 등을 조사한다. (O, X)

2 조사 경제성은 시장조사의
  원칙에 포함된다. (O, X)

1 O 2 X

02 식품 구매관리

1) 식품이 구매 절차

수요예측 → 물품 구매량과 품질 검토 후 필요성 인식 → 물품 구매 → 구매 청구서 작성, 송부 → 재고량 조사 후 발주량 결정 → 구매명세서 작성 → 구매발주서 작성 → 공급업체 선정 → 주문 확인 전화 → 검수 → 입·출고 및 재고관리 → 납품대금 지불

2) 식품의 구매 시기

① 곡류, 건어물

부패성이 적어 1개월분을 한 번에 구입한다.

② 육류

중량과 부위별로 구입하고 냉장 시설이 갖추어져 있으면 1주일분을 구입한다.

③ 어류

신선도를 확인하고 필요에 따라 수시로 구입한다.

④ 과일류

산지별, 품종, 상자당 수량을 확인하고 필요에 따라 수시로 구입한다.

3) 식품의 구매 방법

① 수의계약

경매나 입찰 등의 경쟁을 통하지 않고 적당한 상대방을 임의로 선택하여 계약을 맺는 방법이다.

② 경쟁입찰

입찰 및 계약에 관한 사항을 공고하여 상호경쟁에서 낙찰자를 선정하는 방법이다.

③ 지명경쟁입찰

지명된 몇몇 특정인들로 하여금 경쟁입찰하는 방법이다.

4) 대치 식품

① 조리에 필요한 식품 대신 영양가가 같고 값도 저렴한 다른 식품을 선택한 경우, 그 값싼 식품을 '대치 식품'이라고 한다.

② 대치 식품량 = 원래 식품함량÷대치 식품함량×원래 식품량

개념 체크

1 대치식품을 사용할 때 그 양은 '원래식품함량÷대치식품함량×원래식품량'으로 계산한다. (O, X)

1 O

1) 재고관리 방법

① 선입선출법(First-In, First-Out) : 재료의 구입 순서에 따라 먼저 구입한 재료를 나중에 입고된 품목들보다 먼저 사용한다.

② 후입선출법(Last-In, First-Out) : 나중에 구입한 재료부터 먼저 사용한다.

③ 이 외에 실제 구매가법, 총 평균법, 최종 구매가법 등이 있다.

④ 당기소비량 = (전기이월량＋당기구입량)－기말재고량

⑤ 월중소비액 = (월초재고액＋월중매입액)－월말재고액

2) 재고관리 주의사항

① 식재료의 원가를 계산하는 데 반드시 필요하다.

② 단체급식소에서는 재료관리상 적어도 월 1회는 필요하다.

③ 품목의 위치를 순서대로 정렬하고 이 저장 순서에 따라 품목명을 기록하여 시간을 절약하도록 한다.

④ 실사에 품목의 가격을 미리 기록한다.

⑤ 재고조사표를 작성한다.

⑥ 색상, 형태, 이미, 이취, 품질 상태, 유통기한 등도 함께 점검한다.

⑦ 재고조사 결과를 구매명세서에 작성한다.

⑧ 재고량을 고려하여 구매에 필요한 최적의 발주를 한다.

⑨ 구매명세서를 보고 구매발주서(주문서, 구매전표, 발주전표)를 작성한다.

SECTION 02 검수관리

출제빈도 상 중 **하**
반복학습 1 2 3

빈출 태그 ▶ 신선한 식품 검수 · 조리기구

01 식재료의 품질 확인 및 선별

1) 식품의 검수 방법

① 검수 공간은 식품을 판별할 수 있도록 충분한 조도(540Lux 이상)가 확보되어야 한다.
② 계측기나 운반차 등을 구비해 두면 편리하다.
③ 저장 공간의 크기는 식품 반입 횟수, 저장 식품의 양 등을 고려하여야 한다.
④ 품질, 수량, 중량, 신선도, 냄새, 유통기한, 배송의 상태 등을 확인한다.
⑤ 구매주문서와 거래명세서의 수량과 단가가 일치하는지 확인한다.
⑥ 빠르고 정확하게 검수하여야 한다.
⑦ 검수가 끝나면 품질기준에 적합한 식자재를 즉시 보관창고로 이동하여 보관한다.

2) 검수 시 준수사항

① 도착한 식자재는 바로 검수한다.
② 운반차량의 내부온도가 규정온도를 유지하였는지 자동온도기록지(타코메타)를 통해서 확인한다(냉장차량 0~10℃, 냉동차량 영하 18℃ 이하).
③ 포장 상태를 확인한다.
④ 검수하는 동안 검수품의 품질변화를 방지하기 위하여 냉동식품, 냉장식품, 채소류, 공산품의 순서로 한다.
⑤ 육류, 어류, 알류 등의 식품은 냉장 및 냉동상태로 운송되었는지 확인한다.
⑥ 가열하지 않은 육류, 가금류, 해산물 등 신선축산물은 입고검수 시 품질을 최대한 유지할 수 있도록 다른 완제품과 입고시간을 달리하여 검수한다.
⑦ 입고된 식자재는 청결한 장소에서 외포장지를 제거한 후 조리장과 사용 장소에 반입한다.
⑧ 입고 시 제거한 외포장지 라벨은 버리지 말고 해당 식자재를 모두 사용할 때까지 별도의 보관함에 보관하여 내용물과 표시사항이 일치하는지 추적이 가능하도록 하여야 한다.
⑨ 냉동식품은 녹은 흔적이 있는지 또는 얼렸다 녹았다를 반복했는지 주의 깊게 확인한다.
⑩ 유통기한, 제조일자 등을 확인한다.
⑪ 제조사나 원산지 표시가 없는 품목은 반품 조치한다.

전수검사법
납품된 물품을 모두 검사하는 방법

발췌검사법
납품된 물품 중에서 일부의 시료를 뽑아서 검사하는 방법

3) 신선한 식품의 감별법

쌀	가공한 지가 오래되지 않아 쌀알에 흰 골이 생기지 않고 맑고 윤기가 있는 것
서류	병충해, 발아, 외상, 부패 등이 없는 것
생과일	성숙하고 신선하며 청결한 것
오이	색이 선명하고 가시가 있고 무거운 것
당근	둥글고 살찐 것으로 내부에 심이 없는 것
양파	둥글고 육질이 단단하고 건조가 잘 되어 있는 것
무	크고 균일하며 모양이 바르고 흠집이 없는 것
배추	알이 꽉 채워져 단단하고 푸른 잎이 붙어 있는 것
오징어	탄력이 있고 붉은색을 띠는 것
우유	물속에서 퍼지지 않고 가라앉는 것
동태	눈알이 튀어나오고 탄력이 있으며 아가미가 선홍색을 띠는 것
김	검고, 윤기가 나며 구우면 녹색을 띠는 것

02 조리기구 및 설비 특성과 품질 확인

기적의 TIP

식재료 보관실은 항상 정돈 상태를 유지하고, 식품보관 선반은 바닥으로부터 15cm 이상의 공간을 띄워 청소가 용이하도록 해야 해요.

① 조리대와 작업대 청소

매일 세제를 묻혀 세척한 뒤 건조한다.

② 바닥 청소

• 바닥은 건조 상태를 유지한다.
• 습기가 많으면 세균이 번식할 우려가 있으므로 물을 뿌려 세제로 1일 2회 청소한다.
• 기름때가 있을 경우 가성소다를 묻혀 1시간 후 솔로 닦고 헹군다.

③ 도마

• 매일 물로 세척하여 사용한다.
• 매일 사용 후 중성세제로 씻고, 살균 소독하여 보관한다.
• 영업 중에는 조리할 때마다 물로 씻어 사용한다.
• 특히 환절기에는 열탕소독은 필수이며, 사용 후 지정된 장소에 세워서 보관한다.

④ 식기

• 세정은 중성세제로 한다.
• 용기의 모퉁이는 주의 깊게 닦고, 세정 후 쓰레기, 먼지, 곤충으로부터 오염을 막기 위해 지정장소에 수납해야 한다.

⑤ 행주와 쓰레기통

• 행주는 사용 후 세제 세척을 하고, 삶은 후 건조하여 사용한다.
• 더러움이 심한 쓰레기통은 가성소다로 씻어 건조시키고, 일반적으로는 세제 청소 후 락스로 헹궈 건조시킨다.

⑥ 가스레인지와 주변

• 버너의 이물질을 제거한다.

• 가스레인지 위는 항상 청결을 유지해야 한다.

• 가스레인지 표면은 매일 전문세제 등을 사용하여 금속 수세미로 세척한다.

• 월 2회 식기를 놓는 선반을 세제로 세정하고 행주로 닦은 뒤 건조하여 사용한다.

• 선반에 깔려 있는 행주 등도 꺼내서 주 1회 정도 새것으로 교환한다.

⑦ 닥트와 환기팬

• 월 2회 가성소다를 이용하여 기름때를 청소한다.

• 닥트에서 기름 등이 떨어져 요리에 들어가는 것을 예방해야 한다.

• 필터는 싱크에 따뜻한 물을 담고 180cc 정도의 가성소다를 넣고 하루 정도 담가놓은 뒤 중성세제로 닦는다.

⑧ 식품

• 입고된 식품의 신선도, 품질, 양을 체크한다.

• 바닥에는 잡균이 있기 때문에 바닥에 직접 놓는 것은 금물이다.

⑨ 음식 보관

• 음식은 뚜껑을 덮거나 랩으로 씌워 냉장 보관한다.

• 반드시 유통기한을 확인하고, 스티커를 부착하여 보관한다.

⑩ 저울

• 저울은 중량(무게)을 측정하는 기구로 g, kg으로 나타낸다.

• 저울을 사용할 때는 평평한 곳에 수평으로 놓고 바늘이 '0'에 고정되어 있어야 한다.

⑪ 온도계

• 일반적으로 주방용 온도계는 비접촉식으로 표면 온도를 잴 수 있는 적외선 온도계를 사용한다.

• 기름이나 당액 같은 액체의 온도를 잴 때에는 200~300℃의 봉상 액체 온도계, 육류는 탐침하여 육류의 내부 온도를 측정할 수 있는 육류용 온도계를 사용한다.

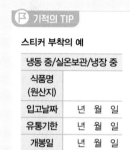

🅕 기적의 TIP

스티커 부착의 예

냉동 중/실온보관/냉장 중			
식품명 (원산지)			
입고날짜	년	월	일
유통기한	년	월	일
개봉일	년	월	일

① 검수대 : 입고물품을 바닥에 내려놓거나 바닥과 직접 접촉해서는 안 된다.
② 조명 : 입고된 물품의 표시사항 및 품질 이상 유무 등을 확인할 수 있도록
540Lux 이상의 충분한 조도를 갖추어야 한다.
③ 저울 : 입고된 물품의 정확한 양을 측정하기 위하여 측정 가능한 범위의 저울을 구
비한다. 저울의 정확성을 확인하기 위하여 최소 1년마다 주기적으로 검ㆍ교정하
여야 한다. 검ㆍ교정한 결과 증빙서류를 보관하고 검ㆍ교정 확인필증을 저울에 부
착한다.
④ 온도계 : 입고된 물품이 적정온도를 유지한 채 운반되었는지 확인할 수 있는 정확
한 온도계를 구비한다. 온도계는 입고품목의 특성에 따라 접촉식 온도계와 비접촉
식 온도계 등으로 나눌 수 있다.
⑤ 선반 : 입고물품을 검수하는 동안 올려놓을 수 있도록 청결한 선반을 구비한다.
⑥ 운반카트 : 검수가 완료되면 보관 장소로 즉시 운반할 수 있는 청결한 운반카트를
구비한다.

✅ **개념 체크**

1 식재료의 검수는 공산품, 냉
동식품, 냉장식품 순으로 한
다. (O, X)

2 입고 시 제거한 외포장지 라
벨은 위생관리를 위해 바로
버려야 한다. (O, X)

3 도마는 영업 중에는 세척하
지 않고, 영업이 끝난 후 깨
끗하게 세척하여 보관한다.
(O, X)

4 가스레인지 위는 항상 청결
해야 한다. (O, X)

5 저울을 사용할 때에는 평평
한 곳에 수평으로 두고 사용
해야 한다. (O, X)

1 X 2 X 3 X 4 O 5 O

SECTION

03 원가

출제빈도 (상)(중)(하)
반복학습 1 2 3

빈출 태그 ▶ 원가 • 직접원가 • 제조원가 • 총원가 • 판매원가

01 원가의 의의 및 종류

1) 원가의 의의

① 원가의 개념 : 제품의 제조, 판매, 서비스 외에 제공을 위해 소비된 경제 가치이다.

② 원가계산의 목적

• 가격결정의 목적 : 제품의 판매가격을 결정할 목적으로 원가를 계산한다.
• 원가관리의 목적 : 원가의 절감을 위한 원가관리의 기초자료를 제공한다.
• 예산편성의 목적 : 예산의 편성에 따른 자료를 제공하는 목적이다.
• 재무제표 작성의 목적 : 기업의 외부 이해 관계자에게 경영활동 결과를 보고하기 위한 재무제표를 작성하는데 기초자료 제공을 위하여 원가를 계산한다.
③ 원가계산의 기간 : 1개월에 한 번씩 실시하는 것을 원칙으로 하나, 경우에 따라서 3 개월 또는 1년에 한 번씩 실시하기도 한다.

2) 원가의 종류

① 원가의 3요소

• 재료비 : 제품의 제조를 위하여 소비되는 물품의 원가를 말한다.
   예 단체급식에서는 급식 재료비, 재료 구입비 등
• 노무비 : 제품의 제조를 위하여 소비되는 노동의 가치를 말한다.
   예 임금, 급료, 시간외 업무 수당, 임시직의 임금 등
• 경비 : 제품의 제조를 위하여 소비되는 재료비, 노무비 이외의 가치를 말한다.
   예 수도, 전력비, 보험료, 감가상각비 등

② 직접원가, 제조원가, 총원가, 판매원가

직접원가	직접경비 + 직접노무비 + 직접재료비			
제조원가	직접원가		제조간접비★	
총원가	제조원가			판매관리비
판매원가	총원가				이익

★ 제조간접비
간접경비 + 간접노무비 + 간접재료비

★ 직접비
특정 제품에 직접 부담시킬 수 있는 것

★ 간접비
여러 제품에 공통적으로 또는 간접적으로 소비되는 것

③ 원가계산의 시점과 방법의 차이에 따른 분류

- 실제원가 : 제품이 제조된 후에 실제로 소비된 원가를 산출한 것이다.
- 예정원가 : 제품의 제조 이전에 제조에 소비될 것으로 예상되는 원가를 예상한 것이다.
- 표준원가 : 기업이 이상적으로 제조활동을 할 경우에 예상되는 원가를 말한다. 효과적인 원가관리의 목적이다.

④ **고정비** : 일정한 기간 동안 조업도의 변동에 관계 없이 항상 일정액으로 발생하는 원가로 감가상각비, 노무비, 보험료, 제세공과 등이 포함된다.

02 원가분석 및 계산

1) 원가계산의 원칙

① 진실성의 원칙 : 실제로 발생한 원가를 진실되게 정확히 파악한다.
② 발생기준의 원칙 : 모든 비용과 수익의 계산은 그 발생시점을 기준으로 한다.
③ 계산경제성(중요성)의 원칙 : 원가계산을 할 때는 경제성을 고려한다.
④ 확실성의 원칙 : 여러 방법이 있을 경우에 가장 확실한 방법을 선택한다.
⑤ 정상성의 원칙 : 정상적으로 발생한 원가만을 계산한다.
⑥ 비교성의 원칙 : 다른 일정기간의 것과 또 다른 부문의 것과 비교할 수 있도록 실행한다.
⑦ 상호관리의 원칙 : 원가계산, 일반회계, 각 요소별, 부문별, 제품별 계산 간에 상호관리가 가능하도록 되어야 한다.

2) 원가계산의 구조

① [1단계] 요소별 원가계산 : 제품의 원가는 재료비, 노무비, 경비의 3가지 원가요소를 몇 가지 분류 방법에 따라 세분하여 각 원가요소별로 계산하게 된다.
② [2단계] 부문별 원가계산 : 전 단계에서 파악된 원가요소를 원가 부문별로 분류 집계하는 계산 절차이다.
③ [3단계] 제품별 원가계산 : 각 부문별로 집계한 원가를 제품별로 배분하여 최종적으로 각 제품의 제조원가를 계산하는 절차이다.

3) 원가 관리

① 원가관리의 개념 : 원가의 통제를 위하여 가능한 한 원가를 합리적으로 절감하려는 경영 기법이다. 일반적으로 표준원가 계산 방법을 이용한다.
② 표준원가 계산 : 과학적 및 통계적 방법에 의하여 미리 표준이 되는 원가를 설정하고 이를 실제원가와 분석하기 위해 실시하는 원가계산의 한 방법이다.
③ 표준원가의 설정 : 미리 표준이 되는 원가를 구분하고 설정하고 표준원가가 설정되면 실제원가와 비교하여 표준과 실제의 차이를 분석할 수 있게 된다.

4) 손익분기점

한 기간의 매출액이 당해 기간의 총비용(고정비+변동비)과 일치하는 점을 말한다.

5) 감가상각비

① 고정자산의 소모에 의한 가치의 감소를 연도에 따라 할당, 계산해 자산 가격을 감소시켜나가며 이때 감가된 금액을 말한다. 정액법★과 정률법★이 있다.
② 매년감가상각액 = (기초가격−잔존가격)÷내용연수

★ 정액법
(취득원가 − 잔존가치)÷내용연수

★ 정률법
(취득원가 − 감가상각누계액)×감가상각률

중식 · 일식 · 복어
조리실무

CHAPTER

01

중식 기초
조리실무와 조리

 학습 방향

중국 음식의 문화와 특징과 조리법 등에 대해 먼저 학습한 후, 이러한 배경에 따른
절임과 무침조리, 육수와 소스조리부터 튀김 · 조림조리와 밥 · 면, 냉채 · 볶음, 후식
조리까지 조리법별로 준비에서 완성까지 어떤 과정을 거치는지 학습합니다.

중식 기초 조리실무

빈출 태그 ▶ 북경·남경·광동·사천요리의 특징, 조리 용어, 도구, 재료 및 양념

01 중국 음식의 특징

① 중국은 크게 양쯔강(揚子江)을 중심으로 남방과 북방으로 나눌 수 있다. 북방 사람들은 면을 즐겨 먹고, 남방 사람들은 밥을 좋아한다. 북방 사람들은 비교적 짠 음식을 즐겨 먹는다.

② 중국요리는 황하(黃河) 유역과 북경·산동 지역의 영향을 받아 형성된 북방 요리, 양쯔강 유역과 광동·사천·호남·항주 지역의 영향을 받은 남방 요리로 나눈다.

③ 북경요리, 남경요리, 광동요리, 사천요리를 '4대 요리'라 부른다.

④ 국토가 넓어 각 지방의 기후, 풍토, 산물 등에 각기 특색이 있다.

⑤ 식용유의 활용도가 매우 높은 편이며, 식재료도 다양하게 사용한다.

⑥ 중국요리는 높은 열에서 단시간에 조리하는 메뉴가 많으므로 영양의 손실이 적다.

02 중국 음식의 분류

1) 중국의 4대 요리

① 북경요리(산동요리)

- 봄에는 건조하고 황사가 발생하며, 여름은 고온 다습한 한랭 기후이다.
- 북경을 중심으로 남쪽으로 산동, 서쪽으로 타이위안까지 고루 퍼져 있는 음식을 말한다.
- 북경은 오랫동안 중국의 수도로서 정치·문화·사회적인 중심지이므로 고급 요리가 많이 발달해 있다.
- 화북 평야의 광대한 농경지에서 풍부하게 생산되는 소맥·과일 등의 각종 농산물이 주재료이다.
- 화력이 매우 강한 루매이라는 석탄을 사용하기 때문에 짧은 시간에 조리하는 튀김이나 볶음 요리가 발달되어 있다.
- 산동요리 계통은 재료의 선택이 광범위하고, 해산물을 많이 사용하며, 탕 만들기를 중요하게 여긴다.
- 오리구이, 면류, 전병, 만두 등이 대표 음식이다.

> **기적의 TIP**
>
> **중국 4대 요리**
> 북경요리, 남경요리, 광동요리, 사천요리

② 남경요리(상해요리)

- 남경요리는 중국의 중심 지대로서 장강을 끼고 있는 비옥한 농토에서 나는 식재료를 사용한다.
- 19세기 유럽의 침입에 영향을 받아 상하이가 중심이 되자 남경요리는 서구풍으로 발전했다.
- 난징, 상하이, 쑤저우, 양저우 등의 요리를 총칭한다.
- 해산물 요리가 발달되어 있으며, 특색은 간장과 설탕을 많이 써서 달고 농후한 맛을 띤다.
- 대표적인 요리로는 돼지고기에 장유를 사용한 홍사로우가 유명하며, 한 마리의 생선을 가지고 머리서부터 꼬리까지 요리하는 탕초로어, 바닷게로 만드는 푸룽칭세, 두부로 만드는 스진사쿼또부와 꽃 모양의 빵인 화쥐안, 동파육, 볶음밥 등이 있다.

③ 광동요리

- 열대성 기후이다.
- 광동요리는 중국 남부의 광주(廣州)를 중심으로 한 요리를 총칭한다.
- 채소, 해산물, 생선, 소고기, 토마토케첩, 서양 채소 등을 많이 사용하는 편이다.
- 자연이 지닌 맛을 살려서 살짝 익혀 싱거우며, 기름도 적게 들어가는 편이다.
- 복건요리, 조주요리, 동강요리 등 지방 요리 전체를 말한다.
- 광동 요리계는 재료 사용의 범위가 넓고 기이하며, 조리 기술도 다양하다.
- 상어지느러미, 제비집, 녹용 등 특수 재료를 이용하고 뱀, 원숭이 등을 이용한 요리도 있다. 뱀과 개(犬) 요리가 유명하다.
- 16세기부터 스페인, 포르투갈의 선교사와 상인들이 많이 왕래하여 이들의 영향을 받은 특이한 요리가 있다.
- 소고기, 서양 채소, 토마토케첩, 우스터소스 등 서양풍의 식재료가 많이 사용된다.
- 파인애플과 고기를 탕수 소스에 넣고 볶은 요리인 구라오로우, 연꽃게살 완자인 푸룽세이, 구운 돼지고기인 차소우, 딤섬, 볶음밥 등이 있다.

④ 사천요리

- 한대에서 열대까지 지역별로 나타나고 겨울은 춥고 건조하다.
- 야생의 특산물을 취하기는 하나, 맛은 그곳 특유의 조미 방식을 많이 사용한다.
- 맛이 매우 다양하여 진하고, 무겁고, 순수하고, 두꺼우면서 깨끗하고, 신선하다.
- 사천요리는 운남, 귀주 지방의 요리까지 총칭한다.
- 양쯔강 상류의 산악지대는 습기가 많고 산지이기 때문에 절임류가 발달하였으며, 산악지대에서 생산된 암염이 사용된다.
- 두부와 갈은 고기를 두반장에 볶은 마파두부, 회교도들의 양고기 요리인 양로우퀴즈, 새우 고추장 볶음인 깐샤오밍샤가 대표요리이다.

2) 기타 요리

① 궁정(宮廷) 요리

- 궁중에서 황제를 위하여 만든 요리로, 청대에 이르러 절정에 이르렀다.
- 베이징이 본고장으로, 북경요리에 포함되기도 한다.
- 각지의 진귀하고 좋은 재료를 골라 쓰는 것이 기본이다.
- 맛깔스러운 모양을 꾸미는 것도 으뜸이며, 영양 면에서도 다른 어떤 요리보다 으뜸이다.

② 정진 요리

- 불교도들이 살생할 수 없었기 때문에 채소만을 이용하여 만든 요리이다.
- 버섯이나 채소를 이용하여 고기 맛이 나도록 한 것이 특색이다.
- 다른 어떤 요리보다 조리사의 연구와 노력의 결과가 많이 들어갔다고 볼 수 있다.
- 대체로 담백하다.

③ 약선(藥膳) 요리

- 각 개인의 체질, 음향오행에 맞춰 한방 재료를 사용해 요리에 사용하여 만든 건강식이다.
- 의약과 음식은 근원이 같다는 의식동원(醫食同源) 사상에서 유래한다.

03 중국 음식 용어

1) 물을 사용하는 조리법

용어	조리법
배(ba, 바)	재료의 형태가 흐트러지지 않게 조리는 조리법
소(shao, 샤오)	재료를 볶거나 튀기거나 쪄서 육수를 붓고 조리는 조리법
돈(dun, 뚠)	육수를 요리 재료에 넉넉히 넣어 오래 달이는 방법
민(men, 먼)	말리거나 질긴 식재료 데쳐 육수와 조미료를 넣어 불을 조절하여 음식을 만드는 조리법
외(wei, 웨이)	• 힘줄처럼 질긴 재료를 크게 썰어 끓는 물에 데친 후 육수를 붓고 불의 강약 조절을 하면서 은근하게 익히는 조리법 • 완성본에는 육수가 다소 많이 담겨 있다.
쇄(shuan, 쑤안)	중국에서는 훠궈로, 뜨거운 육수에 양고기나 채소를 담가 살짝 익힌 후, 기호에 맞는 소스를 찍어 먹는다.
자(zhu, 쮸)	고기류를 작게 썰어 육수를 붓고 강, 중, 약불로 조절을 하면서 삶아 조리는 조리법
회(hui, 후에이)	• 홍회 : 황설탕과 간장, 전분을 사용하여 만드는 요리로 농도가 진하다. • 청회 : 전분이 들어가지 않는 조리법 • 백회 : 전분을 소량으로 넣어 조리하는 방법 • 소회 : 기름과 각종 향신료, 양념을 넣고 재료와 함께 조리는 방법
탄(tun, 툰)	부드러운 조직의 재료로 완자를 만들어 끓는 물 또는 육수에 빠르게 네치는 조리법

2) 기름을 사용하는 조리법

용어	조리법
초(chao, 차오)	'볶다'라는 뜻으로 재료를 썰어 팬에 기름을 두르고 재빠르게 볶아서 만드는 조리법 예 볶음밥, 부추잡채 등
팽(peng, 펑)	주재료를 썰어 밑간하고 기름에 튀기거나 볶고, 부재료를 넣어 볶고, 육수를 조금 부어 조리는 조리법 예 깐풍기, 칠리새우 등
폭(bao, 빠오)	깍둑 모양으로 썰거나 재료에 칼집을 넣어 데친 후 팬에서 센 불에서 빠르게 볶아 내는 조리법 예 궁보계정 등
작(zha, 짜)	밑손질한 재료를 중식 팬에 기름을 넉넉히 넣고 튀기는 조리법
류(liu, 리우)	재료에 간을 하고, 옷을 만들어 입힌 후 튀김 온도에 맞춰 튀겨 내는 방식과 재료를 데치거나 쪄 낸 후 준비한 소스에 빠르게 버무리는 조리법 예 류산슬 등
첩(tie, 티에)	곱게 다진 재료, 편 썬 재료, 기름에 한 면만 지진 재료를 깔고 물을 붓고 끓여서 증기로 익힌 조리법 예 자라탕 등
전(jian, 지엔)	팬에 기름을 두르고 재료에 따라 전분이나 밀가루를 발라 겉을 노릇노릇하게 지져 낼 때 사용하는 조리법 예 난자완스 등

3) 증기를 사용하는 조리법

① 고(kao, 카오)
- 중국 요리 조리법 중 제일 오래되었으며 원시적인 방법이다.
- 장작이나 숯, 석탄, 적외선, 가스 등을 연료로 쓰인다.
- 음식의 수분이 증발하여 겉표면은 바삭바삭하며, 음식의 속은 부드럽다.
- 직화 또는 오븐 등 복사열을 이용하여 음식을 익히는 조리법은 오랜 전통 방식이기도 하다.
- 북경 오리구이가 대표적인 방식이다.

② 증(zheng, 쩽)
- 재료를 수증기로 쪄서 만드는 방식의 조리법이다.
- 분증 : 재료에 오향초분 등을 넣어 버무린 후 그릇에 옮겨 담고 증기로 음식을 익힌다.
- 청증 : 손질한 재료에 양념에 재우고 그릇에 담아 증기로 익혀 낸다.
- 백회 : 전분을 소량으로 넣어 조리하는 방법이다.
- 포증 : 재료에 양념을 하고 대나무의 잎 또는 연잎에 재료를 싼 후 증기로 익히는 방식이다.

4) 중식 기초 기능 썰기 익히기

구분	중식 썰기 용어	써는 방법
조	條, 티아오, tiáo	채 썰기
니	泥, 니, ní	잘게 다지기
정	丁, 띵, dīng	깍둑썰기
사	絲, 쓰, sī	가늘게 채 썰기
편	片, 피엔, piàn	편 썰기
입 미	• 粒, 리, lì • 未, 웨이, wèi	쌀일 크기 징도로 썰기
괴	滾刀塊, 다오 콰이, dāo kuài	재료를 돌리면서 도톰하게 썰기

5) 중국 음식에 쓰이는 양념류

종류	특징
노추	• 관동 일대에서 쓰는 색깔이 진한 간장으로 노두추 또는 노추라고도 한다. • 색이 진하며, 짠맛은 강하지 않고 톡 쏘는 맛이 나는 간장으로 주로 색을 낼 때 사용한다. • 동파육, 해삼 요리, 팔보채 등에 사용한다.
흑초	• 흑초는 현미 식초를 1년 이상 더 발효시켜 만든다. • 신맛은 덜하고 달고, 색이 진해 간장처럼 진한 색이 나온다.
청주	고기의 잡냄새와 생선의 비린내를 제거하거나 요리의 풍미를 높이기 위해 사용한다.
소흥주	잘 발효된 소흥주는 황색 또는 암적색을 띠며, 중국요리의 깊은 풍미와 단맛을 낸다.
해선장	• 물, 대두, 설탕, 식초, 소금, 쌀, 밀가루, 고추, 마늘을 이용하여 만들고, 대두를 중심으로 발효시킨 소스이다. • 소금에 절인 새우장, 게장, 대합장 등을 모두 말하는 것으로 맛이 신선하며 짜고 붉은 갈색을 띤다. 볶음 요리에 많이 쓰인다. • 짠맛과 단맛이 나고 해선장 특유의 고소하며 독특한 향 때문에 딥(Dip) 소스나 구이용으로도 쓰이며, 국에 넣어 먹기도 하며 다양하게 쓰인다.
두반장	• 발효시킨 메주콩에 고추를 갈아 넣고 양념을 첨가하여 만든 맵고 칼칼한 소스다. • 두반이란 잠두콩을 뜻하며 매운맛과 함께 짠맛을 지닌 장류이다. • 마파두부, 새우 칠리소스, 돼지고기 요리, 냉채 요리 등의 소스로 많이 사용된다.
첨면장	• 밀가루와 콩, 소금을 함께 넣어 만든 장류이며 발효식품이다. • 북경오리구이와 함께 제공되며 밀쌈에 싸 먹는다.
춘장	• 대두, 소금, 밀가루, 누룩을 발효시킨 중국식 된장이다. • 첨면장에 카라멜색소, 감미료가 첨가되어 색이 진하다. • 황장 또는 경장이라고도 한다. • 검은 갈색이고, 6개월가량 발효를 시키면 검은색으로 변하여 맛이 깊어진다. • 가열하면 짠맛이 엷어지고 단맛이 올라오는 특징이 있다.
검은콩 소스	• 주로 광동요리에 많이 사용되며, 독특한 향과 맛을 지니고 있다. • 보통 식초와 섞어서 요리를 희게 만들어 사용할 수도 있다.
XO소스	• 건관자, 건새우, 건고추, 중식 햄, 게 혹은 말린 전복, 송로버섯 등 값비싼 식재료를 잘게 자른 후 고추기름에 볶는다. • XO 소스는 홍콩에서 만들어졌고, 주로 디핑(Dipping) 소스로 많이 쓰이며, 볶음 요리에도 널리 사용된다.
고추 기름	• 고춧가루를 80~90℃의 기름에 볶아 우려 만든 기름으로 매운 향이 난다. • 매운맛을 내는 요리나 고기 특유의 냄새를 잡을 때 쓰인다.

굴소스	• 생굴을 소금과 발효시켜 만들어 굴의 감칠맛이 농축된 소스이다. • 볶음이나 조림, 튀김에 두루 쓰인다. • 광동요리에 주로 쓰인다.
두시장	• 황두와 흑두를 삶아서 찐 뒤에 발효시킨 것이다. • 두시의 종류는 건두시, 강두시, 수두시 세 종류로 분류할 수 있다.
생추왕 간장	광동 일대에서 사용하는 비교적 색깔이 짙은 간장을 통틀어 말하며 간장의 신선한 맛이 매우 진하다. 노추보다 약간 묽은 짠 간장이다.
황두장	• 밀가루, 대두, 소금, 누룩을 섞은 후 4개월 이상 발효를 시켜 만든다. • 북경요리와 태국 요리에 많이 쓰이고 다른 재료나 소스를 이용하여 양념과 디핑 소스로도 이용이 가능하다. • 닭고기와 소고기, 생선을 포함한 해산물에도 잘 어울린다.
로깐마	• 매운 고추, 기름, 메주콩, 소고기가루, 여러 가지 향신료가 들어간 매운 소스로 훠궈나 마라 소스에 많이 이용한다. • 알싸하게 매운맛과 향이 나며 양고기나 돼지고기 등에 잘 어울린다.
시즈닝 맛 간장	진간장에 비해서 짠맛이 덜하며 단맛이 나는 간장이다. 광동식 생선찜을 할 때 사용한다.
고추 마늘 소스	• 맵고 강한 마늘 향을 가진 조미료로 칼칼한 맛을 낸다. • 볶음, 조림, 소스 등에 사용할 수 있다.
바비큐 소스	육류를 재울 때나 양념장으로 발라서 구울 때 좋은 바비큐 소스는 달콤하고 훈제향이 나는 독특한 향의 소스이다.
매실 소스	새콤하고 농후한 단맛이 있다. 단 음식에 넣으면 향기로우며 소스, 드레싱 등 음식에 잘 흡착되는 성질이 있어 많이 사용된다.
치킨 파우더	고기의 맛과 감칠맛을 가지고 있어서 장시간 끓여서 나오는 닭 육수를 대체 할 수 있는 가루 형태의 조미료이다.

6) 조리도구

종류	특징
도마	나무 도마와 플라스틱 도마가 있으며 원형 모양이다. 나무 도마는 주로 은행나무를 사용하며 깨끗이 닦은 후 세워서 통풍이 잘되는 곳에 보관한다.
칼	• 무거운 칼 : 중식 칼 중 무거운 칼은 강한 재료를 손질하기 위해 필요하다. • 가벼운 칼 : 얇고 넓고 길며 무게는 가볍다. 동식물 원료를 가공할 때 사용하며 썰기, 편뜨기에 적합하다.
중화 팬	• 큰 솥 : 큰 연회 시 다량의 재료를 튀기거나 삶는 조리 시에 사용한다. • 작은 솥 : 주방에서 가장 상용하는 도구이다. • 북방식 : 볶음 요리를 할 때 뜨거운 가스불과 기름에서 약간 떨어져 있어 식재료를 돌려가며 볶기 쉽다. • 남방식 : 많은 양의 기름과 물을 사용해 튀김이나 찜 요리를 할 때 솥의 움직임이 없어 비교적 안전하다. • 지름이 40~50cm 정도이고 팬 안이 깊어야 하며 어느 정도 두꺼운 것이 좋다. • 2~3일 간격으로 불에 태워 깨끗이 한 후 소량의 기름과 파의 줄기로 닦아주면서 보관한다.
중식 국자	• 주걱과 계량컵, 스푼의 역할을 하며 여러 용도로 사용할 수 있다. • 기름, 육수 등을 첨가할 때뿐만 아니라 녹말로 농도를 걸쭉하게 하거나 완성된 음식을 담을 때에도 사용한다.
젓가락	나무로 만들어져 있는 것이 편리하며 길이는 열이 전도되지 않을 정도로 길어야 좋다.
구멍 국자	물기를 빼야 할 재료를 건질 때 사용한다. 물과 기름 등 열매체를 제거할 때 편리하다.
중식 찜기	수증기를 이용하여 재료를 익히는 데 사용하며, 찜 요리에 전문적으로 쓰이는 기구를 말한다. 중식 팬보다 작은 것으로 선택하고 가능한 겹으로 된 것이 많은 양의 찜요리를 한꺼번에 할 수 있어 편리하다.

볶음 또는 튀김 기름통	크고 높은 기름통을 옆에 놓고 거름망 위에 전처리한 재료나 튀김 음식을 기름과 함께 부어 익힘 정도를 조절하며 신속한 조리를 할 수 있다.
대나무솔	뜨거운 팬을 씻을 때 사용한다.
중식 조리도	• 채도(菜刀 cài dāo 차이 다오) : 채소를 썰 때 사용하는 칼 • 딤섬도(點心刀 dian sin dāo 디엔 신 다오) : 딤섬 종류의 소를 넣을 때 사용하는 칼 • 조각도(雕刻刀 diāo kè dāo 띠아오 커 다오) : 조각 칼

7) 중국 그릇(식기)의 분류

① 챵야오판(橢圓形盘子)

타원형 접시로 장축이 17~66cm 정도이다. 음식 형태가 길면서 둥근 모양이거나 장방형 음식을 담는 데 적합하다. 특히 생선, 오리, 동물의 머리와 꼬리 부분을 담는 데 사용한다.

② 위엔판(圓形盘子)

둥근 접시로 지름이 13~66cm 정도이다. 중식에서 가장 많이 사용하는 그릇으로 수분이 없거나 전분으로 농도를 잡은 음식을 담는 데 사용한다.

③ 완(碗)

사발을 말하며, 지름이 3.3~53cm 정도로 다양하다. 탕(湯)이나 갱(羹)을 담을 때 사용한다. 크기에 따라 식사류나 소스를 담을 때 사용한다.

중식 절임 · 무침조리

01 절임 · 무침 준비

1) 절임의 정의

절임식품이란 채소류, 과일류, 향신료, 야생식물류, 수산물 등을 주원료로 하여 식염, 식초, 당류 또는 장류 등에 절인 후 그대로 또는 이에 다른 식품을 가하여 가공한 염절임, 산절임, 당절임 등을 말한다.

2)절임과 무침에 많이 사용되는 채소의 종류

① 자차이

- 일종의 장아찌로 무처럼 생긴 뿌리를 소금과 양념에 절여서 만들며 반찬으로 먹는다.
- 우리나라의 무김치와 비교하여 중국의 절임 김치라고 할 수 있다.
- 중국 쓰촨성의 대표적인 음식이다.

② 향차이

- 줄기와 어린잎에서 특유하고 독특한 냄새가 있고 성숙하면 방향이 변한다.
- 중국, 인도, 태국, 베트남 등 동남아시아의 여러 나라에서 향신료로 많이 사용한다.
- 오이 피클이나 육류제품, 수프의 향신료로 이용된다.

③ 청경채

- 절임과 무침에는 데쳐서 하고, 소금에 절여서 사용하는 경우도 있다.
- 생으로 식초, 간장, 젓갈, 고춧가루 등을 넣고 무치는 조리법으로 요리를 한다.

④ 무

무를 이용한 식품으로는 김치, 깍두기, 무말랭이, 단무지 등 매우 다양하다.

⑤ 당근

생으로 채를 썰거나 데쳐서 볶거나 장식 등으로 많이 이용하는 재료이다.

⑥ 양파

- 양파는 고추, 마늘 등과 많이 쓰이는 식재료이다.
- 가공식품으로는 분말, 기름, 피클 등이 있다.

⑦ 마늘

마늘은 중식에서 굵게 다지거나 편으로 썰어 볶거나 생으로 많이 요리의 양념으로 이용한다.

⑧ 고추

- 조선시대에는 '고초(苦草)'라고도 표기하였다. 지금의 뜻풀이를 보면 고추의 '고(苦)'자가 쓴 맛의 뜻으로 쓰이고 있으나, 조선 시대에는 맵다는 뜻으로 사용되어졌다.
- 고추를 이용해 고추기름(라유)을 만들고, 말리거나 생으로 썰어 매운 맛을 낼 때 사용한다.

⑨ 배추

중식당에서는 배추를 절여서 파오차이를 만들어 사용한다.

⑩ 양배추

피클, 김치, 생식, 쌈, 샐러드, 즙 등으로 사용된다.

⑪ 땅콩

식용유, 버터, 마가린 등 다양한 분야에 이용되고 있다.

3) 절임 · 무침류에 사용되는 향신료와 조미료

① 향신료

장(생강), 충(파), 쏸(마늘), 화자오(산초씨), 띵샹(정향), 팔각, 따후이(대회향), 계피, 샤오후이(회향), 천피(귤껍질) 등이 있다.

② 조미료

간장(청장, 생추, 노추, 시유, 용패, 차룬패), 굴소스, 흑초, 고추기름, 막장. 해선장, 새우간장, 겨자장, 붉은 설탕, 얼음설탕, 순두부, 버터 등이 있다.

02 절임류 만들기

1) 절임 재료

① 천일염

- 천일염은 염전에서 바닷물을 자연 증발시켜 제조하여 만든 소금이다.
- 암염은 지층이나 바위와 같이 암석을 이룬 소금을 채취한 소금이다.
- 정제염 또는 기계염은 해수를 이온교환막에 전기 투석시켜 정제한 농축함수를 증발에 넣어 제조한다.

② 젓갈

- 수산물을 이용한 발효식품이다.
- 축산물 육류자원이 풍부하지 못한 우리나라 식문화에 필수 영양소를 보충해 주는 중요한 식품의 역할을 한다.

③ 식초

• 식초는 3~5%의 초산과 유기산 · 아미노산 · 당 · 알코올 · 에스테르 등이 함유된 산성 식품이다.

• 곡류 · 알코올성 음료 · 과실류 등을 원료로 하는 양조 식초와 빙초산 · 초산을 주 원료로 하는 합성 식초로 나누어진다.

• 강한 산성으로 방부 효과도 있어 식품의 저장에도 이용된다.

• 조리할 때 식초를 넣으면 단백질을 단단하게 해주고 살균작용을 하여 생선의 비린내를 잡아주는 역할을 하기도 한다.

④ 설탕

• 사탕수수 또는 사탕무를 재료로 하여 만든 수크로오스가 주성분인 감미료이다.

• 포도당 · 엿당 등의 다른 단맛을 지니는 당류를 포함하기도 하며 당 성분을 추출하여 만든 것이다.

⑤ 절임에 사용되는 양념

고추기름, 미추(중국 전통 식초), 설탕, 겨자장, 액젓, 마늘 등

2) 채소 피클

① 재료

오이 10개, 무 2개, 물 2L, 설탕 1L, 식초 1L, 소금 100g

② 오이, 무는 막대 모양으로 썰어 피클통에 담는다.

③ 설탕, 식초, 물, 소금을 넣고 끓여서 채소 위에 붓고 2~3일 숙성을 시킨다.

3) 땅콩 절임

① 재료

생땅콩 1kg, 대파 50g, 팔각 10g, 물 1.5L, 소금 간

② 생땅콩은 물에 4시간 정도 불린다.

③ 불린 땅콩과 부재료(대파, 팔각)을 물에 넣고 끓이고 소금으로 간을 맞춘다.

03 무침류 만들기

1) 자차이 무침

① 재료

자차이 200g, 대파 1대, 양파 1/2개, 고추기름 50mL, 참기름 15mL, 설탕 20g, 식초 20g, 소금 약간

② 대파, 양파는 채를 썰고, 자차이는 물에 짠맛이 없어질 때까지 담근다.

③ 짠맛이 없어지면 물기를 꼭 짜고, 양파, 대파, 고추기름, 참기름, 설탕, 소금으로 간을 한다.

04 절임 보관 및 무침 완성

1) 숙성

① 식품의 저장 원리

영양적 가치, 기호적 가치, 위생적 가치 등을 포함한 식품의 품질을 변하지 않게 보존하는 것이다.

② 식품 변질을 방지하는 원리

- 수분 활성도(Water activity ; Aw) 조절 : 탈수, 건조, 농축, 염장, 당장
- 온도 조절 : 냉장 · 냉동 보존
- pH 조절 : 산 저장
- 가열 살균 : 통조림, 병조림, 레토르트 식품
- 광선 조사 : 자외선 조사, 방사선 조사
- 산소 제거 : CA 저장, 진공포장, 탈산소제 사용

2) 저장 방법

① 건조법

- 자연건조법 : 태양열과 자연통풍
- 인공건조법 : 터널 건조법, 분무 건조법, 진공 건조법

② 발효와 초절임

미생물은 특정한 조건 아래에서 산소와 알코올을 이용한 발효를 하면서 절임 저장을 한다.

③ 당장법

- 설탕을 첨가하여 식품의 삼투압을 높여 미생물의 생육 저지 효과를 이용한 저장법이다.
- 고농도의 설탕을 첨가하면 재료에 탈수작용이 생겨 미생물이 번식할 수 없다.

④ 훈연법

- 어류 · 육류를 소금에 절인 후 참나무, 자작나무, 오리나무 및 호두나무 등의 목재를 태워서 생기는 연기의 화학 성분을 식품 표면에 부착 및 침투시켜 건조시키는 방법이다.
- 훈연 중에 나오는 연기에서 포름알데히드와 알코올 등의 화학물질이 방부제 역할을 하고, 건조작용에 의해 미생물이 살 수 없는 환경을 만들어 고기를 오래 보존하게 한다.

⑤ 염장법

소금의 삼투 작용으로 식품이 탈수되어 세균이 생육하는 데 필요한 수분이 감소한다.

⑥ 움저장법

땅을 파고 그 속에 농산물을 통으로 또는 가공하여 저장하는 방법이다.

중식 육수 · 소스조리

01 육수 · 소스 준비

1) 육수의 개요

소뼈, 닭뼈, 생선뼈, 채소, 향신료 등을 물과 함께 끓여 우려낸 국물로 부재료와 주재료를 혼합해서 소스를 만들 때 음식과 소스의 맛을 결정하는 가장 중요한 과정이다.

2) 육수의 주재료

종류	특징
소뼈	• 소와 송아지 뼈에는 근육과 연골이 많이 포함되어 있다. • 콜라겐은 조리과정에서 물과 함께 젤라틴으로 변한다. • 완성된 육수는 풍부한 단백질과 무기질이 포함되어 있다
닭뼈	• 닭뼈는 가격이 저렴하고 중식 조리에서 가장 많이 사용되는 육수이다. • 닭뼈 전체 또는 부분적으로 사용하기도 한다. • 뼈로 풍부한 육수를 생산하기 어려울 땐 통째로 육수를 생산할 수 있다
갑각류	꽃게, 랍스터 등 갑각류들을 이용하고 부재료를 첨가하여 육수를 생산할 수 있다.
돼지뼈	돼지뼈는 특유의 냄새가 있으므로 냄새를 제거할 수 있는 향신 채소나 향신료를 적절히 사용하는 것이 좋다.

3) 육수의 부재료

종류	특징
대파	• 흰색의 줄기가 단단하고 탄력이 있으며, 초록색 잎까지 곧게 뻗은 것이 좋다. • 대파의 향은 잡냄새를 잡기 때문에 향신채소로 이용하는 경우가 많다. • 육수를 끓일 때는 감칠맛과 시원한 맛을 낸다.
마늘	• 크기와 모양이 되도록 일정하며, 무거운 것이 조직이 단단해서 좋다. • 마늘은 대파와 같이 육수를 끓일 때 잡냄새 제거에 탁월한 효과가 있다.
생강	• 울퉁불퉁한 것보다는 굴곡이 적고 상처가 적으며, 육질이 단단하고, 껍질은 얇은 것이 좋다. • 생강 특유의 매운맛과 향은 육수를 끓일 때 냄새 제거에 효과가 좋다.
향신료	월계수 잎, 정향, 통후추 등 향신료를 같이 넣으면 냄새 제거 및 풍미를 높이는 역할을 한다.

4) 육수의 종류

종류	특징
닭 육수	닭 육수는 주로 게살 수프나 팔진탕면, 팔보채 등 다양한 요리의 기본 육수로 사용된다.
돈 육수	주로 훠궈(중국식 샤브샤브)나 탄탄면 등에 사용된다.
해물 육수	생선류는 주로 흰살생선의 뼈와 살을 넣어 끓이고, 생선 완자탕이나, 삼선탕, 짬뽕 등에 사용된다.
칭탕	돼지뼈, 닭뼈, 닭고기 등을 넣어 1~2시간 정도로 짧게 끓이는 맑은 육수
상탕	노계와 금화화퇴(중국식 햄) 등 고급재료를 넣어 끓인 상탕은 고급스러운 맛을 내는 육수로 샥스핀 수프, 불도장, 제비집 요리 등의 재료로 사용된다.
얼탕	상탕을 한 번 우려낸 재료에 상탕을 끓일 때의 반 정도의 물을 넣고 다시 우려낸 육수
농탕	핏물이 잘 제거된 돼지뼈, 닭뼈 등을 센 불에서 4~5시간 정도로 끓여서 진하게 만든 육수로 얼탕과 비슷하게 사용된다.

5) 소스의 개요

소스(Sauce)란 서양 요리에서 맛이나 빛깔을 더 좋게 하기 위해 식품에 넣거나 위에 끼얹는 액체 또는 반유동 상태의 조미료를 총칭한다.

6) 소스의 기본 구성요소

① 육수

- 육수는 소스의 맛을 좌우하는 가장 기본이 되는 구성요소이다.
- 소고기, 닭고기, 돼지고기, 갑각류, 채소류, 향신료 같은 재료의 본 맛을 낸 국물이다.
- 보관 시 이물질이나 다른 향이 스며들지 않도록 주의한다.

② 농후제

- 매우 부드러운 분말로 이루어져 있으며 옥수수, 감자, 고구마, 애로우루트(Arrowroot) 등이 있다.
- 애로우루트는 열대 지방의 칡뿌리에서 추출한 전분으로 맛은 일반 전분과 비슷하지만, 강도가 강하다.
- 감자전분은 동량의 물을 섞어 소스의 점도를 조절하여 촉감이 부드럽고 소스가 재료와 잘 어우러지며 음식의 온도를 좀 더 유지시킨다.

1) 육수 생산 시 주의사항

① 찬물에서 시작

- 찬물은 뼛속에 남아 있는 핏기와 불순물을 용해한다. 끓기 시작하면 불순물이 표면 위로 떠오르게 되는데 이 때 거품을 제거한다.
- 뼈는 물속에 잠긴 상태에서 맛이 우러나오므로 충분히 물을 부어 주어야 한다. 뼈가 산소와 접하게 되면 색깔이 함께 변해서 육수 색상에 영향을 준다.

② 센 불로 시작하여 약한 불로

처음에는 강한 불로 육수를 끓이고 육수가 끓기 시작하면 불의 세기를 낮춰 육수의 온도가 섭씨 약 90℃를 유지하게 하여 은근하게 끓여 준다. 은근히 끓는 동안 뼛속에 포함된 맛과 향이 물속으로 용해될 수 있도록 충분한 시간을 두고 끓인다.

③ 거품 및 불순물 제거

육수 생산 시 표면 위로 떠오르는 불순물은 처음 끓어오르기 시작할 때 제거하여 육수가 혼탁해지지 않게 한다.

④ 육수 걸러내기

육수 위로 기름기가 떠 있는 경우는 국자로 조심스럽게 걷어내고, 국자 사용이 불가능할 경우는 흡수지를 이용하여 걷어낸다.

⑤ 냉각

육수를 거른 후에는 재빨리 식히는 것이 좋은데, 열전달이 빠른 스테인리스를 사용하는 것이 식히는 시간이 줄어들고, 박테리아 증식을 줄일 수 있다.

⑥ 저장

육수를 보다 오랜 시간 저장하고자 할 때는 냉동시켜 보관한다. 냉장 보관 육수는 3~4일 내에 사용하고, 냉동 보관된 육수는 5~6개월까지도 보관이 가능하다.

2) 소스 생산 시 주의사항

① 소스의 농도, 광택, 색채 등 모든 요소가 잘 조화를 이루어야 한다.

② 인공적이지 않고 주재료의 순한 맛을 느낄 수 있어야 한다.

③ 색채는 주재료와 담는 그릇과 소스의 색깔이 잘 조화를 이룰 수 있도록 해야 한다.

④ 시각적으로 혐오감을 주는 색채는 피해야 한다.

3) 물전분의 역할

① 수분과 기름은 분리되는 성질이 있으므로 전분의 힘을 빌려 융화시킨다.

② 재료를 고온의 기름으로 처리하면 그 표면이 거칠다. 이것은 먹을 때 혀가 매끄럽게 느끼도록 해 준다.

③ 중국요리는 뜨거울 때 먹는 것이 많아 잘 식지 않도록 전분으로 농도를 맞춘다.

03 육수 · 소스 완성 보관

1) 육수 · 소스 관리하기

만들어진 육수 · 소스는 빠른 시간 내에 사용하도록 하고, 불가피한 경우 밀봉 냉장, 냉동 등 적절하게 보관을 한다.

가) 온도 관리

① 일반적으로 세균은 0℃ 이하 또는 80℃ 이상에서는 증식이 어려우며, 대체로 고온보다 저온에서 저항력이 강하다.

② 요리를 만들어 보관할 때 60℃ 이상으로 가열하여 4℃ 이하로 냉각시켜 보관하는 것이 비교적 세균의 증식을 억제하는 한 방법이다.

3) pH 관리

① 일반적으로 세균은 중성 혹은 알칼리성에서 잘 번식하고, 곰팡이는 산성에서 증식이 잘 된다.

② pH 6.6~7.5 사이에서는 증식이 왕성하지만, pH 4.6 이하로 떨어지면 증식이 정지된다.

중식 튀김조리

01 튀김 준비

1) 중식 튀김옷 재료

① 전분

감자 전분, 옥수수 전분, 고구마 전분을 사용한다. 한 종류의 전분을 사용하기도 하고, 두 종류의 전분을 혼합하여 사용하기도 한다. 소스의 농도를 맞출 때는 감자 전분을 많이 활용한다.

② 밀가루

튀김에는 글루텐이 적고 탈수가 잘 되는 박력분을 많이 활용한다.

③ 물

단백질의 수화를 늦게 하고 글루텐 형성을 저해하기 위해서는 찬물을 이용한다.

④ 달걀

달걀은 튀김옷의 경도를 도와주고 맛도 좋게 한다. 하지만 튀김이 오래되면 눅눅해지고 질감이 떨어지는 단점이 있다.

⑤ 식소다

튀김옷을 반죽할 때 소량의 식소다를 사용하면 가열 중 탄산가스를 방출하고 수분을 증발시켜 튀김옷의 수분 함량이 낮아지면서 가볍게 튀겨진다. 단, 많이 사용하면 쓴맛이 난다.

⑥ 설탕

튀김옷을 반죽할 때 소량의 설탕을 첨가하면 튀김옷의 색이 적당하게 갈변되고 글루텐의 형성이 저해되어 튀김옷이 부드럽고 바삭하다.

1) 중식 튀김옷의 종류

① 불린 전분

재료를 튀길 때 등 중식에서 많이 사용하는 방법이다. 전분에 물을 되직하게 부어 6시간가량 그대로 두었다가 윗물은 버리고 밑에 가라앉은 앙금만을 튀김옷의 재료로 사용한다. 시간이 걸리므로 미리 전분을 불려야 사용할 수 있다. 불린 전분은 냉장고에 넣어 두고 필요시 덜어서 사용한다.

② 달걀흰자

달걀흰자를 잘 풀어 튀김 재료에 넣고 섞고 전분 또는 밀가루를 넣어 튀김옷을 만드는 방법이다.

③ 달걀노른자

자주 사용하는 방법은 아니지만 튀김의 색을 노랗게 할 필요가 있을 때 사용한다. 달걀흰자를 사용하는 경우와 비교하면 바삭한 맛이 덜하지만 부드럽다.

④ 마른 가루

튀김옷을 거의 입히지 않고 튀기는 경우이다. 재료에 밑간하고 전분을 조금만 뿌려 주물러서 튀긴다. 이때 전분은 튀김옷의 역할보다는 그냥 튀기면 재료가 딱딱해지는 것을 막기 위해 얇은 막이 생기는 정도이다.

2) 튀김 조리 시 주의점

① 튀김을 할 때 재료의 투입은 기름양의 60%를 넘지 않게 한다. 한꺼번에 많은 양을 넣으면 기름 온도가 떨어져 재료에 기름이 많이 흡수되고 눅눅한 튀김이 된다.

② 튀김 시 두꺼운 팬을 사용하면 튀김 온도의 변화가 적어 맛있는 튀김이 된다.

③ 안전사고 및 튀김의 완성도를 위해 튀김 재료의 수분은 제거한다.

④ 물 반죽으로 튀김을 할 때 재료 표면에 전분 가루를 묻히면 재료 표면에 마찰력이 커져 튀김옷이 잘 붙고 모양이 단정하게 나온다.

1) 양질의 튀김 요리 완성

① 튀김옷은 재료의 양을 고려하여 만든다.

② 기름에 튀김을 넣은 다음 조리용 젓가락으로 살짝 흔들어 주면 가지런히 튀겨진다.

③ 두 번 튀겨야 맛과 풍미가 좋아진다. 두 번째 튀김을 할 때는 1차보다 높은 온도에서 튀겨야 재료 안에 있는 여분의 수분과 기름기가 빠져 맛있는 튀김이 된다.

④ 물전분을 사용하여 소스의 농도를 잡을 때 물전분을 너무 일찍 넣거나 많은 양을 넣으면 소스가 탁해지거나 윤기가 떨어지게 된다.

⑤ 물전분으로 농도를 잡을 때 투입되는 시점은 보편적으로 끓기 바로 직전이다. 그 이유는 소스 속에서 물전분이 익는 속도와 퍼지는 속도가 적당하여 소스에 전분 덩어리가 없는 매끈한 소스가 될 수 있다.

중식 조림조리

01 조림 준비

1) 조림의 정의
육류, 생선류, 채소, 가금류, 두부 등을 손질하고, 팬에 담아 양념을 하면서 불 조절을 하여 끓여서 국물이 거의 없을 때까지 끓여내는 것을 조림이라 한다.

2) 중식 조림의 종류
① 홍소(紅燒, Hong shao, 홍샤오)
소는 조림을 말한다. 홍소는 간장을 사용하거나 붉은색의 조미료를 사용하여 만든 음식을 만드는 조리법이다. 음식의 색이 옅으면 반소, 소금을 사용하면 백소라고 한다. 홍소는 주로 동물성 재료를 사용하고, 백소는 주로 식물성 재료를 사용한다.

② 민(燜, Men, 먼)
민은 푹 고는 것이다. 강불, 약불, 강불 3과정을 거쳐 음식을 조리하는 것으로 소와 과정이 같으나, 약한 불로 더 오랫동안 조리하는 것이 차이점이다. 장시간 가열하기 때문에 재료가 흐물흐물하게 물러져 소로 조리한 것보다 즙이 짙고 맛이 농후하다.

02 조림 조리

1) 조림 요리의 종류
난자완스, 오향장육, 어향가지, 홍소도미, 일품해삼, 홍소두부, 오향땅콩 등

2) 생선 조림 시 유의사항
① 조림은 생선 내부에 맛이 잘 배도록 한다.
② 생선 자체의 맛 성분이 외부로 빠져나가지 않도록 한다.
③ 생선이 92~94% 정도 익었다고 생각이 되면 불을 끄고 나머지 열로 익혀, 생선과 국물을 그릇에 같이 담아낸다.
④ 조림할 때 생선의 비린 맛을 감소시키기 위해서는 뚜껑을 열고 조림을 하는 것이 좋으며, 생강이나 마늘은 되도록 거의 익은 상태에서 첨가하는 것이 좋다.
⑤ 너무 오래 가열하면 생선이 질겨지고 수분이 빠져나와 육질이 단단하고 거친 맛이 될 수도 있다.

03 조림 완성

1) 그릇의 선택
일반적으로 조림을 담는 그릇은 오목하게 들어가 있는 그릇을 사용하는 것이 좋다.

2) 기초 장식하기
무나 당근을 이용하여 꽃이나 사물을 조각하여 배열하기도 하지만, 현대에 와서는 꽃이나 재료를 간단히 칼로 모양을 내어 같이 올리기도 한다.

3) 담기
주재료와 부재료의 비율을 파악하고, 크기 · 모양 · 색감을 잘 파악하여 담는다. 또한, 소스의 양을 생각하고 뜨거운 요리가 식지 않도록 주의한다.

4) 제공하기
그릇에 잘 담은 요리를 고객에게 제공할 때는 크기가 크면 먹기 좋은 크기로 잘라서 제공한다. 형태가 부서지지 않도록 주의하며, 한입 크기나 조금 더 크게 잘라 제공한다.

01 쌀의 종류

종류	특징
자포니카형	• 한국, 일본, 중국 동북부, 대만 북부, 미국 서해안 등에서 재배 • 온난하고 적당한 강우량인 지역에서 재배 • 짧고 둥글둥글한 형태 • 물을 넣고 가열하면 끈기가 생긴다.
자바니카형 (자바형)	• 자바 섬이나 인도네시아 등의 동남아시아, 이탈리아, 스페인, 터키, 중남미등에서 재배 • 아열대 지역에서 재배되고 생산량은 미미 • 형태는 자포니카형과 인디카형의 중간 형태 • 크기가 약간 큰 편이고, 맛은 담백
인디카형 (인도형)	• 인도, 인도네시아, 방글라데시, 베트남, 태국, 미얀마, 필리핀, 중국 남부, 미국, 브라질 등에서 재배 • 고온 다습한 열대 및 아열대 지역에서 재배 • 세계 쌀 생산량의 약 80%를 차지 • 자포니카형에 비해 가늘고 길쭉한 형태

02 밥 및 요리별 조리

1) 새우볶음밥(중식조리기능사 실기 조리법)

① 불린 쌀 1컵, 물 1컵을 넣고 강불에서 1~2분 끓으면 약불 8분으로 해서 밥을 익힌다. 불을 끄고 10분 정도 뜸을 들인다. 밥을 넓은 그릇에 펼쳐 식힌다.

② 새우는 내장을 제거하고 끓는 물에 살짝 데치고 찬물에 헹군다.

③ 당근, 대파, 청피망은 0.5cm 주사위 모양으로 썬다.

④ 팬에 기름을 두르고 달걀을 스크램블한다. 여기에 밥을 넣어 고슬고슬하게 볶는다. 당근, 새우, 피망을 넣어 색을 내고 마지막에 대파, 소금, 흰후추를 넣어 간을 맞춘다.

중식 면조리

01 면 준비

1) 면의 종류

구분	압출면			중국식 국수	한국식 국수 및 일본식 국수
	파스타	냉면	당면		
원료	• 세몰리나 • 물	• 밀가루 • 메밀가루 • 알칼리제	• 전분 • 알루미늄 • 명반	• 밀가루 • 알칼리 용액	• 밀가루 • 소금 • 물
색상	호박색	–	–	노란색	흰색
공정	압출 · 익힘	압출 · 익힘 (또는 끓는 물 익힘)	압출 · 익힘	면대 형성 자름	면대 형성 자름

🅱 기적의 TIP

• 면대 : 반죽을 얇게 편 것
• 면발 : 면대를 썰어서 만든 면 가닥

2) 면 반죽에서 소금의 역할

① 글루텐에 대한 점탄성을 증가시킨다.

② 맛과 풍미를 향상시킨다.

③ 삶는 시간을 단축시키고 보존성을 향상시킨다.

④ 건면의 경우에는 이상 건조, 낙면을 방지한다.

3) 중국 면 요리의 특징

① 중국의 풍부한 면 요리는 식생활의 주식을 일반적인 특징으로 하고 있다.

② 남방은 쌀을 주식으로 한 제분하지 않은 알맹이 형태로 먹는다.

③ 북방은 밀가루랑 고량, 조, 콩, 옥수수, 녹두, 수수, 메일, 피 등의 잡곡을 포함한 곡물의 가루를 가공해서 먹고 있다.

④ 우리나라에서는 각종 국수를 통틀어 면이라고 부르는 것과 달리 중국은 밀가루로 만든 면만 면이라고 부른다.

⑤ 콩가루는 두면(斗麵), 밀가루는 면가루, 녹두가루로 만든 면은 콩가루라고 한다.

02 반죽하여 면 뽑기

1) 생면류 면발 형성

① 면발의 특성

- 면 수분 함량에 따라 다가수 면발, 일반 면발, 반건조 면발, 건조 면발 등으로 구분한다.
- 면발의 굵기에 따라 세면, 소면, 중면, 중화면, 칼국수면, 우동면 등으로 구분한다.

종류	특징(면의 굵기는 상대적으로 차이가 있음)
세면	면발의 굵기가 가장 가는 면을 세면이라고 한다.
소면	세면보다 조금 굵은 면발이다. 예 잔치국수, 비빔면 등
중화면	소면보다 조금 굵은 면발이다. 예 일본식 라면, 짜장면 · 짬뽕
칼국수면	칼국수 면발은 넓적하고 얇은 형태의 면발도 있고, 상대적으로 좁고 굵은 면발도 있다.
우동면	칼국수면보다 조금 굵은 면발이다.

2) 면발의 규격

① 면발 폭의 규격

면발의 규격은 면발의 폭과 두께로 정한다.

② 면발 번호의 의미

- 면발의 폭은 일반적으로 번호로 정하는 것이 관례이다.
- 번호의 의미는 30mm의 길이를 해당 번호로 나눈 값이 그 번호의 면발의 폭이라는 의미이다.
- #10 → 10번 면 → 계산 30mm ÷ 10 = 3mm → 면의 폭이 3mm
- 예를 들어 10번 면은 30mm 나누기 10으로 계산해서 나온 값인 3mm가 10번 면의 폭이다.
- 면발의 폭을 정하는 번호 매기기의 표현 방식은 #10, #15, #20 등의 형태로 # 뒤에 숫자를 표기한다.

③ 면발 두께의 규격

- 면발의 규격은 주로 면발의 폭의 길이를 기준으로 하며, 따라서 두께의 규격에 대한 번호 매기기 방식이나 기준이 따로 정해진 것은 없다.
- 면발의 두께는 각종 면의 특성과 소비자의 기호도에 따라 얇거나 두껍게 자율적으로 결정한다.
- 우동면의 경우에는 면발의 폭과 면발 두께의 비율이 4 : 3 정도가 소비자 선호도가 가장 높다고 알려져 있다.

03 면 삶아 담고 완성

1) 면 조리이 주이전

① 기계면, 도삭면(칼 또는 가위), 수타면 등을 삶을 시에는 각각의 면류의 성질에 따라 삶는 방법의 차이를 두어야 한다.

② 기계 또는 수타나 칼로 썰어서 면이 절출되어 나오면 타분을 최대한 제거한다.

③ 면을 뽑기 전에 면을 삶을 물이 끓는지 확인한다.

④ 면발의 탄력성을 유지하기 위하여 넉넉한 끓는 물에 소금을 넣어야 한다.

⑤ 면을 끓는 물에 넣고 충분히 저어 서로 엉겨 붙는 부분이 없도록 하여야 한다.

⑥ 한 번 끓어오르면 찬물을 한 번 붓고 기다리다가, 다시 끓어오르면 찬물을 부어 면을 쫄깃하게 한다. 면의 두께에 따라 찬물 붓기를 반복하여 익힌다.

⑦ 면이 익으면 건져서 찬물에 담가 깨끗이 주무르면서 씻는다.

⑧ 끓는 물에 데치거나 차가운 상태로 바로 중식 면 조리 메뉴에 맞는 그릇을 선택하여 담아낸다.

⑨ 물이 있는 면 요리인지, 국물이 없는 면 요리인지에 따라 미리 그릇을 준비하여 바로 면을 담아낼 수 있도록 한다.

중식 냉채조리

01 냉채 준비

1) 냉채 요리의 특징

① 중국 음식은 한 상 차림 한국 음식과 다르게 순서에 맞춰 요리를 한 가지씩 상에 낸다. 이때 맨 처음 나가는 요리를 차갑게 나가는데 이 요리를 냉채라고 부른다.

② 냉채는 지역에 따라서 량반, 냉반, 냉훈이라고 부르기도 한다.

③ 뜨거운 요리는 재료를 먼저 썰어서 조리해서 담아내지만 냉채는 대부분 조리를 먼저 하고 썰어서 접시에 담아내는 것이다

④ 냉채요리의 온도는 4℃ 정도일 때가 가장 바람직하다.

2) 냉채 요리 선정할 때 유의 사항

① 주요리의 가격대에 따라 결정한다.

② 주요리로 어떤 요리가 나가는지 보고 냉채를 결정한다.

③ 주요리는 계절과 연회에 따라서 자주 바꾸어야 하므로 냉채도 주요리에 따라서 변화를 주어야 한다.

④ 재료와 부재료에 균형을 이루어야 한다.

⑤ 조리 방법이 겹치지 않아야 한다.

3) 냉채에 사용 가능한 재료

① 육류로는 쇠고기, 돼지고기, 닭고기 등의 모든 고기와 각 부위, 특히 내장도 가능하다.

② 해물로는 해삼, 새우, 전복, 패주, 조개 등의 바다에서 나는 모든 재료를 이용할 수 있다.

③ 무, 배추, 당근 등의 채소류도 모두 사용 가능하다.

④ 10여 종의 향신료(산초, 후추, 팔각, 계피, 감초, 진피, 초과, 정향, 월계수 잎 등)를 사용한다.

⑤ 기본적인 향신료는 파, 마늘, 생강이고 자주 사용하는 양념은 간장, 소금, 설탕, 식초, 레몬즙, 겨자가루, 고추기름, 참기름, 볶은 참깨, 토마토케첩, 고수 등이다.

4) 재료 손질법

종류	손질법
새우	용도에 맞는 크기를 선택하여 수염, 머리 위, 꼬리의 뾰족한 부분을 잘라 낸 다음 등을 길라 내장을 꺼낸다.
해파리와 해파리 머리	소금에 오랫동안 절여 놓은 것이므로 물에 담가 소금기를 완전히 제거한 다음 사용한다. 물에 데칠 때는 물의 온도가 너무 뜨거우면 오그라들기 때문에 주의한다.
오징어	배를 갈라 내장을 제거하고 껍질을 벗겨서 사용한다.
갑오징어	몸통 속의 단단한 뼈를 꺼내고 껍질을 벗기고 다리를 떼어 내고 몸통만 사용한다.
숭어	비늘과 내장을 제거하고 사용한다.
피단	신선한 것으로 선택하여 한 개씩 껍질을 까서 사용한다. 어둡고 차가운 곳에 보관해야 하며 오랫동안 보관하면 말라 사용하기 어렵다.
분피	상온의 창고에 보관한다. 사용할 때 따뜻한 물에 담가 부드러워지면 사용한다.
오이	소금으로 문질러 씻은 다음 사용한다.
셀러리	줄기의 껍질을 벗겨서 사용한다.
땅콩	햇땅콩을 사용하되 전날 물에 불려 맑은 물이 나올 때까지 씻어서 사용한다.

02 냉채 조리

1) 냉채 조리법의 종류

① 무치기

- 재료에 따라서 생으로 썰어서 무치거나 익혀서 무치거나 생것과 익은 것을 섞어서 무친다.
- 무칠 때는 부드럽고 상큼하고 깔끔한 맛이 나게 하는 것이 좋다.
- 생으로 무치는 방법은 반드시 신선한 재료를 선택하여 소스를 더하는 방법이다.

② 장국물에 끓이기

- 재료를 양념과 향료 등을 넣어 만든 국물에 넣고 약한 불로 끓이는 조리법이다.
- 깊은 맛이 나고 부드러운 것이 특징이다.
- 장국물에 끓일 때는 불을 약하게, 동일한 온도로, 재료가 잠기도록 물을 여유 있게, 장시간 가열한다.

③ 양념에 담그기

- 소금, 간장, 술, 설탕과 식초 등에 재료를 담가 만드는 방법이다.
- 장시간 보관해야 할 때 사용하는 것이 좋다.
- 소금물 : 재료를 소금으로 문지른 다음 소금물에 넣어 담그는 방법이다. 수분은 빠지고 소금물이 들어가기 때문에 단단한 질감을 준다. 배추, 무, 셀러리 등을 절여서 사용한다. 여름은 3~5일, 겨울은 5일이 지나야 숙성된다.

- 간장 : 간장에 절였다 사용하는 방법이다. 배추 밑동, 오이 등과 같은 신선한 채소를 절여서 사용할 수 있다. 살아 있는 재료를 간장에 담을 때는 재료를 담근 후 10일이 지나야 숙성된다.
- 술 : 소흥주(찹쌀로 빚은 술)와 소금에 넣어 절이는 방법이다. 게, 새우 등을 담글 수 있다. 새우 등 술에 담그는 재료는 술에 담근 후로부터 하루가 지나면 숙성이 된다.
- 설탕과 식초 : 설탕과 식초에 담그기 전에 소금에 절이는 과정을 통하여 채소의 수분을 뺀 다음 단맛이 배이게 하는 방법이다. 오이를 설탕과 식초에 담그면 최소 8시간 지나면 숙성된다. 양배추, 당근, 무 등을 넣으면 최소 4~5일이 지나야 먹을 수 있다.

④ 수정처럼 만들기
- 돼지다리와 고기를 끓여서 감싸서 줄에 매달아 우물에 넣으면 우물물이 차서 고기가 응고되는 것을 보고 냉채로 이용하게 되었다.
- 현재는 돼지껍질 등 콜라겐 성분이 많은 것을 끓여서 차갑게 만들어 두면 수정처럼 맑게 응고되는 원리를 이용하여 냉채를 만든다.
- 돼지다리, 생선살, 새우살, 닭고기, 게살 등으로 냉채를 만들 때 사용한다.

⑤ 훈제하기
- 가공하거나 재웠던 재료를 삶거나 찌거나, 삶거나 튀겨서 익힌 후 설탕, 찻잎, 쌀 등을 솥에 넣고 밀봉하여 냉채로 이용할 재료에서 훈제한 향이 느껴지도록 한 것이다.
- 훈제한 요리는 색이 붉은 빛으로 예쁘게 훈연한 향기가 있어 독특한 맛이 난다.
- 돼지고기, 닭, 오리, 돼지의 내장 각 부위, 메추리, 달걀, 생선, 오징어, 소라 등이 있다. 두부나 미역 등 재료도 가공한 다음 훈제할 수 있다.

2) 냉채 종류에 적합한 소스의 선택

구분	맛의 종류	양념
육류의 내장	고추기름 맛	고추기름, 간장, 설탕, 참기름
오징어	생강즙 맛	소금, 생강, 식초, 참기름
육류	마늘즙 맛	다진 마늘, 간장, 고추기름, 참기름
육류의 내장	얼얼하게 매운맛	간장, 파, 산초, 참기름
닭고기,채소	특이한 맛	간장, 참깨장, 설탕, 식초, 참기름, 고추기름, 산초가루, 볶은 깨
닭고기	고소한 맛	참기름, 간장
채소	겨자 맛	소금, 간장, 겨자, 참기름, 식초
	샐러드 맛	달걀 노른자, 식용유, 식초, 레몬즙
닭고기	깨장 맛	간장, 참깨장, 참기름, 설탕
육류의 내장	얼얼하게 매운맛	간장, 고추기름, 산초가루, 참기름

① 숙성이 필요한 소스

- 냉채의 소스를 만들어 놓은 후 일정 시간이 지나면 양념들이 서로 어우러지므로 숙성하는 시간이 필요하다.
- 탕수소스는 설탕과 식초 혹은 레몬즙을 넣어서 설탕이 모두 녹을 때까지 20~30 분간 숙성시킨다.
- 깐소소스는 물, 소금, 참기름, 토마토케첩, 고추장 등을 넣고 잘 섞은 후 1시간 정도 숙성시킨다.

② 발효가 필요한 소스조리

- 냉채 소스에 사용하는 소스는 이미 발효된 장 등을 이용한 소스가 다양하므로 요리에 적합한 양념을 선택하여 활용하도록 한다.
- 이미 발효된 대표적인 장은 간장, 두반장, 춘장 등이다. 간장은 콩으로 메주를 쑤어서 말렸다가 소금과 물을 넣고 오랫동안 발효한 소스이다.
- 두반장은 고추와 잠두라는 콩을 섞은 후 소금을 넣고 오랫동안 발효를 시켜서 사용한다.

03 냉채 완성

1) 냉채의 양

① 냉채의 양은 전체 인원수와 주문한 전체 요리의 수에 의해서 결정된다.

② 포만감을 주기 위해서 만들어 내는 요리가 아니기 때문에 한 사람이 한 젓가락 혹은 두 젓가락 정도 먹을 양이면 충분하다.

③ 입맛을 돋우고 전체 요리에 대한 관심을 갖게 하는 역할을 한다.

2) 냉채 담기

방법	내용
봉긋하게 쌓기	미리 썰어 놓은 재료를 데쳐 만든 냉채를 담는 방법이다. 모양이 일정하지 않으므로 산봉우리처럼 봉긋하게 올라오게 담는다. 해파리 냉채 등을 담는 방법이다.
평편하게 펴놓기	정형화된 냉채를 썬 다음 접시에 평편하게 담는다. 밑에 오이 등의 재료를 깔기도 하고, 잘라서 원래의 재료 모양대로 만들기도 한다. 닭 냉채 등을 담는 방법이다.
쌓기	냉채를 한 조각씩 잘라서 계단 형태로 담는다.
두르기	냉채를 썬 다음 접시의 중앙에 동그랗게 담거나 꽃 모양으로 담는다. 두르는 방법은 가지런하게 잘 썰어야 한다. 어떤 냉채는 동그랗게 두른 다음 어울리는 재료를 함께 담기도 하고 어떤 냉채는 꽃 모양으로 만들고 중간에 꽃으로 장식하기도 한다.
형상화하기	서로 다른 색깔과 형태의 냉채 요리를 꽃이나, 새, 동물 등을 예술적으로 표현하는 형식이다. 담는 데 시간이 많이 걸리고 재료를 상온에 오랫동안 노출시켜야 하기 때문에 위생에 특별히 주의한다.

3) 냉채에 어울리는 기초 장식

① 해물에 어울리는 기초 장식

갑오징어무침, 해파리 머리 무침 등 색이 하얗거나 미색인 경우 무, 오이, 당근, 고추 등 어떤 색의 장식이든 구분 없이 사용할 수 있다. 술 취한 새우, 훈제 숭어 등 색깔이 있는 냉채는 흰색이나 붉은 계통을 사용하면 좋다.

② 육류에 어울리는 기초 장식

• 마늘소스삼겹살 냉채 : 돼지고기가 익어서 색이 희게 변하였으므로 무, 오이, 양파 등 흰색과 갈색이 나는 장식을 사용하면 무방하다.
• 오향장육 : 색이 짙으므로 오히려 흰색을 사용하는 것이 맛이 있어 보이고 눈길을 끌 수 있다.

중식 볶음조리

01 볶음 준비

1) 전분 사용의 유무에 따른 분류

① 초채
- 전분을 사용하지 않는 볶음
- 부추잡채, 고추잡채, 당면잡채, 토마토달걀볶음 등

② 류채
- 전분을 사용하는 볶음
- 라조육, 마파두부, 새우케첩 볶음, 채소 볶음, 류산슬, 전가복, 란화우육(브로콜리 소고기 볶음), 하인완스(새우완자), 마라우육, 꽃게 콩 소스 볶음, 부용계살 등

2) 주재료 준비

① 육류
- 돼지고기, 소고기, 닭고기, 오리고기를 많이 쓴다.
- 육(肉)은 돼지고기를 말하며 유명한 중국요리는 돼지고기 요리가 대부분이다.
- 우육(牛肉)은 소고기 음식을 말하며 소고기 요리는 많지 않은 편이다.
- 닭은 통째로 쓰거나 가슴살, 다리, 날개 등 부위별로 세분하여 사용한다.
- 오리를 주재료로 한 요리도 발달했고 주로 통째로 사용한다. 북경오리구이가 대표적이다.

② 해물류
- 여러 가지 생선과 새우, 해삼 등이 이용되는 데 해삼요리는 볶음이 많다.
- 재료 본래의 맛을 살리는 것이 중식 해물 요리의 특징이다.

③ 채소류
- 중식에서는 다양한 색의 채소를 사용하나 푸른 잎채소를 많이 쓴다.
- 채소를 단시간에 데치거나 볶아 내어 질감과 맛이 좋고 비타민 손실도 적다.

④ 두부
- 두부는 고기 요리나 채소 요리에 두루 사용되므로 그 응용 범위가 넓다.
- 사천요리의 마파두부, 산동요리의 삼미두부★, 광동요리의 호유두부★, 공부요리의 일품두부 등이 대표적이다.

★ 삼미두부
삼미는 두부와 배추, 물을 의미하며, 삼미두부는 이 세 가지로 만든 찌개 요리이다.

★ 호유두부
호유는 광둥어로 굴소스를 의미하며, 호유두부는 튀긴두부와 굴소스를 넣은 볶음 요리이다.

3) 부재료 준비

① 향신료 부재료

- 중국요리에는 유난히 향신료가 많이 쓰인다.
- 가장 대중적으로 많이 쓰이는 향신료 부재료는 마늘, 파, 생강, 고추, 후추, 오향분, 진피 등이 있다.
- 파, 생강, 마늘, 고추 등을 많이 사용한다.

향신류	특징
화산조	재료의 냄새를 없애거나 요리의 맛을 더하기 위해 사용한다.
산초	열매의 검은 심을 떼어내고 냄비에 볶아서 가루로 만들어 사용한다.
회향	풀의 일종으로 다갈색이며, 육류, 내장류, 생선의 조림, 찜 등에 사용한다.
오향분	팔각, 육계, 정향, 산초, 진피를 가루로 만들어 섞은 것인데 향이 매우 뛰어나다.

② 채소류 부재료

청경채, 브로콜리, 부추, 셀러리, 목이버섯, 백목이버섯, 표고버섯, 피망, 당근, 고추, 죽순, 양파, 배추, 연자, 발채★ 등

③ 조미료

- 중국요리의 맛을 내는 기본 조미료로는 콩 또는 콩을 가공한 각종 된장, 고추장 등이 기본이다.
- 밑간하는 단계와 마무리 단계에서 두 번 조미료를 첨가하는 경우가 많고 여러 가지 조미료를 조합하여 복합적인 맛을 만든다.

4) 기름의 역할

① 조리용 매개체로서의 기름

기름이 조리 과정 중 열전달체의 역할을 하여 음식을 익힌다. 특히 볶음에서 기름은 주된 열매체이다. 다른 나라 음식과는 달리 중식 조리에서는 주·부재료를 높지 않은 온도의 기름이나 물을 이용하여 전처리한 후 볶음에 사용하는 독특함이 있다.

② 영양 공급원으로서의 기름

기름이 영양 공급체 역할을 하여 음식에 영양과 맛을 더한다. 기름은 음식을 부드럽게 하고 고소한 맛을 증가시킨다. 또한 기름은 지용성 비타민의 흡수를 도와주므로 지용성 재료를 이용한 음식의 조리에 많이 사용한다.

③ 향을 부가하는 역할을 하는 기름

기름은 향을 증진시키는 효과 물질로 작용하여 음식에 향을 증가시킨다. 고소한 맛과 함께 음식 자체의 향뿐 아니라 볶음작용으로 향을 배가시키므로 기름은 중식에 있어 자주 이용되고 있는 식품 재료이다.

★ 발채
중국의 고원지대에서 자라는 야생 조류식물로, 머리카락처럼 생긴 귀한 식재료이다.

02 볶음 조리

1) 중식의 볶음 재료 전처리

① 볶음 조리의 조리 단계는 대부분 기본적으로 크게 2가지 과정을 거친다.

② 첫 번째 단계로는 주재료를 가공한 후 칼로 일정하게 자르는 조리작업을 거쳐야 한다.

③ 두 번째 단계는 주재료와 부재료의 배합 과정에서의 질과 양, 주재료의 가치, 성분을 고려하고, 여기에 각기 특수한 조리 방법으로 주재료와 부재료의 색과 맛, 향 등을 잘 조화시켜야 완벽한 요리가 탄생한다.

2) 볶음과 관련된 중식의 대표적인 조리법

① 초(炒, 차오)

- 볶는다는 뜻으로 가장 많이 사용되는 방법이다.
- 중화팬에 기름을 조금 넣고 알맞은 크기와 형태로 만든 재료를 센 불이나 중간 불에서 짧은 시간에 뒤섞으며 조미하여 익히는 조리법이다.
- 가열 시간이 짧아 영양소의 손실이 적으며, 재료와 조미료의 복합적인 맛을 낼 수 있다.
- 부추 볶음, 당면 잡채 등이 있다.

② 폭(爆, 빠오)

- 재료를 뜨거운 물이나 탕, 기름 등으로 먼저 고온에서 매우 빠른 속도로 솥에서 뒤섞어 열처리를 한 뒤 볶아 내는 방법이다.
- 재료는 폭은 1.5cm 정육면체, 가는 채, 꽃 모양 등으로 썬다.
- 가장 빨리 만드는 조리법으로 궁보계정을 들 수 있다.

③ 류(溜, 려우)

- 재료를 녹말이나 밀가루 튀김옷을 입혀 기름에 먼저 튀기거나 삶거나 혹은 찌는 방식으로 조리하는 요리이다.
- 여러 가지 조미료와 혼합하여 걸쭉한 소스를 만들어 재료 위에 끼얹거나 버무려 묻혀 내는 조리법이다.
- 주재료의 맛이 깨끗하며 부드럽고 연한 맛을 유지할 수 있다.
- 류산슬, 라조기 등을 대표 음식으로 들 수 있다.

④ 작(炸, zha)

기름을 넉넉히 붓고 센 불에 튀기는 조리를 말한다. 자장면이 이에 속한다.

⑤ 전(煎, jian)

- 기름을 두르고 지지는 조리법이다.
- 약간의 기름에 지져 내는 법으로 우리나라의 전과 같은 조리법이다.
- 난젠완쯔가 이 요리법으로 만든 대표적인 음식이다.

3) 중국음식의 오방색

① 음양과 오방색의 의미

- 예로부터 중국을 중심으로 한 동양 문화권에서는 천지 만물이 음(陰), 양(陽)의 2개의 기로 이루어졌다는 이론과 천문학적 철학으로 발전한 음양오행설이 우주 인식과 사상 체계의 중심이 되었다.
- 이에 따라 모든 음식과 맛은 다섯 가지 색 위주로 만들고, 그 역할을 나타냈다.
- 목(木), 화(火), 토(土), 금(金), 수(水)의 오행이 청(靑), 적(赤), 황(黃), 백(白), 흑(黑) 오색으로 나뉘고, 이에 따른 동서남북과 중앙의 다섯 방위가 오방이다.
- 고대로부터 중국인들이 좋아하는 색은 노란색과 빨간색이 우선이다. 붉은색을 경사와 기쁨의 색으로, 노란색을 부와 재산의 상징으로 여겼다.
- 맛, 형태와 색을 모두 구분하여 음식에 균형 있게 첨가하려고 노력하고 있다.

② 중식에 쓰이는 오방색 식재료

색상	재료
노란색	당근, 고구마, 생강, 바나나, 콩, 오렌지, 옥수수, 죽순 등
빨간색	홍고추, 홍피망, 팥, 석류, 토마토 등
흰색	양배추, 양파, 양송이, 새송이, 무, 마늘, 인삼 등
청색	청경채, 오이, 파, 완두콩, 풋고추, 피망, 부추, 셀러리, 얼갈이 등
검은색	검정콩, 다시마, 우엉, 가지, 표고 등

03 볶음 완성

1) 중국 볶음 음식의 특징

① 정확한 사전준비
중식 볶음요리는 재료를 단시간 내에 빠르게 익혀서 완성시켜야 한다.

② 불 조절이 중요하고 화력을 나누어서 사용
중식은 고온에서 짧은 시간 안에 음식을 만드는 불의 요리이다. 높은 화력을 바탕으로 재료의 고유한 맛을 그대로 유지하고 영양소의 손실도 최소화할 수 있다. 볶을 때는 강하게, 전분을 잡을 때는 약하게 화력을 잘 조절해야 한다.

③ 향신료와 조미료의 향을 잘 활용
볶음 요리를 위해 팬을 가열한 후 마늘, 파, 고추 등 향채소나 간장, 청주 등 조미료를 뜨거운 기름에 먼저 익혀 향을 내고 볶음 요리를 하고 완성 후에는 참기름, 후추 등을 첨가해서 풍미를 높인다.

④ 식재료가 다양하고 조리법과 맛내기도 다양하고 풍부
중식의 식재료는 수만 가지가 될 정도로 다양하고 음식의 종류도 셀 수 없을 정도이다. 이러한 조리를 할 때 다양한 조리법을 사용하여 그 맛을 더욱 향상시킨다.

⑤ 재료 고유의 맛, 색, 향을 살리고 풍요롭고 화려
식재료 자체의 모양을 살리며 맛과 색을 살리는 중국요리는 오색을 기본으로 하고 있다.

중식 후식조리

01 후식 준비

1) 후식의 유래

후식은 동양의 식사 문화보다 서양의 식사 문화에서 더 발달된 것으로 보인다. 서양 식사의 맨 마지막에 먹는 후식으로 그 어원이 프랑스어의 Desservir('치우다', '정돈하다'라는 뜻)에서 유래되었다.

2) 후식의 종류

종류	특징
빠스류	• 빠스(拔絲)는 '실을 뽑다'라는 의미이며, 설탕을 녹여 시럽을 만든 후 여러 식재료에 입히는 후식용 음식이다. • 고구마빠스, 바나나빠스, 사과빠스, 은행빠스, 귤빠스, 딸기빠스, 아이스크림빠스 등 매우 다양한 종류가 있다.
시미로	• 시미로는 전분의 한 종류인 타피오카(카사바에서 추출)를 주재료로 사용한 후식류이다. • 모든 과일에 사용하며, 멜론시미로, 망고시미로, 연시시미로 등이 있다.
과일	• 과일은 제철 과일을 주로 사용하나 현대에서는 제철 과일의 개념이 사라지고 있다. • 망고스틴, 파인애플, 리치, 멜론, 오렌지, 수박 등이 있다.
무스류	• 무스(Mousse)는 프랑스어로 '거품'이라는 뜻으로, 거품처럼 부드럽고 차가운 크림 상태의 과자를 뜻한다. • 딸기무스케이크, 단호박무스케이크 등이 있다.
파이	• 식용 가능한 식재료면 어떤 것이든 이용할 수 있으며 주로 디저트로 많이 이용되는 것은 과일을 넣은 것이다. • 호두파이, 사과파이 등이 있다.

02 더운 후식류와 찬 후식류의 조리

① 더운 후식류

은행빠스, 바나나빠스, 옥수수빠스 등이 있다.

② 찬 후식류

행인두부, 시미로, 과일, 홍시아이스 등이다.

기적의 TIP

행인은 살구씨를 의미한다. 살구씨의 안쪽 흰 부분을 갈아서 사용한 요리가 행인두부이며, 두부처럼 하얗고 부드러워서 불리게 된 이름이다.

기적의 TIP

지마구
팥이 들어있는 경단 형태의 찹쌀떡으로 겉에 깨가 붙어있다. 냉동실에 보관해서 하나씩 꺼내어 차갑게 먹기도 하고 만들어 바로 따뜻하게 먹기도 한다.

03 후식류 완성

① 재료의 선택은 다양하고 엄격하게 한다.

② 썰기는 요리에 맞는 방법으로 정교하고 세밀하게 한다.

③ 다양하고도 광범위한 맛내기 연구를 한다.

④ 화력 조절에 주의한다.

CHAPTER

02

일식 기초
조리실무와 조리

일본 음식의 문화와 특징과 조리법 등에 대해 먼저 학습한 후, 이러한 배경에 따른 무침, 국물, 조림, 면류, 밥류, 초회, 찜, 롤 초밥, 구이조리를 조리법별로 준비에서 완성까지 어떤 과정을 거치는지 학습할 수 있습니다.

일식 기초 조리실무

빈출 태그 ▶ 일식 요리, 칼, 사시스세소, 시치미, 오색, 오미, 오법, 아시라이

01 일식 관련 용어

1) 일식 요리

용어	설명
맑은국(스이모노, すいもの)	대합 맑은국, 도미머리 맑은국 등
생선회(사시미, さしみ)	조개회, 붉은살생선회, 활어회, 흰살생선회 등
구이(야키모노, やきもの)	간장양념구이, 그냥구이, 소금구이 등
튀김(아게모노, あげもの)	그냥튀김, 튀김옷튀김, 양념튀김, 변형튀김 등
조림(니모, にもの)	도미조림, 채소조림 등
찜(무시모노, むしもの)	달걀찜, 질 그릇찜, 생선술찜 등
무침(아에모노, あえもの)	채소두부무침, 깨무침 등
초회(스노모노, すのもの)	모듬초회, 문어초회등
냄비(나베모노, なべもの)	복어냄비, 전골냄비, 샤부샤부 등
면류(면루이, めんるい)	소면, 우동, 메밀국수 등
덮밥(돔부리, とんぶりもの)	쇠고기덮밥, 장어덮밥, 튀김덮밥, 닭고기덮밥 등
치밥(고항, ごはん)	밤밥, 자연송이밥, 죽순밥 등
밥류(오차쓰케, おちゃつけ)	도미차밥, 연어차밥, 매실차밥 등
초밥(스시, すし)	생선초밥, 김초밥, 유부초밥, 흩어뿌림초밥, 선택초밥 등
절임류(쓰케모노, つけもの)	가지절임, 매실절임, 쌀겨절임, 단무지 등

2) 일식칼의 종류와 사용 용도

종류	사용 용도
회칼(사시미보쵸, さしみぼうちょう)	• 선회를 자를 때 사용 • 다른 칼들에 비해 가늘고 긴 것이 특징
절단칼(데바보쵸, でばぼうちょう)	• 생선을 손질하거나 포를 뜰 때 또는 굵은 뼈를 자를 때 사용 • 칼등이 두껍고 무거운 특징
채소칼(우스바보쵸, うすばぼうちょう)	주로 채소를 자르거나 무 등을 돌려깎기할 때 사용
장어칼 (우나기보쵸, うなぎぼうちょう)	민물장어나 바다장어 등을 손질할 때 전용으로 사용

3) 기본 썰기의 종류

용어	써는 방법
와기리	둥글게 썰기
항게쓰기리	반달썰기
이쵸기리	은행잎 썰기
지가미기리	부채꼴모양 썰기
나나메기리	어슷하게 썰기
효시키기리	사각기둥 모양 썰기
사이노메기리	주사위 모양 썰기
아라레기리	작은 주사위 썰기
미징기리	곱게 다져 썰기
고구치기리	잘게 썰기
셍기리	채썰기
센록퐁기리	성냥개비 두께로 썰기
하리기리	바늘 굵기 썰기
단자쿠기리	얇은 사각 채 썰기
이로가미기리	색종이 모양 자르기
가쓰라무키기리	돌려 깎기
요리우도기리	용수철 모양 썰기
란기리	멋대로 썰기
사사가키	대나무 잎 썰기
구시가타기리	빗 모양 썰기
다마네기미징기리	양파 다지기

02 일본 음식의 특징

1) 일본 요리 기본양념인 조미료의 사용 순서

① 히라가나의 음절 순서대로 간을 한다.

② 생선에 맛을 들일 때는 청주 → 설탕 → 소금 →식초 → 간장 순으로 간을 한다.

③ 채소에 맛을 들일 때는 설탕 → 소금 → 간장 →식초 → 된장 순으로 간을 한다.

구분	의미
사	さ: 청주(さけ), 설탕(さとう)
시	し: 소금(しお)
스	す: 식초(す)
세	せ: 간장(しょうゆ)
소	そ: 조미료 ちょうみりょう

2) 일본 요리의 기본 조리법

① 오법, 오미, 오색의 조화와 계절 감각을 매우 중요시하는 특징이 있다.

② 다섯 가지의 색은 계절과 영양 등을 고려한 여러 표현으로 나타난다.

③ 오법 : 생, 구이, 튀김, 조림, 찜

④ 오미 : 단맛, 짠맛, 신맛, 쓴맛, 매운맛

⑤ 오색 : 빨간색, 청색, 흰색, 검은색, 노란색

3) 일식 곁들임 재료

① 일식 조리에서 곁들임을 아시라이(あしらい)라고 한다.

② 곁들임 재료는 채소류가 주를 이루고 그 종류도 다양하다.

③ 주재료에 첨가해서 시각적으로 조화로 이루고 맛을 돋우어 준다.

④ 풋고추, 청피망, 홍피망, 아스파라거스, 팥, 아보카도, 무화과, 강낭콩, 땅두릅, 매실, 팽이버섯, 완두, 무순, 호박, 은행, 금귤, 밤, 오이, 우엉, 다시마, 고구마, 산초, 표고버섯, 미나리, 무, 차조기, 옥수수, 유채꽃, 산마, 양파, 파슬리, 레몬, 양하 등이 곁들임 재료로 쓰인다.

요리	아시라이
맑은국	산초잎, 유자
생선회	무갱, 오이꽃, 고추냉이, 당근으로 만든 스프링, 레디쉬 등
구이	무 국화꽃 매실조림 등
튀김	푸른 채소 등
조림, 찜	우엉조림, 생강채 등
무침 요리	통깨 등
냄비 요리, 면류, 덮밥류	쑥갓, 김 채 등
초밥요리	초생강, 간장 등

4) 시찌미(七味)의 특징

① 시찌미는 일반적으로 따뜻한 면류 요리에 주로 고객의 취향에 맞게 넣어 먹는 향신료이다.

② 일곱 가지 조미료 고춧가루, 산초, 진피, 삼씨(마자유), 파란김, 검은깨, 생강을 첨가하여 만든 곁들임 재료이다.

③ 일본의 시찌미는 지역에 따라서 배합, 배분이 다르다.

④ 관서 지방의 시찌미는 산초의 향이 강하고 산초의 비율이 높다.

⑤ 관동 지방의 시찌미는 산초의 배합이 없거나 적다.

⑥ 지역의 특징이나 개개인의 식성을 맞추어 다양한 배합 비율익 시찌미가 시판되고 있다.

⑦ 습기를 방지하고 향이 날아가지 않도록 밀폐된 용기에 보관 냉장 보관한다.

⑧ 향기는 온도에 약하므로 냉장고에 보관한다.

5) 일식 기본 생선류 재료

① 참치(마구로) : 참다랑어, 눈다랑어, 황다랑어, 날개다랑어, 가다랑어 등이 있고, 새치류는 청새치, 황새치, 흑새치, 백새치, 돛새치 등이 있다.

② 도미 : 겨울이 제철인 참도미와 붉은 도미, 봄, 여름이 제철인 황돔, 여름, 가을이 제철인 흑도미 등이 있다.

③ 넙치, 농어, 방어, 사와라, 전어, 전갱이, 연어, 새우, 은어, 대구, 장어, 고등어, 문어, 갑오징어 등이 있다.

일식 무침조리

빈출 태그 ▶ 무침의 재료, 만드는 법

01 무침 준비

1) 일본 무침 조리의 특징

① 재료와 향신료 등을 섞어서 무친 것을 말한다.

② 된장 무침, 초된장 무침, 초무침, 깨 무침, 호두 무침, 땅콩 무침, 성게알젓 무침, 흰깨와 두부를 으깨 양념해서 버무린 무침, 명란젓 무침 등이 있다.

③ 재료는 신선한 것을 준비하고 재료에 따라 가열하거나 밑간을 먼저 한 후에 무치는 경우가 있다.

④ 요리는 먼저 무쳐 놓아두면 수분이 나오는 경우가 있어 색과 맛이 떨어지기 때문에 먹기 직전에 무친다.

2) 무침 재료의 특성

① 갑오징어

갑오징어는 살집이 두꺼워 얇게 채 썰어서 초회나 무침으로 즐겨 먹는 등 다양한 재료와 혼합하는 조리법이 많다.

② 명란젓

명태의 난소를 소금에 절여서 저장한 음식으로 맨 타이코 또는 모미지 타이코라고도 한다. 명란젓과 어울리는 요리는 찜, 구이, 샐러드, 무침, 탕 등이 있다.

③ 두부

막 두부, 연두부, 순두부, 비단두부 등 종류가 다양하다.

④ 곤약

곤약을 애용하는 일본에서 1,400여 년 전에 의약용으로 우리나라에서 전래되었다고 한다.

⑤ 흰깨

스이구치나 무침 요리 또는 참깨 두부 요리에 사용한다.

⑥ 피조개

주로 초밥용 재료에 많이 쓰이며 회와 데쳐서 무침으로 한다.

⑦ 도미

육질은 백색으로 맛은 담백하고 종류가 다양하다. 일본인이 즐겨 먹는 생선이다.

⑧ 시치미

고추를 주재료로 한 향신료를 섞은 일본의 조미료이다.

02 무침조리

1) 갑오징어 명란무침

① 갑오징어는 50℃의 따뜻한 물에 소금을 약간 넣어 살짝 데치고, 살만 얇게 채 썬다.

② 명란젓을 반으로 갈라 칼등으로 알만 밀어내듯 분리하여 준비한다.

③ 볼에 갑오징어, 명란을 담아 엉키지 않게 젓가락으로 고루 혼합한다.

④ 차조기잎과 무순으로 장식한다.

2) 두부 채소 무침

① 두부는 끓는 물에 데쳐 찬물에 헹구고 면포로 물기를 빼고 고운체에 내린다.

② 당근, 무는 5cm×0.5cm로 채 썰고 소금에 절여 숨이 죽으면 물에 헹궈 물기를 짠다.

③ 곤약은 소금을 약간 뿌려 밀대로 밀고, 채썰어 데쳐 차게 준비한다.

④ 표고버섯은 채를 썰어 간장, 맛술 양념에 볶아 식힌다.

⑤ 깨는 볶아 갈아 준비한다.

⑥ 모두 혼합하고, 소금과 설탕으로 간을 맞춘다.

03 무침 담기

1) 무침을 담는 그릇

일본 요리의 기본 중 계절감에 어울리는 그릇 선택이 중요하다. 일식 무침은 작으면서도 깊이가 있는 것이 잘 어울린다. 과일이나 대나무 그릇, 조개껍데기 등을 이용해도 잘 어울린다.

2) 양념의 종류 및 특성

무침 요리를 완성하기 위해서는 된장, 청주, 소금, 흰깨 등 조미료가 사용된다.

3) 곁들임 재료

차조기 잎(시소), 무순 등이 있다.

일식 국물조리

01 국물조리 준비

1) 국물 요리의 종류

① 맑은 국물 요리

맑은 국물 요리는 일본 요리의 코스 요리인 회석요리★에서 주로 사용되며 조개 맑은 국, 도미 맑은국 등이 있다.

★ 회석요리
가이세키 요리라고도 하며 작은 그릇에 다양한 음식이 조금씩 순차적으로 담겨 나오는 일본의 연회용 코스 요리이다.

② 탁한 국물 요리

탁한 국물 요리는 회석요리에서 사용되기보다는 식사와 함께 내는 요리이며 가장 대표적인 것으로 일본 된장(미소)을 이용한 된장국, 술지게미를 이용한 국물 등이 있다.

2) 국물 요리의 구성

① 주재료(완다네)

• 주재료는 주로 어패류를 가장 많이 사용하며, 육류, 채소류 등도 사용한다.
• 주재료로 많이 사용하는 어패류에는 도미, 대합 등이 있다.

② 부재료(쯔마)

• 부재료는 제철에 나는 채소류, 해초류를 많이 사용하는데 맛, 색, 질감 등 어울리는 것을 골라 사용한다.
• 맑은국에 많이 사용하는 부재료는 죽순, 두릅 등이 있다.
• 된장국에는 미역 등을 이용한다.

③ 향(스이구치)

• 국물 요리에서 향은 주재료의 맛을 살리는 보조적인 역할을 하고, 계절에 맞는 것을 사용한다.
• 유자, 산초, 시소, 와사비, 겨자, 생강, 깨, 고춧가루 등을 쓴다.
• 봄, 여름에는 산초 새순, 여름에는 파란 유자, 가을에는 노란 유자 껍질, 맑은국에는 유자 껍질이나 레몬 껍질을 쓰고, 된장국에는 산초가루를 쓴다.

3) 일본 된장의 종류와 특징

① 일본 된장은 콩을 주재료로 하여 소금과 누룩을 첨가하여 빠른 시간에 발효시킨다.
② 염분의 양, 원료의 배합 비율, 숙성 기간 등에 따라 색과 염도가 다르다.
③ 누룩의 종류에 따라 쌀된장, 보리된장, 콩된장으로 구분한다
④ 색에 따라 흰된장, 적된장 등으로 구분한다.
⑤ 색이 연할수록 단맛이 많고 짠맛이 적으며 색이 붉을수록 단맛이 적고 짠맛이 많다.

1) 기디랑이의 종류

종류	특징
돌 가다랑어	• 육질이 돌처럼 딱딱해 돌가다랑어, 얼음가다랑어라고 한다. • 외관으로는 판단이 어려우며 잘라 봐야 알 수 있다. • 콜라겐 함량이 정상값(0.4~0.8%)보다 많은(0.5~2.6%) 것으로 나타나 비린내가 강하다.
떡 가다랑어	육질은 촉촉하고 씹는 맛도 좋다.

2) 가다랑어포(가쓰오부시)의 종류와 특징

① 가다랑어포의 특징

- 가다랑어포는 일식에서 맛국물의 재료 중 가장 대표적이다
- 가다랑어를 찌거나 삶아서 훈연 상자 통에 넣고 훈연, 건조하여 만든 것이 있다. 가다랑어포의 80%가 이에 해당하며, 수분 함유율이 약 19~22%이다.
- 가다랑어를 훈연시키면서 푸른곰팡이를 발생시켜 맛과 향기가 더해진 발효 시킨 것이 있다.
- 단백질이 분해되면서 이노신산이라는 감칠맛이 생성된다. 가다랑어에 곰팡이 넣기 공정을 4회 이상 반복해서 생산하며, 수분 함유율이 약 14~17% 정도이다.

② 곰팡이 유무와 모양에 따른 가다랑어포의 특징

곰팡이	모양	특징
곰팡이가 있는 가다랑어	얇게 썬 모양	• 꽃 모양으로 폭넓게 깎은 가다랑어포이다. • 향기 좋고 감칠맛 나는 국물은 다양한 요리에 활용하여 요리의 맛을 돋보이게 한다. • 조림, 된장국, 찌개 등에 사용한다.
	실 모양	• 실 모양의 가다랑어포이다. • 요리의 마지막에 고명으로 올린다. • 샐러드나 무침, 조림 등의 요리에 많이 이용한다.
	가루 형태	• 가다랑어를 깎을 때에 나오는 가루이다. • 단 시간에 향기로운 국물을 낼 때 분말 그대로 사용한다. • 조림이나 샐러드 소스 등에 넣어 가다랑어 맛을 낸다.
곰팡이가 없는 가다랑어	두꺼운 형태	• 국물에 가장 적합하며, 다른 가다랑어포보다 두껍다. • 깊이 있는 맛이 특징이다 • 면류의 국물과 조림 맛국물을 만드는 데 사용한다.
	꽃 모양	• 일반 가다랑어포보다 두께가 얇다. • 색이 선명하고 투명하며, 향과 맛이 뛰어나다. • 조림, 볶음, 냄비 요리의 국물을 내는 데 많이 사용한다.

③ 가다랑어포의 종류

명칭	특징
혼부시	• 참(큰) 가다랑어를 4등분하여 만든 것으로 풍미가 좋다. • 등쪽육으로 만든 것을 오부시, 배쪽육으로 만든 것을 메부시라고 한다.
가메 부시	작은 가다랑어를 3등분하여 만든 것으로 풍미는 떨어지지만 경제적이다.
아라 부시	가다랑어를 훈연 건조한 것이다.
혼카레 부시	아라 부시에 곰팡이를 5~6번 피워 햇볕에 말린 것이다.

가쓰오 케즈리 부시	아라 부시를 깎아서 판매하는 것이다.
가쓰오부시케즈리 부시	혼카레 부시를 깎아서 판매하는 것이다. 일본에서 가쓰오부시란 말은 법적으로 이렇게 제조한 상품에만 쓰이도록 되어 있다.

④ **가다랑어포 고르는 법**

• 통가다랑어는 무게가 있고 말린 상태가 좋으며, 두드려 보아 맑은 소리가 나는 것이 좋다.
• 깎아 놓은 가다랑어포는 투명한 빛깔을 내며 포를 통해 사물이 보이는 것이 좋다.
• 가다랑어포가 분홍색이면 신선한 것이고, 검은색이 많은 것은 피가 섞여 있는 것으로 피하는 것이 좋다.

⑤ **가다랑어포를 깎는 방법과 보존**

• 마른 행주나 키친타월로 가다랑어포 표면의 곰팡이를 닦아 낸다. 젖은 행주로 닦으면 품질이 저하되어 장기 보존이 불가능하여 주의가 필요하다.
• 날카로운 대패의 칼날을 조절하여 종이 한 장 정도 분량 닿는 정도로 칼날을 맞춘다. 칼날을 만질 때는 반드시 수직으로 손가락을 맞춰 준다.
• 가다랑어포를 깎는 방향을 반대로 설정하면 가루가 되어 버리므로 포를 낼 때는 꼬리는 앞을 향하고 머리 부분부터 깎는다.
• 머리 부분의 가다랑어부터 눌러 깎고 작아지면 당겨 깎는 방법으로 한다.
• 깎은 가다랑어포는 비닐봉투에 넣어 냉장고에 보관한다. 깎은 채로 냉장고에 넣어 두면 건조해지며, 가루가 되어 버린다. 보관 용기는 습기가 없는 용기를 사용하는 것이 좋다.

3) 다시마

① **다시마의 특징**

• 한해성이며, 암갈색을 띠고 뿌리와 줄기, 잎 3부분으로 된 대형의 다년생 해조류이다.
• 다시마는 미역과 같은 갈조식물이며 5~7m의 바다에서 광합성을 하고 성장한다.
• 다시마는 물로 깨끗이 씻으면 표면에 붙어있는 흰 가루가 없어지므로 마른행주로 모래알을 닦아 낸 후 사용한다.
• 다시마의 흰 가루에는 맛 성분인 글루탐산과 단맛을 내는 성분으로 만니톨이 들어있다.
• 우리나라에서 양식이 가능한 종류는 참다시마와 애기다시마 2종이다.
• 일본의 경우 90%가 홋카이도에서 생산되며, 차가운 해수가 다시마가 자라는 데 적합하다.

② **다시마의 영양성분**

종류	특징
미네랄	• 칼슘, 철, 나트륨, 칼륨, 요오드 등이 있다. • 우유의 약 23배, 칼슘은 약 7배, 철분은 약 39배나 들어있다. • 다른 식품의 미네랄에 비해 다시마의 미네랄은 체내 소화 흡수율이 높다. • 요오드는 신체의 신진대사를 활발하게 하는 작용이 있지만, 너무 많이 먹으면 갑상선 기능 저하를 일으킨다.

후코키산틴	• 해초에 들어있는 갈색의 색소 성분이다. • 지방의 축적을 억제하고, 쌓인 체지방을 태워 단백질의 활성을 증가시킨다. • 활성 산소를 억제하여 노화를 방지하고 피부 재생에 도움을 준다. • 다시마의 끈적한 성분은 중성 지방이 흡수되는 것을 예방한다.
글루타민산	• 위의 신경에 작용하여 위 기능을 좋게 한다. • 과식을 방지하는 작용을 한다.

③ 다시마의 종류

종류	특징
참다시마(마곤부)	마라는 글자가 앞에 붙은 것은 다시마 중의 으뜸이라는 의미이며, 그 특징은 길이가 3m, 폭은 50cm 정도 되고, 특유의 끈적거리는 맛이 없다.
리시리 곤부	일반 음식점에서 많이 사용하는 리시리 곤부는 마곤부와 비슷하고 특징은 향도 있고, 색도 잘 들지 않고, 폭이 좀 좁고 얇은 편 것이 특징이다.
라우스 곤부	리시리 곤부와 비슷하고 특징은 부드럽고 색이 나와서 노랗게 물이 들고 향과 맛이 비교적 강하게 느껴지는 라우스 곤부이다.
미쓰이시 곤부 하다카 곤부	라우스 곤부와 미쓰이시 곤부는 비슷하고 특징은 다시마의 맛이 강하게 우러나오고, 색도 많이 나고 부드러운 것이 특징이다.

4) 맛국물의 종류

① 다시마 다시

- 다시마만을 이용한 맛국물이다.
- 끓이지 않는 방법 : 다시마를 찬물에 담가 수 시간 동안 우린 후 사용한다.
- 끓이는 방법 : 다시마를 찬물에 넣어 약한 불로 천천히 끓이다가 끓어오르기 직전인 약 90℃에 불을 끈다. 다시마를 넣고 팔팔 끓이게 되면 알긴산이 나와 국물이 탁해지고 감칠맛이 감소된다.

② 일번 다시

- 다시마와 가다랑어포를 이용하여 짧은 시간 안에 맛을 우려낸다.
- 최고의 맛과 향을 지닌 맛국물로 고급 국물 요리에 가장 많이 사용되는 맛국물이다.
- 닦은 다시마와 물을 약불로 끓인다. 끓기 직전 다시마를 건지고 가다랑어포를 넣어 상온에서 10분두고 체, 면포를 이용해 거른다.
- 가다랑어포의 감칠맛은 끓는 점 이하의 온도인 약 80℃ 전후에서 잘 우러나며 온도가 높아지면 잡냄새가 나기 때문이다.

③ 이번 다시

- 일번 다시를 만들고 난 후의 다시마, 가다랑어포를 재활용하여 약한 불에서 천천히 우려낸다. 여기에 새로운 가다랑어포를 약간 첨가할 수도 있다.
- 일번 다시보다는 맛과 향이 약하므로 조림이나 된장국 등에 사용할 수 있다.
- 냄비에 물과 일번 다시를 뽑고 남은 가다랑어포와 다시마를 넣고 중불에서 끓인 후 끓어오르면 불을 줄여 약한 불에서 약 5분 정도 더 끓인다. 여기에 새 가다랑어포를 넣고 불을 끄고 10분 정도 더 우리고 체, 면포에 거른다.

④ 니보시 다시
- 쪄서 말린 것으로 멸치, 새우 등 여러 가지 해산물을 이용하여 만든 맛국물을 말한다.
- 냄비에 물과 내장을 제거한 멸치, 다시마를 넣고 10시간 정도 상온에서 우려낸다. 센 불에서 끓이다가 끓기 직전에 다시마를 건지고 10분 더 끓인 후 체, 면포에 거른다.

03 국물요리 조리

1) 간장, 맛술, 식초의 종류와 특성

① 간장(쇼유)
일본 간장은 콩과 밀을 이용하여 만들기 때문에 간장의 발효 과정에서 밀에 의해 단맛이 나는 특징이 있다.

종류	특징
진한 간장(고이구치쇼유)	• 밝은 적갈색으로서 특유의 향이 있다. • 찍어 먹는 간장 또는 뿌리거나 곁들여서 먹는 간장이다. • 일본 요리에 가장 많이 쓰이는 간장이다. • 재료를 단단하게 조이는 작용이 있으므로 끓임 요리에 간장을 넣을 시기에 주의한다. • 염도는 15~18% 정도이다.
연한 간장(우스구치쇼유)	• 색이 엷고 독특한 냄새가 없다. • 재료가 가지고 있는 색, 맛, 향을 잘 살리는 요리에 이용한다. • 염도가 진간장보다 약 2% 높다.
타마리간장	• 흑색으로서 부드럽고 진하다. • 단맛을 띠고 특유의 향이 있다. • 조림, 구이 요리에 사용하며 깊은 맛과 윤기를 내기도 한다.
생 간장(나마쇼유)	• 열을 가하지 않은 간장이다. • 향기, 풍미가 매우 좋다. • 오랜 시간 끓여도 향기가 날아가지 않는 것이 특징이다. • 서늘한 곳이나 냉장고에 보관한다.
흰 간장(시로쇼유)	• 투명하고 황금에 가까운 색을 띠며 향이 매우 우수하다. • 킨잔지미소의 액즙에서 채취한 것으로서, 재료의 색을 살리는 데는 훌륭한 역할을 한다. • 색이 변하기 쉬우므로 오래 보관하는 것은 피하는 것이 좋다.
감로 간장(간로쇼유)	• 단맛, 향기와 함께 우수한 농후하다. • 관서방에서는 사시미 또는 신선한 재료를 찍어 먹는 간장 또는 곁들임에 사용된다. • 일본 야마구찌껭의 야나기돈의 특산물로서 열을 가하지 않은 진간장을 거듭 양조한 것이다.

② 맛술(미림)
- 전국 시대에 중국에서 미이린이라는 달콤한 술이 점차 요리에 사용되기 시작하였다.
- 소주(알코올 약 40%)에 찐 쌀과 누룩을 넣어 천천히 발효시켜 만든다.
- 약 14%의 알코올과 45% 전후의 당분, 각종 유기산, 아미노산 등이 함유되어 특유의 맛을 내고 당분으로 인하여 음식에 윤기가 나게 한다.

- 요리에 넣을 경우에는 가열하여 알코올을 증발시킨 후 사용해야 한다.
- 설탕과 비교해 포도당과 올리고당이 다량 함유되어 있어 식재료가 부드러워진다.
- 성분외 당분과 알코올이 조릴 때 재료의 부서짐을 방지한다.
- 찹쌀에서 나온 아미노산과 펩타이드 등의 감칠맛이 성분과 당류가 다른 성분과 어울려서 깊은 향과 맛을 낸다.
- 단맛 성분인 아미노산과 유기산 당류 등이 재료에 가미된다.

③ 식초(스)
- 음식에 사용되었을 때 방부 및 살균 효과가 있다.
- 생선에서 살을 단단하게 하고 비린내를 제거하는 역할도 한다.
- 양조 식초 : 곡물을 이용해 발효시킨 식초로 향이 좋고 맛이 순하며 뒷맛이 산뜻하고 가열해도 쉽게 풍미가 날아가지 않는 특징이 있다.
- 합성 식초 : 인위적으로 합성한 초산에 물을 섞은 식초로 강하고 자극적인 냄새와 맛을 가지고 있으며 떫은맛이 입안에 남고 가열하면 향미는 날아가고 신맛만 남는 특징이 있다.

2) 국물 요리에 사용되는 향신료의 종류와 특성
① 유자(유즈)
- 과육은 산도가 높아 생식으로는 어울리지 않지만 향이 좋아서 향신료로 사용한다.
- 6월경에 작은 녹색 열매로 열리는데 이것도 향신료로 사용한다.
- 초가을이 되면 조금 커져 청유자가 되고, 11월경에 노란색으로 바뀌어 노란 유자가 되는데 이 유자도 향신료로 사용할 수 있다.
- 노란 유자는 껍질과 과육을 따로 모두 향신료로 사용하며, 청유자는 반달 썰기를 하여 통째로 사용한다.

② 산초(산쇼)
잎과 열매, 꽃 모두 특유의 매운 향을 가지는 향신료로 특히 잘 익은 열매를 건조시켜 분말 상태로 만든 것을 '고나잔쇼'라 하여 많이 사용한다.

③ 원료의 부위로 분류한 향신료

부위	향신료
종실 향신료	후추
	겨자
근경	참깨
	생강
	마늘
	고추냉이
엽경	산초
과피	진피

01 조림 준비

1) 일본 조림의 개념 및 특징

① 일본 요리에서 구이 요리를 남성적이라면 조림 요리는 여성적인 요리로 비교된다.

② 일본의 지역별로 다양한 조림 요리가 있고 기후, 풍토, 환경으로 인해 맛의 차이가 있다. 관동 지방은 국물이 적고 진하며, 관서 지방은 국물이 많고 담백하다.

③ 조림은 자연적인 맛을 살려가면서 간을 내는 것이 중요하다.

④ 생선류 조림, 끓임, 튀김, 찜을 만든 후에 응용하는 요리가 많으며, 오징어, 새우, 게살, 주꾸미, 알류를 따로 조미하여 준비하고 채소류는 특성을 살려 익혀서 조림 요리를 만든다.

⑤ 삶거나 찌거나 튀긴 요리를 조리하기 때문에 응용 요리라고 한다.

⑥ 국물은 주로 가다랑어포와 다시마를 이용하며, 일부는 멸치 국물을 이용하기도 한다.

⑦ 다양한 채소 썰기 기술이 있고, 단단한 재료는 연하게, 연한 재료는 으깨지지 않게 조리해야 한다.

⑧ 조림 요리의 채소는 밥과 잘 어울리며 술안주로도 적합하다.

⑨ 재료와 요리법에 따라 간하여 맛을 내고 불 옆에서 떠나지 않고 지켜보는 마음의 자세가 필요하다.

2) 조림 요리의 냄비와 뚜껑

① 조림 요리의 냄비는 두꺼운 것을 선택한다

요철 냄비나 두꺼운 알루미늄 냄비, 법랑 냄비 등을 사용하면 불이 닿는 것이 부드럽고 열이 전체적으로 고르게 분포되어 재료의 익힘과 맛을 내는 데 적합하다.

② 조림 요리의 크기, 깊이, 재료, 조리법에 의해 분리 사용한다

생선 조림 시 형태가 부서지지 않게 하기 위해서는 생선을 일렬로 늘어놓을 수 있는 크기의 넓적한 냄비를 사용하고 감자류나 콩류는 조금 작고 깊은 냄비에 재료를 걸쳐 넣어 조림 국물이 전체에 덮이도록 하여 끓여야 깨끗하고 깔끔하게 조림 요리를 할 수 있다.

③ 조림 요리의 조림 뚜껑은 냄비보다 작은 것을 준비한다

조림 조리는 재료의 위에 직접 뚜껑을 얹어 놓기 때문에 국물이 뚜껑 위를 넘을 수 있도록 해서 맛과 열이 전체에 배게 해야 한다. 조림 냄비 속의 재료가 안정되어 있기 때문에 끓이는 동안에 부스러지는 것을 방지할 수 있다.

3) 조림 요리의 재료 사전 처리 방법

① 채소류

조림 시에 모서리 부분이 부서지기 쉬운 재료는 멘도리★하면 좋다.

② 어패류, 육류, 가공품류

- 어패류 : 생선의 비린내와 여분의 지방을 제거하고 불필요한 혈액이나 비늘을 제거한다.
- 육류 : 특유의 냄새를 제거하고, 양잿물과 여분의 수분을 제거해 준다.
- 가공품(유부) : 유부, 간모도끼★ 등의 튀김 종류는 여분의 기름을 제거하고 맛이 배어들기 쉽게 한다.
- 곤약 : 실 모양의 곤약은 양잿물과 여분의 수분을 제거한다.
- 민물 생선 : 굽거나 오차로 시모후리★하여 조리하면 민물 생선 특유의 비린내가 없어지고 살이 부서지지 않고 뼈까지 부드러워진다.
- 건어물, 콩류 : 조리하기 전에 각각의 조리 방법에 맞는 전처리를 하여 불려 준다.

4) 일본 조림의 기본 조리법 니루(煮る)

① 니루라고도 하는 조림은 재료와 국물을 함께 끓여서 맛이 속으로 스며들게 하는 조림이며 밥반찬이 되고 식단을 마무리 짓는 역할을 한다.

② 야채 니모노는 야채를 기본 다시만 넣어 살짝 조리는 담백한 요리이다.

기적의 TIP

조림용 뚜껑을 사용하는 이유
- 냄비 속에서 움직임이 적기 때문에 부서짐을 방지할 수 있다.
- 비린내 및 잡냄새가 적어진다.
- 열이 밖으로 새지 않고, 뚜껑을 하지 않을 때보다 짧은 시간에 조리할 수 있다.

★ 멘도리(面取り)
조림 시에 끝이 뾰족한 부분은 둥글게 사전 처리를 하는 방법

★ 간모도끼(油腐)
두부 속에 잘 다진 채소, 다시마 등을 넣어 기름에 튀긴 것

★ 시모후리(霜降)
전처리의 과정으로 재료 표면에 색이 살짝 변화하는 정도의 끓는 물을 끼얹는 것

1) 조림 양념 사용법

① 맛국물, 간장, 소금, 설탕, 미림 등 조미료의 특징을 잘 파악하여 사용해야 한다.

② 부스러지기 쉬운 재료는 조미료를 넣어서 한소끔 끓인 다음 재료를 넣어야 한다.

③ 어느 정도 재료가 부드러워진 다음 조미료를 순서대로 넣어 맛이 배게 하면 좋다.

2) 맛 조절

① 선도가 좋은 재료는 맛이 엷게 배게 해서 재료의 맛을 살리고, 선도가 떨어지는 재료는 맛을 진하게 한다.

② 담백한 흰살생선과 어패류는 전체적으로 열을 충분히 가하고 된장, 생강, 매실 장아찌 등을 넣어서 끓인다.

③ 민물생선은 진한 맛으로 간을 하고 장시간 불에 올려서 조림하거나 국물을 많이 넣어 은근하게 뼈까지 부드럽게 끓이는 것이 좋다.

④ 푸른색 채소는 색이 탁하지 않게 조림한다.

⑤ 건어물, 콩류는 맛국물 속에서 천천히 조림한다.

⑥ 단단하고 끓여도 잘 부스러지지 않는 재료는 화력이 좋은 냄비 속의 중앙에 놓는다.

3) 불 조절

조림 시 끓어오를 때까지 강한 불에서 조리고 그 다음은 보글보글 끓을 정도의 약한 불로 조린다. 감자류, 근채류는 단맛이 들게 조리하고 약한 불로 부드럽게 조림한다.

1) 조림의 조리 순서

조림은 순서에 따라 실시하고, 재료 자체의 맛, 빛깔 또는 고유의 향 등을 기본 다시로 하여 각종 조미료와 조화를 이루어 표현하는 게 가장 중요하다.

2) 조미료 넣는 방법

① 다시 물과 설탕, 소금, 식초, 간장, 된장, 미림, 정종 등 조미료의 특성과 성질을 파악하여 사용하도록 한다.

② 소금은 설탕보다 입자가 작아서 재료에 스며들기 쉬우므로 처음에 넣으면 재료의 표면을 단단하게 해서 다른 조미료 등이 스며들기 어렵다.

③ 처음에는 술, 설탕 등을 넣어 재료를 부드럽게 해준다.

④ 식초, 간장, 된장은 그 자체의 풍미를 가지고 있어 너무 빨리 넣으면 풍미가 달아날 수 있다.

일식 면류조리

빈출 태그 ▶ 면류의 종류, 면 맛국물의 종류와 특징, 면류에 쓰이는 도구

01 면 준비

1) 일본 면류의 종류와 특성

① 메밀국수(そば, 소바)

- 메밀을 면으로 만들기 시작한 것은 16세기 말에서 17세기 초이다.
- 메밀국수는 메밀가루로 만든 국수를 뜨거운 국물이나 차가운 간장에 무·파·고추냉이를 넣고 찍어 먹는 일본 요리이다.
- 메밀국수의 양념으로 사용되는 쯔유(메밀국수 국물)는 지역에 따라 색, 농도, 맛에 등에 분명한 차이가 있고, 그 성분도 지역별로 차이가 난다.
- 쯔유를 술병(메밀국수용 술병)과 작은 사기잔(메밀국수용 잔)이 이용되는 경우가 많다. 또 국물을 친 사발에 메밀국수를 넣어 제공하는 것도 있다.
- 메밀국수를 제공하는 경우에는 대나무 발이 깔린 전용의 메밀국수 그릇, 체, 메밀 찜통 등이 있다.

② 우동(うどん)

우동은 대표적인 일본 요리 중의 하나로, 밀가루를 넓게 펴서 칼로 썰어서 만든 굵은 국수이다.

③ 라멘(ラーメン)

- 라멘은 면과 국물로 이루어진 일본의 대중 음식이다.
- 지역이나 점포에 따라 다양한 종류가 있다.
- 라멘은 중국의 국수 요리인 남멘을 기원으로 한 면 요리로서 면과 국물, 그 위에 돼지고기(챠슈), 파, 삶은 달걀 등의 여러 토핑을 얹는다.
- 지나소바, 주카소바, 남경소바라고 불리다가, 1958년에 사업가 안도 모모후쿠가 개발한 인스턴트 라멘 닛신치킨라멘이 일본 전역에서 인기를 끌면서 라멘이라는 이름으로 정착되었다.
- 일본식 된장으로 맛을 낸 미소 라멘, 간장으로 맛을 낸 쇼유 라멘, 소금으로 맛을 낸 시오라멘, 돼지뼈로 맛을 낸 돈코츠 라멘등이 대표적이다.

📖 **기적의 TIP**

일본 라멘의 역사
라멘은 메이지 시대에 개항과 함께 요코하마 차이나타운을 중심으로 밀려든 중국인들이 1870년대부터 노점에서 팔기 시작한 국수가 그 기원이라는 설이 유력하다.

④ 소면

- 소면은 밀가루 반죽을 길게 늘려서 막대기에 면을 감아 당긴 후 가늘게 만드는 국수이다.
- 국수 반죽을 양쪽에서 당기고 늘려 만든 납면, 국수 반죽을 구멍이 뚫린 틀에 넣고 밀어 끓는 물에 넣어 끓여 만든 압면, 밀대로 밀어 얇게 만든 반죽을 칼로 썰어 만든 절면 등과 구분된다.
- 한국, 중국, 일본의 국수이며, 일본 이름은 소멘이라고 알려져 있다.

02 면 조리

1) 맛국물의 종류

① 찬 면류 맛국물

- 메밀국수의 맛국물은 다시:진간장:맛술 = 7:1:1의 비율로 끓여서 만든다.
- 찬 우동 맛국물은 면발이 메밀 탄력이 있고 두꺼워 기본 맛국을 다시:진간장:맛술 =5~6:1:1의 비율로 끓여서 만들고 식힌다.
- 찬 우동에 갈은 생강과 텐가스, 실파, 김 등을 곁들임으로 제공한다.
- 관동 지역이 관서 지역보다 맛이 진하고 단맛이 강하다.

② 볶음류 맛국물

- 대표적으로 볶음 메밀국수와 우동이 주를 이루고 있다.
- 볶음 요리는 간장을 기본으로 양념이 주로 사용되며, 간장:청주:맛술:물 =1:1:1:2의 비율에 후추를 첨가하고 마지막에 간장을 이용하여 전체적인 색과 향을 체크하여 마무리한다.

③ 따뜻한 면류 맛국물

- 일반적으로 따뜻한 맛국물은 다시:진간장:맛술=14:1:1의 비율로 끓여서 만든다.
- 업소에 따라 멸치, 가다랑어 포, 고추가루를 추가하여 진한 맛을 내기도 한다.

1) 면 조리 도구 종류 및 용도

① 소쿠리

- 소쿠리는 재료를 넣거나 여분의 수분을 제거하기 위해 널리 사용된다.
- 스테인리스 제품은 보관이 쉽고 관리가 쉬운 장점이 있다.
- 나무의 경우는 사용한 후에 잘 건조해야 한다. 일본 요리는 물의 사용이 많은 만큼 수분 제거가 쉬운 재질을 선택하는 것이 바람직하다.

② 냄비

- 알루미늄 냄비는 가볍고 취급하기 쉬우며 열전도가 빠르지만, 불꽃이 닿는 부분만 고온이 되어 균일하게 열이 전해지지 않는 단점이 있다. 특히, 고온에 약하여 장시간 사용하면 구멍이 나기 쉽다.
- 붉은 구리 냄비는 열전달이 균일하여 우수하고 열전도율이 좋다. 단점은 녹청이 발생하므로 사용한 후에는 관리가 필요하고, 무겁고 가격이 비싼 편이다.
- 요철 냄비는 열 흡수율이 높고 요철이 있다. 이 요철은 재료가 눌어붙는 것을 방지해 주고, 일식 전문 레스토랑에서 많이 쓰이고 있다.

③ 국자

- 나무주걱은 본래는 밥을 담기 위한 도구였지만 재료를 혼합하거나 뒤섞기 등에 사용하는 등 이용 범위가 넓다.
- 구슬 국자는 서양 조리도구의 유입으로 여러 재질(알루미늄, 스테인리스, 법랑)과 형태가 있으며, 둥근 공 모양의 국자로 사용하며 이용 범위는 넓다.
- 재료에 수분을 제거하는 데 이용한다.
- 체 주걱은 국물의 재료를 제거하고 건져 낼 때 주로 이용하며 맛국물의 이물질을 제거할 때와 튀김 기름 안의 이물질을 제거할 때 주로 사용한다.

④ 강판

- 강판은 무, 생강, 오이, 고추냉이 등을 갈 때 사용하는 조리도구이다.
- 재질은 알루미늄, 스테인리스, 대나무, 도자기 등 다양한 재질이 있지만 내구성을 살펴보면 구리 재질이 가장 좋다.
- 무는 돌기 부분이 거친 쪽을 사용하고 고추냉이나 생강은 돌기 부분이 부드러운 쪽을 사용한다.
- 사용한 후에는 흐르는 물에 표면을 깨끗이 손질하여 돌기 부분에 붙어있는 재료의 이물질을 제거한다.

기적의 TIP

- 손잡이가 없는 요철냄비 : 얏토꼬나베
- 얏토코나베에 쓰이는 집게 : 얏또코
- 구멍 국자 : 아나쟈꾸시

일식 밥류조리

비출 태그 ▶ 밥 짓는 방법, 오카유와 조우스이, 차밥의 종류, 덮밥류의 특징

01 밥 짓기

1) 쌀 씻기

① 저울을 사용하여 쌀을 계량한 다음 믹싱 볼에 담는다.

② 쌀에 찬물을 부어 두 손을 힘을 주어 비벼 준다. 찬물을 사용하지 않고 따뜻한 물을 사용하게 되면 쌀 표면이 쉽게 불어 부서질 수 있다.

③ 쌀에 찬물을 부어 주면서 헹궈 준다. 이때는 힘을 너무 주게 되면 쌀이 부서질 수 있으니 주의하여야 한다.

④ 쌀을 조심스럽게 양손으로 비벼 주면서 씻고 헹궈 주는 과정을 물이 맑아질 때까지 반복한다.

⑤ 쌀을 씻는 시간도 중요한데 보통 5분에서 10분 정도 씻는 것이 보통이다.

2) 쌀을 불리기

① 씻은 쌀을 체에 밭쳐 수분이 내부까지 들어갈 수 있도록 한다.

② 날씨가 더운 여름에는 수분의 침투가 빨라 30분 정도 불린다.

③ 봄과 가을에는 45분, 겨울에는 1시간 정도 불린다.

3) 물 조절하기

① **밥**
- 밥솥에 체에 밭쳐 불린 쌀을 넣고 쌀 중량의 1.2배의 물을 넣는다.
- 손으로 쌀이 평평하게 되도록 한다.

② **죽**
- 일본의 죽은 오래 끓여 부드럽게 먹는 오카유와 짧은 시간에 끓여 간편하게 먹는 조우스이가 있다.
- 오카유(おかゆ)는 쌀을 씻어 물 또는 다시를 부어 주어 끓이므로 쌀 중량의 10배 정도의 물을 넣는다.
- 조우스이(ぞうすい)는 밥을 씻어 물 또는 다시를 부어 주어 끓여주므로 밥 중량의 2배 정도의 물을 넣는다.

4) 가열 후 뜸 들이기

① 밥솥에 넣고 물 조절을 한 쌀을 불 위에 올려 강한 불로 가열한다.

② 끓으면 불을 줄여 끓는 상태가 유지되도록 한다. 이때 호화가 활발히 진행되는 것으로 10~15분(쌀의 양에 따라 다름) 정도 유지될 수 있도록 한다.

③ 불을 끄고 잔열을 사용하여 뜸을 들이다. 뜸은 10분 정도 유지하는 것이 좋다.

02 녹차 밥(오챠즈게, おちゃずけ) 조리

① 녹차 우린 물을 넣어 만든 요리로 현대에는 녹차뿐만 아닌 뜨거운 물이나 다시를 넣거나 스프를 넣는 경우에도 차밥이라는 이름을 사용한다.

② 밥 또 여러 종류의 밥을 사용할 수 있는데 주먹밥을 만들어 겉이 누룽지처럼 되도록 구워서 사용하기도 한다.

③ 차밥에 추가로 사용되는 재료에 따라 'ㅇㅇ챠즈케'라고 부른다. 대표적인 것으로 매실 장아찌를 넣은 우메챠즈케, 연어구이를 올린 사케챠즈케 등이 있고 그 재료에 대한 제한은 없으며 향미를 더 좋게 하기 위해 보통 와사비, 참깨, 김 등을 추가로 넣어 준다.

④ 차밥은 본래 따뜻한 밥 위에 뜨거운 차를 부어서 먹는 요리이나 차가운 차를 뜨거운 밥 위에 부어 주는 히야시챠즈케도 있다.

03 덮밥 류(돈부리모노,丼物, どんぶりもの) 조리

1) 돈부리의 특징

① 일본에서는 덮밥을 돈부리모노라고 하는데 이를 줄려 돈부리라고도 한다.

② 돈부리는 본래 사발 형태의 깊이가 깊은 식기를 이르는 말로 여기에 밥과 반찬이 되는 요리를 함께 담아 제공하는 요리이다.

돈부리 종류	용어
튀김	텐동
소고기 조림	규동
돈까스	카츠동
돼지고기	부타동
장어	우나동
참치	텟카동
여러 가지 회	카이센동
닭과 달걀 조림	오야코동

2) 돈부리 냄비

① 맛국물을 넣어 식재료를 익히기 편하고 밥 위에 음식을 올리기 편하도록 덮밥용 냄비를 사용해야 한다.

② 덮밥용 냄비는 작은 프라이팬 모양으로 생겨 손잡이가 직각으로 되어있다.

③ 익히는 과정에 맛국물이 너무 졸여지는 것을 방지하기 위해 뚜껑이 있다.

④ 밥에 올리는 과정에서 힘을 적게 주기 위해 턱이 낮고 가벼운 것이 특징이다.

3) 덮밥의 고명

① 식과 미를 만족시킬 수 있도록 선택하여야 한다.

② 주로 쓰이는 고명으로 김, 고추냉이, 실파, 대파, 초피, 양파, 무순, 쑥갓이 있다.

③ 생선회를 올린 덮밥의 경우에는 비린 맛을 없애고 매콤한 맛을 주기 위해 고추냉이, 양파, 무순, 실파를 올리고 감칠맛을 주기 위해 김을 사용한다.

③ 재료를 구워서 올린 덮밥은 향과 매운맛을 주기 위해 초피, 실파, 대파 등을 사용한다.

④ 재료를 튀겨서 올린 덮밥은 주로 색감을 주는 고명을 올려 준다.

⑤ 맛국물을 사용하여 익힌 재료를 올린 덮밥은 향을 주기 위해 쑥갓과 실파 그리고 감칠맛을 주기 위해 김을 올려 준다.

04 죽류 조리

1) 맛국물 만들기
① 맛국물의 성분은 감칠맛을 내는 구아닐산, 글루타민산, 이노신산이 있다.

② 구아닐산은 버섯에 다량 함유되어 있으며 특히 표고버섯에 많다.

③ 글루타민산은 동식물에 폭넓게 포함되어 있으며 특히 다시마에 다량 함유되어 있다.

④ 이노신산은 육류와 해산물에 다량 함유되어 있으며 특히 가다랑어포에 많이 함유되어 있다.

⑤ 맛국물을 만들 때는 맛의 시너지 효과를 위해 가능한 한 여러 가지 성분을 같이 사용한다.

2) 오카유 만들기
① 쌀을 깨끗이 씻어 준비한다.

② 쌀을 냄비에 넣고 10배 정도의 물을 함께 넣어 강불에서 끓인다.

③ 끓을 때까지 바닥을 주걱으로 저어 주고 끓으면 불을 약하게 하여 끓는 상태를 유지한다.

④ 1시간 정도 끓이면 오카유가 되는데 이때 소금으로 아주 약하게 밑간을 하고 불에서 내려 그릇에 담는다. 만약 농도가 나오지 않으면 좀 더 끓여 준다.

3) 조우스이 만들기
① 밥을 찬물에 씻어 덩어리가 생기지 않도록 하고, 체에 밭쳐 물기를 제거한다.

② 달걀은 잘 젓고, 실파는 송송 썰고 김은 가늘게 채를 썬다.

③ 냄비에 밥 양의 2~3배 정도의 맛국물을 넣고 강불에서 끓인다.

④ 원하는 농도가 나오면 국간장과 맛술을 조금 넣어 주어 감칠맛을 더욱 살려 주고 마지막으로 달걀을 넣고 불을 끈다.

⑤ 조우스이를 그릇에 담고 고명으로 실파와 김을 올린다.

일식 초회조리

빈출 태그 ▶ 초회의 특징과 쓰이는 재료와 양념

01 초회 준비

1) 일본 초회의 특징

① 식욕을 증진시키고 피로 회복에 도움을 주는 요리이다.

② 재료가 가지고 있는 맛을 그대로 살려내는 것이 중요하다.

③ 미역이나 오이 등의 채소를 바탕으로 어패류를 담아낸다.

④ 날 것을 사용할 경우 신선도가 중요하다.

2) 초회의 재료

① 문어 : 문어를 삶을 때 무로 가볍게 두드려 주면 부드러워지며, 오래 삶으면 질겨 지므로 크기에 따라 시간 조절을 잘하여야 한다.

② 생해삼 : 해삼이 축 늘어져 있으면 냄비나 양은 볼에 넣고 몇 번 흔들어 주면 단단 해진다.

③ 미역 : 미역을 말 때 넓은 것을 바닥에 깔아주면 깔끔하게 모양을 잡을 수 있다

④ 새 조개 : 가열하면 굳어지므로 식초로 맛을 보충하여 생식한다

⑤ 새우 : 회로 먹기도 하며 초회나 초밥 튀김의 재료로 많이 사용한다

⑥ 가다랑어, 도미, 대파, 실파, 다시마, 고춧가루, 생강, 초 생강 등

1) 혼합초

종류	제조법 및 용도
이배초(니바이즈)	• 다시 물 1.3, 식초 1, 간장 1을 살짝 끓여 식혀 사용 • 해산물 초무침, 생선구이
삼배초(삼바이스)	• 다시 물 3, 식초 2, 간장 1, 설탕 1을 살짝 끓여 식혀 사용 • 익힌 해산물, 채소, 해초류
폰즈	• 다시 물 1, 간장 1, 식초 1을 잘 혼합 • 싱싱한 해산물, 채소, 해초류
배합초	• 식초 3, 설탕 2, 소금 1/2을 잘 혼합하거나 살짝 끓여 사용 • 초밥용
덴 다시	• 다시 물 4, 진간장 1, 청주 1/2, 설탕 1/2을 살짝 끓여 사용 • 튀김용

03 초회 담기

1) 초회 요리에 사용되는 곁들임 재료
① 야쿠미
• 요리에 첨가하는 향신료나 양념을 말한다.
• 요리에 첨가하여 먹으면 매우 좋은 맛을 내며 식욕을 증진시키는 역할을 한다.
② 모미지 오로시
• 고춧가루에 무즙을 개어 빨간색을 띤 무즙을 말한다.
• 마치 붉은 단풍을 물들인 것처럼 같아 모미지라고 한다.
• 폰즈나 초회에 곁들이거나 사용한다.

2) 초회를 담을 수 있는 완성품 그릇 준비
① 계절감에 어울리는 그릇 선택이 중요하다.
② 작으면서도 깊이 있는 것에 담는 것이 잘 어울린다.

일식 찜조리

빈출 태그 ▶ 찜의 종류, 조리하는 방법과 유의점

01 찜 준비

1) 조미료에 따른 분류

종류	특성
사카무시(술찜)	도미, 대합 전복, 닭고기 등에 소금을 뿌린 뒤 술을 부어 찐 요리
미소무시(된장찜)	• 된장은 냄새를 제거하고 향기를 더해 줘서 풍미를 살리므로 찜 조리에 많이 사용한다. • 단, 빠른 시간 내에 쪄야 함

2) 재료에 따른 분류

종류	특성
가부라무시(무청찜)	• 무청을 강판에 갈아 재료를 듬뿍 올려서 찐 요리 • 매운맛이 적고 싱싱한 것으로 풍미가 달아나지 않게 빨리 쪄야 한다.
신주무시	메밀을 재료 속에 넣고 표면을 다양하게 감싸서 찐 요리
조요무시	강판에 간 산마를 곁들여 주재료에 감싸서 찐 요리
도묘지무시	찐 찹쌀을 물에 불려서 재료에 올려 찐 요리

3) 형태에 따른 분류

종류	특성
도빙무시	송이버섯, 닭고기, 장어, 은행 등을 찜 주전자에 넣고 다시 국물을 넣어 찐 요리
야와라카무시	문어, 닭고기 재료를 아주 부드럽게 찐 요리
호네무시(치리무시)	• 뼈까지 충분히 익혀서 다시 물에 생선 감칠맛이 우러나오게 한다. • 강한 불에 쪄야 한다.
사쿠라무시	잘 불린 찹쌀을 벚꽃 나뭇잎으로 말아서 다른 재료와 함께 찐 요리

02 찜조리

1) 재료에 따라 찜 시간 조절하는 방법

① 생선, 닭고기, 찹쌀

- 강한 불로 찐다.
- 생선은 날것일 때 단단하지만 열을 가하면 부드러워진다.
- 날것일 때 단단한 재료가 쪘을 때 부드러워지는 것은 강한 불에 찐다.

② 달걀, 두부, 산마, 생선살 간 것

- 약한 불로 찐다.
- 부드러웠다가 찌면 딱딱해지는 재료는 약한 불로 찐다.

2) 찜 시간 조절하는 방법

① 흰살생선

- 흰살생선은 생으로 먹을 수도 있으므로 살짝 데치는 정도로만 찜을 하면 된다.
- 열을 가하여 익히는 정도는 95%가 가장 적당하다.

② 조개류

- 익히면 익힐수록 단단해진다.
- 대합, 중합은 입을 딱 벌리면 완성된 것이다.

③ 채소류

색과 씹히는 맛을 중요시하므로 아삭할 정도로 살짝 익힌다.

03 찜 담기

1) 생선찜 조리의 특징

① 찜 조리에 옥돔과 같은 흰살생선이 자주 사용되는데 직접 가열하는 조리법에 비교하면 가열 시간이 오래 걸리는 단점이 있다.

② 찜 조리가 재료의 맛과 향이 유지된다.

③ 찜 조리시 불필요한 맛이나 향이 그 속에 남을 수 있다.

2) 곁들임 재료

① 부재료 : 죽순, 쑥갓, 두릅

② 향신료 : 레몬, 시소, 와사비

일식 롤 초밥조리

01 롤 초밥재료 준비

1) 초밥용 쌀의 특성

① 초밥용 쌀의 조건

• 밥을 지었을 때 맛과 향기가 있고 적당한 탄력과 끈기가 있는 것이다.
• 배합초를 첨가하여야 하기 때문에 평상시보다 약간 되게 지어야 좋다.
• 수분의 흡수성이 좋아 배합초를 잘 흡수할 수 있어야 한다.

② 초밥용 쌀의 선택 및 보관법

• 초밥용 쌀은 햅쌀보다는 묵은쌀이 좋다. 그 이유는 햅쌀은 전분이 굳어지지 않고 남아 있어 배합초를 뿌렸을 때 흡수율이 낮아 겉의 수분으로 인하여 질퍽한 밥이 되기 때문이다.
• 쌀은 가능하면 현미 상태로 서늘한 곳 또는 약 12℃ 정도의 온도로 냉장 보관하고 사용 직전에 정미(도정)하여 사용하는 것이 좋다.

③ 초밥용 쌀 품종

• 초밥용 쌀 품종으로는 고시히카리와 사사니시키가 일반적으로 이용된다.
• 고시히카리 품종이 전분의 구조가 단단하고 끈기가 더 있어서 밥을 지었을 때 풍미가 있고 수분의 흡수성이 좋기 때문에 주로 이용된다.

2) 롤 초밥 재료 준비

① 박고지

• 박고지는 식용박이 여물기 전에 껍질을 벗긴 다음 살을 얇고 길게 썰어, 즉 가쓰라무키기리 후 말려서 보관한다.
• 필요할 때에 물에 씻고 불린 후에 조려서 사용한다.
• 박고지는 항노화 물질이 있어 노화 방지에 좋다.
• 섬유질이 풍부하여 장내에 유익하고 소화 작용을 증진하여 다이어트 식품으로도 이용된다.
• 일식에서는 불린 박고지를 소금물로 씻은 다음 다시마물, 간장, 설탕, 맛술, 청주에 조려서 부드럽게 하여 사용한다.

② **오보로**
- 생선 오보로는 흰살생선의 살을 삶은 후에 물기를 제거하고 수분을 제거하여 핑크색으로 색깔을 입히고 설탕, 소금으로 간을 하여 사용한다.
- 흰살생선을 삶은 후에 면포에 걸러 여러 차례 씻어 좀 더 하얗게 만들기도 한다.

③ **오이**
- 일식에서는 초회 요리, 김초밥, 절임류, 샐러드 등에 많이 사용한다.
- 오이를 조리할 때는 비타민 C가 파괴되지 않도록 식염이나 식초로 조리하는 것이 좋다.

④ **단무지**
- 소금으로 무를 절여서 만든 일본김치의 한 종류이다.
- 에도시기 초기에 한 승려가 고안한 것으로 알려져 있다.
- 주로 절임김치로 사용하며, 초밥의 곁들임이나 내용물로 주로 사용한다.

⑤ **날치알**
군함초밥의 주재료가 되며, 일본식 회덮밥인 찌라시스시에 주로 사용한다.

⑥ **아보카도**
캘리포니아 롤 초밥이 LA에서 처음 개발된 것은 주재료인 아보카도가 캘리포니아에서 주로 생산되기 때문이라고 한다.

⑦ **그 외 재료**
달걀, 참치, 아스파라거스 등

3) 롤 초밥의 곁들임 재료 준비

① **고추냉이**
- 고추냉이는 초밥 재료에 빠져서는 안 될 가장 중요한 식재료이다.
- 생선의 비린 맛을 줄이고 식욕을 촉진한다.
- 생고추냉이는 강판에 갈아서 사용하여 스리와사비, 가루 고추냉이는 물에 개어 사용하여 네리와사비라고 한다.
- 생고추냉이의 매운맛은 휘발성이므로 필요할 때 손질 후 바로 갈아서 사용하는 것이 좋다.
- 생고추냉이는 중단과 상단에 매운맛이 많이 분포하고 있어 윗부분부터 가는 것이 좋다.
- 가루 고추냉이의 매운맛은 휘발성이므로 필요할 때 바로 차가운 물과 1:1 비율 정도로 잘 섞어 랩을 덮어 사용하는 것이 좋다.

② **생강**
일본 요리의 초밥 조리에 초절임하여 곁들임 재료로 사용한다.

③ **시소(지소엽)**
- 시소는 강한 항균 작용이 있어 식중독 예방에 도움이 되는 향신료이다.
- 일본에서는 도시락과 초밥, 사시미 등 여러 음식의 곁들임 재료로 주로 많이 사용된다.

02 양념초 조리

① 초밥용 비빔통(한기리)

- 한기리는 작게 쪼갠 나무를 여러 개 이어서 둥글고 넓으면서 높지 않게 만들어 초밥을 식히는 데 사용하는 조리도구이다.
- 물로 깨끗하게 씻어 물기를 행주로 닦고 밥이 따뜻할 때 배합초를 버무려 사용한다.
- 마른 통을 사용할 경우 밥이 붙고 배합초를 섞기가 불편하다.

② 밥과 배합초의 끓이기

- 밥과 배합초의 비율은 밥 15에 배합초 1 정도의 비율을 기본으로 한다.
- 김초밥은 배합초의 비율을 조금 더 적게 한다.
- 생선 초밥은 배합초의 비율을 조금 높게 하는 경우가 있다.
- 초밥용 배합초는 냄비에 물기를 제거하고 식초, 소금, 설탕을 넣고 은은한 불에서 끓지 않도록 저어 주면서 녹여 완성한다.
- 레몬, 다시마를 넣을 수 있으며, 이 때에는 체에 걸러서 사용한다.

③ 초밥을 고루 섞는 방법

- 한기리에 뜨거운 밥을 옮겨 담고 배합초를 뿌리고 나무 주걱으로 살살 옆으로 자르는 식으로 밥알이 깨지지 않도록 섞고 한 번씩 밑과 위를 뒤집어 주면서 배합초가 골고루 섞이도록 한다.
- 배합초가 충분히 스며들었을 때 부채질을 하여야 한다. 처음부터 부채질을 하면 초밥에 배합초가 잘 스며들지 않기 때문에 좋지 않다.
- 밥이 뜨거울 때 배합초를 뿌려 주어야 한다.

03 롤 초밥조리

1) 김밥용 발(마끼스 스다래)

① 롤 초밥을 만들 때 꼭 필요한 기구이며 좋은 발은 둥근 껍질의 대나무를 튼튼한 끈으로 잘 묶어 놓은 것이다.

② 후토마끼용(25×24cm)과 호소마끼용(18×27cm)이 있는데 최근에는 대부분 후토마끼용으로 호소마끼를 함께 사용한다.

③ 김발용 발은 청결하게 위생적으로 관리되어야 한다. 사용 후에는 세척기에서 살균과 함께 잘 씻어 물기가 없도록 말려 사용하고 보관 시에는 먼지가 묻지 않도록 관리해야 한다.

④ 사용할 때에는 발의 껍질 부분이 위로 오게 해서 사용한다.

2) 롤 초밥 1인분의 양

① 굵게 만 김초밥(후토마끼)

굵게 만 김초밥의 1인분 양은 한 줄을 8개로 자른다. 자를 때 양 끝을 자르고 일정하게 8개로 자르기도 하지만 1/2로 자른 후에 4등분하여 8개로 만들기도 한다.

② 가늘게 만 김초밥(호소마끼)

가늘게 만 김초밥 호소마끼는 길게 1/2로 자른 김에 2개를 말고, 자를 때에는 가늘기 때문에 각 6개로 자른다.

3) 롤 초밥의 종류

종류	굵게 만 김초밥(太卷, 후토마끼)	가늘게 만 김초밥(細卷, 호소마끼)
특징	김 한 장을 이용해서 만든 초밥	김 1/2장을 이용해서 가늘게 만 초밥
개수	한 줄에 8개로 자름	김 1/2장 기준 6개, 총 12개로 자름
부재료	초생강, 단무지 등을 주로 사용	• 데카마키(참치) : 초생강 • 갑파마키(오이) : 야마고보(산우엉), 락교, 단무지

4) 좋은 김의 선택과 사용

① 김은 잘 말려 있으며 검은 광택이 나고 냄새가 좋은 것을 선택한다.

② 일정한 두께로 약간 두께가 있고 매끄럽고 감촉이 부드러운 것을 선택한다.

③ 조리하기 직전에 약한 불에서 살짝 구워서 사용하는데 한 장보다는 2장을 겹쳐서 바삭하게 굽는 것이 좋다.

5) 롤 초밥 만들 때 유의할 점

① 롤 초밥은 속 재료를 포함한 재료를 미리 준비해 놓고 말이를 하도록 한다.

② 김은 사용하기 직전에 꺼내어 수분이 묻지 않게 바삭하게 구워 사용해야 한다.

③ 김밥을 펼 때 쌀알이 깨지지 않게 살살 펴는 것이 중요하다.

④ 말이를 하고 나서 말이 한 부분이 밑으로 오게 놓아 잘 붙게 한 다음에 일정하게 자르는 것이 중요하다.

04 롤 초밥 담기

1) 롤 초밥의 기물

① 사가형, 원형, 타원형 등을 이용할 수 있다.

② 국물이 없으므로 높이가 높지 않고 낮은 접시가 보기에도 좋고 먹기도 편리하다.

③ 롤 초밥을 담았을 때 8부 안에 들어가는 것이 원칙이다.

④ 그릇이 작으면 내용물이 꽉 차서 답답하고, 그릇이 크면 음식이 적어 보이므로 적당한 그릇의 크기가 매우 중요하다.

⑤ 너무 어둡거나 너무 화려한 그릇은 롤 초밥을 담았을 때 어울리지 않는다.

⑥ 김의 검은색과 속 재료를 고려하여 깔끔한 느낌을 주는 그릇이 많이 사용된다.

2) 롤 초밥 담는 방법

① 그릇의 왼쪽 뒤부터 오른쪽으로 담고 다시 앞쪽 왼쪽부터 오른쪽으로 담고 곁들임 재료는 오른쪽 앞쪽에 담는 것이 일반적이다.

② 한쪽 방향으로 일정하게 담아야 보기에 좋고 깔끔하고 정교하고 먹기에도 편리하다.

③ 오른손 젓가락으로 먹기 편리하게 담으면 된다.

3) 곁들임 재료 만들 때 주의할 점

① 곁들임 재료는 요리를 먹을 때 입가심으로 사용한다.

② 색감과 맛을 고려하여 그 요리를 더욱더 맛있게 먹을 수 있도록 한다.

③ 신맛, 단맛, 개운한 맛 등이 있어야 한다.

일식 구이조리

01 구이 준비

1) 일식 구이의 종류

종류		특성
조미 양념에 따른 분류	소금구이(시오야끼)	신선한 재료를 선택하여 소금으로 밑간을 하여 굽는 구이
	간장구이(데리야끼)	구이 재료를 데리(양념 간장)로 발라 가며 굽는 구이
	된장구이(미소야끼)	미소(된장)에 구이 재료를 재웠다가 굽는 구이
조리 기구에 따른 분류	숯불구이(스미야끼)	숯불에 굽는 구이
	철판구이(테판야끼)	철판 위에서 구이 재료를 굽는 구이
	꼬치구이(쿠시야끼)	꼬치에 꽂아 굽는 구이

2) 식재료의 손질과 특징

① 어류(해산물)

어류는 비늘과 내장을 제거한 후 대체로 껍질을 함께 굽기 때문에 그대로 준비하고 큰 생선은 1인분 크기로 잘라 두꺼운 부분은 살 안쪽까지 열이 들어가기 쉽게 칼집을 내고, 작은 생선은 형태 그대로를 살려 준비한다.

② 육류

육류는 기름과 힘줄을 제거하고 양념에 재워 둔다.

③ 채소

채소는 주로 단단한 재료를 많이 사용하며, 수분이 많아 굽는 도중에 간이 약해지기 쉽기 때문에 간을 강하게 하는 경우가 많다.

3) 구이 조리기구의 종류와 특성

종류	특성
샐러맨더	열원이 위에 있어 생선의 기름이나 육류의 기름이 떨어져 연기나 불이 나지 않아 작업이 용이한 조리기구
오븐	열원에 의한 가열된 공기가 재료에 균일하게 가열되어 뒤집지 않아도 되는 편리한 조리기구
철판	철판을 데워 철판 위에 놓인 재료를 익히는 방법으로 다양한 식재료를 조리할 수 있는 조리기구
숯불 화덕	재료를 높은 직화로 굽는 조리 방법으로, 재료가 타지 않게 거리를 조절하며 굽는 것으로 숯의 향과 풍미가 더해져 맛이 좋다.

4) 꼬치구이(쿠시야끼) 조리에서 구이재료를 꽂는 방법

종류	특성
노보리 쿠시	작은 생선은 통으로 구을 때 쇠꼬챙이를 꽂는 방법
오우기 쿠시	• 자른 생선살을 꽂을 때 사용하는 방법 • 앞쪽은 폭이 좁고 꼬치 끝은 넓게 꽂아 부채 모양 같다고 붙여진 이름
가타즈마 오레, 료우즈마 오레 쿠시	• 가타즈마 오레 : 생선 껍질 쪽을 도마 위에 놓고 앞쪽 한쪽만 말아 꽂는 방법 • 료우즈마 오레 : 양쪽을 말아 꽂는 방법
누이 쿠시	• 주로 오징어와 같이 구울 때 많이 휘는 생선에 사용되는 방법 • 바느질하듯 꼬치를 꽂고 꼬치와 살 사이에 다시 꼬치를 꽂아 휘는 것을 방지하는 방법

02 구이조리

1) 재료의 특성에 따른 구이 방법

식재료명	조미 방법	구이 방법	사용 기물
작은 생선	소금	소금구이	숯불 화로, 샐러맨더
흰살생선(손질된)	된장절임, 소금	미소야끼, 소금구이	샐러맨더, 오븐
붉은살 생선	데리, 유안★	데리야끼, 유안야끼	철판, 샐러맨더
육류	된장절임, 소금, 데리	미소야끼, 데리야끼, 소금구이	샐러맨더, 오븐, 숯불 화로
가금류	데리, 소금	데리야끼, 소금구이	샐러맨더, 숯불 화로, 철

2) 구이 기구

① 석쇠(金網, 가나아미)

② 꼬챙이(串, 꾸시)

• 죽제 : 장식용

• 쇠꼬챙이 : 요리용으로 사용. 둥근형(일반적), 평꼬챙이(큰 생선 통구이)

3) 구이 시 주의점

① 재료가 익으면 부드러워 깨지기 쉽기 때문에 자주 뒤집지 않아야 한다.

② 쇠꼬챙이에 끼워 구울 때는 쇠꼬챙이 끼우는 방법에 맞게 끼워 굽지 않으면 재료에 힘이 분산되지 않아 부서지기 쉽다

③ 작은 생선을 꼬챙이를 끼워 구울 때 가운데 뼈를 중심으로 엇갈리게 끼지 않으면 구울 때 재료가 쇠꼬챙이에서 떨어져 부서지는 경우가 있다.

④ 쇠꼬챙이를 제거할 때는 재료가 식어 꼬챙이에 들러붙지 않도록 뜨거울 때 쇠꼬챙이를 돌려가며 제거한다.

🎁 기적의 TIP

구이 요리의 이상적 화력 조절

• 구이에서 불 조절은 매우 중요한 기술이므로 재료의 표면을 200~300℃의 고온으로 구우면 이라야께(표면만 구워지고 속은 익지 않은 상태)가 되므로 주의해야 한다. 생선의 수분이 증발하고 살이 단단해지고 감칠맛이 전부 없어진다. 또 구이 요리의 특징인 구수한 냄새, 노릇하게 구운 감칠맛을 맛볼 수 없게 된다.

• 구이는 적당하고 노릇하게 굽고 전체적으로 뜨거워지면 속까지 잘 구워지도록 불 조절을 하여 쯔요비노 도오비(강한 불에서 멀리하여 굽는 법)가 가장 이상적인 구이법이다.

★ 유안
데리소스에 유자를 넣은 것

⑤ 흰살생선은 조직이 단단하여 열원이 침투하기 어렵기 때문에 칼집을 넣고 쇠꼬챙이를 끼는데 생선살이 돌아가지 않게 오우기쿠시 방법으로 끼워 굽고 쇠꼬챙이를 제거할 때는 뜨거울 때 돌려가며 제거한다.

⑥ 붉은살 생선은 구이 기물로 번철을 많이 사용하는데 바닥에 들러붙지 않도록 사용하기 전에 충분히 코팅을 하고 굽는다.

⑦ 육류는 겉은 타고 속은 익지 않은 경우가 있기 때문에 열 조절이 중요하다.

⑧ 가금류는 껍질이 있는 상태에서 조리를 히며 껍질의 지방이 고기 내부로 스며들며 재료의 지방이 흐르지 않게 돌려 가며 굽는다.

03 구이 담기

1) 구이 담는 법

① 구이는 본 요리와 곁들임 요리, 양념장이 놓이는 위치와 구도가 정해져 있다.

② 통생선을 담을 때 머리는 왼쪽, 배는 앞쪽으로 담는다. 곁들임은 오른쪽 앞쪽에 놓고 양념장은 구이 접시 오른쪽 앞에 둔다.

③ 토막 내어 구운 생선은 껍질이 위를 보이게 하고 넓은 부위가 왼쪽, 곁들임은 오른쪽 앞쪽에 놓고 양념장은 구이 접시 오른쪽 앞에 둔다.

④ 육류나 가금류는 껍질이 위를 향하게 하여 쌓아 올리듯 담는다.

2) 구이에 쓰이는 양념장

① 폰즈

유자나 영귤 등의 감귤류 즙에 간장, 청주, 다시마, 가다랑어포를 첨가하여 1주일 정도 숙성시켜 만든 간장 양념장이다.

② 다데즈

여귀잎을 갈고 쌀죽을 넣어 만든 양념장으로 주로 은어 구이에 제공된다.

3) 곁들임 음식(아시라이)

① 초절임 : 연근, 무, 햇생강대(하지카미) 등이 있으며 단식촛물에 재워 사용한다.

② 단조림 : 밤, 고구마, 금귤 등이 있으며 설탕, 물을 조려 만든다.

③ 간장 양념 조림 : 연간장, 다랑어포 육수, 청주를 끓여 식힌 후 머위, 우엉, 꽈리고추 등을 데쳐 오시 다시지에 넣어 재워 사용한다.

④ 감귤류 : 구이에 뿌려 먹거나 먹고 난 후 입을 헹굴 때 사용하며 레몬, 영귤 등이 있다.

03

복어 기초
조리실무와 조리

복어 음식의 특징과 복어의 독성에 대해 학습합니다. 복어의 부재료를 손질하는 방법, 양념장 준비, 껍질초회 · 죽 · 튀김 등의 조리 과정에 대해서도 다루는 단원입니다. 회로도 섭취하는 재료이므로 회를 뜨는 방법과 접시에 담아내는 방법에 대해서도 학습할 수 있습니다.

복어 기초 조리실무

빈출 태그 ▶ 테트로도톡신, 복어의 독성, 복어 칼

01 복어 음식의 개요

1) 복어 음식의 문화와 배경

① 복어는 예로부터 우리나라, 중국, 일본에서 즐겨 먹었다.

② 이 세 나라의 연안에서는 식용 가능한 복어가 주로 잡혔다.

③ 중국에서는 복어(황복)를 하돈이라 하였다.

④ 송나라 시인인 소동파는 '한번 죽는 것과 맞먹는 맛'이라고 극찬했다.

⑤ 일본의 도예가인 기타오지 로산진은 "복탕을 서너 번 먹으면 그 맛의 노예가 된다."라고 했다.

⑥ 도요토미 히데요시 시대에 조선으로의 출병을 준비하던 나고야성에서 병사들이 복어를 먹고 중독되어 망하는 사건이 일어나면서 복어 식용을 금지하였다. 이 금지령은 250년 동안 유지되었고 태평양 전쟁이 끝나고서야 금지령이 완전히 해제되었다.

⑦ 일본에서 은밀하게 복어를 유통하며 뎃포라는 은어를 사용하였다.

⑧ 튀김요리는 에도시대에 포르투갈, 스페인 등 외래 문화와 함께 전해져 일본인의 식생활에 정착하였다.

2) 복어의 종류

종류	특징
밀복	• 최대 45cm까지 성장하고, 등 쪽과 배 쪽은 가시로 덮여 있고, 머리의 등 쪽은 녹갈색이며 중앙은 은백색, 배 쪽은 희다. 양턱의 이빨은 매우 날카롭고 강하다. • 근육에 독이 있다.
까치복	• 몸길이는 60cm 정도로 피부에는 작은 가시가 있고, 등 쪽은 어두운 회색, 배 쪽은 흰색이다. • 난소와 간장에는 독이 있으나 정소, 근육, 피부에는 없다.
참복	• 몸길이가 55cm 정도이고, 주둥이와 꼬리지느러미는 약간 둥글다. • 피부에는 가시가 있고 등 쪽은 흑갈색, 배 쪽은 백색이다. • 난소와 간장에 맹독이 들어있고 정소, 근육, 피부에는 독이 없다.

기적의 TIP

뎃포의 유래

• 복어 독을 먹으면 죽는다.
= 총(뎃포)에 맞으면 죽는다라는 의미로 쓰였다

• 복어 회는 뎃포사시미의 합성어인 뎃사라고 불리는 은어가 오늘날에도 쓰이고 있다.

3) 복어 음식의 분류

종류	설명
껍질초회무침	복어의 속껍질과 겉껍질을 제거하고 데쳐 채를 썰어 초히 양념에, 미나리, 실파 등을 무친다.
죽	복어살, 육수, 밥이나 쌀, 달걀을 넣은 오카유와 조우스이가 있다.
튀김	복어살에 튀김옷을 입혀 기름에 튀긴다.
회	복어 살을 얇게 떠서 회로 먹는다.
지느러미	복어는 5개의 지느러미가 있으며, 지느러미를 말려 구운 후 술에 넣어 먹기도 한다.
뼈	복어의 뼈는 매우 부드러워 오래 끓이면 금방 물러진다. 뼈의 핏물을 빼고 육수를 끓인다.

02 복어 음식의 특징 및 용어

1) 복어의 독성

① 복어의 독성은 복어의 종류와 서식지, 내장과 껍질과 살코기 등의 부위에 따라서 다르고, 같은 종류의 복어라도 계절에 따라서도 다르다.

② 복어는 플랑크톤을 먹이로 빛을 받아서 광합성을 거쳐야 독이 생성된다.

③ 양식 복어는 차단된 조건에서 양식되어 독이 거의 생성되지 않는 경우가 있다.

④ 자연산 복어는 종류에 따라서 다르지만 일반적으로 강한 독성을 가지고 있기 때문에 전문 복어 조리사 자격증 소지자가 취급해야 한다.

⑤ 복어의 독은 테트로도톡신으로 청산가리보다 13배 정도 강하고 신경독으로 마비와 두통, 복통, 구토 등을 동반한다.

⑥ 중독의 치료로는 호흡 억제에 대한 인공호흡이나 소생제나 승압제의 투여 등이 있으나 특효약은 없다.

⑦ 복어의 독은 복어에 기생하는 세균에 의해 섭취하는 조개나 벌레 등의 먹이에 의해 옮겨지는데, 드물게는 해수를 통해 옮겨지기도 한다.

⑧ 복어의 독은 무색, 무미, 무취이다.

2) 복어의 독력과 독량

① 정성 시험 : 독성이 있는지 없는지를 조사하는 방법

② 정량 시험 : 복어 독의 양이 어느 정도인지를 조사하는 방법

③ 독량 1마우스(1MU)의 기준은 체중 20g 정도의 수컷 생쥐의 복강 내에 투여하여 30분에 사망시키는 독량을 말한다.

기적의 TIP

복어 회가 얇은 이유
복어는 갈비뼈가 없는 대신 근육을 딱딱하게 만들어서 자신의 내장을 보호한다. 그래서 복어의 살은 손질 없이 먹으면 고무처럼 단단해서 씹히지 않는다. 복어살의 막을 제거하고 얇게 회를 떠야 음의 균형을 맞출 수 있다.

기적의 TIP

• 복어 독의 양
  난소 〉 간 〉 피부 〉 장 〉 근육
• 산란 직전(4~6월) 복어독의 양은 최대이다.

④ 사람의 독량은 대개 1만MU이고, 독력이 강한 장기를 먹으면 2g만 먹어도 사망하게 된다. 독력의 강약은 다음과 같다.

독력	치사량
맹독	1000MU 이상(10g 이하에서 치사량)
강독	100MU 이상에서 1000MU 이하(10g ~ 100g까지 치사량)
약독	10MU 이상에서 100MU 이하(100g ~ 1kg까지 치사량)
무독	10MU 이하(1kg 이하는 치사량이 되지 않음)
뼈	복어의 뼈는 매우 부드러워 오래 끓이면 금방 물러진다. 뼈의 핏물을 빼고 육수를 끓인다.

3) 복어의 중독증상

① 제1도(중독의 초기 증상)

입술과 혀끝이 가볍게 떨리면서 혀끝의 지각이 마비되며, 무게에 대한 감각이 둔화된다. 보행이 자연스럽지 않고 구토 등 제반 증상이 나타난다.

② 제2도(불완전 운동 마비)

구토 후 급격하게 진척되며 손발의 운동 장애와 발성 장애가 오며, 호흡 곤란 등의 증상이 나타난다. 지각 마비가 진행되어 촉각·미각 등이 둔해지며, 언어장애가 나타나고 혈압이 현저하게 떨어지나 조건 반사는 그대로 나타나고 의식도 뚜렷하다.

③ 제3도(완전 운동 마비)

• 골격근의 완전 마비로 운동이 불가능하고, 호흡 곤란과 혈압 강하가 더욱 심해지며 언어장애 등으로 의사 전달이 안 된다.
• 가벼운 반사 작용만 가능하고 의식 불명의 초기 증상이 나타난다.
• 산소 결핍으로 입술, 뺨, 귀 등이 파랗게 보이는 현상이 나타난다.

④ 제4도(의식 소실)

완전히 의식 불능 상태에 돌입하고 호흡 곤란과 심장 운동이 정지되어 사망한다.

4) 복어살의 효능

① 복어살은 주로 동물성 단백질로 이루어진 저지방, 저칼로리 식품이다.
② 수분 79.0%, 조단백질 17.3%, 조지방 1.4%, 조회분 1.3%가 함유되어 있다.
③ 지방질 함량이 매우 적고 불포화 지방산인 EPA와 DHA가 많이 함유되어있다.
④ 복어는 주로 생선에 들어 있는 오메가-3 고도 불포화 지방산의 함량이 높다
⑤ 수술 전후의 환자 회복과 당뇨병, 간장 질환의 식이 요법에도 적합하다.

🄑 기적의 TIP

복어의 외형
복어는 앞부분이 뭉툭해서 빠르게 헤엄치지 못한다. 그리고 강한 이빨을 가지고 있는데, 이를 통해 갑각류의 껍질을 쉽게 부술 수 있다. 그래서 살아 있는 복어를 손질할 때 안전을 위해 입을 먼저 제거해야 한다.

5) 복어칼의 종류

① 칼의 종류

종류	용노
데바보쵸	절단칼
사시미보쵸	관서형 회칼
우스바보쵸	채소칼
코히키보쵸	관동형 회칼
후구히키보쵸	복어 회칼
산토쿠보쵸	다목적용 칼
규토보쵸	다목적용 칼
가라스키	발골용 칼로 외날
호네스키	발골용칼로 양날
스지히키	정육 칼

사시미 데바

② 칼의 특징

- 일본의 칼은 재질에 따라 탄소강과 스테인리스로 구별한다.
- 탄소강의 대표적인 칼이 혼야키이다. 경도가 높지만 물이 묻으면 쉽게 녹이 생기고 비싸다.
- 카스미는 경도가 높고 낮은 탄소강을 접합하여 만든 칼로 절삭력이 우수하고 연마가 쉽다. 혼야키보다 녹이 생기기가 더 쉽고 가격은 더 저렴하다.
- 스테인리스는 연마 후 칼날의 지속력은 탄소강보다 약하지만, 녹에 강하고 저렴하다.

복어 부재료 손질

01 복어 종류와 품질 판정법

1) 식용 가능한 복어와 식용 불가능한 복어

① 복어는 경골어류 복어목 복과 어류의 총칭으로 독이 거의 없는 것도 있는 반면 난소, 간장, 내장, 피부 등에 맹독을 가지고 있는 것도 있다.

② 참복어과, 가시복과, 개복칫과, 거북복과, 부채복과 및 쥐칫과로 나누어진다.

③ 식용 가능한 복어는 주로 참복어과이다.

④ 식품의약품안전처의 식품공전에 의한 식용 가능한 복어의 21종류는 다음과 같다.
복섬, 흰점복, 졸복, 매리복, 검복, 황복, 눈불개복, 자주개복치복, 참복, 까치복, 민밀복, 은밀복, 흑밀복, 불룩복, 황점복, 강담복, 가시복, 리투로가시복(브리커가시복), 잔점박이가시복(쥐복), 거북복, 까칠복

⑤ 식용 불가능한 복어는 별복, 별두개복, 배복, 벌레복, 불길한복, 선인복, 꼬리복, 폭포수복, 무늬복, 잔무늬속임수복, 얼룩곰복, 독고등어복 등이다.

02 채소의 손질

1) 배추(하쿠사이)

바깥 잎은 녹색이 선명하고, 누렇게 변한 부분이나 반점이 없는 것, 잎사귀가 확실하게 말려 있고, 묵직한 것을 선택한다.

2) 당근(닌징)

① 녹색상이 균일하고 탄력이 있으며 단단한 것이 좋다.

② 당근은 주로 지리에 사용하는데, 정오각형으로 잘라서 각 변의 가운데 홈을 파고 둥글게 다듬어서 매화꽃 모양을 낸다.

3) 미나리(세리)

① 녹색이 선명하고 줄기가 너무 굵지 않은 것, 잎 길이가 가지런한 것이 좋다.

② 복어회에 곁들일 용도면 마디기 없고 깨끗한 부분으로 4~5cm 길이로 자른다.

③ 복어 지리나 탕에 사용할 용도면 거머리 등 이물질이 없는지 살펴보고 7cm 정도로 자른다.

④ 복어 껍질 무침에 사용할 용도라면 깨끗하게 손질해서 4~5cm 정도의 길이로 잘라 둔다.

4) 파(네기)

① 흰 부분이 길고 단단하며 윤이 나고 무거운 것을 고른다.

② 대파는 주로 지리나 탕에 사용하는데, 복어살의 크기 등을 고려하여 5~8cm로 어슷썰기 한다.

5) 무(다이콘)

① 머리 부분이 밝은 녹색이고 손으로 들었을 때 묵직한 것이 좋다.

② 무는 지리나 탕에 사용할 경우 삶아서 반달 모양으로 자른 다음 은행잎 모양으로 자른다.

③ 회에 곁들이는 폰즈의 야쿠미로 사용할 무는 깨끗이 손질해서 껍질을 벗기고 강판에 갈아서 빨간 고춧물을 들여 아카오로시를 만든다.

④ 무를 야쿠미로 사용할 때는 실파도 송송 썰고 레몬은 반달 모양으로 썰어 함께 곁들인다.

6) 표고버섯(시타케)

① 주름에 상처가 없고, 갓이 너무 피지 않고 두꺼운 것, 대가 굵고 짧은 것이 좋다.

② 표고버섯은 주로 지리나 탕에 사용하는데, 버섯의 갓 속에 이물질이 들어있지 않은지 살펴 제거하고 갓의 중앙 부위에 칼집을 내서 별표 모양을 낸다.

7) 실파(호소네기)

① 파는 주로 폰즈의 야쿠미로 사용하거나 튀김(가라아게)에 사용한다.

② 송송썰기를 하여 물에 헹구어 키친타월이나 거즈로 감싸 지그시 짜내어 파의 진액을 제거하고 고슬고슬하게 사용한다.

8) 팽이버섯(에노키)

팽이버섯은 주로 지리나 탕에 사용하는데, 밑동을 잘라내고 가닥가닥 찢어서 준비한다.

9) 죽순(타케노코)

① 죽순은 지리나 탕에 주로 쓰이며, 대부분 통조림으로 저장된 죽순을 사용한다.

② 죽순에 하얀 결정이 있으면 젓가락 같은 것으로 긁어내고 빗살무늬를 잘 살려서 자른다.

1) 복떡 굽는 이유

물에 침전시킨 쌀가루를 찌고 절구로 찧어 만든 떡은 시간이 지남에 따라서 노화가 빠르기 때문에 가열해서 사용한다. 떡을 그대로 사용하면 형태의 변형이 생기므로 구워서 사용한다.

2) 복떡 굽는 방법

① 저울 및 용기로 사용 비율에 맞게 원·부재료를 계량한다.

② 복떡을 3cm 정도로 잘라 준비한다.

③ 쇠꼬챙이에 꽂기를 한다.

④ 복떡을 한쪽에 치우치지 않게 골고루 열을 이용하여 구워낸다.

⑤ 준비된 찬물에 담가 형태가 변하지 않게 한다.

⑥ 지리의 국물이 끓으면 복떡을 넣어 준다.

기적의 TIP

쇠꼬챙이의 용도
- 가느다란 꼬챙이(호소구시)
  : 은어나 빙어 등의 작은 생선구이용
- 평행 꼬챙이(나라비구시)
  : 보통 크기의 생선에 사용
- 납작한 꼬챙이(히라구시)
  : 조개나 새우 등 살이 부서지기 쉬운 것을 여러 개 꽂아 구울 때 사용

01 초간장 만들기

1) 초간장의 정의

① 일본 요리에서 초간장은 폰즈라고 한다.

② 폰즈는 레몬 · 라임 · 오렌지 · 유자 · 가보스 등 감귤류의 과즙에 초산을 첨가한 것이다.

③ 생폰즈는 초산을 가하지 않은 감귤류의 과즙이다.

④ 폰즈간장은 감귤류의 즙에 간장을 섞은 것이다. 식초, 맛술, 가다랑어포(가쓰오부시)와 다시마 등의 국물을 가하기도 한다.

⑤ 지리, 백숙, 샤브샤브 등의 냄비 요리 외에 생선회, 냉샤브샤브, 두부 요리, 생선구이, 찜, 초무침 등의 산성이 적당하게 융합되는 요리에 양념(다레)으로 사용된다. 또한 마요네즈와 함께 일본식 드레싱으로 샐러드에 이용하기도 한다.

2) 초간장 구성 재료

① 가다랑어포(가쓰오부시)

• 일본 요리에서 다시는 다양한 요리에 사용된다.

• 가다랑어를 포 떠서 증기로 한 번 찐 후 말려서 단단해진 것을 대패로 얇게 깎은 것이다.

• 가다랑어의 단백질이 아미노산으로 변해 맛을 내는 주성분인 이노신산이 증가한다.

• 다시는 일번 다시와 이번 다시가 있다.

• 일번 다시는 제일 좋은 가다랑어포로 국물을 맑게 우려내는 것이다.

• 이번 다시는 일번 다시를 만들고 난 후의 다시마, 가다랑어포를 재활용하여 약한 불에서 천천히 우려낸다. 여기에 새로운 가다랑어포를 약간 첨가할 수도 있다.

• 이번 다시는 일번다시에 비해 맛과 향기가 떨어지지만 재료의 밑간을 들이는 데 폭넓게 사용한다.

• 통가다랑어는 잘 말라 있고 무거우며 두드려 보아 맑은 음이 나는 것을 고른다.

▼ 가쓰오부시의 종류

종류	특징
혼부시	대형 가다랑어를 세장뜨기 한 후 한쪽 살을 세로로 자른 것이다.
가메 부시	작은 가다랑어의 한쪽 살로 만든 것이다.
오부시	• 혼부시의 등 부분을 말한다. • 지방이 적어 좋은 다시를 낼 수 있기 때문에 일반적으로 많이 사용한다.
메부시	• 혼부시의 배 부분을 말한다. • 감칠맛이 나는 다시를 뽑을 수 있다. 생선 등 쪽의 검푸른 부분(지아이)을 제거하면 더욱 질 좋고 고급스러운 맛의 다시를 뽑을 수 있다.

② 그 외의 포(자츠 부시)

가다랑어포 이외의 생선포를 말하며 고등어포(사바 부시), 정어리포(이와시 부시), 참치포(소우다 부시) 등이 있다.

③ 다시마(곤부)

다시마는 잘 건조되고 두툼하며 표면의 흰 가루가 전체적으로 고르게 있는 것이 좋다.

④ 간장(쇼유)

종류	특징
진간장(고이구치쇼유)	• 찍어 먹는 간장 또는 뿌리거나 곁들여서 먹는 간장이다. • 일본 요리에 가장 많이 쓰이는 간장이다. • 염도는 15~18% 정도이다.
연간장(우스구치쇼유)	• 색이 엷고 독특한 냄새가 없다. • 옅은 색을 내기 위해 철분이 적은 물을 사용한다. • 재료가 가지고 있는 색, 맛, 향을 잘 살리는 요리에 이용한다. • 염도가 진간장보다 약 2% 높다.
타마리간장	• 흑색으로서 부드럽고 진하다. • 단맛을 띠고 특유의 향이 있다. • 조림, 구이 요리에 사용하며 깊은 맛과 윤기를 내기도 한다.
생간장(나마쇼유)	• 열을 가하지 않은 간장이다. • 향기, 풍미가 매우 좋다. • 오랜 시간 끓여도 향기가 날아가지 않는 것이 특징이다. • 서늘한 곳이나 냉장고에 보관한다.
백간장(시로쇼유)	• 투명하고 황금에 가까운 색을 띠며 향이 매우 우수하다. • 킨잔지미소의 액즙에서 채취한 것으로서, 재료의 색을 살리는 데는 훌륭한 역할을 한다. • 색이 변하기 쉬우므로 오래 보관하는 것은 피하는 것이 좋다.
감로간장(간로쇼유)	• 단맛, 향기와 함께 우수한 농후하다. • 관서방에서는 사시미 또는 신선한 재료를 찍어 먹는 간장 또는 곁들임에 사용된다. • 일본 야마구찌껭의 야나기돈의 특산물로서 열을 가하지 않은 진간장을 거듭 양조한 것이다.

⑤ **식초(스)**

• 음식에 사용되었을 때 방부 및 살균 효과가 있다.

• 생선에서 살을 단단하게 하고 비린내를 제거하는 역할도 한다.

• 양조 식초 : 곡물을 이용해 발효시킨 식초로 향이 좋고 맛이 순하며 뒷맛이 산뜻하고 가열해도 쉽게 풍미가 날아가지 않는 특징이 있다.

• 합성 식초 : 인위적으로 합성한 초산에 물을 섞은 식초로 강하고 자극적인 냄새와 맛을 가지고 있으며 떫은맛이 입안에 남고 가열하면 향미는 날아가고 신맛만 남는 특징이 있다.

⑥ **유자**

비타민 C 외에 크립토크산틴, 시트르산이 풍부하다. 크립토크산틴이 몸 안에 들어오면 비타민 A로 변하여 위장의 점막을 건강하게 만들어주기 때문에 차로 마시면 감기 예방에 좋다.

⑦ **레몬**

비타민 C의 함유량이 감귤류 중에서 가장 많다. 향과 신맛을 살려 요리나 음료에 향을 내거나 요리를 장식할 때 사용한다.

⑧ **가보스**

유자의 일종으로 일본 오이타현의 특산품이다. 칼륨, 비타민 C가 풍부하고 일본 요리에 잘 어울리며 과즙은 국물 요리, 복어요리 등에 넣고, 껍질은 말려서 향신료 재료로 사용한다.

⑨ **영귤**

비타민 C가 풍부한 알갱이가 작은 열매이며, 지나치게 익으면 향이 줄어들고 신맛이 강해진다. 생선회, 생선구이, 국물 요리에 즙을 짜서 뿌려 먹는다.

02 양념 만들기

1) 오로시

① 오로시 : 무로 만든 즙(다이콘 오로시), 생강즙(쇼가 오로시), 고추냉이(와사비)

② 오로시의 역할 : 생선 특유의 냄새 제거, 해독 작용, 풍미 증강

2) 양념 만들기

① 계량한다.

② 강판에 무를 간다.

③ 무의 매운맛을 제거한다.

④ 고춧가루를 버무린다.

⑤ 실파를 송송 썰어 찬물로 2~3회 헹군 후 사용 전 물기를 제거한다.

⑥ 양념을 완성한다.

⑦ 그릇에 담아내고 양념을 곁들인다.

03 조리별 양념장 만들기

1) 참깨 소스(고마다레)

★ 스리바치(절구)
재료를 곱게 갈아 으깨거나 끈기를 낼 때 사용한다. 스리바치의 안쪽에는 빗살무늬의 방사형 홈이 있어 식품을 곱게 가는 데 용이하다.
스리바치의 사용법은 왼손으로 스리바치 봉의 앞부분을 누르고, 오른손으로 중간 정도를 잡고 스리바치에 넣은 재료를 갈아준다.

① 볶은 깨를 스리바치(아타리바치)★에 갈아서 만든 깨에 간장, 맛술 등의 양념을 넣어서 맛을 낸 일본 요리의 대표적인 양념장의 하나이다.

② 향이 좋고 농후한 소스로 담백한 재료를 구워 먹을 때와 담백한 식재료의 냄비 요리 등에 찍어 먹는 소스로 사용한다.

③ 일반적으로 간 참깨에 맛술, 간장을 넣어 만들지만, 샤브샤브 전문점의 경우는 당근과 양파를 갈고, 닭 국물, 빨간 무즙을 섞어 참깨 소스를 만들기도 한다.

복어 껍질초회조리

01 복어껍질 준비

1) 복어 껍질(후구가와)의 특징

① 복어 껍질은 검은 껍질(구로가나 세가와)과 흰 껍질(시로가와 또는 히라가와)로 나눌 수 있다.

② 껍질 속에 있는 속껍질 쪽에는 젤라틴 질이 아주 풍부하다.

③ 손질된 껍질은 사시미, 아에모노, 굳힘 요리(니코고리) 등에 주로 사용된다.

④ 껍질에 아주 촘촘하게 돋아 있는 가시를 제거하는 것이 아주 중요한 작업이다.

2) 복어 껍질의 손질

① 복어는 먼저 표면의 이물질을 솔로 깨끗이 닦아낸다.

② 한 장 또는 두 장으로 껍질을 제거한다. 두 장으로 잘라 펼치는 방법(관동 지방 방식)과 한 장으로 통째로 벗기는 방법(관서 지방 방식)이 있다.

③ 겉껍질과 속껍질을 데바칼로 긁어 분리한다

④ 도마에 복어 껍질의 안쪽을 바닥에 밀착하고 회칼로 복어 표면의 단단한 가시를 제거한다.

⑤ 끓는 물에 소금을 넣고 데쳐서 얼음물에 식힌 후, 물기를 제거하고 꼬챙이에 끼워 냉장고에서 꼬들꼬들하게 건조시킨다. 복어는 젤라틴 성분이 많으므로 차게 보관해야 한다.

⑥ 무침의 용도에 맞게 얇게 채 썰어 사용한다. 겉껍질과 속껍질의 사용 비율은 9대 1 정도가 좋다.

02 복어초회 양념 만들기

1) 초회양념(스노모노야쿠미)

① 무를 강판에 갈아 흐르는 물에 매운 맛을 제거하고 고운 고춧가루와 혼합하여 붉은색의 무즙을 만든다.

② 실파를 곱게 흐르는 물에 씻어 물기를 제거한다.

③ 다시마 맛국물과 가쓰오부시로 일번 맛국물을 만들어서 진간장, 식초, 레몬, 미림, 설탕 등을 넣어 초간장을 만든다.

④ 붉은색의 무즙과 물기가 제거된 실파를 초간장에 넣어 초회 양념을 만든다.

03 복어 껍질 무치기

1) 무칠 때 주의점

① 무침 요리와 초회는 담는 그릇을 잘 선택하는 것이 중요하다. 그릇은 작으면서도 좀 깊은 것이 잘 어울리고 무, 감, 귤, 유자, 대나무 그릇, 대합 껍데기 등을 이용해도 잘 어울린다.

② 재료는 신선한 것을 준비하고 재료에 따라서 가열하거나 밑간을 먼저 한 후에 무치는 방법이 있다.

③ 재료는 충분히 식혀서 사용해야 하며 요리는 먹기 직전에 무치는 것이 중요하다. 먼저 무쳐 놓아 두면 수분이 나오는 경우가 있어 색과 맛이 떨어진다.

2) 양념의 종류

① 아와세스

- 일반적으로 초회에 사용하고 있으며 만드는 방법도 간단하며 초와 다른 조미료를 고루 섞는 것만으로도 충분하다.
- 삼바이스는 널리 사용되고 있다.
- 식초는 부드러우면서도 시큼한 맛과 약간의 달콤한 맛, 감칠맛이 있는 좋은 것을 사용해야한다.

🅕 기적의 TIP

폰즈
- 감귤류의 과즙, 소주, 설탕, 향신료 등을 혼합해 만든 소스이다.
- 간장을 더하면 폰즈 쇼유라고 하는데, 요즘은 폰즈로 축약해 부른다.

▼ 양념의 종류

종류	재료	용도
니바이스(이배초)	식초, 간장 혼합	야채 등 초회에 사용
삼바이스(삼배초)	식초, 간장, 미림 혼합	일반적으로 폭넓게 사용
도사스	삼바이스에 설탕, 가쓰오부시 끓여 식혀 사용	고급요리에 사용
아마스(단식초)	식초, 설탕, 소금을 혼합	야채 절일 때 사용

② 모둠간장

- 깨 간장 : 재료는 흰깨, 설탕, 간장으로 참깨를 곱게 갈아 설탕, 간장을 넣으면서 잘 섞는다. 주로 야채류를 무칠 때 사용한다.
- 고추 간장 : 물에 갠 겨자와 간장, 미림을 혼합하여 사용한다.
- 땅콩 간장 : 땅콩과 설탕, 간장으로 만든다. 땅콩을 칼로 곱게 다진 다음, 양념 절구에 넣어 더욱더 부드럽게 간 다음 설탕, 간장을 넣어 잘 혼합한다. 주로 야채류에 많이 이용된다.

복어 죽조리

01 복어 맛국물 준비

1) 다시마의 종류

① 참다시마, 줄기다시마, 애기다시마, 긴다시마, 주름다시마, 쇠다시마, 개다시마, 괭이발 다시마가 있다.

② 우리나라에는 애기다시마, 참다시마, 개다시마가 서식하고 있다.

2) 다시마의 성분

① 단백질이 약 7%, 지방이 0.5%, 탄수화물이 약 44%이며, 무기질이 약 28%로 상당히 많다.

② 칼슘과 철이 매우 풍부하고 다시마의 칼슘은 소화 흡수가 잘 된다.

③ 풍부한 요오드는 갑상선 호르몬 합성에 필수적인 것이다.

④ 비타민 C가 많고 단백질의 주성분은 글루탐산(Glutamic Acid)으로 감칠맛을 준다.

3) 맛국물 재료의 전처리 작업

① 다시마 냉침법

• 다시마는 물에 적셔서 꽉 짠 면포를 사용하여 표면에 묻은 이물질을 제거한다.

• 다시마와 찬물이 들어있는 채로 냉장고에서 48시간 이상 용출시킨 후 쓰는 것이 좋다.

② 다시마 가열법

• 찬물에 이물질을 제거한 다시마를 넣고 30분 정도 불려 다시마가 부드러워지도록 준비한다.

• 찬물과 다시마를 넣은 냄비를 중간 불에 올려놓는다.

• 적은 양의 맛국물을 뽑을 때는 끓는 시간이 짧으므로 다시마를 물에 불린 후 불에 올려놓는다.

• 다시마는 끓기 직전에 건져 내어 손끝으로 다시마를 눌러 보았을 때 자국이 나면 충분히 맛 성분이 우러나온 것이다.

③ 복어 뼈 맛국물 전처리

- 식용하는 복어는 난소, 눈, 아가미, 내장, 혈액에 독이 존재한다. 이는 끓이는 과정에서 파괴되지 않으므로 사용하기 전 정확한 제독 처리를 해야 한다.
- 끈적이는 점막은 소금으로 문질러 준 후 물에 씻어 제거한다.
- 아가미와 눈 부분이 제거되었는지 확인한다.
- 머리뼈의 안에 골과 여분의 피를 제거한다.
- 뼈는 작은 토막으로 만들고 내부의 피를 제거한다. 그리고 흐르는 물에 담가 여분의 피가 자연스럽게 빠져나오도록 한다.
- 복어 뼈 육수는 먼저 다시마 맛국물을 만들고 여기에 전처리된 뼈를 넣어 끓인다. 뼈를 끓이면 거품과 이물질이 뜨게 되는데, 이를 모두 제거해 주면 맑은 맛국물을 얻을 수 있다.

02 복어 죽재료 준비

1) 죽의 종류 및 조리법

구분	오카유	조우스이
쌀의 형태	불린 쌀이나 밥으로 만든다.	밥으로 만든다.
끓이는 법	쌀을 반만 갈아서 맛국물을 넉넉히 넣고 끓인다.	밥을 씻어 해물이나 야채를 넣어 다시로 끓인다.
끓이는 시간	비교적 길게 끓인다.	비교적 짧게 끓인다.
육수	물이나 다시마 맛국물을 사용한다.	탕이나 샤브샤브에 사용하고 남은 맛국물을 사용한다.
달걀	농도에 따라 달걀을 생략하기도 한다.	마지막에 넣어 농도를 맞춘다.
죽의 농도	밥알의 형체가 없는 죽이다.	밥알의 형태가 남은 죽이다.

2) 부재료

종류	설명
실파	곱게 썰어 흐르는 물에 씻어 물기를 제거한다.
미나리	• 우리나라에서는 복어에 미나리를 많이 사용하지만, 일본은 파를 많이 사용한다. • 돌미나리는 주로 잎을 사용하고 물미나리는 줄기를 사용한다.
김	김의 비린내를 제거하기 위해 구워서 사용하고, 가늘게 썰어 하리노리를 만들어 올린다.
달걀	달걀은 모두 풀어 놓는다. 달걀은 농도를 맞추는 역할을 한다.
참기름, 깨	참기름과 깨는 요리에 고소한 향과 감칠맛을 부여한다.
복어 살	• 살을 작은 토막으로 썰어 사용한다. • 근막을 제거하지 않고 넣어도 끓이는 과정에서 부드러워진다.
정소	복어의 정소는 소금으로 씻어 흐르는 물에 담가 실핏줄과 핏물을 제거하고, 한입 크기로 잘라 놓거나, 고운 체에 걸러 놓는다.

1) 오카유

① 복어 살은 가늘게 썰고, 참나물은 데쳐 1cm 길이로 썬다.

② 김은 가늘게 채를 썰고, 실파는 곱게 썰어 흐르는 물에 2~3회 씻어 수분을 제거한다.

③ 냄비에 다시마 맛국물과 밥을 넣고 중불로 끓이다가 표면에 떠오르는 거품을 걷어낸다.

④ 쌀이 퍼지면 손질해 둔 복살을 넣고 끓인다.

⑤ 청주, 소금, 국간장으로 간을 하고, 달걀을 풀어 넣어 걸쭉하게 되면 기호에 따라 참나물 줄기, 참기름, 깨 등을 첨가한다.

⑥ 복어 죽을 담고 실파와 김을 올린다.

2) 조우스이

① 복어 뼈 맛국물에 청주, 소금과 국간장으로 가볍게 밑간한다.

② 물에 씻어서 물기를 제거해 놓은 밥을 넣고 보통 불에서 한소끔 끓인다.

③ 5분정도 끓이고 약불로 그릇에 풀어 둔 달걀을 넣는다.

④ 실파, 김 등을 올리거나 취향에 따라 다양한 재료를 올릴 수 있다.

3) 복어 정소로 오카유, 조우스이를 만든다

① 복어의 정소는 실핏줄을 제거하고 흐르는 물에 담가 핏물을 제거한다.

② 정소는 적당히 자르거나 고운 체에 곱게 거른다.

③ 조우스이, 오카유 만드는 방법으로 복어 살 대신 적당히 자른 정소나 체에 걸러 둔 복어의 정소를 넣고 보통 불로 끓인다.

④ 청주, 소금, 국간장으로 밑간을 하고, 달걀을 풀어 넣고 그릇에 담아 실파와 김을 올린다.

복어 정소(시라코, しらこ)
복어 수컷의 정소로 하얀색이고 크림처럼 부드럽고 고소한 맛이 있다.

복어 튀김조리

01 복어 튀김재료 준비

1) 튀김 요리의 유래

① 에도시대에 포르투갈, 스페인 등 외래 문화와 튀김요리가 함께 전해져 일본인의 식생활에 정착하였다.

② 야채류의 쇼진요리★ 외에 작은 생선류, 새우, 바닷장어, 바지락 등 어패류를 튀김의 재료로 사용하였으며, 일본의 독특한 요리법으로 덴뿌라가 생겨났다.

2) 튀김 요리의 특징

① 고온에서 비교적 단시간에 가열하기 때문에 식품의 조직의 손상과 영양소의 손실이 적다.

② 기름의 양과 온도 조절, 튀김옷을 차갑게 끈적이지 않게 하는 것이 중요하다.

③ 튀김 요리의 조리 도구는 튀김용 냄비를 비롯하여 볼, 체, 튀김 그물, 용기, 튀김 종이 및 긴 대나무 젓가락이 필요하다.

3) 튀김에 사용하는 재료의 특성

① 유자
복어 튀김을 할 때 유자 껍질을 잘게 썰어서 넣는다.

② 정종
재료의 냄새 제거, 감칠맛을 증가시켜 풍미 있게 하고, 재료를 부드럽게 한다. 복어살에 간을 할 때 사용한다.

③ 생강
복어 튀김 요리에는 생강을 갈아서 간장, 청주와 같이 밑간을 하는 데 주로 사용한다.

★ 쇼진요리
일본의 사찰요리로, 육류·어패류·달걀을 사용하지 않고 곡물·콩·야채 등의 식물성 재료와 해조류를 사용한 요리이다.

02 복어 튀김옷 준비

1) 튀김이 종류

종류	설명
스아게	식재료 그 자체를 아무것도 묻히지 않은 상태에서 튀겨내 재료가 가진 색과 형태를 그대로 살릴 수 있는 튀김
고로모아게	박력분이나 전분으로 튀김옷에 물을 넣어서 만들어 재료에 묻혀 튀긴 것
가라아게	양념한 재료를 그대로 튀기거나 박력분이나 전분만을 묻혀 튀긴 튀김

2) 튀김의 기본 조리 용어

용어	설명
아게다시	튀긴 재료 위에 조미한 조림 국물을 부어 먹는 요리(다시 7:연간장 1:미림 1의 비율)
덴다시	튀김을 찍어 먹는 간장 소스(다시 4:진간장 1:미림 1의 비율)
고로모	박력분이나 전분으로 튀김을 튀기기 위한 반죽옷
야쿠미	요리의 풍미를 증가시키거나 식욕을 자극하기 위해 첨가하는 야채나 향신료 예: 파, 와사비, 생강, 간 무, 고춧가루 등
덴가츠	고로모를 방울지게 튀긴 것으로 튀길 때 재료에서 떨어져 나온 여분의 튀김

튀김의 온도
- 일반적 튀김 : 180℃
- 가라아게 : 160℃

03 복어 튀김조리 완성

1) 지역별 가라아게의 종류

지역	이름	특징
나라현	다츠타아게	닭고기를 미림, 간장으로 양념한 후 녹말가루를 입혀 튀겨낸다.
미야자키현	치킨 남방	치킨 가라아게를 설탕, 미림 등으로 단맛을 더한 식초에 담가 적신 후 타르타르 소스를 뿌려 먹는다.
기후현	세키가라아게	닭고기를 톳과 표고버섯을 빻은 가루에 묻혀 튀겨 낸다
에히메현	센잔키	닭을 뼈째 튀긴 것이 특징이다. 감칠맛과 양념된 고기의 맛이 잘 어울린다.
니이가타현	한바아게	닭고기를 뼈째 반으로 가르고 밀가루를 얇게 묻혀 튀긴다.
아이치현	데바사끼 가라아게	닭 날개를 튀긴 후에는 달콤한 소스와 소금, 후추, 산초, 참깨 등을 뿌려 먹는다.
나가노현	산조쿠 야끼	다리살 부분을 통째로 마늘, 간장 등으로 양념해 녹말가루를 묻혀 튀긴다.
훗카이도	잔기	훗카이도에서는 가라아게를 보통 '잔기'라고 한다.

2) 식재료별 가라아게의 종류

이름	부위
토리노 가라아게	치킨 가라아게
모모니쿠노 가라아게	닭고기의 다리살
무네니쿠노 가라아게	닭고기의 넓적다리
난코츠노 가라아게	닭의 날개 혹은 다리 부분의 연골

복어 회 국화모양조리

빈출 태그 ▶ 포 뜨는 방법과 용어, 회 뜨는 방법, 회 접시

01 복어 살 전처리 작업

1) 생선 포뜨기의 종류와 특징

① 두장뜨기(니마이오로시)
머리를 자르고 난 후 씻어서 중간 뼈가 붙어있지 않게 살이 2장이 되게 하는 방법이다.

② 세장뜨기(산마이오로시)
생선을 위쪽 살, 아래쪽 살, 중앙 뼈의 3장으로 나누는 것을 말한다.

③ 다섯장뜨기(고마이오로시)
생선의 중앙 뼈를 따라서 칼집을 넣어 배 쪽 2장, 등 쪽 2장, 중앙 뼈 1장이 되게 포를 뜬다. 평평한 생선인 광어와 가자미 등에 주로 이용된다.

④ 다이묘 포뜨기(다이묘오로시)
세장뜨기의 한 가지로 생선의 머리 쪽에서 중앙 뼈에 칼을 넣고 꼬리 쪽으로 단번에 오로시하는 방법이다. 보리멸, 학꽁치 등 작은 생선에 적당하다.

2) 생선회 취급 방법

용어	방법
스가타즈쿠리	선의 머리부터 꼬리까지 모양을 그대로 살린 통생선회
아라이	얼음물에 청주와 소금을 넣고 씻는 방법
시모후리즈쿠리	표면에 소금 뿌려 데치고 얼음물에 헹군 회
마쓰가와즈쿠리	껍질을 벗기지 않고, 데치고 얼음물에 헹군 도미회
지리즈쿠리	생선의 살 쪽에 잔칼집을 촘촘히 넣어 전분을 무쳐 데친 회
야키시모즈쿠리	생선 껍질채 쇠꼬챙이에 꽂아서 소금을 뿌리고 불에 구워서 얼음물에 식혀 양념을 곁들인 폰즈 소스를 찍어 먹는 방법
다타키	쇠꼬챙이에 꽂아서 소금 뿌려 굽거나 살만 다져서 실파 등을 된장이나 실파 등을 섞어 먹는 것
스지메	푸른 생선을 손질한 후 소금에 절인 후에 초에 절이는 초밥용 생선 손질 방법
콘부지메	건다시마에 생선회를 감싸 숙성하는 것
야마카케	참치에 산마와 잘게 썬 생선을 섞은 것을 올린 요리

3) 복어살 세장 뜨기

① 껍질을 벗긴 복어의 머리와 몸통을 잘라서 분리한다.

② 칼의 앞날로 배꼽살을 떼어 낸다.

③ 가운데 뼈 부분에 칼집을 낸 후 피를 긁어내고 세척 후 수분을 제거한다.

④ 머리 부위부터 칼을 넣어서 머리에서 꼬리 방향으로 세장뜨기를 한다(다이묘 오로시).

⑤ 복어 배 쪽, 등 쪽, 꼬리 쪽 부위 질기고 얇은 막을 제거한다.

⑥ 찬물에 약간의 소금을 넣고 전처리한 복어살을 담가 냄새를 제거한다.

⑦ 면포에 복어살을 눌러가며 물기를 제거하고 감싼다.

⑧ 끓는 물에 소금을 넣고 얇은 막을 삶아 찬물에 식힌다.

02 복어 회뜨기

1) 칼

① 절단칼(데바보쵸)

절단칼은 복어의 부위별 분류 껍질, 지느러미, 부위별 나누기, 뼈 분리, 포뜨기, 껍질 자르기 등 많은 복어 조리 작업 시 사용하며, 다소 무겁게 느낄 정도의 칼을 사용한다.

② 생선회칼(사시미보쵸)

생선회칼은 복어 가시 제거, 복어 횟감 전처리, 회뜨기, 담기에 주로 사용하며, 특히 단단한 복어 회를 얇게 뜨기 위해 칼날이 무디지 않게 손질 관리하는 것이 중요하다.

③ 채소칼(우스바보쵸)

채소칼은 주로 부재료인 채소에 돌려깎기와 채썰기 방법으로 사용한다.

2) 생선회 뜨는 종류와 방법

용어	방법	사용
히라즈쿠리	칼의 손잡이 부분에서 자르기 시작해서 그대로 잡아당겨서 자르는 방법	가장 흔히 사용, 참치회 등
히키즈쿠리	칼을 끝까지 당기면서 자르는 방법	부드러운 생선살
소기즈쿠리	깎아 내듯이 자르는 방법	농어, 모양이 안좋은 생선회
우스즈쿠리	생선회의 선도와 탄력 있는 생선회를 얇게 자르는 방법	복어, 광어
호소즈쿠리	가늘게 자르는 방법	오징어, 도미, 광어
가쿠즈쿠리	주사위모양으로 자르는 방법	연어, 참치
이토즈쿠리	실처럼 가늘게 자르는 방법	오징어, 도미, 광어
세고시	뼈째 자르기	전어, 병어, 은어
기리하나시즈쿠리	잘라서 옮기기	참치회
기리카케즈쿠리	칼집을 넣어 자르기	마쓰가와한 도미
사자나미즈쿠리	잔물결 자르기	문어, 전복

3) 복어살을 일정한 폭과 길이로 자른다

① 젖은 행주, 찬물에 레몬즙을 짜서 레몬물을 준비한다.

② 복어살을 도마에 사선으로 놓고 약 길이 6~7cm, 폭 2~3cm로 얇게 회를 뜬다.

③ 왼손의 엄지와 검지를 이용해 회의 윗부분을 왼쪽으로 꺾어 삼각 접기를 한다.

④ 복어 회를 접시에 담을 때 12시 방향에 놓고 시계 방향으로 접시를 돌리면서 회는 시계 반대 방향으로 일정하게 놓는다.

03 복어 회 국화모양 접시에 담기

1) 복어 회 뜨는 방법과 종류

종류	의미
모쿠렌쓰쿠리	목련회
나미쓰쿠리	파도회
쓰바키노하나쓰쿠리	동백꽃회
쓰루쓰쿠리	학회
기쿠쓰쿠리	국화회
구자쿠쓰쿠리	공작회

2) 복어 회 접시

① 섬세한 회의 얇음을 강조하기 위해 도안이 들어간 그릇이 좋다.

② 도자기보다 단단하고 튼튼하며 섬세하고 화려한 채색화를 넣은 접시를 선택한다.

③ 청색, 파랑, 남색, 검은색 등의 컬러 무지 접시를 많이 사용한다.

④ 사각 접시와 투명 유리 접시는 복어회의 두께를 표현하기 부적합하여 피하는 것이 좋다.

3) 곁들임 채소

유자, 레몬, 무, 미나리, 실파, 초간장

복어 선별 · 손질관리

빈출 태그 ▶ 복어의 해체 순서와 주의점, 제독처리, 껍질과 가시밀기, 불가식 부위 폐기법

01 복어 기초 손질하기

1) 복어 세척

① 흐르는 물로 씻어 복어의 이물질을 제거한다.

② 겉면에 점액질이 있는 경우 칼로 긁는다.

③ 세척 후 물기를 제거한다.

2) 복어 지느러미 분리

① 데바로 등, 배, 양쪽 지느러미를 꼬리에서 머리 방향으로 잘라 제거한다.

② 점액질이 있는 경우 소금으로 문질러 잡고, 소금으로 문질러 씻는다.

③ 양쪽 지느러미는 끝에 칼집을 넣어 더듬이를 만들어 그릇에 펼쳐 말린다.

3) 복어의 입 분리

① 왼손으로 복어의 몸통을 잡고 데바로 코 앞쪽을 1/3 정도 자른다.

② 칼로 자른 부위를 벌려 혀가 잘리지 않게 확인하며 입을 자른다.

③ 혀 아래쪽으로 칼을 넣어 입을 잘라 찬물에 담근다.

4) 복어의 껍질 부위 분리

① 복어를 옆으로 눕혀놓고 머리 쪽 옆 지느러미 부분에서 입 쪽으로 칼집을 넣는다.

② 왼손으로 머리를 껍질까지 당겨서 잡고 칼날이 바깥쪽으로 향하게 해서 옆 지느러미 부분에서 꼬리 부분까지 칼집을 넣는다.

③ 껍질 꼬리 부분에 칼집을 넣어 껍질을 자른다.

④ 꼬리 쪽 지느러미를 칼로 눌러 잡고 다른 손으로 껍질을 잡아당겨 분리한다.

5) 안구 제거

눈알이 터지지 않도록 유의하며 안쪽 신경을 잘라 분리한다.

6) 머리 · 몸통 부위와 아가미 살 · 내장 부위 분리

① 머리뼈와 아가미 사이에 칼집을 넣는다.

② 갈빗대와 살 사이에 칼집을 넣는다.

③ 머리와 갈빗대 연결 부위를 자른다.

④ 양쪽을 똑같이 분리한다.

> **🅑 기적의 TIP**
>
> **복어 손질 시 주의점**
> 복어의 이빨은 크고 매우 강하므로 주의해야 한다.
> 입을 제거하는 과정에서 복어의 혀 부분이 같이 잘리지 않도록 해야 한다.

> **🅑 기적의 TIP**
>
> 큰 복어나 껍질이 두꺼운 까치복의 경우는 양쪽에 칼집을 넣는다.
> 껍질이 분리가 안될 때 칼날로 긁어가며 분리한다.

⑤ 칼로 머리 부위를 눌러 고정하고 아가미와 혀를 잡고 당겨 아가미 살, 내장 부위를 분리한다. 끝 부분 내장이 제거가 안 될 경우 칼 끝부분으로 내장이 터지지 않게 잘라 분리한다.

7) 아가미 살과 내장 부위 분리

① 아가미를 손으로 잡고 아가미 살과 갈빗살의 연결 부분에 살짝 칼집을 넣는다.
② 칼의 뒷부분으로 혀를 두르고 손으로 아가미 걸고 뜯어내면 아가미, 내장을 분리한다.
③ 혀는 반으로 자르고, 갈빗살은 반으로 각각 자른다.
④ 뼈마디에 뭉친 피, 점액질은 모두 제거하고 찬물에 담근다.

8) 머리와 몸통 부위 분리, 배꼽살 및 손질

① 데바로 머리와 몸통 살 부분을 잘라 분리한다.
② 머리는 반으로 자르고, 골, 피, 점액질을 제거한다.
③ 배꼽살은 V로 칼집을 넣어 잘라내고 칼집을 넣고 찬물에 담근다.

02 복어 식용부위 손질하기

1) 회용 손질

① 복어의 몸통 부위를 사용한다.
② 표면에 붙어있는 점액질과 혈관을 모두 제거하고 물기를 제거한다.
③ 세장뜨기하다가 살이 찢어지지 않도록 주의한다.

2) 탕용 손질

① 복어의 몸통, 머리, 아가미 살, 입 등을 사용한다.
② 몸통은 점액질, 혈관을, 피를 제거한다.
③ 머리는 골, 피, 점액질, 아가미를 제거한다.
④ 아가미 살은 피, 점액질, 혈관 등을 제거한다.
⑤ 입은 윗니 사이에 칼을 넣고 손으로 쳐주어 자르고, 소금으로 씻은 후 데쳐 점액질을 깨끗이 제거한다.
⑥ 모두 흐르는 물에 담가 충분히 핏물을 빼준다.

3) 술용 손질

① 복어의 지느러미는 술용으로 사용한다.
② 지느러미에 소금을 뿌린 후, 소쿠리를 사용하여 문질러 씻어 점액질을 깨끗하게 제거한다.
③ 큰 복의 경우는 두꺼워서 반으로 포를 떠서 말리면 잘 마르고 구울 때도 쉽다.

03 복어 제독 처리하기

1) 가식 부위의 제독

① 가식 부위를 용기에 담고 흐르는 물을 틀어 혈관이나 피 찌꺼기 등을 제거한다.

② 아가미 쪽, 몸통 부분의 척추뼈 부분, 아가미 살 쪽에 남아 있는 혈관과 피를 제거한다.

③ 담가 놓은 물에 핏기가 모두 없어질 때까지 물을 계속 갈아 준다.

2) 불가식 부위의 제독

① 복어의 종류에 따라 불가식 부위가 다르다.

② 근육(뼈 포함), 껍질(지느러미 포함), 정소의 일반적인 세 부분 이외에는 섭취하지 않는다. 복어에 따라 섭취가 불가능하므로 반드시 확인하고 섭취하도록 한다.

③ 복어를 취급하는 식당에서는 가식 부위를 제외한 모든 부분을 불가식 부위로 표기하여 폐기한다.

④ 불가식 부위에는 피, 점액질, 뇌, 아가미, 안구, 쓸개, 심장, 간, 장, 식도, 위, 신장, 난소(알)가 있다.

기적의 TIP

해독 작용이 있는 미나리를 복어와 같이 섭취하여 복어의 독을 중화시킨다는 속설이 있으나, 이는 잘못된 정보로 복어의 독은 해독하는 방법과 해독제가 없다.

04 복어 껍질 작업하기

1) 복어 껍질의 콜라겐과 젤라틴

① 복어의 껍질에는 콜라겐이 다량 함유되어 있어 껍질이 단단하다.

② 콜라겐은 단백질의 일종으로 열을 가하면 녹아서 부드러운 젤라틴으로 변한다.

③ 복어 요리에서는 껍질의 콜라겐의 성질을 이용하여 껍질 굳힘을 만든다.

④ 콜라겐과 젤라틴 식품을 섭취한다고 해서 피부나 인대의 재생에 크게 도움이 되지 않는다.

⑤ 콜라겐의 흡수를 높이기 위해 분자구조를 작게 만든 제품이 미용이나 건강식품으로 판매되기도 한다.

2) 껍질 손질하는 방법

① 복어 겉껍질을 도마 바닥에 놓고, 꼬리 부분을 왼쪽, 머리 부분을 오른쪽으로 놓는다.

② 데바 칼 뒷부분으로 꼬리 쪽에서 머리 쪽으로 긁어 속껍질을 분리한다.

③ 등과 배 쪽 가운데를 잘라 2등분을 한다.

④ 껍질의 안쪽 부분을 도마에 밀착시키고 꼬리 부분을 왼쪽, 머리 부분을 오른쪽으로 놓는다.

⑤ 사시미칼로 칼배와 껍질을 밀착시켜 위아래로 밀고 당기며 가시를 제거한다.

⑥ 물이 끓으면 겉껍질을 넣고 투명해지고 부드러워질때까지 데치고 찬물에 헹군다.

⑦ 복어껍질은 편편하게 해서 건조시키고, 채를 썰어 회와 껍질무침, 굳힘요리에 활용을 한다.

기적의 TIP

모든 복어에 가시가 있는 것은 아니다. 가시가 없는 복어는 점액질만 제거한 후 사용한다.

05 복어 독성부위 폐기하기

1) 복어 전용 분리수거 용기를 준비

① 복어의 독성 부위는 음식물 쓰레기와 같이 버리게 되면 2차적인 사고가 발생할 수 있으므로 별도의 용기에 모아서 폐기해야 한다.

② 독극물임을 쉽게 인지할 수 있는 표시와 문구를 삽입해야 한다.

③ 복어 내장이라는 표시를 한다.

④ 폐기하고 이를 운반하는 과정에서 터지지 않아야 하고, 폐기물 중에는 뼈도 포함될 수 있기 때문에 여러 겹으로 포장을 한다.

2) 복어의 독성 부위를 안전하게 폐기한다.

① 복어의 내장은 독성이 있는 음식물로 분류되어 종량제 봉투에 넣어 폐기하여야 한다.

② 복어 독성 부위의 별도 폐기를 위한 폐기물 수거 직원을 대상으로 교육을 통해 복어 독성 부위 폐기물이 잘 관리되도록 한다.

③ 복어 폐기물이 썩거나 냄새가 나는 것을 방지하기 위해 폐기물 수거 시간에 맞춰 폐기한다.

④ 폐기물 협력 업체로부터 독성부위 적합한 처리 방법 의견을 제시한다.

⑤ 식용가능한 생선 내장으로 착각하여 섭취하는 것을 방지하고, 사료나 친환경 비료로 만들어 피해를 보지 않기 위해 주의해야 한다.

해설과 함께 보는
최신 기출문제

CBT 온라인 문제집

시험장과 동일한
환경에서 문제 풀이
서비스

- QR 코드를 찍으면 원하는 시험에 응시할 수 있습니다.
- 풀이가 끝나면 자동 채점되며, 해설을 즉시 확인할 수 있습니다.
- 마이페이지에서 풀이 내역을 분석하여 드립니다.
- 모바일과 PC도 이용 가능합니다.

중식조리기능사	소요 시간	문항 수	수험번호 : _____
	1시간	총 60문항	성 명 : _____

01 식품접객업소의 조리판매 등에 대한 기준 및 규격에 의한 조리용 칼, 도마, 식기류의 미생물 규격은? (단, 사용 중인 것은 제외한다.)

① 살모넬라 음성, 대장균 양성
② 살모넬라 음성, 대장균 음성
③ 황색포도당 구균 양성, 대장균 음성
④ 황색포도당 구균 음성, 대장균 양성

오답 피하기
식품접객업소의 조리판매식품 등에 대한 미생물 권장 규격
• 냉면육수 : 살모넬라, 대장균 O157:H7 음성
• 접객용 음용수 : 대장균, 살모넬라 음성
• 행주(사용 중의 것은 제외) : 대장균 음성
• 칼, 도마 및 식기류(사용 중의 것은 제외) : 살모넬라, 대장균 음성

02 식품위생 감시원의 직무가 아닌 것은?

① 식품 등의 위생적 취급기준의 이행지도
② 수입 · 판매 또는 사용 등이 금지된 식품 등의 취급여부에 관한 단속
③ 시설 기준의 적합여부의 확인 검사
④ 식품 등의 기준 및 규격에 관한 사항 작성

식품감시원의 직무
• 식품 등의 위생적인 취급에 관한 기준의 이행 지도
• 수입 · 판매 또는 사용 등이 금지된 식품 등의 취급 여부에 관한 단속
• 출입 · 검사 및 검사에 필요한 식품 등의 수거
• 시설기준의 적합 여부의 확인 · 검사
• 영업자 및 종업원의 건강진단 및 위생교육의 이행 여부의 확인 · 지도
• 조리사 및 영양사의 법령 준수사항 이행 여부의 확인 · 지도

오답 피하기
식품의약품안전처장은 식품 또는 식품첨가물의 기준 및 성분에 관한 규격을 정하여 고시한다.

03 별 모양으로 생기고 동파육, 장계 등 중국요리에 많이 쓰이는 향신료는?

① 팔각
② 정향
③ 산초
④ 노추

8개의 꼭짓점이 있는 향신료로 중국에서 대량으로 재배되고 있고, 배뇨촉진과 식욕을 증진시킨다.

04 식품위생법령상 영업허가 대상인 업종은?

① 일반음식점 영업
② 식품조사 처리업
③ 식품소분 판매업
④ 즉석판매 제조 가공업

허가를 받아야 하는 영업 : 식품조사처리업, 단란주점영업, 유흥주점영업

05 식품을 구입하였는데, 포장에 아래와 같은 표시가 있었다. 어떤 종류의 식품 표시인가?

① 방사선조사식품
② 녹색신고식품
③ 자진회수식품
④ 유기가공식품

방사선조사식품 : 방사능 물질의 오염과 전혀 다른 것으로 미생물 살균 등의 목적으로 쪼여 방사선이 잔류되지 않는다.

정답 01② 02④ 03① 04② 05①

06 식품위생의 대상에 해당하지 않는 것은?

① 영양제

② 비빔밥

③ 과자봉지

④ 합성착색료

식품 : 모든 음식물을 말하며, 의약으로 쓰이는 것은 예외로 한다(법 제1장 1조 2항).

07 클로스트리디움 보툴리눔(Clostridium Botuli-num) 식중독에 대한 설명으로 옳은 것은?

① 독소는 독성이 강한 단백질 성분으로 열에 강하다

② 주요증상은 현기증, 두통, 신경장애, 호흡곤란이다

③ 음식물 섭취 후 3~5시간 이내 증상이 나타난다.

④ 균은 아포를 형성하지 않는다.

클로스트리디움 보툴리눔 식중독의 주요 증상 : 특이한 신경증상, 눈의 시력저하, 동공확대, 청각마비, 언어장애

오답 피하기

• 독소는 열에 약해 80℃ 30분 가열하면 파괴되고, 아포는 열에 강해 120℃에서 20분 이상 가열해야 한다.
• 잠복기는 12~36시간이다.

08 장염 비브리오균 식중독에 대한 예방법이 아닌 것은?

① 비브리오 중독 유행기에는 어패류를 생식하지 않는다.

② 저온 저장하여 균의 증식을 억제한다.

③ 식품을 먹기 전에 충분히 가열한다.

④ 쥐, 바퀴벌레, 파리가 매개체이므로 해충을 구제한다.

오답 피하기

해충의 구제는 감염병 예방대책 중 환경에 대한 예방대책이다.

09 오래된 과일이나 산성 채소 통조림에서 유래되는 화학성 식중독의 원인물질은?

① 칼슘

② 주석

③ 철분

④ 아연

주석도금한 통조림의 내용물 중 질산이온이 높은 경우에 캔으로부터 주석이 용출되어 중독을 일으키며 구토, 복통, 설사 증상을 보인다.

10 식품 첨가물의 사용으로 옳지 않은 것은?

① 값이 싸고 색이 아름다우며 사용상 편리하여 과자를 만들 때 아우라민(Auramine)을 사용하였다

② 허용된 첨가물이라도 과용하면 식중독이 유발될 수 있으므로 사용량을 잘 지켜 사용하였다.

③ 롱가릿은 밀가루 또는 물엿의 표백작용이 있으나, 독성 물질의 잔류 때문에 사용하지 않았다

④ 보존료로서 식품 첨가물로 지정되어 있는 것은 사용 기준이 정해져 있으므로 이를 잘 지켜 사용하였다.

오답 피하기

아우라민은 유해착색제로 사용이 금지되어 있다.

11 중국의 4대 요리가 아닌 것은?

① 북경 요리

② 정진 요리

③ 광동 요리

④ 사천 요리

중국의 4대 요리는 북경, 남경, 광동, 사천 요리이다.

정답 06 ① 07 ② 08 ④ 09 ② 10 ① 11 ②

12 다음 중 미생물에 의한 식품의 부패 원인과 가장 관계가 깊은 것은?

① 습도
② 냄새
③ 색도
④ 광택

미생물의 발육 조건 : 영양소, 온도, 습도, 산소, pH, 삼투압

13 다음 중 위해요소중점관리기준(HACCP)을 수행하는 단계에 있어서 가장 먼저 실시하는 것은?

① 중점 관리점 규명
② 관리기준의 설정
③ 기록유지 방법의 설정
④ 식품의 위해요소를 분석

HACCP 7가지 원칙 중 1단계 : 모든 잠재위해요소의 열거, 위해요소 분석, 관리방법의 결정

14 식품과 자연독의 연결이 옳지 않은 것은?

① 독버섯 – 무스카린(Muscarine)
② 감자 – 솔라닌(Solanine)
③ 살구씨 – 파세오루나틴(Phaseolunatin)
④ 목화씨 – 고시폴(Gossypol)

살구씨 : 아미그달린

15 사카린나트륨을 사용할 수 없는 식품은?

① 된장
② 김치류
③ 어육가공품
④ 음료류

사카린나트륨 : 젓갈류, 절임식품, 김치, 음료류, 건강기능식품, 뻥튀기

16 유지의 산패도를 나타내는 값으로 짝지어진 것은?

① 비누화가, 요오드가
② 요오드가, 아세틸가
③ 과산화물가, 비누화가
④ 산가, 과산화물가

• 산가 : 유리지방산의 함량을 측정하여 지방질 식품 품질 지표로 삼고 있다.
• 과산화물가 : 지방산화의 정도를 나타낸다.

오답 피하기

요오드가는 불포화도, 비누화가는 지방산과 알콜의 에스터 결합도를 나타낸다.

17 보리를 할맥 도정하는 이유로 옳지 않은 것은?

① 소화율을 증가시키기 위해
② 조리를 간편화하기 위해
③ 수분 흡수를 빠르게 하기 위해
④ 부스러짐을 방지하기 위해

할맥 : 섬유소를 제거한 것으로, 부스러짐을 방지하기 위함이 아니다.

18 중식 요리에서 쓰는 방법과 용어가 잘못 연결된 것은?

① 사 : 가늘게 채 썰기
② 정 : 깍둑썰기
③ 편 : 잘게 다지기
④ 조 : 채 썰기

• 편 : 저며 썰기
• 니 : 잘게 다지기

19 다음 중국요리 중 닭고기 요리는?

① 양장피   ② 팔보채

③ 유린기   ④ 지삼선

깐풍기, 라조기, 기스면, 유린기 등 '기'자가 붙은 것은 닭고기 요리이다.

20 밀가루를 물로 반죽하여 면을 만들 때 반죽의 점성에 관계하는 주성분은?

① 글로불린(Globulin)

② 글루텐(Gluten)

③ 아밀로펙틴(Amylopectin)

④ 덱스트린(Dextrin)

글루텐은 밀가루의 단백질 성분으로 반죽의 점성에 관계하는 주성분이다.

21 비타민 A의 전구물질로 당근, 호박 고구마, 시금치에 많이 들어 있는 성분은?

① 안토시아닌   ② 카로틴

③ 리코펜   ④ 에르고스테롤

비타민 A의 전구물질로 당근, 호박 고구마, 시금치에 많이 들어 있는 성분은 카로틴이다.

오답 피하기

• 안토시아닌 : 과일, 채소의 보라, 자주색 계열의 색소이다.

• 에르고스테롤 : 비타민D의 전구물질인 에르고스테롤은 프로비타민이라고도 한다.

22 육류 조리 시의 향미성분과 관계가 먼 것은?

① 핵산분해물질   ② 유기산

③ 유리아미노산   ④ 전분

육류 조리 시의 향미성분 : 핵산분해물질, 유기산, 유리아미노산

23 식품의 조리 가공 시 발생하는 갈변현상 중 효소가 관계하는 것은?

① 페놀성 물질의 산화 축합에 의한 멜라닌(Melanin) 형성반응

② 마이야르(Maillard)반응

③ 캐러멜화(Caramelization)반응

④ 아스코르빈산(Ascorbic Acid) 산화 반응

효소적 갈변현상 :페놀성 물질의 산화 축합에 의한 멜라닌(Melanin) 형성반응

오답 피하기

비효소적 갈변현상 : 마이야르반응, 캐러멜화, 아스코르브산 반응

24 영양소와 그 기능의 연결이 옳지 않은 것은?

① 유당(젖당) – 정장작용

② 셀룰로오스 – 변비예방

③ 비타민 K – 혈액응고

④ 칼슘 – 헤모글로빈 구성성분

오답 피하기

• **칼슘 결핍증상** : 구루병, 골다공증, 골연화증, 경련성 마비

• **철분 결핍증상** : 헤모글로빈 구성성분

25 어취의 성분인 트리메틸아민(TMA: Trimethyl-amine)에 대한 설명으로 옳은 것은?

① 어취는 트리메틸아민의 함량과 반비례한다.

② 지용성이므로 물에 씻어도 없어지지 않는다.

③ 주로 해수어의 비린내 성분이다.

④ 트리메틸아민 옥사이드(Trimethylamine Oxide)가 산화되어 생성된다.

트리메틸아민(TMA)

• 생선 비린내 성분이다.

• 수용성이므로 물에 씻으면 어취가 없어진다.

• 해수 · 담수어 공통의 비린내 성분이다.

• 트리메틸아민 옥사이드가 환원되어 생성된다.

정답 19 ③ 20 ② 21 ② 22 ④ 23 ① 24 ④ 25 ③

26 일종의 장아찌로 무처럼 생긴 뿌리를 소금과 양념에 절여서 만들며 반찬으로 먹는 중국의 절임김치라고 할 수 있는 채소는?

① 자차이
② 향차이
③ 청경채
④ 공심채

중국 쓰촨성의 대표적인 음식이다.

27 육류를 연화시키는 방법으로 적합하지 않은 것은?

① 생 파인애플즙에 재워 놓는다.
② 칼등으로 두드린다.
③ 소금을 적당히 사용한다.
④ 끓여서 식힌 배즙에 재워 놓는다.

오답 피하기
배를 끓이면 육류를 연화시키는 프로테아제 효소가 파괴된다.

28 완전 단백질(Complete Protein)이란?

① 필수아미노산과 불필수아미노산을 모두 함유한 단백질
② 함유 황아미노산을 다량 함유한 단백질
③ 성장을 돕지는 못하나 생명을 유지시키는 단백질
④ 정상적인 성장을 돕는 필수아미노산이 충분히 함유된 단백질

완전 단백질(Complete Protein) : 정상적인 성장을 돕는 필수아미노산이 충분히 함유된 단백질이다.

29 지방의 산패를 촉진시키는 요인이 아닌 것은?

① 효소
② 자외선
③ 금속
④ 토코페롤

유지의 산패에 영향을 끼치는 인자
• 온도가 높을수록 반응속도가 증가한다.
• 광선 및 자외선은 산패를 촉진한다.
• 수분이 많으면 촉매작용이 강해진다.
• 금속류는 유지의 산화를 촉진한다.
• 불포화도가 심하면 유지의 산패가 일어난다.

오답 피하기
토코페롤 : 항산화제로 산패를 늦춘다.

30 전화당의 구성성분과 그 비율로 옳은 것은?

① 포도당 : 과당이 3 : 1인 당
② 포도당 : 맥아당이 2 : 1인 당
③ 포도당 : 과당이 1 : 1인 당
④ 포도당 : 자당이 1 : 2인 당

전화당 : 수크로오스를 가수분해하여 얻은 포도당과 과당의 등량 혼합물이다.

31 예비조리식 급식제도의 일반적인 장점은?

① 다량 구입으로 비용을 절감할 수 있다.
② 음식을 데우는 기기가 있으면 덜 숙련된 조리사를 이용할 수 있다.
③ 가스, 전기, 물 사용에 대한 관리비가 다른 제도에 비해서 적게 든다.
④ 음식의 저장이 필요 없으므로 분배비용을 최소한 할 수 있다.

예비조리식 : 미리 조리, 생산, 조리된 식품을 재 가열하여 제공하는 방법으로 덜 숙련된 조리사가 이용하기 편리하다.

정답 26 ① 27 ④ 28 ④ 29 ④ 30 ③ 31 ②

32 중국요리에서 물전분의 역할이 아닌 것은?

① 수분과 기름은 분리되는 성질을 막는다.
② 기름진 요리의 식감을 부드럽게 느끼도록 해준다.
③ 잘 식지 않도록 한다.
④ 감칠맛을 주어 음식의 흥미를 돋게 한다.

전분으로는 감칠맛을 주지는 못한다.

33 신선한 생선의 특징이 아닌 것은?

① 눈알이 밖으로 돌출된 것
② 아가미의 빛깔이 선홍색인 것
③ 비늘이 잘 떨어지면 광택이 있는 것
④ 손가락으로 눌렀을 때 탄력성이 있는 것

오답 피하기

비늘이 잘 떨어지면 신선하지 못한 생선이다.

34 튀김 조리에 대한 설명으로 옳지 않은 것은?

① 튀김을 할 때 재료의 투입은 기름양의 80%를 넘지 않게 한다.
② 두꺼운 팬을 사용하여 온도의 변화가 적게 한다.
③ 튀김 재료의 수분은 제거하여 안전하게 한다.
④ 재료 표면에 전분 가루를 묻히면 재료 표면에 마찰력이 커져 튀김옷이 잘 붙는다.

튀김팬에 기름양은 60%를 넘지 않게 한다. 한꺼번에 많은 양을 넣으면 기름 온도가 떨어져 재료에 기름이 많이 흡수되고 눅눅한 튀김이 된다.

35 단체 급식시설의 작업장별 관리에 대한 설명으로 잘못된 것은?

① 개수대는 생선용과 채소용을 구분하는 것이 식중독균의 교차오염을 방지하는 데 효과적이다.
② 가열, 조리하는 곳에는 환기장치가 필요하다.
③ 식품보관 창고에 식품을 보관 시 바닥과 벽에 식품이 직접 닿지 않게 하여 오염을 방지한다.
④ 자외선 등은 모든 기구와 식품내부의 완전살균에 매우 효과적이다.

오답 피하기

식품의 변질을 막기 위해 자외선을 피해 직사광선이 없는 곳에 보관하는 것이 좋다.

36 튀김옷에 대한 설명으로 옳지 않은 것은?

① 글루텐의 함량이 많은 강력분을 사용하면 튀김내부에서 수분이 증발되지 못하므로 바삭하게 튀겨지지 않는다.
② 달걀 튀김옷의 경도를 도와주고 맛도 좋게 한다.
③ 식소다를 소량 넣으면 가열 중 이산화탄소를 발생함과 동시에 수분도 방출되어 튀김이 바삭해진다.
④ 튀김옷에 사용하는 물의 온도는 30℃ 전후로 해야 튀김옷의 점도를 높여 내용물을 잘 감싸고 바삭해진다.

오답 피하기

물은 낮은 온도의 물이나 얼음물로 튀김을 해야 글루텐 형성을 억제해서 바삭한 튀김이 된다.

37 다음 중 급식 부분의 간접 원가에 속하지 않는 것은?

① 외주가공비
② 보험료
③ 연구연수비
④ 감가상각비

외주가공비는 직접경비이다.

38 성인병 예방을 위한 급식에서 식단 작성을 할 때 가장 고려해야 할 점은?

① 전체적인 영양의 균형을 생각하여 식단을 작성하며, 소금이나 지나친 동물성 지방의 섭취를 제한한다.
② 맛을 좋게 하기 위하여 시중에서 파는 천연 또는 화학조미료를 사용하도록 한다.
③ 영양에 중점을 두어 맛있고 변화가 풍부한 식단을 작성하며, 특히 기호에 중점을 둔다.
④ 계절식품과 지역적 배려에 신경을 쓰며, 새로운 메뉴 개발에 노력한다.

오답 피하기
② 조미료 사용을 줄이고 짜지 않도록 한다.
③ 기호식품보다는 영양의 균형을 신경 쓴다.
④ 성인병 예방을 위해서 새로운 메뉴 개발에 노력할 필요는 없다.

39 4가지 기본적인 맛이 아닌 것은?

① 단맛
② 신맛
③ 떫은맛
④ 쓴맛

기본적인 맛은 단맛, 신맛, 쓴맛, 짠맛이 있다.

40 냉동된 육·어류의 해동방법으로 가장 바람직한 것은?

① 5~10℃에서 자연해동
② 0℃ 이하 저온해동
③ 전자레인지 고주파 해동
④ 비닐팩에 넣어 온탕 해동

높은 온도에서 해동하면 조직 세포가 손상되고 단백질의 변성이 생겨 드립(Drip)이 생기므로 냉장고(5℃)에서 완만 해동하는 것이 좋다.

41 난백으로 거품을 만들 때의 설명으로 옳은 것은?

① 레몬즙을 1~2방울 떨어뜨리면 거품 형성을 용이하게 한다.
② 지방은 거품 형성을 용이하게 한다.
③ 소금은 거품의 안정성에 기여한다.
④ 묽은 달걀보다 신선란이 거품 형성을 용이하게 한다.

산(식초, 레몬즙)에서 기포는 더 잘 일어난다.

42 다음 중 간장의 지미 성분은?

① 포도당(Glucose)
② 전분(Starch)
③ 글루탐산(Glutamic Acid)
④ 아스코르빈산(Ascorbic Acid)

간장의 감칠맛 성분은 글루탐산이다.

오답 피하기
포도당은 단당류, 전분은 다당류이고, 아스코르빈산은 비타민 C이다.

43 채소를 데치는 요령으로 적합하지 않은 것은?

① 1~2% 식염을 첨가하면 채소가 부드러워지고 푸른색을 유지할 수 있다.
② 연근을 데칠 때 식초를 3~5% 첨가하면 조직이 단단해져서 씹을 때의 질감이 좋아진다.
③ 죽순을 쌀뜨물에 삶으면 불미 성분이 제거된다.
④ 고구마를 삶을 때 설탕을 넣으면 잘 부스러지지 않는다.

고구마를 삶을 때 설탕과 소금을 동시에 넣으면 단맛이 강해진다.

44 어떤 제품의 원가구성이 다음과 같을 때 제조원가는?

이익	20,000원	제조간접비	15,000원
판매관리비	17,000원	직접재료비	10,000원
직접노무비	23,000원	직접경비	15,000원

① 40,000원   ② 63,000원
③ 80,000원   ④ 10,000원

제조원가
= 직접재료비 + 직접노무비 + 직접경비 + 제조간접비
= 10,000 + 23,000 + 15,000 + 15,000
= 63,000원

45 식단 작성 시 무기질과 비타민을 공급하려면 다음 중 어떤 식품으로 구성하는 것이 가장 좋은가?

① 곡류, 감자류   ② 채소류, 과일류
③ 유지류, 어패류   ④ 육류, 두류

<오답 피하기>
• **곡류, 감자류** : 탄수화물
• **유지류, 어패류** : 지방
• **육류, 두류** : 단백질

46 전분의 한 종류인 타피오카를 주재료로 사용한 중식의 후식류는?

① 리치   ② 람부탄
③ 시미로   ④ 지마구

모든 과일에 사용하며, 멜론시미로, 망고시미로, 연시시미로 등이 있다.

47 꽃게를 익히면 껍질은 붉은색으로 변하는데, 이 현상과 관련된 꽃게에 함유된 색소는?

① 루테인 (Lutein)
② 멜라닌 (Melanin)
③ 아스타잔틴 (Astaxanthin)
④ 구아닌 (Guanine)

새우나 게같은 갑각류의 색소는 가열하면 회색인 아스타잔틴(Asiaxanthin)에서 적색의 아스타신(Astacin)이 된다.

48 육류를 가열 조리할 때 일어나는 변화로 옳은 것은?

① 보수성의 증가
② 단백질의 변패
③ 육단백질의 응고
④ 미오글로빈이 옥시미오글로빈으로 변화

단백질이 응고되면서 수축, 분해된다.

<오답 피하기>
① 중량이 감소되고 육단백질의 보수성이 감소된다.
② 단백질의 변패는 신선하지 못한 경우에 일어난다.
④ 가열 조리 시 메트미오글로빈으로 변화한다.

49 주방 설비 구역 중 특히 다음과 같은 점에 유의하여 설비해야 하는 곳은?

> - 물을 많이 사용하므로 급·배수 시설이 중요하다.
> - 흙이나 오물, 쓰레기 등의 처리가 용이해야 한다.
> - 냉장 보관시설이 잘 되어야 한다.

① 가열조리 구역
② 식기세척 구역
③ 육류처리 구역
④ 채소·과일처리 구역

채소·과일은 물을 많이 사용하고, 냉장 보관하여야 한다.

50 열원의 사용방법에 따라 직접구이와 간접구이로 분류할 때 직접구이에 속하는 것은?

① 오븐을 사용하는 방법
② 프라이팬에 기름을 두르고 굽는 방법
③ 숯불 위에서 굽는 방법
④ 철판을 이용하여 굽는 방법

- **직접구이** : 재료를 불 위에서 직접 굽는 조리법
- **간접구이** : 팬, 석쇠 등 도구를 매개체로 굽는 조리법

51 물, 대두, 설탕, 식초, 소금, 쌀, 밀가루, 고추, 마늘을 이용하여 만들고, 대두를 중심으로 발효시킨 소스이다. 짠맛과 단맛이 나고 특유의 고소하며 독특한 향 때문에 딥소스나 구이용으로도 쓰이며, 국에 넣어 먹기도 하는 중식 소스는?

① 굴소스
② 검은콩소스
③ XO소스
④ 해선장

주로 홍콩, 광동요리에 사용되고, 베트남에서도 사용한다. 우리나라의 고추장처럼 조미료 형식으로도 사용할 수 있고, 볶음밥, 육류, 해물요리와 잘 어울린다.

52 작업환경 조건에 따른 질병이 바르게 연결된 것은?

① 고기압 – 고산병
② 저기압 – 잠함병
③ 조리장 – 열쇠약
④ 채석장 – 소화불량

조리장에서 고열환경으로 열쇠약증, 열경련증의 질병을 일으킨다.

오답 피하기
- 고기압 : 잠함병, 잠수병
- 저기압 : 고산병
- 채석장 : 진폐증, 규폐증

53 간흡충의 제 2중간 숙주는?

① 다슬기
② 가재
③ 고등어
④ 붕어

기생충	제1중간숙주	제2중간숙주
간흡충(간디스토마)	왜우렁이	붕어, 잉어
폐흡충(폐디스토마)	다슬기	가재, 게
요꼬가와흡충	다슬기	담수어, 은어, 잉어
광절열두조충(긴촌충)	물벼룩	연어, 송어

54 다음 물질 중 소독의 효과가 가장 낮은 것은?

① 석탄산
② 중성세제
③ 크레졸
④ 알코올

중성세제의 자체 살균력은 없다.

오답 피하기
- 석탄산 : 소독약의 소독력을 나타내는 지표이다.
- 크레졸 : 석탄산에 비해 소독력이 2배 강하다.
- 알코올 : 소독력이 강하나.

정답 49④ 50③ 51④ 52③ 53④ 54②

1-224　**PART 04** 해설과 함께 보는 최신 기출문제

55 평균수명에서 질병이나 부상으로 인하여 활동하지 못하는 기간을 뺀 수명은?

① 기대수명   ② 건강수명
③ 비례수명   ④ 자연수명

건강수명 : 실제로 활동을 하며 건강하게 산 기간이 어느 정도인지를 나타내는 지표로 선진국에서는 평균수명보다 중요한 지표로 인용된다.

56 자외선의 작용과 거리가 먼 것은?

① 구루병의 예방
② 혈압강하작용
③ 피부암 유발
④ 안구진탕증 유발

안구진탕증은 부적당한 조명으로 인한 직업병이다.

57 미나마타(Minamata)병의 원인이 되는 오염유형과 물질의 연결이 옳은 것은?

① 수질오염 – 수은
② 수질오염 – 카드뮴
③ 방사능오염 – 구리
④ 방사능오염 – 아연

• 수은중독 : 미나마타병
• 카드뮴중독 : 이타이이타이병
• PCB중독 : 가네미유증(=미강유중독=쌀겨유중독)

58 먹는 물 소독 시 염소 소독으로 사멸되지 않는 병원체로 전파되는 감염병은?

① 세균성이질   ② 콜레라
③ 장티푸스   ④ 전염성 간염

염소소독은 전염성 간염을 포함한 뇌염, 홍역, 천연두 등 바이러스를 죽이지 못한다.

59 개나 고양이 등과 같은 애완동물의 침을 통해서 사람에게 감염될 수 있는 인수공통감염병은?

① 결핵
② 탄저
③ 야토병
④ 전염성간염

오답 피하기

결핵은 소, 탄저는 양과 말, 야토병은 산토끼, 쥐 다람쥐를 통해 감염될 수 있다.

60 감염병 환자가 회복 후에 형성되는 면역은?

① 자연능동면역
② 자연수동면역
③ 인공능동면역
④ 선천성 면역

능동면역	자연능동면역	질병감염 후 얻은 면역 (두창, 소아마비)
	인공능동면역	예방접종 후 얻은 면역
수동면역	자연수동면역	태반, 모유 등 모체로부터 얻은 면역
	인공수동면역	수혈 후 얻은 면역

중식조리기능사	소요 시간	문항 수	수험번호 : _____
	1시간	총 60문항	성 명 : _____

01 다음 중 보존료가 아닌 것은?

① 안식향산(Benzoic acid)

② 소르빈산(Sorbic acid)

③ 프로피온산(Propionic acid)

④ 구아닐산(Guanylic acid)

보존료 : 데히드로초산, 안식향산, 소르빈산, 프로피온산

오답 피하기

구아닐산 : 감칠맛 나는 조미료 성분

02 식품 등의 표시기준상 과자류에 포함되지 않는 것은?

① 캔디류   ② 츄잉껌   ③ 유바   ④ 빙과류

과자류 : 과자, 캔디류, 츄잉껌, 빙과류

오답 피하기

두부류 또는 묵류 : 유바, 두부, 전두부, 가공두부, 묵류

03 그 질병으로 인하여 죽은 동물의 고기 · 뼈 · 젖 · 장기 또는 혈액을 식품으로 판매하거나 판매할 목적으로 채취 · 수입 · 가공 · 사용 · 조리 · 저장 또는 운반하거나 진열하지 못하는 질병과 관련이 없는 것은?

① 리스테리아병   ② 살모넬라병

③ 선모충증   ④ 아니사키스

병든 동물 고기 등의 판매 등 금지되는 질병
• 축산물가공처리법 시행규칙에 따라 도축이 금지되는 가축감염병
• 리스테리아병, 살모넬라병, 파스튜렐라병 및 선모충증

오답 피하기

아니사키스 : 고래회충인 기생충이다.

04 5'-이노신산나트륨, 5'-구아닐산나트륨, L-글루탐산나트륨의 주요 용도는?

① 표백제   ② 조미료

③ 보존료   ④ 산화방지제

5'-이노신산나트륨, 5'-구아닐산나트륨, L-글루탐산나트륨의 주요 용도는 조미료로 식품의 향미를 강화 또는 증진시키기 위하여 사용한다.

05 다음 세균성식중독 중 독소형은?

① 살모넬라 식중독

② 장염비브리오 식중독

③ 알레르기성 식중독

④ 포도상구균 식중독

독소형 : 포도상구균(엔테로톡신), 보툴리누스균(뉴로톡신)

오답 피하기

• 감염형 : 살모넬라균, 장염비브리오균, 병원성 대장균, 웰치균
• 부패산물형 : 알레르기성 식중독

06 기름을 넉넉히 붓고 센 불에 튀기는 조리 방법은?

① 전(煎)   ② 류(溜)

③ 초(炒)   ④ 작(炸)

오답 피하기

• 전 : 기름을 두르고 지지는 조리법이다.
• 류 : 재료에 간을 하고, 옷을 만들어 입힌 후 튀김 온도에 맞춰 튀겨 내는 방식과 재료를 데치거나 쪄 낸 후 준비한 소스에 빠르게 버무리는 방식
• 초 : '볶다'라는 뜻으로 재료를 썰어 팬에 기름을 두르고 재빠르게 볶아서 만드는 조리법

정답   01 ④   02 ③   03 ④   04 ②   05 ④   06 ④

07 감자의 싹과 녹색부위에서 생성되는 독성 물질은?

① 솔라닌(Solanine)
② 리신(Ricin)
③ 시큐톡신(Cicutoxin)
④ 아미그달린(Amygdalin)

감자의 싹과 녹색부위에서 생성되는 독성 물질은 솔라닌(Solanine)이다.

오답 피하기

• 리신(Ricin) : 피마자
• 시큐톡신(Cicutoxin) : 독미나리
• 아미그달린(Amygdalin) : 청매

08 굴을 먹고 식중독에 걸렸을 때 관계되는 독성물질은?

① 시큐톡신(Cicutoxin)
② 베네루핀(Venerupin)
③ 테트라민(Tetramine)
④ 테무린(Temuline)

모시조개, 굴, 바지락을 먹고 식중독에 걸렸을 때 관계되는 독성물질은 베네루핀(Venerupin)이다.

09 식품의 부패 시 생성되는 물질과 거리가 먼 것은?

① 암모니아(Ammonia)
② 트리메틸아민(Trimethylamine)
③ 글리코겐(Glycogen)
④ 아민(Amine)

글리코겐(Glycogen) : 동물의 간, 근육에 존재하는 다당류이다.

10 곰팡이독소(Mycotoxin)에 대한 설명으로 옳지 않은 것은?

① 곰팡이가 생산하는 2차 대사산물로 사람과 가축에 질병이나 이상생리작용을 유발하는 물질이다.
② 온도 24~35℃, 수분 7% 이상의 환경조건에서는 발생하지 않는다.
③ 곡류, 견과류와 곰팡이가 번식하기 쉬운 식품에서 주로 발생한다.
④ 아플라톡신(Aflatoxin)은 간암을 유발하는 곰팡이독소이다.

곰팡이는 13~18%에서도 쉽게 발육하여 변패시킨다.

11 식품 첨가물 중 주요 목적이 다른 것은?

① 과산화벤조일 ② 과황산암모늄
③ 이산화염소 ④ 아질산나트륨

과산화벤조일, 과황산암모늄, 이산화염소는 소맥분 개량제이다.

오답 피하기

아질산나트륨은 발색제이다.

12 일반 가열 조리법으로 예방하기에 가장 어려운 식중독은?

① 살모넬라에 의한 식중독
② 웰치균에 의한 식중독
③ 포도상구균에 의한 식중독
④ 병원성 대장균에 의한 식중독

포도상구균의 독소 엔테로톡신은 열에 강하므로 가열 조리해서 예방하기 어렵다.
포도상구균의 예방법은 식품 중에서 엔테로톡신의 생산을 방지하면 예방은 가능하다. 따라서, 독소의 식품오염방지를 위해서 조리자에게 마스크, 위생복을 착용하게 하고, 화농성 질환이 있는 자의 식품 취급 금지, 6℃ 이하에서 보관하면 예방할 수 있다.

13 화학 물질을 조금씩 장기간에 걸쳐 실험 동물에게 투여했을 때 장기나 기관에 어떠한 장해나 중독이 일어나는가를 알아보는 시험으로, 최대무작용량을 구할 수 있는 것은?

① 급성독성시험　　② 만성독성시험
③ 안전독성시험　　④ 아급성독성시험

> 만성독성시험 : 실험동물에게 6개월 또는 그 이상 검사물을 연속적으로 투여하여 그때 나타나는 동물의 장애를 규명하는 시험이다.

14 중국에서 멜라민 오염 식품에 의해 유아가 사망한 이유는?

① 강력한 발암물질이기 때문이다.
② 유아의 간에 축적되어 간독성을 나타내기 때문이다.
③ 배설되지 않고 생채 내에 전량이 잔류하기 때문이다.
④ 분유를 주식으로 하는 유아가 고농도의 멜라민에 노출되었기 때문이다.

> 중국에서 멜라민 오염 식품에 의해 유아가 사망한 이유는 분유를 주식으로 하는 유아가 고농도의 멜라민에 노출되었기 때문이다.

15 식육 및 어육제품의 가공 시 첨가되는 아질산과 이급아민이 반응하여 생기는 발암물질은?

① 벤조피렌(Benzopyrene)
② PCB(Polychlorinated Biphenyl)
③ 니트로사민(N-nitrosamine)
④ 말론알데히드(Malonaldehyde)

> N-니트로사민
> • 식품에서는 안정하지만, pH 2 이상에서 불안정하여 파괴된다.
> • 아민과 아질산의 반응에 의해 생성된다.
> • 가열하면 증가한다.
> • 육류의 발색제인 아질산염과 질산염은 클로스트리디움 보툴리늄의 억제 효과를 가지는 유용한 첨가물이긴 하나 다른 형태의 발암 물질이다.

16 냉장의 목적과 가장 거리가 먼 것은?

① 미생물의 사멸
② 신선도 유지
③ 미생물의 증식억제
④ 자기소화 지연 및 억제

> **오답 피하기**
>
> **냉장의 목적** : 신선도 유지, 미생물의 증식 억제, 자기소화 지연 및 억제 등이 있다

17 꽁치 160g의 단백질의 양은? (단, 꽁치 100g당 단백질의 양 : 24.9g)

① 28.7g　　② 34.6g
③ 39.8g　　④ 43.2g

> 꽁치 100g : 단백질 24.9g = 꽁치 160g : 단백질 χg
> 단백질 χg = 160 × 24.9 ÷ 100 = 39.8g

18 경단백질로 가열에 의해 젤라틴으로 변하는 것은?

① 케라틴(Keratin)　　② 콜라겐(Collagen)
③ 엘라스틴(Elastin)　　④ 히스톤(Histone)

> 결합조직의 콜라겐이 젤라틴화 되면서 조직이 부드러워진다.

19 과실 중 밀감이 쉽게 갈변되지 않는 주된 이유는?

① 비타민 A의 함량이 많으므로
② Cu, Fe 등의 금속이온이 많으므로
③ 섬유소 함량이 많으므로
④ 비타민C의 함량이 많으므로

> **과실 중 밀감이 쉽게 갈변되지 않는 이유** : 비타민 C의 함량이 많기 때문이다. 비타민 C는 다른 물질의 산화를 막는 항산화 작용을 하므로 갈변 현상을 억제한다.

정답 13② 14④ 15③ 16① 17③ 18② 19④

20 고추의 매운맛 성분은?

① 무스카린(Muscarine)

② 캡사이신(Capsaicin)

③ 뉴린(Neurine)

④ 몰핀(Morphine)

• 무스카린 : 독버섯
• 뉴린 : 난황 및 썩은 고기
• 몰핀 : 아편의 주성분인 알칼로이드

21 다음 식품의 분류 중 곡류에 속하지 않는 것은?

① 보리

② 조

③ 완두

④ 수수

완두는 두류에 속한다.

22 곡류에 관한 설명으로 옳은 것은?

① 강력분은 글루텐의 함량이 13% 이상으로 케이크 제조에 알맞다

② 박력분은 글루텐의 함량이 10% 이하로 과자, 비스킷 제조에 알맞다.

③ 보리의 고유한 단백질은 오르제닌(Oryzenin)이다.

④ 압맥, 할맥은 소화율을 저하시킨다.

종류	글루텐 함량	용도
강력분	13% 이상	빵, 마카로니, 스파게티
중력분	10~13%	칼국수면, 만두피
박력분	10% 이하	튀김옷, 케이크, 쿠키, 도너츠

23 고구마 등의 전분으로 만든 얇고 부드러운 전분피로 냉채 등에 이용되는 것은?

① 양장피

② 해파리

③ 한천

④ 무

고구마 등의 전분으로 만든 얇고 부드러운 전분피로 냉채 등에 이용되는 것은 양장피이다.

24 난황에 들어 있으며, 마요네즈 제조 시 유화제 역할을 하는 성분은?

① 레시틴

② 오브알부민

③ 글로불린

③ 갈락토오스

레시틴 : 난황에 들어 있으며, 마요네즈 제조 시 유화제 역할을 하는 성분이다.

25 철과 마그네슘을 함유하는 색소를 순서대로 나열한 것은?

① 안토시아닌, 플라보노이드

② 카로티노이드, 미오글로빈

③ 클로로필, 안토시아닌

④ 미오글로빈, 클로로필

• 미오글로빈 : 근세포 속에 있는 헤모글로빈과 비슷한 핵단백질이다.
• 클로로필 : 녹색 야채에 있는 Mg을 함유한 엽록소 색소이다.

26 생선의 자기소화 원인은?

① 세균의 작용

② 단백질 분해효소

③ 염류

④ 질소

생선의 자기소화 원인은 단백질 분해효소이다.

27 중국 소스 중 발효가 필요하지 않은 소스는?

① 춘장 　　　　② 깐소
③ 두반장 　　　④ 간장

깐소는 숙성을 하면 맛이 좋다.

28 다음 중 따뜻한 후식은?

① 행인두부 　　② 시미로
③ 옥수수빠스 　④ 리치

빠스는 시럽에 재료를 넣어 버무린 따뜻한 후식류이다.

29 곡물의 저장 과정에서의 변화에 대한 설명으로 옳은 것은?

① 곡류는 저장 시 호흡작용을 하지 않는다.
② 곡물 저장 시 벌레에 의한 피해는 거의 없다.
③ 쌀의 변질에 가장 관계가 깊은 것은 곰팡이이다.
④ 수분과 온도는 저장에 큰 영향을 주지 못한다.

쌀의 변질에 가장 관계가 깊은 것은 곰팡이이다.

30 함유된 주요 영양소가 바르게 짝지어진 것은?

① 뱅어포 – 당질, 비타민 B_1
② 밀가루 – 지방, 지용성 비타민
③ 사골 – 칼슘, 비타민 B_2
④ 두부 – 지방, 철분

오답 피하기
• 뱅어포 : 칼슘, 비타민 D
• 밀가루 : 탄수화물
• 두부 : 단백질

31 식품을 삶는 방법에 대한 설명으로 옳지 않은 것은?

① 연근을 엷은 식초 물에 삶으면 하얗게 삶아진다.
② 가지를 백반이나 철분이 녹아있는 물에 삶으면 색이 안정된다.
③ 완두콩은 황산구리를 적당량 넣은 물에 삶으면 푸른빛이 고정된다.
④ 시금치를 저온에서 오래 삶으면 비타민 C의 손실이 적다.

녹색야채는 끓는 물에 소금을 넣고 살짝 데치고 찬물에 헹구는 것이 비타민 C의 손실을 적게 할 수 있다.

32 끓이는 조리법의 단점으로 옳은 것은?

① 식품의 중심부까지 열이 전도되기 어려워 조직이 단단한 식품의 가열이 어렵다.
② 영양분의 손실이 비교적 많고 식품의 모양이 변형되기 쉽다.
③ 식품의 수용성성분이 국물 속으로 유출되지 않는다.
④ 가열 중 재료식품에 조미료의 충분한 침투가 어렵다.

끓이는 조리법
• 어떤 열원이라도 가능하고, 한 번에 많은 음식을 조리할 수 있다.
• 수용성분의 유출이 심하고 영양소 파괴가 일어난다.
• 조미가 편리하다.

33 계란 프라이를 하기 위해 프라이팬에 계란을 깨뜨려 놓았을 때 다음 중 가장 신선한 달걀은?

① 난황이 터져 나왔다.
② 난백이 넓게 퍼졌다.
③ 난황은 둥글고 주위에 농후난백이 많았다.
④ 작은 혈액덩어리가 있다.

수양난백보다 농후난백이 많으면 신선한 달걀이다.

정답 27 ② 28 ③ 29 ③ 30 ③ 31 ④ 32 ② 33 ③

34 녹색채소를 데칠 때 색을 선명하게 하기 위한 조리방법으로 부적합한 것은?

① 휘발성 유기산을 휘발시키기 위해 뚜껑을 열고 끓는 물에 데친다.
② 산을 희석시키기 위해 조리수를 다량 사용하여 데친다.
③ 섬유소가 알맞게 연해지면 가열을 중지하고 냉수에 헹군다.
④ 조리수의 양을 최소로 하여 색소의 유출을 막는다.

녹색 채소를 데칠 때 색을 선명하게 하기 위한 조리 방법
• 삶는 물의 양은 재료의 5배가 좋고 끓는 물에 넣어 단시간 내 데친 다음 찬물로 헹군다.
• 수산(옥살산)을 제거하기 위해 뚜껑을 열고 데친다. 수산은 체내에서 칼슘의 흡수를 방해하여 신장결석을 일으킨다.
• 중탄산소다를 넣으면 색이 선명해지나, 비타민의 파괴와 조직의 연화가 있다.
• 1%의 식염수에 데치면 색이 선명해지고 물러지지 않으며 조직이 파괴되지 않는다.

35 다음 중 어떤 무기질이 결핍되면 갑상선종이 발생할 수 있는가?

① 칼슘(Ca)
② 요오드(I)
③ 인(P)
④ 마그네슘(Mg)

요오드 결핍 시 갑상선종, 크레틴병이 발생한다.

36 비타민 B_2가 부족하면 어떤 증상이 생기는가?

① 구각염
② 괴혈병
③ 야맹증
④ 각기병

오답 피하기

괴혈병은 비타민 C의 부족, 야맹증은 비타민 A의 부족, 각기병은 비타민 D가 부족하면 나타나는 증상이다.

37 급식재료의 소비량을 계산하는 방법이 아닌 것은?

① 선입선출법
② 재고조사법
③ 계속기록법
④ 역계산법

선입선출법은 재고자산 방법에 해당한다.

38 다음 중 집단 급식소에 속하지 않는 것은?

① 초등학교의 급식시설
② 병원의 구내식당
③ 기숙사의 구내식당
④ 대중음식점

집단급식소
• 1회에 50인 이상, 비영리 목적으로 계속적으로 식사를 제공한다.
• 공장, 사업장, 학교, 병원, 기숙사와 같은 특정 단체에 소속된 사람들을 대상으로 한다.
• 단체급식에서는 조리사와 영양사를 두어야 한다.

39 가늘게 채 써는 중식의 썰기 방법은?

① 니   ② 사
③ 정   ④ 편

	중식 썰기 용어	써는 방법
조	條, 티아오, tiáo	채 썰기
니	泥, 니, ní	잘게 다지기
정	丁, 띵, dīng	깍둑썰기
사	絲, 쓰, sī	가늘게 채 썰기
편	片, 피엔, piàn	편 썰기
괴	滾刀塊, 다오 콰이, dāo kuài	재료를 돌리면서 도톰하게 썰기

정답 34 ④ 35 ② 36 ① 37 ① 38 ④ 39 ②

40 가공식품, 반제품, 급식 원재료 및 조미료 등 급식에 소요되는 모든 재료에 대한 비용은?

① 관리비
② 급식재료비
③ 소모품비
④ 노무비

제품의 제조를 위하여 소비되는 물품의 원가를 말한다.

오답 피하기
• 노무비 : 제품의 제조를 위하여 소비되는 노동의 가치를 말한다.
• 경비 : 제품의 제조를 위하여 소비되는 재료비, 노무비 이외의 가치를 말한다.

41 다음 중 배식하기 전 음식이 식지 않도록 보관하는 온장고 내의 유지 온도로 가장 적합한 것은?

① 15~20℃   ② 35~40℃
③ 65~70℃   ④ 105~110℃

배식하기 전 온장고의 온도는 65~70℃로 유지하고 온도 시간은 3~4시간이 적당하다.

42 냉동식품과 관계가 없는 내용은?

① 전처리를 하고 품온이 −18℃ 이하가 되도록 급속동결 하여 포장한 식품
② 유통시에 낭비가 없는 인스턴트성 식품
③ 수확기나 어획기에 관계없이 항상 구입할 수 있는 식품
④ 일반적으로 온도가 10℃ 정도 상승해도 품질의 변화가 없는 식품

냉동 식품 : 일반적으로 −18℃ 이하에서 유지 · 보관되는 식품이다.

43 구이에 의한 식품의 변화로 옳지 않은 것은?

① 살이 단단해진다.
② 기름이 녹아 나온다.
③ 수용성 성분의 유출이 매우 크다.
④ 식욕을 돋우는 맛있는 냄새가 난다.

• 열효율이 나쁘고 온도 소질이 어렵다.
• 비교적 고온에서 가열되므로 성분의 변화가 심하다.
• 당질의 캐러멜화가 일어나고, 식품 중의 단백질 응고로 인하여 수분이 침출된다.

44 다음 중국요리 중 돼지고기 요리가 아닌 것은?

① 경장육사
② 꿔바로우
③ 마라우육
④ 동파육

우육은 소고기 요리이다.

45 생선조리 방법으로 적합하지 않은 것은?

① 탕을 끓일 경우 국물을 먼저 끓인 후에 생선을 넣는다.
② 생강은 처음부터 넣어야 어취 제거에 효과적이다.
③ 생선조림은 간장을 먼저 살짝 끓이다가 생선을 넣는다.
④ 생선 표면을 물로 씻으면 어취가 많이 감소된다.

비린내 감소를 위해 생강을 넣을 때는 생선이 익은 후 넣어야 탈취 효과가 있으며 열변성하지 않은 단백질은 생강의 어취 제거 효과를 방해한다.

46 유지의 산패에 영향을 미치는 인자에 대한 설명으로 맞는 것은?

① 저장 온도가 0℃ 이하가 되면 산패가 방지된다.

② 광선은 산패를 촉진하나 그 중 자외선은 산패에 영향을 미치지 않는다.

③ 구리, 철은 산패를 촉진하나 납, 알루미늄은 산패를 영향을 미치지 않는다.

④ 유지의 불포화도가 높을수록 산패가 활발하게 일어난다.

유지 산패에 영향을 주는 인자
• 온도가 높을수록 반응속도가 증가한다.
• 광선 및 자외선은 산패를 촉진한다.
• 수분이 많으면 촉매작용이 강해진다.
• 금속류는 유지의 산화를 촉진한다.
• 불포화도가 심하면 유지의 산패가 일어난다.

47 1일 총 급여 열량 2,000kcal 중 탄수화물 섭취 비율을 65%로 한다면, 하루 세 끼를 먹을 경우 한 끼당 쌀 섭취량은 약 얼마인가? (단, 쌀 100g당 371kcal이다.)

① 98g

② 107g

③ 117g

④ 125g

• 탄수화물의 1일 섭취 열량 = 2,000kcal $\times \frac{65}{100}$ = 1,300kcal
• 한 끼의 열량 = $\frac{1,300}{3}$ = 433.333kcal
• 100g : 371kcal = x : 433
• $x = \frac{100 \times 433}{371}$ = 116.7g

48 아래의 조건에서 1회에 750명을 수용하는 식당의 면적을 구하면?

피급식자 1인당 필요면적은 1.0m²이며, 식기회수공간은 필요면적의 10%, 통로의 폭은 1.0~ 1.5m이다.

① 750m² ② 760m²

③ 825m² ④ 835m²

• 통로의 폭은 면적과 관계가 없다.
• 필요면적 + 식기회수공간 10% = 식당의 면적
• (1+0.1) × 750 = 825m²

49 가정에서 식품의 급속 냉동방법으로 부적절한 것은?

① 충분히 식혀 냉동한다.

② 식품의 두께를 얇게 하여 냉동한다.

③ 열전도율이 낮은 용기에 넣어 냉동한다.

④ 식품 사이에 적절한 간격을 두고 냉동한다.

열전도율이 높은 스테인리스 용기에 넣어 냉동한다.

50 육수 생산 시 주의 사항으로 옳지 않은 것은?

① 찬물에서 뼛속에 남아 있는 핏기와 불순물을 용해시킨다.

② 처음에는 강한 불로 끓이고 끓기 시작하면 불의 세기를 낮춰 은근하게 끓인다.

③ 육수 표면 위로 떠오르는 불순물은 처음 끓어오르기 시작할 때 제거한다.

④ 육수는 천천히 식혀 맛과 향이 날아가지 않게 한다.

열전달이 빠른 스테인리스를 사용하여 빠르게 식히는 것이 박테리아 증식을 줄일 수 있다.

51 다음 중 지역별 요리가 잘못 짝지어진 것은?

① 북경 요리 : 오리구이
② 광동 요리 : 꽃빵
③ 남경 요리 : 동파육
④ 사천 요리 : 마파두부

광동요리에는 돼지고기 구이, 광둥식 탕수육, 상어지느러미찜, 볶음밥 등이 있다. 꽃빵은 남경요리이다.

52 물로 전파되는 수인성감염병에 속하지 않는 것은?

① 장티푸스
② 홍역
③ 세균성 이질
④ 콜레라

수인성 감염병 : 장티푸스, 파라티푸스, 콜레라, 세균성 이질, 아메바성 이질, 전염성 설사. 유행성 간염이 해당한다.

53 수인성감염병의 유행 특성에 대한 설명으로 옳지 않은 것은?

① 연령과 직업에 따른 이환율에 차이가 있다.
② 2~3일 내에 환자발생이 폭발적이다.
③ 환자발생은 급수지역에 한정되어 있다.
④ 계절에 직접적인 관계없이 발생한다.

지역적 발생이 폭발적이고 연령과 직업에 관계없다.

54 위생해충과 이들이 전파하는 질병과의 관계가 잘못 연결된 것은?

① 바퀴 : 사상충
② 모기 : 말라리아
③ 쥐 : 유행성 출혈열
④ 파리 : 장티푸스

바퀴는 소화기계 질병, 소아마비의 질병과 관련 있다.

55 오염된 토양에서 맨발로 작업을 할 경우 감염될 수 있는 기생충은?

① 회충
② 간흡충
③ 폐흡충
④ 구충

구충(십이지장충)은 피부로 감염될 수 있다.

56 D.P.T 예방접종과 관계없는 감염병은?

① 파상풍
② 백일해
③ 페스트
④ 디프테리아

D는 디프테리아, P는 파상풍, T는 백일해이다.

57 다음 감염병 중 생후 가장 먼저 예방접종을 실시하는 것은?

① 백일해
② 파상풍
③ 홍역
④ 결핵

구분	연령	예방 접종의 종류
기본 접종	4주 이내	BCG(결핵)
	2, 4, 6개월	경구용 소아마비, DPT
	15개월	홍역, 볼거리, 풍진 (MMR)
	3~15세	일본뇌염
추가 접종	18개월, 4~6세, 11~13세	경구용 소아마비, DPT
	매년	일본뇌염

58 간디스토마는 제2중간숙주인 민물고기 내에서 어떤 형태로 존재하다가 인체에 감염을 일으키는가?

① 피낭유충(Metacercaria)
② 레디아(Redia)
③ 유모유충(Miracidium)
④ 포자유충(Sporocyst)

간디스토마의 제1중간숙주는 왜우렁이, 제2중간숙주는 붕어와 잉어이다. 왜우렁이에서 부화하여 애벌레가 되고 붕어와 잉어의 근육 속에서 피낭유충의 형태로 존재한다.

59 다음 중 급수 설비 시 1인당 사용수 양이 가장 많은 곳은?

① 학교급식
② 병원급식
③ 기숙사 급식
④ 사업체급식

병원급식은 15리터로 사용수 양이 가장 많다.

오답 피하기
학교급식은 5리터, 공장급식은 7리터, 기숙사 급식은 8리터 이다.

60 다음 중 자외선을 이용한 살균 시 가장 유효한 파장은?

① 250~260nm
② 350~360nm
③ 450~460nm
④ 550~560nm

• 2,500 ~ 2,800 Å 에서 살균력이 강해서, 소독에 이용되기도 한다.
• 옴스트롱(Å)의 단위와 나노미터(nm)의 단위에 유의한다.

정답 57④ 58① 59② 60①

중식조리기능사	소요 시간	문항 수
	1시간	총 60문항

수험번호 : _____

성   명 : _____

---

01 과일 통조림으로부터 용출되어 다량 섭취 시 구토, 설사, 복통 등을 일으킬 가능성이 있는 물질은?

① 아연(Zn) ② 납(Pb)
③ 구리(Cu) ④ 주석(Sn)

통조림에 철이 녹스는 것을 막기 위해 표면에 주석을 입힌다. 이 주석은 산성이 강한 과일, 캔, 주스 등에서 용출 가능성이 높다.

02 증식에 필요한 최저 수분활성도(Aw)가 높은 미생물부터 바르게 나열된 것은?

① 세균 – 효모 – 곰팡이
② 곰팡이 – 효모 – 세균
③ 효모 – 곰팡이 – 세균
④ 세균 – 곰팡이 – 효모

수분활성도에 따른 미생물 번식
• 세균 : 0.90~0.95
• 효모 : 0.88~0.90
• 곰팡이 : 0.65~0.8

03 곰팡이 독으로서 간장에 장해를 일으키는 것은?

① 시트리닌(Citrinin)
② 파툴린(Patulin)
③ 아플라톡신(Aflatoxin)
④ 솔라렌(Psoralene)

아스퍼질러스속의 독소로 재래식 된장, 간장, 고추장, 밀가루 등 식품에 있다.

오답 피하기
• 시트리닌 : 신장독
• 파툴린 : 신경독
• 솔라렌 : 피부병 치료에 사용

04 어육의 초기 부패 시에 나타나는 휘발성 염기질소의 양은?

① 5~10mg% ② 15~25mg%
③ 30~40mg% ④ 50mg% 이상

VBN(휘발성 염기질소)의 초기부패 어육은 30~40mg%, 부패생선은 50mg% 이상이다.

05 맥각중독을 일으키는 원인물질은?

① 루브라톡신(Rubratoxin)
② 오크라톡신(Ochratoxin)
③ 에르고톡신(Ergotoxin)
④ 파툴린(Patulin)

오답 피하기
• 루브라톡신 : 곡류, 콩류
• 오크라톡신 : 쌀, 보리, 밀, 옥수수
• 파툴린 : 젖소

06 산업장, 소각장 등에서 발생하는 발암성 환경오염 물질은?

① 안티몬(Antimon)
② 벤조피렌(Benzopyrene)
③ PBB(Polybrominated Biphenyl)
④ 다이옥신(Dioxin)

석탄, 석유 쓰는 발전소, 쓰레기 소각, 염소계 표백공정, 자동차나 도시가스, 염소 등의 세정수에서 검출된다.

정답 01 ④ 02 ① 03 ③ 04 ③ 05 ③ 06 ④

07 혐기성균으로 열과 소독약에 저항성이 강한 아포를 생산하는 독소형 식중독은?

① 장염 비브리오균
② 클로스트리디움 보툴리눔
③ 살모넬라균
④ 포도상구균

감염형 식중독 : 장염비브리오균, 살모넬라균, 포도상구균

08 유해감미료에 속하는 것은?

① 둘신
② D−소르비톨
③ 자일리톨
④ 아스파탐

유해감미료 : 에틸렌 글리콜, 파라니트로오르토톨루이딘, 둘신, 페릴라틴, 사이클라메이트, 니트로아닐린, 메타니트로아니린

09 유지나 지질을 많이 함유한 식품이 빛, 열, 산소 등과 접촉하여 산패를 일으키는 것을 막기 위하여 사용하는 첨가물은?

① 피막제
② 착색제
③ 산미료
④ 산화방지제

식품의 산화에 의한 변질현상 방지하는 첨가물로 항산화제라고도 하며, 종류로는 천연 첨가물아스코르브산, 비타민E, BHA, BHT, 에르소르브산염, L−아스코르브산나트륨, 몰식자산프로필, 아스코르빌 팔미테이트 등이 있다.

10 다음 중 식품의 가공 중에 형성되는 독성 물질은?

① Tetrodotoxin   ② Solanine
③ Nitrosoamine   ④ Trypsin Inhibitor

아질산염과 아민류가 산성조건하에서 반응하여 생성하는 물질로 강한 발암성을 갖는 물질이다.

• 테트로도톡신(Tetrodotoxin) : 복어독
• 솔라닌(Solanine) : 감자독
• 트립신저해제(Typsin Inhibitor) : 콩의 소화 저해 물질

11 식품 또는 식품첨가물의 완제품을 나누어 유통할 목적으로 재포장, 판매하는 영업은?

① 식품제조 가공업
② 식품운반업
③ 식품소분업
④ 즉석판매제조, 가공업

제품을 나누어 포장하는 것을 소분업이라고 하는데, 신고대상은 식품 또는 식품첨가물과 벌꿀이다. 다만, 어육제품, 식용유지, 특수용도식품, 통·병조림 제품, 레토르트식품, 전분, 장류 및 식초는 소분·판매하여서는 아니 된다.

12 아래의 식품들의 표시기준상 영양성분별 세부표시방법에서 ( )안에 알맞은 것은?

> 열량의 단위는 킬로칼로리(kcal)로 표시하되, 그 값을 그대로 표시하거나 그 값에 가장 가까운 ( ) 단위로 표시하여야 한다. 이 경우 ( ) 미만은 '0'으로 표시할 수 있다.

① 5kcal   ② 10kcal
③ 15kcal   ④ 20kcal

• **열량** : 킬로칼로리(kcal)로 표시하되, 그 값을 그대로 표시하거나 그 값에 가장 가까운 5kcal 단위로 표시하여야 한다. 이 경우 5kcal 미만은 '0'으로 표시할 수 있다.
• **콜레스테롤** : 미리그램(mg)으로 표시하되, 그 값을 그대로 표시하거나, 그 값에 가장 가까운 5mg 단위로 표시하여야 한다. 이 경우 5mg 미만은 '5mg 미만'으로, 2mg 미만은 '0'으로 표시할 수 있다.

13 식품접객업 중 시설기준상 객실을 설치할 수 없는 영업은?

① 유흥주점영업
② 일반음식점영업
③ 단란주점영업
④ 휴게음식점영업

휴게음식점은 신고대상으로 음주행위, 노래를 하면 안 되고, 유흥종사자를 두어선 안 된다.

14 궁중에서 황제를 위하여 만든 요리로, 청대에 이르러 절정에 이르고, 베이징이 본고장으로, 북경요리에 포함되는 요리를 무엇이라고 하는가?

① 사찰요리　　② 약선요리
③ 정진요리　　④ 궁정요리

각지의 진귀하고 좋은 재료를 골라 쓰는 것이 기본이다.

15 밀가루와 콩, 소금을 함께 넣어 만든 장류이며 발효식품은?

① 로깐마　　② 황두장
③ 두반장　　④ 첨면장

북경오리구이와 함께 제공되며 밀쌈에 싸 먹는다.

16 중식에서 소스의 농도를 맞출 때 사용하는 농후제의 재료는?

① 전분　　② 밀가루
③ 달걀　　④ 물

감자 전분, 옥수수 전분, 고구마 전분을 사용한다. 소스의 농도를 맞출 때는 감자 전분을 많이 활용한다.

17 우유 가공품이 아닌 것은?

① 치즈
② 버터
③ 마요네즈
④ 액상 발효유

마요네즈는 달걀과 유지의 가공품이다.

18 튀김에 사용한 기름을 보관하는 방법으로 가장 적절한 것은?

① 식힌 후 그대로 서늘한 곳에 보관한다.
② 공기와의 접촉면을 넓게 하여 보관한다.
③ 망에 거른 후 갈색 병에 담아 보관한다.
④ 철제 팬에 담아 보관한다.

기름을 사용하고 망에 걸러 이물질을 거르고 식힌 후 밀폐용기(갈색병)에 담아 서늘한 곳에 보관한다.

19 다음 중 오탄당이 아닌 것은?

① 리보즈(Ribose)
② 자일로즈(Xylose)
③ 갈락토즈(Galactose)
④ 아라비노즈(Arabinose)

단당류 중에서 탄소가 5개인 것을 오탄당, 6개인 것을 육탄당이라고 한다. 갈락토오스는 육탄당이다.

정답　13 ④　14 ④　15 ④　16 ①　17 ③　18 ③　19 ③

20 20%의 수분(분자량 : 18)과 20%의 포도당(분자량 : 180)을 함유하는 식품의 이온적인 수분활성도는 약 얼마인가?

① 0.82
② 0.88
③ 0.91
④ 1

$$\dfrac{\text{용매의 } \dfrac{\text{농도}}{\text{분자량}}}{\text{용매의 } \dfrac{\text{농도}}{\text{분자량}} + \text{용질의 } \dfrac{\text{농도}}{\text{분자량}}}$$

$$\dfrac{\dfrac{0.2}{18}}{\dfrac{0.2}{18} + \dfrac{0.2}{180}}$$

$$= \dfrac{0.0111}{0.0111 + 0.001} = \dfrac{0.0111}{0.0122}$$

= 약 0.909 = 0.91

21 젤 형성을 이용한 식품과 젤 형성 성분이 바르게 연결된 것은?

① 양갱 – 펙틴
② 도토리묵 – 한천
③ 과일잼 – 전분
④ 족편 – 젤라틴

젤라틴은 동물의 가죽, 뼈에 다량 존재하는 콜라겐을 가수분해하여 얻어진 유도단백질로, 젤리, 아이스크림 등 제조에 사용한다.

22 밀의 주요 단백질이 아닌 것은?

① 알부민(Albumin)
② 글리아딘(Gliadin)
③ 글루테닌(Glutenin)
④ 덱스트린(Dextrin)

덱스트린은 녹말의 가수분해산물로 탄수화물이다.

23 육류나 어류의 구수한 맛을 내는 성분은?

① 이노신산
② 호박산
③ 알리신
④ 나린진

• **호박산** : 조개류의 감칠맛 성분
• **알리신** : 마늘의 매운맛
• **나린진** : 과실의 쓴맛

24 식품의 변화에 관한 설명 중 옳은 것은?

① 일부 유지가 외부로부터 냄새를 흡수하지 않아도 이취현상을 갖는 것은 호정화이다.
② 천연의 단백질이 물리, 화학적 작용을 받아 고유의 구조가 변하는 것은 변향이다.
③ 당질을 180~200℃의 고온으로 가열했을 때 갈색이 되는 것은 효소적 갈변이다.
④ 마이야르 반응, 캐러멜화 반응은 비효소적 갈변이다.

① 변향, ② 변성, ③ 캐러멜화

25 탈기, 밀봉의 공정과정을 거치는 제품이 아닌 것은?

① 통조림
② 병조림
③ 레토르트 파우치
④ CA저장 과일

산소와 탄산가스의 농도를 조절하여 과일, 난류를 저장하는 방법이다.

정답 20 ③ 21 ④ 22 ④ 23 ① 24 ④ 25 ④

26 식품의 가공, 저장 시 일어나는 마이야르(Maillard) 갈변 반응은 어떤 성분의 작용에 의한 것인가?

① 수분과 단백질
② 당류와 단백질
③ 당류와 지방
④ 지방과 단백질

탄수화물과 단백질의 반응으로 아미노카르보닐 반응이라고도 하고, 비효소적 갈변반응이다.

27 다음 중 전분이 노화되기 가장 쉬운 온도는?

① 0~5℃
② 10~15℃
③ 20~25℃
④ 30~35℃

전분이 노화되기 쉬운 조건
• 수분이 30~60%일 때
• 온도가 0~5℃일 때
• 전분 분자 중 아밀로오스의 함량이 많을수록

28 감미재료와 거리가 먼 것은?

① 사탕무
② 정향
③ 사탕수수
④ 스테비아

정향은 향신료이다.

29 전분에 물을 가하지 않고 160℃ 이상으로 가열하면 가용성 전분을 거쳐 덱스트린으로 분해되는 반응은 무엇이며, 그 예로 바르게 짝지어진 것은?

① 호화 : 식빵
② 호화 : 미숫가루
③ 호정화 : 찐빵
④ 호정화 : 뻥튀기

호화 : 날 전분이 반투명의 콜로이드 상태가 되는 것으로 밥이나 떡이 되는 과정이다.

30 다음 중 결합수의 특징이 아닌 것은?

① 용질에 대해 용매로 작용하지 않는다.
② 자유수보다 밀도가 크다.
③ 식품에서 미생물의 번식과 발아에 이용되지 못한다.
④ 대기 중에서 100℃로 가열하면 쉽게 수증기가 된다.

결합수는 건조로 쉽게 제거되지 않는다.

31 다음 중 기름의 발연점이 낮아지는 경우는?

① 유리지방산 함량이 많을수록
② 기름을 사용한 횟수가 적을수록
③ 기름 속에 이물질의 유입이 적을수록
④ 튀김용기의 표면적이 좁을수록

중성지방이 분해되어 지방산의 상태로 존재하는 것을 유리지방산이라고 한다. 기름을 사용하는 횟수가 늘어날수록 유리지방산의 함량이 많아진다.

32 완숙한 계란의 난황 주위가 변색하는 경우를 잘못 설명한 것은?

① 난백의 유황과 난황의 철분이 결합하여 황화철(FeS)을 형성하기 때문이다.
② pH가 산성일 때 더 신속히 일어난다.
③ 신선한 계란에서는 변색이 거의 일어나지 않는다.
④ 오랫동안 가열하여 그대로 두었을 때 많이 일어난다.

pH가 높을 때 녹변 현상이 더 잘 일어난다.

정답 26② 27① 28② 29④ 30④ 31① 32②

33 쌀에서 섭취한 전분이 체내에서 에너지를 발생하기 위해서 반드시 필요한 것은?

① 비타민 A
② 비타민 B₁
③ 비타민 C
④ 비타민 D

비타민 B₁(티아민)은 탄수화물의 대사에 중요한 역할을 한다.

34 과일의 조리에서 열에 의해 가장 영향을 많이 받는 비타민은?

① 비타민 C
② 비타민 A
③ 비타민 B₁
④ 비타민 E

비타민 C는 산에는 안정적이지만 알칼리와 열에는 불안정하다.

35 다음 중 식품의 냉동 보관에 대한 설명으로 옳지 않은 것은?

① 미생물의 번식을 억제할 수 있다.
② 식품 중의 효소작용을 억제하여 품질 저하를 막는다.
③ 급속 냉동 시 얼음 결정이 작게 형성되어 식품의 조직 파괴가 적다.
④ 완만 냉동 시 드립(Drip) 현상을 줄여 식품의 질 저하를 방지할 수 있다.

냉동은 급속냉동, 해동을 완만 해동 하는 것이 식품의 질 저하를 방지할 수 있다.

36 다음 중 계량방법으로 옳지 않은 것은?

① 저울은 수평으로 놓고 눈금은 정면에서 읽으며 바늘은 0에 고정시킨다.
② 가루상태의 식품은 계량기에 꼭꼭 눌러 담은 다음 윗면이 수평이 되도록 주걱으로 깎아서 잰다.
③ 액체식품은 투명한 계량 용기를 사용하여 계량컵의 눈금과 눈높이를 맞추어서 계량한다.
④ 된장이나 다진 고기 등의 식품재료는 계량기구에 눌러 담아 빈 공간이 없도록 채워서 깎아 잰다.

가루를 꾹 누르지 않고, 가볍게 담아 계량한다.

37 생선의 조리 방법에 관한 설명으로 옳은 것은?

① 선도가 낮은 생선은 양념을 담백하게 하고 뚜껑을 닫고 잠깐 끓인다.
② 지방함량이 높은 생선보다는 낮은 생선으로 구이를 하는 것이 풍미가 더 좋다.
③ 생선조림은 오래 가열해야 단백질이 단단하게 응고되어 맛이 좋아진다.
④ 양념간장이 끓을 때 생선을 넣어야 맛 성분의 유출을 막을 수 있다.

오답 피하기
① 신선도가 낮은 생선은 뚜껑을 열어 비린내를 휘발시킨다.
② 지방이 높은 붉은살 생선이 고소하고 풍미가 좋다.
③ 오래 가열하면 생선의 맛이 빠져나가고, 살이 물러진다.

38 전분에 물을 붓고 열을 가하여 70~75℃ 정도가 되면 전분입자는 크게 팽창하여 점성이 높은 반투명의 콜로이드 상태가 되는 현상은?

① 전분의 호화
② 전분의 노화
③ 전분의 호정화
④ 전분의 결정

쌀이 밥이나 떡이 되는 과정이다.

39 식품원가율을 40%로 정하고 햄버거의 1인당 식품단가를 1,000원으로 할 때 햄버거의 판매가격은?

① 4,000원
② 2,500원
③ 2,250원
④ 1,250원

- 햄버거의 단가가 1,000원, 원가율의 40%이다. 판매가격의 40%가 1,000원
  이라는 말이다.
- 판매가격 $\times \frac{40}{100} = 1,000$원
- 판매가격 $= 1,000 \div \frac{100}{40} = 1,000 \div 40 \times 100 = 2,500$원

40 다음 중 상온에서 보관해야 하는 식품은?

① 바나나
② 사과
③ 포도
④ 딸기

바나나, 파인애플, 멜론 등 열대과일은 바람이 통하는 서늘한 곳에 보관하고 냉장 보관하지 않는다.

41 지름이 3.3~53cm 정도로 다양한 사발로 크기에 따라 식사류나 소스를 담을 때 사용하는 중식 식기는?

① 챵야오판
② 위엔팡
③ 완
④ 차이다오

탕이나 갱을 담을 때 사용한다.

42 뜨거워진 공기를 팬(Fan)으로 강제 대류시켜 균일하게 열이 순환되므로 조리시간이 짧고 대량조리에 적당하나 식품표면이 건조해지기 쉬운 조리기기는?

① 틸팅튀김팬(Tilting Fry Pan)
② 튀김기(Fryer)
③ 증기솥(Steam Kettles)
④ 컨벡션오븐(Convection Oven)

오답 피하기

틸팅튀김팬 : 삶기, 구이, 튀김, 볶음, 장국 등에 다양하게 사용한다. 솥을 버튼이나 기계로 작동하여 젖히고 세울 수 있는 대량조리에 적합한 기기이다.

43 직영급식과 비교하여 위탁급식의 단점에 해당하지 않는 것은?

① 인건비가 증가하고 서비스가 잘 되지 않는다.
② 기업이나 단체의 권한이 축소된다.
③ 급식경영을 지나치게 영리화하여 운영할 수 있다.
④ 영양관리에 문제가 발생할 수 있다.

직영급식은 회사나 학교 등 단체에서 급식식당을 운영하는 것이고, 위탁급식은 단체가 전문 급식회사에 의뢰하는 것을 말한다.

정답 38 ① 39 ② 40 ① 41 ③ 42 ④ 43 ①

44 다음 중 열량을 내지 않는 영양소로만 짝지어진 것은?

① 단백질, 당질
② 당질, 지질
③ 비타민, 무기질
④ 지질, 비타민

열량을 내는 영양소는 당질, 단백질, 지질이다.

45 두부 50g을 돼지고기로 대치할 때 필요한 돼지고기의 양은? (단, 100g당 두부 단백질 함량 15g, 돼지고기 단백질 함량 18g이다.)

① 39.45g
② 40.52g
③ 41.66g
④ 42.81g

- $\frac{원래\ 식품함량}{대치\ 식품함량}$ × 원래식품 양 = 50 ÷ 18 × 15
  = 41.666… = 약 41.66g이다.

46 다음 중 신선한 달걀은?

① 달걀 프라이를 하려고 깨보니 난백이 넓게 퍼진다.
② 난황과 난백을 분리하려는데, 난황막이 터져 분리가 어렵다.
③ 삶아 껍질을 벗겨보니 기공이 있는 부분이 움푹 들어갔다.
④ 삶아 반으로 잘라보니 노른자가 가운데에 있다.

오답 피하기
난백이 넓게 퍼지는 것은 수양난백으로 신선도가 떨어진 달걀이다.

47 채소류, 두부, 생선 등 저장성이 낮고 가격변동이 큰 식품 구매 시 적합한 계약방법은?

① 수의계약
② 장기계약
③ 일반경쟁계약
④ 지명경쟁입찰계약

수의 계약은 경매, 입찰 등 경쟁하지 않고 임의로 적당한 상대자를 선정하는 계약이다.

48 육류를 가열조리 할 때 일어나는 변화로 옳은 것은?

① 보수성의 증가
② 단백질의 변패
③ 육단백질의 응고
④ 미오글로빈이 옥시미오글로빈으로 변화

육류를 가열조리하면 보수성의 감소, 메트미오글로빈으로 변화한다.

49 팔각, 육계, 정향, 산초, 진피를 가루로 만들어 섞은 것인데 향이 매우 뛰어난 중국요리의 향신료는?

① 화산조
② 산초
③ 오향분
④ 회향

오답 피하기

화산조	재료의 냄새를 없애거나 요리의 맛을 더하기 위해 사용한다.
산초	열매의 검은 심을 떼어내고 냄비에 볶아서 가루로 만들어 사용한다
회향	풀의 일종으로 다갈색이며 육류, 내장류, 생선의 조림, 찜 등에 사용한다.

50 중화팬에 기름을 조금 넣고 알맞은 크기와 형태로 만든 재료를 센 불이나 중간 불에서 짧은 시간에 뒤섞으며 조미하여 익히는 조리법은?

① 빠오
② 차오
③ 려우
④ 작

- **빠오** : 재료를 뜨거운 물이나 탕, 기름 등으로 먼저 고온에서 매우 빠른 속도로 솥에서 뒤섞어 열처리를 한 뒤 볶아 내는 방법
- **려우** : 재료를 녹말이나 밀가루 튀김옷을 입혀 기름에 먼저 튀기거나 삶거나 혹은 찌는 방식으로 조리하는 요리
- **작** : 기름을 넉넉히 붓고 센 불에 튀기는 조리

51 레이노드현상이란?

① 손가락의 말초혈관 운동 장애로 일어나는 국소진통증이다.
② 각종 소음으로 일어나는 신경장애 현상이다.
③ 혈액순환 장애로 전신이 곧아지는 현상이다.
④ 소음에 적응을 할 수 없어 발생하는 현상을 총칭하는 것이다.

장시간 진동이 심한 작업환경에서 일하는 경우 발생한다.

52 세계보건기구(WHO) 보건헌장에 의한 건강의 의미로 가장 적합한 것은?

① 질병과 허약의 부재상태를 포함한 육체적으로 완전무결한 상태
② 육체적으로 완전하며 사회적 안녕이 유지되는 상태
③ 단순한 질병이나 허약의 부재상태를 포함한 육체적, 정신적 및 사회적 안녕의 완전한 상태
④ 각 개인의 건강을 제외한 사회적 안녕이 유지되는 상태

건강은 사회적, 정신적, 육체적 세 가지 모두 안녕한 상태를 말한다.

53 검역질병의 검역기간의 그 감염병의 어떤 기간과 동일한가?

① 유행기간
② 최장 잠복기간
③ 이환기간
④ 세대기간

외래 감염병의 국내침입을 막기 위해 정해진 검역질병과 검역기간은 다음과 같다.
- 콜레라 : 120시간, 페스트 : 144시간, 황열 : 144시간

54 생활쓰레기의 품목별 분류 중에서 동물의 사료로 이용 가능한 것은?

① 주개
② 가연성 진개
③ 불연성 진개
④ 재활용성 진개

주개는 주방쓰레기로 음식물쓰레기를 말한다.

55 분변 소독에 가장 적합한 것은?

① 과산화수소
② 알코올
③ 생석회
④ 머큐로크롬

- **과산화수소** : 피부 소독
- **알코올** : 손 소독
- **머큐로크롬** : 상처 소독

56 대기오염 중 2차 오염물질로만 짝지어진 것은?

① 먼지, 탄화수소

② 오존, 알데히드

③ 연무, 일산화탄소

④ 일산화탄소, 이산화탄소

2차 대기오염물질은 대기 중에 배출된 오염물질끼리 반응하여 변질한 것이다.
• 1차 대기오염물질 : 이산화황, 일산화탄소, 이산화질소 등
• 2차 대기오염물질 : 오존, 알데히드

57 돼지고기를 완전히 익히지 않고 먹을 경우 감염될 수 있는 기생충은?

① 아니사키스

② 무구낭미충

③ 선모충

④ 광절열두조충

오답 피하기

• 아니사키스 : 고등어, 오징어, 고래
• 무구낭미충 : 소, 양
• 광절열두조충 : 물벼룩, 연어, 송어

58 복사선의 파장이 가장 크며, 열선이라고 불리는 것은?

① 자외선

② 가시광선

③ 적외선

④ 도르노선(Dorno Ray)

적외선은 지상에 열을 주어 기온이 좌우된다. 적외선의 과다 노출은 일사병과 백내장을 유발한다.

59 병원체가 생활, 증식, 생존을 계속하여 인간에게 전파될 수 있는 상태로 지장되는 곳을 무엇이라 하는가?

① 숙주

② 보균자

③ 환경

④ 병원소

병원소는 사람, 사물, 동물 등이 될 수 있다.

60 광절열두조충의 중간숙주(제1중간숙주 – 제2중간숙주)와 인체 감염 부위는?

① 다슬기 – 가재 – 폐

② 물벼룩 – 연어 – 소장

③ 왜우렁이 – 붕어 – 간

④ 다슬기 – 은어 – 소장

기생충	제1중간숙주	제2중간숙주
간흡충(간디스토마)	왜우렁이	붕어, 잉어
폐흡충(폐디스토마)	다슬기	가재, 게
요꼬가와흡충	다슬기	담수어, 은어, 잉어
광절열두조충(긴촌충)	물벼룩	연어, 송어

해설과 함께 보는 최신 기출문제 01회

일식조리기능사	소요 시간	문항 수
	1시간	총 60문항

수험번호 : _____

성   명 : _____

01 세균성 식중독의 예방 방법으로 적합하지 않은 것은?

① 시설 및 식품을 위생적으로 취급한다.
② 일단 조리한 식품은 빠른 시간 내에 섭취하도록 한다.
③ 식품을 냉동고에 보관할 때는 덩어리째 보관하여 사용 시마다 냉동 및 해동을 반복하여 조리한다.
④ 식기, 도마 등은 세척과 소독을 철저히 한다.

한번 해동한 제품을 재냉동하면 품질이 떨어지고 고유의 향도 떨어지고, 냉동 및 해동을 반복하면 세균이 증식할 수 있다.

02 다음 산화방지제 중 사용제한이 없는 것은?

① L-아스코르빈산나트륨
② 아스코르빅 팔미테이트
③ 디부틸히드록시톨루엔
④ 이디티에이 2 나트륨

항산화제 중 에르소르브산염, L-아스코르브산나트륨은 사용기준이 없다.

03 식품과 독성분의 연결이 틀린 것은?

① 매실 – 베네루핀(Venerupin)
② 섭조개 – 삭시톡신(Saxitoxin)
③ 독버섯 – 무스카린(Muscarine)
④ 독보리 – 테뮬린(Temuline)

베네루핀 : 바지락

04 다음의 균에 의해 식사 후 식중독이 발생했을 경우 평균적으로 가장 빨리 식중독을 유발할 수 있는 원인균은?

① 살모넬라균
② 리스테리아
③ 포도상구균
④ 장구균

포도상구균의 잠복기 : 평균 3시간

오답 피하기

• **살모넬라** : 평균 18시간
• **장구균** : 5 ~ 10시간
• **리스테리아** : 1 ~ 70일

05 부패된 어류에 나타나는 현상은?

① 아가미의 색깔이 선홍색이다.
② 육질은 탄력성이 있다.
③ 눈알이 맑지 않다.
④ 비늘은 광택이 있고, 점액이 별로 없다.

신선한 어류는 눈이 선명하고 튀어나왔으며, 아가미는 선홍색이다.

정답 01③ 02① 03① 04③ 05③

06 식품을 조리 또는 가공할 때 생성되는 유해물질과 그 생성 원인을 잘못 짝지은 것은?

① 엔-니트로소아민 - 육가공품의 발색제 사용으로 인한 아질산과 아민과의 반응 생성물

② 다환방향족탄화수소 - 유기물질을 고온으로 가열할 때 생성되는 단백질이나 지방의 분해생성물

③ 아크릴아미드 - 전분식품을 가열시 아미노산과 당의 열에 의한 결합반응 생성물

④ 헤테로고리아민 - 주류 제조 시 에탄올과 카바밀기의 반응에 의한 생성물

··

헤테로고리아민 : 300℃이상에서 단백질 가열할 때 생성되는 물질이다.

07 보존제에 대한 설명으로 옳은 것은?

① 식품에 발생하는 해충을 사멸시키는 물질

② 식품의 변질 및 부패의 원인이 되는 미생물을 사멸시키거나 증식을 억제하는 작용을 가진 물질

③ 식품 중의 부패세균이나 감염병의 원인균을 사멸시키는 물질

④ 곰팡이의 발육을 억제하는 물질

··

보존제란 식품이 미생물에 의해 변패되는 것을 방지하고 미생물의 증식을 억제하는 작용을 가진 물질을 말한다.

오답 피하기

• **방미제** : 곰팡이 발육을 억제하는 물질
• **방부제** : 부패세균의 발육을 억제하는 물질

08 세균성 식중독의 가장 대표적인 증상은?

① 중추신경마비   ② 급성 위장염
③ 언어 장애   ④ 시력 장애

··

세균성 식중독의 대표적인 증상은 급성 위장염이다.

오답 피하기

세균성 식중독 중 독소형 식중독인 클로스트리디움 보툴리누스 식중독은 특이한 신경증상, 눈의 시력저하, 동공확대, 청각마비, 언어장애를 일으킨다.

09 우리나라 식품위생법에서 정의하는 식품첨가물에 대한 설명으로 옳지 않은 것은?

① 식품의 조리과정에서 첨가되는 양념

② 식품의 가공과정에서 첨가되는 천연물

③ 식품의 제조과정에서 첨가되는 화학적 합성품

④ 식품의 보존과정에서 저장성을 증가시키는 물질

··

식품첨가물 : 식품을 제조·가공 또는 보존하는 과정에서 식품에 넣거나 섞는 물질 또는 식품을 적시는 등에 사용되는 물질을 말한다.

10 식품취급자가 손 씻는 방법으로 적합하지 않은 것은?

① 살균효과를 증대시키기 위해 역성 비누액에 일반 비누액을 섞어 사용한다.

② 팔에서 손으로 씻어 내려온다.

③ 손을 씻은 후 비눗물을 흐르는 물에 충분히 씻는다.

④ 역성비누원액을 몇 방울 손에 받아 30초 이상 문지르고 흐르는 물로 씻는다.

··

일반비누를 먼저 사용하고 역성비누를 나중에 사용하여 살균력을 높인다.

오답 피하기

역성비누는 보통 비누와 함께 사용하면 살균 효과가 떨어지므로 섞어서 쓰지 않도록 주의해야 한다.

11 소분업 판매를 할 수 있는 식품은?

① 전분   ② 식용유지
③ 식초   ④ 빵가루

··

• **식품 소분업** : 식품 또는 식품첨가물의 완제품을 나누어 유통할 목적으로 재포장·판매하는 영업이다.
• 어육제품, 식용유지, 특수용도 식품, 통·병조림 제품, 레토르트 식품, 전분, 장류 및 식초는 소분·판매하여서는 아니 된다.

12 다음 중 식품위생법에 명시된 목적이 아닌 것은?

① 위생상의 위해를 방지

② 건전한 유통 · 판매를 도모

③ 식품영양의 질적 향상을 도모

④ 식품에 관한 올바른 정보를 제공

식품 위생의 목적
- 식품으로 인한 위생상의 위해 사고를 방지한다.
- 식품 영양의 질적 향상을 도모한다.
- 국민 보건의 증진에 이바지한다.

13 집단급식소란 영리를 목적으로 하지 아니하면서 특정다수인에게 계속하여 음식물을 공급하는 기숙사 · 학교 · 병원 그 밖의 후생기관 등의 급식시설로서 1회 몇 인 이상에게 식사를 제공하는 급식소를 말하는가?

① 30명

② 40명

③ 50명

④ 60명

집단급식소 : 1회 50명 이상에게 식사를 제공하는 급식소를 말한다.

14 영업신고를 하여야 하는 업종은?

① 단란주점영업

② 유흥주점영업

③ 일반음식점영업

④ 식품조사처리업

일반음식점은 영업신고를 하여야 한다.

오답 피하기

허가를 받아야 하는 영업 및 허가관청
- **식품조사처리업** : 식품의약품안전처장
- **단란주점영업과유흥주점영업** : 특별자치노인사사 또는 시장 · 군수 · 구청장

15 아미노 카르보닐 반응에 대한 설명 중 틀린 것은?

① 마이야르반응(Maillard Reaction) 이라고도 한다.

② 당의 카르보닐 화합물과 단백질 등의 아미노기가 관여하는 반응이다.

③ 갈색 색소인 캐러멜을 형성하는 반응이다.

④ 비효소적 갈변반응이다.

캐러멜화 : 당류를 180~200℃로 가열하면 생기는 반응이다.

16 꽁치 160g의 단백질량은? (단, 꽁치 100g당 단백질량은 24.9g이다.)

① 28.7g

② 34.6g

③ 39.8g

④ 43.2g

- 꽁치 100g : 단백질 24.9g = 꽁치 160g : 단백질 χg
- 단백질 χg = 160 × 24.9 ÷ 100 = 39.8g

17 찹쌀에 있어 아밀로오스와 아밀로펙틴에 대한 설명으로 옳은 것은?

① 아밀로오스 함량이 더 많다.

② 아밀로오스 함량과 아밀로펙틴의 함량이 거의 같다.

③ 아밀로펙틴으로 이루어져 있다.

④ 아밀로펙틴은 존재하지 않는다.

찹쌀은 100% 아밀로펙틴으로 이루어져 있다.

18 아래의 안토시아닌(Anthocyanin)의 화학적 성질에 대한 설명에서 ( ) 안에 들어갈 내용으로 옳은 것을 순서대로 나열한 것은?

> Anthocyanin은 산성에서는 ( ), 중성에서는 ( ), 알칼리성에서는 ( )을 나타낸다.

① 적색 – 자색 – 청색
② 청색 – 적색 – 자색
③ 노란색 – 파란색 – 검정색
④ 검정색 – 파란색 – 노란색

안토시아닌은 산성에서는 적색, 중성에서는 자색, 알칼리성에서는 청색을 나타낸다.

19 다음 중 천연 항산화제와 거리가 먼 것은?

① 토코페롤
② 스테비아 추출물
③ 플라본 유도체
④ 고시폴

천연 항산화제
• 토코페롤(Tocopherol)
• 플라보노이드(Flavonoid)
• 안토시아닌(Anthocyanin)
• 카테킨류(Catechines)
• 참깨의 리그난(Lignan)

오답 피하기
스테비아 추출물은 설탕보다 400배 단맛이 있는 감미 성분이다.

20 전분의 변화에 대한 설명으로 옳은 것은?

① 호정화란 전분에 물을 넣고 가열시켜 전분입자가 붕괴되고 미셀구조가 파괴되는 것이다.
② 호화란 전분을 묽은 산이나 효소로 가수분해시키거나 수분이 없는 상태에서 160~170℃로 가열하는 것이다.
③ 전분의 노화를 방지하려면 호화전분을 0℃ 이하로 급속 동결시키거나 수분을 15℃ 이하로 감소시킨다.
④ 아밀로오스의 함량이 많은 전분이 아밀로펙틴이 많은 전분보다 노화되기 어렵다.

전분의 노화를 방지하려면 호화전분을 0℃ 이하로 급속 동결시키거나 수분을 15℃ 이하로 감소시킨다.

오답 피하기
① 호정화란 전분에 160℃ 이상의 건열로 가열하면 여러 단계의 가용성 전분을 거쳐 덱스트린으로 분해되는 과정이다.
② 호화란 베타전분(날 것)을 물로 가열하면 분자에 금이 가고 물 분자가 전분으로 들어가서 팽윤한 상태가 되고 점성이 높은 반투명의 콜로이드 상태가 되는 것을 말한다.
④ 아밀로펙틴이 많은 전분이 아밀로오스 함량이 많은 전분보다 노화되기 어렵다.

21 결합수에 대한 설명으로 옳지 않은 것은??

① 용매로 작용한다.
② 100℃로 가열해도 제거되지 않는다.
③ 0℃의 온도에서도 얼지 않는다.
④ 미생물의 번식에 이용되지 못한다.

결합수는 용질에 대하여 용매로 작용하지 않는다.

오답 피하기
자유수는 용매로 작용해서 전해질을 잘 녹인다.

22 다음 중 알칼리성 식품의 성분에 해당하는 것은?

① 유즙의 칼슘(Ca)　　② 생선의 유황(S)
③ 곡류의 염소(Cl)　　④ 육류의 산소(O)

알칼리성 식품 : 우유, 대두, 채소, 해초, 고구마, 감자, 과일, 흑설탕

오답 피하기

산성 식품 : 곡류, 육류, 알류, 치즈, 대두를 제외한 두류, 버터, 어류

23 질긴 부위의 고기를 물속에서 끓일 때 고기가 연하게 되는데, 이에 관여하는 주된 원인 물질은??

① 헤모글로빈　　② 젤라틴
③ 엘라스틴　　④ 미오글로빈

결합조직의 콜라겐이 젤라틴화되면서 조직이 부드러워진다.

24 유지의 신선도를 측정하기 위한 수치는?

① 검화가　　② 산가
③ 요오드가　　④ 아세틸가

• 산가 : 산가란 유지 1g 중에 함유되어 있는 유리지방산을 중화하는 데 필요한 KOH의 mg 수이다.
• 유리지방산의 함량을 측정하여 지방질 식품 품질 지표로 삼고 있다.

오답 피하기

• 검화가 : 유지 1g을 완전히 검화시키는 데 필요한 수산화칼륨(KOH)의 mg 수를 나타내며, 지방산의 분자량에 반비례하므로 이는 지방산 사슬의 장단을 추정하는 척도
• 아세틸가 : 유지 혹은 납에 존재하는 유리된 히드록시기 양의 척도
• 요오드가 : 유지를 구성하고 있는 지방산에 함유된 이중결합의 수
• 아세틸가 : 유지 혹은 납에 존재하는 유리된 히드록시기 양의 척도

25 다음 중 효소가 아닌 것은?

① 말타아제(Maltase)　　② 펩신(Pepsin)
③ 레닌(Rennin)　　④ 유당(Lactose)

유당은 우유의 탄수화물로써 이당류이다.

26 α-Amylase에 대한 설명으로 옳지 않은 것은?

① 전분의 α-1, 4 결합을 가수분해한다.
② 전분으로부터 덱스트린을 형성한다.
③ 발아중인 곡류의 종자에 많이 있다.
④ 당화효소라 한다.

α-Amylase는 액화 효소이다.

오답 피하기

β-Amylase(당화효소) : 맥아당 단위로 가수분해

27 과일잼 가공 시 펙틴은 주로 어떤 역할을 하는가?

① 신맛 증가　　② 구조 형성
③ 향 보존　　④ 색소 보존

과일잼 가공 시 펙틴이 하는 역할은 구조형성에 관여한다.

28 아이코사펜타노익산(EPA:Eicosapentaenoic Acid)과 같은 다가불포화지방산을 많이 함유하고 있는 생선은?

① 고등어　　② 갈치　　③ 조기　　④ 대구

아이코사펜타노익산 : 오메가-3 지방산으로 잘 알려져 있고, 민물송어와 고등어, 멸치, 청어, 정어리, 참치에 함유되어 있다.

29 국이 짜게 되었을 때 국물의 짠맛을 감소시킬 수 있는 방법으로 타당한 것은?

① 달걀흰자를 거품 내어 끓을 때 넣어 준다.
② 잘 저은 젤라틴 용액을 끓은 때 넣어 준다.
③ 2% 설탕물이나 술을 넣어 준다.
④ 건조된 월계수 잎을 끓을 때 넣어 준다.

흰자는 국물의 염도를 흡착시킨다.

오답 피하기

② 젤라틴 용액은 응고시키는 역할을 한다.
④ 냄새 제거를 할 수 있다.

정답 22 ① 23 ② 24 ② 25 ④ 26 ④ 27 ② 28 ① 29 ①

30 다음 동물성 지방의 종류와 급원식품이 잘못 연결된 것은?

① 라드 – 돼지고기의 지방조직
② 우지 – 소고기의 지방조직
③ 마가린 – 우유의 지방
④ DHA – 생선 기름

마가린 : 버터의 대용품으로 식물성유지에 수소를 첨가하고 니켈을 촉매제로 사용하여 결정화시킨 가공유지이다. 이 과정 중에 수소화된 불포화 지방산인 트랜스지방이 발생한다

31 일반적으로 폐기율이 가장 높은 식품은?

① 소고기 ② 계란 ③ 생선 ④ 곡류

생선은 머리와 뼈를 발라내어 버리기 때문에 폐기율이 높다.

32 비린내가 심한 어류의 조리방법으로 옳지 않은 것은?

① 정종이나 포도주를 첨가하여 조리한다.
② 물에 씻을수록 비린내가 많이 나므로 재빨리 씻어 조리한다.
③ 식초와 레몬즙 등의 신맛을 내는 조미료를 사용하여 조리한다.
④ 황화합물을 함유한 마늘, 파 및 양파를 양념으로 첨가하여 조리한다.

비린내의 성분은 트리메틸아민인데, 수용성이므로 물에 씻으면 비린내가 줄어들 수 있다.

33 음식을 제공할 때 온도를 고려해야 한다. 다음 중 맛있게 느끼는 식품의 온도가 가장 높은 것은?

① 전골 ② 국 ③ 커피 ④ 밥

전골, 찌개 : 95℃

오답 피하기

• 탄산음료 : 1~5℃
• 국 : 70℃
• 밥 : 45℃

34 단맛을 내는 조미료에 속하지 않는 것은?

① 올리고당(Oligosaccharide)
② 설탕(Sucrose)
③ 스테비오사이드(Stevioside)
④ 타우린(Taurine)

타우린 : 아미노산의 일종이며, 주된 생리 작용으로 담즙 생성, 콜레스테롤 농도 조절, 이온의 세포막 투과성 조절, 항산화 작용, 과도한 신경 흥분 억제 등이 있다.

35 채소를 데칠 때 뭉그러짐을 방지하기 위한 가장 적당한 소금의 농도는?

① 1% ② 10%
③ 20% ④ 30%

1%의 식염수에 데치면 색이 선명해지고 물러지지 않으며 조직이 파괴되지 않는다.

36 다음 자료에 의해서 총원가를 산출하면 얼마인가?

직접재료비 150,000원
간접재료비 50,000원
직접노무비 100,000원
간접노무비 20,000원
직접경비 5,000원
간접경비 100,000원
판매 및 일반관리비 10,000원

① 435,000원
② 365,000원
③ 265,000원
④ 180,000원

총원가 = 직접경비 + 직접노무비 + 직접재료비 +제조간접비 + 판매관리비

37 일본 요리의 기본 조리법 중 오색에 해당하지 않는 것은?

① 빨간색 ② 청색
③ 검은색 ④ 녹색

오색 : 빨간색, 청색, 흰색, 검은색, 노란색

38 가지절임, 매실절임, 쌀겨절임, 단무지 등의 일본 요리를 무엇이라고 부르는가?

① 아에모노 ② 쓰케모노
③ 스노모노 ④ 스이모노

오답 피하기
• 아에모노 : 무침
• 스노모노 : 초회
• 스이모노 : 맑은국

39 일본 양념 이름이 잘 짝지어진 것은?

① 사 : 설탕 ② 시 : 식초
③ 스 : 소금 ④ 소 : 간장

사	さ : 청주(さけ), 설탕(さとう)
시	し : 소금(しお)
스	す : 식초(す)
세	せ : 간장(しょうゆ)
소	そ : 조미료(ちょうみりょう)

40 어패류에 소금을 넣고 발효 숙성시켜 원료 자체 내 효소의 작용으로 풍미를 내는 식품은?

① 어육소시지 ② 어묵
③ 통조림 ④ 젓갈

어패류에 20% 내외의 소금을 넣어 부패를 억제하면서 미생물의 작용으로 분해, 발효 숙성시켜 젓갈을 만든다.

41 다음의 냉동 방법 중 얼음 결정이 미세하여 조직의 파괴와 단백질 변성이 적어 원상유지가 가능하며 물리적, 화학적, 품질 변화가 적은 것은?

① 침지동결법
② 급속동결법
③ 접촉동결법
④ 공기동결법

식품을 서서히 얼리면 얼음 결정이 크게 되어 조직을 상하게 하므로 품질의 저하를 막기 위해서는 −40℃로 급속동결한다.

42 단체급식에서 생길 수 있는 문제점과 거리가 먼 것은?

① 심리 면에서 가정식에 대한 향수를 느낄 수 있다.
② 비용 면에서 물가 상승 시 재료비가 충분하지 않을 수 있다.
③ 청결하지 않게 관리할 경우 위생상의 사고위험이 있다.
④ 불특정인을 대상으로 하므로 영양관리가 안 된다.

성별, 연령, 노동의 강도에 따라 영양량을 산출하므로 영양관리를 할 수 있다.

43 근육의 주성분이며 면역과 관계가 깊은 영양소는?

① 비타민
② 지질
③ 단백질
④ 무기질

근육을 키우기 위해 단백질을 충분히 섭취하는 것이 좋은데, 이것은 근육의 주성분이 바로 단백질이기 때문이다. 이러한 면역단백질에는 글로불린, 모유의 락토페린 등이 있다.

44 육류, 채소 등 식품을 다지는 기구를 무엇이라고 하는가?

① 쵸퍼(Chopper)
② 슬라이서(Slicer)
③ 야채절단기(Cutter)
④ 필러(Peeler)

• 슬라이서 : 육류, 햄 등을 일정한 두께로 저미는 기구
• 야채절단기 : 야채를 자르는 기구
• 필러 : 당근, 감자, 무 등의 껍질을 벗기는 기구

45 일식 맑은 국물요리의 완다네로 적절한 것은?

① 도미
② 유자
③ 죽순
④ 된장

완다네란 국물요리의 주재료로 대합이나 도미가 쓰인다.

46 일본 된장의 특징에 대한 설명으로 옳지 않은 것은?

① 일본 된장은 콩을 주재료로 하여 소금과 누룩을 첨가하여 빠른 시간에 발효시킨다.
② 염분의 양, 원료의 배합 비율, 숙성 기간 등에 따라 색과 염도가 다르다.
③ 누룩의 종류에 따라 쌀된장, 보리된장, 콩된장으로 구분한다
④ 색에 따라 흰된장, 흑된장 등으로 구분한다.

흰된장, 적된장으로 구분한다.

47 다음 중 젤라틴을 이용하는 음식이 아닌 것은?

① 두부
② 족편
③ 과일젤리
④ 아이스크림

두부는 젤라틴과 관계가 없다.

48 육류조리에 대한 설명으로 옳지 않은 것은?

① 탕 조리 시 찬물에 고기를 넣고 끓여야 추출물이 최대한 용출된다.
② 장조림 조리 시 간장을 처음부터 넣으면 고기가 단단해지고 잘 찢기지 않는다
③ 편육 조리 시 찬물에 넣고 끓여야 잘 익고 고기 맛이 좋다.
④ 불고기용으로는 결합조직이 되도록 적은 부위가 적당하다.

편육 조리 시에는 맛이 물로 용출되지 않도록 끓는 물에 넣고 끓인다.

49 난백의 기포성에 영향을 주는 인자에 대한 설명으로 옳은 것은?

① 난백의 온도가 낮을수록 기포 생성이 용이하다.
② 설탕은 난백의 기포성은 증진되나 안정성이 감소된다.
③ 레몬즙을 넣으면 단백질 정도가 저하되어 기포성이 좋아진다.
④ 물을 40% 첨가하면 기포성은 저하되고 안정성은 증가된다.

신(식초, 레몬즙)에서 기포는 더 잘 일어난다.

① 온도가 높을수록 기포생성이 더 잘된다.
② 설탕, 우유, 기름은 기포의 발생을 저해한다.

정답 44 ① 45 ① 46 ④ 47 ① 48 ③ 49 ③

50 다음 중 기름의 산패가 촉진되는 경우는?

① 밝은 창가에 보관할 때
② 갈색병에 넣어 보관할 때
③ 저온에서 보관할 때
④ 뚜껑을 꼭 막아 보관할 때

유지의 산패에 영향을 끼치는 인자
• 온도가 높을수록 반응 속도가 증가한다.
• 광선 및 자외선은 산패를 촉진한다.
• 수분이 많으면 촉매 작용이 강해진다.
• 금속류는 유지의 산화를 촉진한다.
• 불포화도가 심하면 유지의 산패가 일어난다.

51 상수를 정수하는 일반적인 순서는?

① 침전 → 여과 → 소독
② 예비처리 → 본처리 → 오니처리
③ 예비처리 → 여과처리 → 소독
④ 예비처리 → 침전 → 소독 → 여과

취수 → 도수 → 정수 (침사 → 침전 → 여과 → 소독) → 송수 → 배수 → 급수

오답 피하기

하수도처리과정 : 예비처리 → 본처리 → 오니처리

52 쓰레기 소각처리 시 공중보건상 가장 문제가 되는 것은?

① 대기오염과 다이옥신
② 화재발생
③ 사후 폐기물 발생
④ 높은 열의 발생

소각하는 방법은 가장 위생적인 방법이나 대기오염이 심하고, 처리 비용이 비싸다.

53 병원체가 세균인 감염병은?

① 전염성 감염
② 백일해
③ 폴리오
④ 홍역

병원체가 세균인 감염병에는 디프테리아, 백일해, 결핵, 성홍열, 폐렴, 장티푸스, 파라티푸스, 세균성이질, 콜레라 등이 있다.

오답 피하기

전염성 간염, 폴리오, 홍역의 병원체는 바이러스이다.

54 자외선이 인체에 주는 영향에 대한 설명으로 옳지 않은 것은?

① 살균작용과 피부암을 유발한다.
② 체내에서 비타민 D를 생성시킨다.
③ 피부결핵이나 관절염에 유해하다.
④ 신진대사촉진과 적혈구 생성을 촉진시킨다.

자외선의 도르노선은 인체에 유익한 작용을 하고, 관절염 치료에 효과적이다.

55 심한 설사로 인하여 탈수 증상을 나타내는 감염병은?

① 콜레라
② 백일해
③ 결핵
④ 홍역

수질오염으로 인한 수인성감염병의 증세는 구토, 복통, 설사 등이 있다.

56 포자 형성균의 멸균에 알맞은 소독법은?

① 자비소독법

② 저온소독법

③ 고압증기멸균법

④ 희석법

121℃에서 15~20분간 멸균하는 방법으로 통조림, 고무제품 등을 멸균하는 데 사용한다.

오답 피하기

• 자비소독 : 100℃에서 10~20분간 가열하고 식기, 행주를 소독한다.
• 저온소독법 : 61~65℃에서 30분간 우유의 살균을 하는 저온살균법이 있다.
• 희석법 : 염소, 승홍수, 생석회 등을 물에 희석하여 소독하는 방법이다.

57 다음 중 중간숙주의 단계가 하나인 기생충은?

① 간디스토마

② 폐디스토마

③ 무구조충

④ 광절열두조충

중간숙주의 단계가 하나인 기생충은 무구조충, 유구조충, 선모충 등이 있다.

오답 피하기

간디스토마, 폐디스토마, 광절열두조충은 중간숙주가 두 개이다.

58 굴착, 착암작업 등에서 발생하는 진동으로 인해 발생할 수 있는 직업병은?

① 공업중독

② 잠함병

③ 레이노드병

④ 금속열

레이노드병 : 주로 진동, 스트레스에 대한 작은 동맥혈관의 과반응 수축현상 및 자가 면역계의 이상으로 발병한다.

오답 피하기

• 공업중독 : 납, 수은, 카드뮴 중독 등이 있다.
• 잠함병 : 고압환경에서의 직업병 종류이다.
• 금속열 : 금속증기를 들이마시면 생기는 열이다.

59 병원체가 인체에 침입한 후 지각적, 타각적 임상 증상이 발병할 때까지의 기간은?

① 세대기

② 이환기

③ 잠복기

④ 점염기

감염병의 잠복기

• 잠복기 1주일 이내 : 콜레라, 이질, 성홍열, 파라티푸스, 일본뇌염, 인플루엔자
• 잠복기 1~2주일 : 발진티푸스, 두창, 홍역, 백일해, 장티푸스, 폴리오
• 잠복기 긴 것 : 나병, 결핵

60 채소류로부터 감염되는 기생충은?

① 동양모양선충, 편충

② 회충, 무구조충

③ 십이지장충, 선모충

④ 요충, 유구조충

채소류로부터 감염되는 기생충 : 요충, 십이지장충, 회충, 편충, 동양모양선충 등

오답 피하기

• 유구조충, 선모충 : 돼지
• 무구조충 : 소

일식조리기능사	소요 시간	문항 수
	1시간	총 60문항

수험번호 : _____

성   명 : _____

01 클로스트리디움 보툴리늄의 어떤 균형에 의해 식중독이 발생 될 수 있는가?

① C형   ② D형   ③ E형   ④ G형

몸속에 유익한 균이 감소하거나 유해한 균이 늘어나 장의 균형이 깨질 수 있는데, 클로스트리디움 보툴리늄은 A, B형 그리고 E형이 있다.

02 식품 중에 존재하는 색소단백질과 결합함으로써 식품의 색을 보다 선명하게 하거나 안정화하는 첨가물은?

① 질산나트륨   ② 동클로로필린나트륨
③ 삼이산화철   ④ 이산화티타늄

• **발색제** : 식품 중에 존재하는 색소단백질과 결합함으로써 식품의 색을 보다 선명하게 하거나 안정화하는 첨가물을 발색제라고 한다.
• **발색제의 종류**
 – 아질산나트륨, 질산나트륨, 질산칼륨, 황산제1철 등이 있다.
 – **아질산나트륨** : 식육 제품, 경육 제품, 어육소시지, 명란젓 및 연어알젓 (0.005~0.07g/kg 이하)
 – **질산나트륨** : 식육가공, 고래고기, 어육소시지, 자연치즈(0.05~0.07g/kg 이하)

03 살균이 불충분한 저산성 통조림 식품에 의해 발생되는 세균성 식중독의 원인균은?

① 포도상구균
② 젖산균
③ 클로스트리디움 보툴리늄
④ 병원성 대장균

통조림은 클로스트리디움 보툴리늄 식중독의 원인 식품이 된다.

오답 피하기
• 화농성질환자가 조리할 경우 포도상구균 식중독이 일어날 수 있다.
• 우유나 가정에서 만든 마요네즈는 병원성대장균을 일으킬 수 있다.

04 식품첨가물의 사용 목적과 거리가 먼 것은?

① 식품의 상품가치 향상   ② 영양강화
③ 보존성 향상   ④ 질병의 치료

질병 치료는 식품첨가물 사용목적에 해당되지 않는다.

오답 피하기
식품첨가물의 사용 목적
• 식품의 부패와 변질을 방지한다.
• 기호 및 관능을 만족시키고자 한다.
• 영양을 강화하고자 한다.
• 품질 개량 및 일정기간 유지시킨다.
• 식품 제조에 필요하다.

05 납중독에 대한 설명으로 옳지 않은 것은?

① 대부분 만성중독이다.
② 뼈에 축적되거나 골수에 대해 독성을 나타내므로 혈액장애를 일으킬 수 있다.
③ 손과 발의 각화증 등을 일으킨다.
④ 잇몸의 가장자리가 흑자색으로 착색된다.

납 중독은 중추신경장애, 신장 소화기능장애를 일으킨다.

06 식품의 산패에 관한 설명으로 옳지 않은 것은?

① 식품에 들어있는 지방질이 산화되는 현상이다.
② 맛, 냄새가 변한다.
③ 유지가 가수분해되어 일어나기도 한다.
④ 부패와 반응 기질이 같다.

• **부패** : 단백질 식품이 변패되는 것을 말한다.
• **산패** : 지방질 식품이 변패하는 것을 말한다.

정답 01 ③ 02 ① 03 ③ 04 ④ 05 ③ 06 ④

07 다음 진균독소 중 간암을 일으키는 것은?

① 시트리닌
② 아플라톡신
③ 스포리데스민
④ 에르고톡신

아플라톡신은 곰팡이 유독성분으로 간암을 유발한다.

오답 피하기
• 시트리닌 : 신장독을 일으킨다.
• 에르고톡신 : 맥각 알칼로이드 일종 구토, 설사, 사망을 일으킬 수 있다.

08 조리작업자 및 배식자의 손 소독에 가장 적합한 것은?

① 역성비누
② 생석회
③ 경성세제
④ 승홍수

역성비누는 과일, 야채, 식기 및 손 소독에 이용된다.

오답 피하기
• 생석회 : 변소, 하수도, 진개 등의 오물 소독에 이용된다.
• 경성세제 : 합성세제의 일종으로 분해되기 어려워 하수처리가 곤란하다.
• 승홍수 : 비금속기구 소독에 이용된다.

09 여성이 임신 중에 감염될 경우 유산과 불임을 포함하여 태아에 이상을 유발할 수 있는 인수공통 감염병과 관계되는 기생충은?

① 회충
② 십이지장충
③ 간디스토마
④ 톡소플라스마

톡소플라즈마 : 고양이의 배설물에서 생기는 기생충으로 임신 초기에 감염될 경우 저체중아, 황달을 유발하게 되고 태아의 뇌 석회화가 진행된다.

10 다음 중 식품위생과 관련된 미생물이 아닌 것은?

① 세균
② 곰팡이
③ 효모
④ 기생충

미생물의 종류 : 곰팡이, 효모, 스피로헤타, 세균, 리케차

11 다음 중 조리사 또는 영양사의 면허를 발급받을 수 있는 자는?

① 정신질환자(전문의가 적합하다고 인정하는 자 제외)
② 2군 감염병환자(B형 간염환자 제외)
③ 마약중독자
④ 파산선고자

파산선고자는 조리사 또는 영양사의 면허를 받을 수 있다.

오답 피하기
조리사 결격사유
• 정신질환자
• 감염병환자(B형간염환자는 제외한다.)
• 약물 중독자
• 조리사 면허의 취소처분을 받고 그 취소된 날부터 1년이 지나지 아니한 자

12 영업허가를 받거나 신고를 하지 않아도 되는 경우는?

① 주로 주류를 조리 · 판매하는 영업으로서 손님이 노래를 부르는 행위가 허용되는 영업을 하려는 경우
② 보건복지부령이 정하는 식품 또는 식품첨가물의 완제품을 나누어 유통을 목적으로 재포장 · 판매 하려는 경우
③ 방사선을 쬐어 식품의 보존성을 물리적으로 높이려는 경우
④ 식품첨가물이나 다른 원료를 사용하지 아니하고 농산물을 단순히 껍질을 벗겨 가공하려는 경우

• 허가를 받아야 하는 영업 : 식품조사처리업, 단란주점영업, 유흥주점영업
• 식품첨가물이나 다른 원료를 사용하지 아니하고 농산물을 단순히 껍질을 벗겨 가공하려는 경우는 영업신고를 하지 않아도 된다.

정답 07 ② 08 ① 09 ④ 10 ④ 11 ④ 12 ④

13 다음의 정의에 해당하는 것은?

> 식품의 원료관리, 제조 · 가공 · 조리 · 유통의 모든 과정에서 위해한 물질이 식품에 섞이거나 식품이 오염되는 것을 방지하기 위하여 각 과정을 중점적으로 관리하는 기준

① 위해요소중점관리기준(HACCP)
② 식품 Recall 제도
③ 식품 CODEX 기준
④ ISO 인증 제도

HACCP 시스템에 의한 식품 위생관리는 물론 전제가 되는 시설설비 등의 일반적 위생관리를 실천함으로써 종합적으로 위생관리 할 수 있는 식품의 제조 · 가공 · 조리방법을 의미한다

14 일반음식점영업 중 모범업소를 지정할 수 있는 권한을 가진 자는?

① 시장
② 경찰서장
③ 보건소장
④ 세무서장

모범업소의 지정 : 특별자치도지사 · 시장 · 군수 · 구청장

우수업소의 지정 : 식품의약품안전안전처 또는 특별자치도지사 · 시장 · 군수 · 구청장

15 이번 다시를 만드는 방법으로 옳지 않은 것은?

① 일번 다시를 만들고 난 후의 다시마, 가다랑어포를 재활용한다.
② 약한 불에서 천천히 우려내고 새로운 가다랑어포를 첨가할 수도 있다.
③ 두 번 끓여 일번 다시 보다는 맛과 향이 강하고 진하다.
④ 냄비에 물과 일번 다시를 뽑고 남은 가다랑어포와 다시마를 넣고 끓인다.

일번 다시 보다는 맛과 향이 약하므로 조림이나 된장국 등에 사용할 수 있다.

16 다음 특징이 있는 일본 간장의 종류는?

> • 밝은 적갈색으로서 특유의 향이 있다.
> • 찍어 먹거나 뿌리거나 곁들여 먹는 간장이다.
> • 일본 요리에 가장 많이 쓰이는 간장이다.
> • 염도는 15~18% 정도이다.

① 고이구치 쇼유
② 우스구치 쇼유
③ 타마리 쇼유
④ 나마 쇼유

연한 간장 (우스구치 쇼유)	• 색이 엷고 독특한 냄새가 없다. • 재료가 가지고 있는 색, 맛, 향을 잘 살리는 요리에 이용한다. • 염도가 진간장보다 약 2% 높다.
타마리 간장 (타마리 쇼유)	• 흑색으로서 부드럽고 진하다. • 단맛을 띠고 특유의 향이 있다. • 조림, 구이 요리에 사용하며 깊은 맛과 윤기를 내기도 한다.
생 간장 (나마 쇼유)	• 열을 가하지 않은 간장이다. • 향기, 풍미가 매우 좋다. • 오랜 시간 끓여도 향기가 날아가지 않는 것이 특징이다. • 서늘한 곳이나 냉장고에 보관한다.

17 난황에 함유되어 있는 색소는?

① 클로로필
② 안토시아닌
③ 카로티노이드
④ 플라보노이드

난황의 색소 카로티노이드는 불포화지방산으로부터 보호하는 역할을 한다.

18 영양소와 급원식품이 바르게 연결된 것은?

① 동물성 단백질 – 두부, 쇠고기
② 비타민 A – 당근, 미역
③ 필수지방신 – 대두유, 버티
④ 칼슘 – 우유, 뱅어포

• 미역 : 요오드가 많다.

정답 13 ① 14 ① 15 ③ 16 ① 17 ③ 18 ④

19 생선의 육질이 육류보다 연한 주된 이유는?

① 콜라겐과 엘라스틴의 함량이 적으므로
② 미오신과 액틴의 함량이 많으므로
③ 포화지방산의 함량이 많으므로
④ 미오글로빈 함량이 적으므로

생선 육질이 쇠고기보다 연한 것은 콜라겐(Collagen)의 함량이 적기 때문이다

20 멸치, 새우 등 여러 가지 해산물을 쪄서 말린 것으로 만드는 일식의 맛국물은?

① 이찌반 다시   ② 니반 다시
③ 니보리 다시   ④ 삼배 다시

냄비에 물과 내장을 제거한 멸치, 다시마를 넣고 10시간 정도 상온에서 우려낸다. 센 불에서 끓이다가 끓기 직전에 다시마를 건지고 10분 더 끓인 후 체, 면포에 거른다.

21 클로로필에 대한 설명으로 옳지 않은 것은?

① 산을 가해주면 페오피틴이 생성된다.
② 엽록소 분해효소가 작용하면 클로로필리드가 된다.
③ 수용성 색소이다.
④ 엽록체 안에 들어있다.

클로로필은 지용성색소이다.

22 식품이 나타내는 수증기압이 0.75기압이고, 그 온도에서 순수한 물의 수증기압이 1.5기압일 때 식품의 수분활성도(Aw)는?

① 0.5   ② 0.6
③ 0.7   ④ 0.8

수분활성도(Aw) = $\dfrac{\text{식품이 나타내는 수증기압}(P)}{\text{순수한 물의 최대수증기압}(P_0)}$

$= \dfrac{0.75}{1.5} = 0.5$

23 아이스크림 제조 시 사용되는 안정제는?

① 전화당   ② 바닐라
③ 레시틴   ④ 젤라틴

젤라틴 : 젤리, 아이스크림, 푸딩의 제조에 사용된다.

24 장기간의 식품보존방법과 가장 관계가 먼 것은?

① 소금절임(염장)
② 건조
③ 설탕절임(당장)
④ 찜요리

장기간 식품보존방법(미생물관리에 의한 식품보존법)
• 물리적 처리에 의한 보존법 : 건조법, 냉각법, 가열살균법, 조사살균법
• 발효처리에 의한 보존법 : 발효식품, 절임식품, 곰팡이 발육식품
• 화학적 처리에 의한 저장법 : 염장법, 당장법, 산저장, 화학물질첨가
• 종합적 처리에 의한 보존 : 훈연법

25 생강을 식초에 절이면 적색으로 변하는데 이 현상에 관계되는 물질은?

① 안토시안   ② 세사몰
③ 진제론   ④ 아밀라아제

생강을 식초에 절이면 적색으로 변하는데 안토시안 색소 때문이다.

26 생선의 신선도가 저하될 때 나타나는 현상이 아닌 것은?

① 근육이 뼈에 밀착되어 잘 떨어지지 않는다.
② 아민류가 많이 생성된다.
③ 어육이 약알칼리성이다.
④ 복부가 물렁하고 부드럽다.

생선은 신선할 때 근육이 뼈에 밀착되어 잘 떨어지지 않는다.

27 한천에 대한 설명으로 옳지 않은 것은?

① 겔은 고온에서 잘 견디므로 안정제로 사용된다.
② 홍조류의 세포벽 성분인 점질성의 복합다당류를 추출하여 만든다.
③ 30℃부근에서 굳어져 겔화된다.
④ 일단 겔화되면 100℃이하에서는 녹지 않는다.

한천의 용해온도는 80~100℃이고 겔화되더라도 다시 녹일 수 있다.

28 곡물을 이용해 발효시킨 식초로 향이 좋고 맛이 순하며 가열해도 쉽게 풍미가 날아가지 않는 특징이 있는 식초의 종류는?

① 합성 식초
② 양조 식초
③ 두배 식초
④ 발사믹 식초

합성 식초 : 인위적으로 합성한 초산에 물을 섞은 식초로 강하고 자극적인 냄새와 맛을 가지고 있으며 떫은맛이 입안에 남고 가열하면 향미는 날아가고 신맛만 남는 특징이 있다.

29 일본 조림의 특징에 대한 설명으로 옳지 않은 것은?

① 관동 지방은 국물이 넉넉하고 싱거우며, 관서 지방은 국물이 적고 진하다.
② 단단한 재료는 연하게, 연한 재료는 으깨지지 않게 조리해야 한다.
③ 조림은 자연적인 맛을 살려가면서 간을 내는 것이 중요하다.
④ 삶거나 찌거나 튀긴 요리를 조리하기 때문에 응용 요리라고 한다.

관동 지방은 국물이 적고 진하며, 관서 지방은 국물이 많고 담백하다.

30 밥을 씻어 다시를 부어 끓이고 밥알의 형태가 있게 만든 죽은?

① 오카유
② 조우스이
③ 오차즈케
④ 히야시차즈케

오카유(粥 : おかゆ) : 쌀을 씻어 물 또는 다시를 부어 주어 끓이므로 쌀 중량의 10배 정도의 물을 넣는다.

31 육류를 저온숙성(Aging)할 때 적합한 습도와 온도 범위는?

① 습도 85~90%, 온도1~3℃
② 습도 70~85%, 온도10~15℃
③ 습도 65~70%, 온도10~15℃
④ 습도 55~60%, 온도15~21℃

저온숙성(냉장숙성)의 습도와 온도 : 85~100%, 온도 0~3℃에서 6~11일간 숙성한다.

고온숙성(지연냉장) : 10~20℃ 온도에서 도살 후 10시간까지 숙성한다.

32 식품감별 중 아가미 색깔이 선홍색인 생선은?

① 부패한 생선
② 초기 부패의 생선
③ 점액이 많은 생선
④ 신선한 생선

신선한 어류의 감별
• 눈이 선명하고 아가미는 선홍색으로 닫혀있어야 한다.
• 비늘에 광택이 있고 안구가 돌출된 것이 신선하다.
• 연하고 탄력이 있다.
• 색이 선명하다.
• 물에 가라앉는다.
• 뼈에 잘 밀착된 육질을 가진다.

정답 27 ④ 28 ② 29 ① 30 ② 31 ① 32 ④

33 100인분의 멸치조림에 소요된 재료의 양이리면 총 재료비는 얼마인가?

재료	사용 재료량(g)	1kg 단가(원)
멸치	1,000	10,000
풋고추	2,000	7,000
기름	100	2,000
간장	100	2,000
깨소금	100	5,000

① 17,900원
② 24,900원
③ 26,000원
④ 33,000원

사용재료량을 kg의 단가에 맞게 kg으로 단위를 바꾸고 계산한다.
(1×10,000) + (2×7,000) + (0.1×2,000) + (0.1×2,000) + (0.1×5,000) = 24,900원

34 녹색채소를 데칠 때 소다를 넣을 경우 나타나는 현상이 아닌 것은?

① 채소의 질감이 유지된다.
② 채소의 색을 푸르게 고정시킨다.
③ 비타민 C가 파괴된다.
④ 채소의 섬유질을 연화시킨다.

녹색 채소를 데칠 때 소다를 넣을 경우 채소의 질감이 물러진다.

35 고구마 가열 시 단맛이 증가하는 이유는?

① Protease가 활성화되어서
② Sucrase가 활성화되어서
③ α-Amylase가 활성화되어서
④ β-Amylase가 활성화되어서

고구마의 전분이 β-Amylase에 의하여 맥아당으로 전환되면서 단맛이 증가한다. 이 효소는 55℃가 최적 온도이다.

36 냉동육에 대한 설명으로 옳지 않은 것은?

① 냉동육은 일단 해동 후에는 다시 냉동하지 않는 것이 좋다.
② 냉동육의 해동 방법에는 여러 가지가 있으나 냉장고에서 해동하는 것이 좋다.
③ 냉동육은 해동 후 조리하는 것이 조리시간을 단축시킬 수 있다.
④ 냉동육은 신선한 고기보다 더 좋은 맛과 질감을 갖는다.

냉장육에 대한 설명이다.

37 영양소에 대한 설명으로 옳지 않은 것은?

① 영양소는 식품의 성분으로 생명현상과 건강을 유지하는데 필요한 요소이다.
② 건강이라 함은 신체적, 정신적, 사회적으로 건전한 상태를 말한다.
③ 물은 체조직 구성요소로서 보통 성인체중의 2/3를 차지하고 있다.
④ 조절소란 열량을 내는 무기질과 비타민을 말한다.

열량소 : 열량을 내는 단백질, 탄수화물, 지방을 말한다.

오답 피하기

조절소 : 열량(에너지)를 내지는 않지만, 생리적작용을 조절하는 영양소로써 무기질, 비타민, 물이 여기에 해당한다.

38 다시물, 간장, 식초를 동량으로 잘 혼합한 혼합초로 싱싱한 해산물, 채소, 해초류에 쓰이는 양념은?

① 배합초　　　　② 폰즈
③ 일배초　　　　④ 삼배초

이배초 (니바이즈)	• 다시 물 1.3, 식초 1, 간장 1을 살짝 끓여 식혀 사용 • 해산물 초무침, 생선 구이
삼배초 (삼바이스)	• 다시 물 3, 식초 2, 간장 1, 설탕 1을 살짝 끓여 식혀 사용 • 익힌 해산물, 채소, 해초류
폰즈	• 다시 물 1, 간장 1, 식초 1을 잘 혼합 • 싱싱한 해산물, 채소, 해초류
배합초	• 식초 3, 설탕 2, 소금 1/2을 잘 혼합하거나 살짝 끓여 사용 • 초밥용
덴 다시	• 다시 물 4, 진간장 1, 청주 1/2, 설탕 1/2을 살짝 끓여 사용 • 튀김용

39 유지를 가열할 때 유지 표면에서 엷은 푸른 연기가 나기 시작할 때의 온도는?

① 팽창점　　　　② 연화점
③ 용해점　　　　④ 발연점

....
• **발연점** : 유지를 가열할 때 표면에서 푸른 연기가 발생할 때의 온도를 발연점이라고 한다.
• **아크롤레인** : 발연점에 도달한 경우는 청백색의 연기와 자극적인 냄새가 나는데 이것은 아크롤레인이 생성되기 때문이다.

40 어류의 신선도에 대한 설명으로 옳지 않은 것은?

① 어류는 사후경직 전 또는 경직 중이 신선하다.
② 경직이 풀려야 탄력이 있어 신선하다.
③ 신선한 어류는 살이 딘딘하고 비린내가 적다.
④ 신선도가 떨어지면 조림이나 튀김조리가 좋다.

....
경직이 풀리면서 탄력과 신선도가 저하된다.

41 다음은 한 급식소에서 한 달 동안 참기름을 구입한 내역이며, 월말의 재고는 7개이다. 선입선출법에 의하여 재고자산을 평가하면 얼마인가?

날짜	구입량(병)	단가(원)
11월 1일	10	5,300
11월 10일	15	5,700
11월 20일	5	5,500
11월 30일	5	5,000

① 32,000원　　　　② 34,000원
③ 36,000원　　　　④ 38,000원

....
• 선입선출법은 구입순서에 따라 먼저 구입한 재료를 나중에 입고된 품목들보다 먼저 사용한 것이므로 7개의 재고는 11월 30일의 5병, 20일의 2병이 남은 것이다.
• (5 × 5,000) + (2 × 5,500) = 36,000원

42 식품의 계량방법으로 옳은 것은?

① 흑설탕은 계량컵에 살살 퍼 담은 후, 수평으로 깍아서 계량한다.
② 밀가루는 체에 친 후 눌러 담아 수평으로 깍아서 계량한다.
③ 조청, 기름, 꿀과 같이 점성이 높은 식품은 분할된 컵으로 계량한다.
④ 고체지방은 냉장고에서 꺼내어 액체화한 후, 계량컵에 담아 계량한다.

....
오답 피하기
• 흑설탕은 꼭꼭 눌러서 잰다.
• 밀가루는 체로 쳐서 누르지 않고 수북하게 담아 흔들지 말고 편편하게 깎아 측정한다.
• 버터, 마가린 등 지방은 저울로 계량하는 것이 바람직하나, 컵이나 스푼으로 계량할 때는 실온에서 계량컵에 꼭꼭 눌러 담아 깎아서 계량한다.

43 다음 중 한천을 이용한 조리 시 겔 강도를 증가시킬 수 있는 성분은?

① 설탕　　② 과즙　　③ 지방　　④ 수분

- 설탕의 첨가량이 많으면 겔의 강도가 높아진다.
- 산과 우유는 겔의 강도를 약하게 한다.

44 제품의 제조수량 증감에 관계없이 매월 일정액이 발생하는 원가는?

① 고정비　② 비례비　③ 변동비　④ 체감비

고정비 : 일정한 기간 동안 조업도의 변동에 관계없이 항상 일정액으로 발생하는 원가로 감가상각비, 노무비, 보험료, 제세공과 등 포함된다.

45 다음 중 발연점이 가장 높은 것은?

① 옥수수유　　　　② 들기름
③ 참기름　　　　　④ 올리브유

유지의 발연점 : 포도씨유 250℃, 옥수수유 240℃, 버터 208℃, 라드 190℃, 올리브유 175℃

46 급식대상별로 분류한 단체급식 중 산업체 급식에 대한 설명으로 옳은 것은?

① 가정적인 식사 분위기로 식욕을 충족시키고 피급식자의 정신·위생면에 기여한다.
② 피급식자의 심신 발달과 식습관지도로 국민 식생활개선과 국가 식량정책에 기여한다.
③ 적절한 식사를 제공하여 질병의 치유와 병상 회복 촉진을 도모한다.
④ 종업원의 건강증진에 도움을 주어 생산의욕과 직업에 대한 능률을 높인다.

- 연령, 성별, 노동 정도에 따라 적정한 영양이 급식되므로 영양필요량을 충족시킨다.
- 동일한 장소와 식사를 하므로 동료 간 대화를 통해 원만한 인간 형성을 이룬다.

47 주방의 바닥조건으로 옳은 것은?

① 산이나 알칼리에 약하고 습기, 열에 강해야 한다.
② 바닥전체의 물매는 1/20 이 적당하다.
③ 조리작업을 드라이 시스템화 할 경우의 물매는 1/100 정도가 적당하다.
④ 고무타일, 합성수지타일 등이 잘 미끄러지지 않으므로 적합하다.

바닥과 바닥으로부터 1m까지의 물청소가 용이한 내수성 자재를 사용한다.

오답 피하기

- 미끄럽지 않고 산, 염, 유기용액에 강해야 한다.
- 배수를 위해 물매는 1/100 이상으로 한다.

48 튀김요리 시 튀김냄비 내의 기름 온도를 측정하려고 할 때 온도계를 꽂는 위치로 가장 적합한 것은?

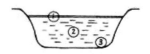

① ①의 위치
② ②의 위치
③ ③ 의 위치
④ 어느 곳이든 좋다.

튀김냄비의 기름온도를 측정할 때 온도계는 기름 중앙에 꽂고 잰다.

49 어떤 음식의 직접원가는 500원, 제조원가는 800원, 총원가는 1,000원이다. 이 음식의 판매관리비는?

① 200원　　　　　② 300원
③ 400원　　　　　④ 500원

- 총원가 = 제조원가 + 판매관리비
- 판매관리비 = 총원가 - 제조원가 = 1,000원 - 800원 = 200원

정답 43 ① 44 ① 45 ① 46 ④ 47 ④ 48 ② 49 ①

50 전분을 주재료로 이용하여 만든 음식이 아닌 것은?

① 도토리묵
② 크림스프
③ 두부
④ 죽

두부의 주재료는 콩이며, 단백질이 주성분이다.

51 다음 중 회복기보균자에 대한 설명으로 옳은 것은?

① 병원체에 감염되어 있지만 임상 증상이 아직 나타나지 않은 상태의 사람
② 병원체를 몸에 지니고 있으나 겉으로는 증상이 나타나지 않는 건강한 사람
③ 질병의 임상 증상이 회복되는 시기에도 여전히 병원체를 지닌 사람
④ 몸에 세균 등 병원체를 오랫동안 보유하고 있으면서 자신은 병의 증상을 나타내지 아니하고 다른 사람에게 옮기는 사람

회복기 보균자 : 질병의 임상 증상이 회복되는 시기에도 여전히 병원체를 지닌 사람을 말한다.

52 음료수의 오염과 가장 관계 깊은 감염병은?

① 홍역
② 백일해
③ 발진티푸스
④ 장티푸스

수인성감염병에는 장티푸스, 파라티푸스, 콜레라, 세균성 이질, 아메바성 이질, 전염성 설사 등이 있다.

53 의료급여의 수급권자에 해당하지 않는 자는?

① 6개월 미만의 실업자
② 국민기초생활 보장법에 의한 수급자
③ 재해구호법에 의한 이재민
④ 생활유지의 능력이 없거나 생활이 어려운 자로서 대통령령이 정하는 자

실업자는 수급권자에 해당되지 않는다.

54 일광 중 가장 강한 살균력을 가지고 있는 자외선 파장은?

① $1,000 \sim 1,800 \text{Å}$
② $1,800 \sim 2,300 \text{Å}$
③ $2,300 \sim 2,600 \text{Å}$
④ $2,600 \sim 2,800 \text{Å}$

자외선은 $2600 \sim 2800 \text{Å}$ 에서 살균력이 강해서, 소독에 이용된다.

55 급속사여과법에 대한 설명으로 옳은 것은?

① 보통 침전법을 한다.
② 사면대치를 한다.
③ 역류세척을 한다.
④ 넓은 면적이 필요하다.

완속사여과법	급속사여과법
사면대치	역류세척
보통침전	약품침전
넓은 면적이 필요하다.	좁은 면적이 필요하다.

56 질산염이나 인물질 등이 증가해서 오는 수질오염 현상은?

① 수온상승현상
② 수인성 병원체 증가 현상
③ 부영양화 현상
④ 난분해물 축적 현상

질산염이나 인물질의 증가는 부영양화 현상으로 미생물수가 급격히 증가해 용존산소량이 감소하므로 생물이 살기 힘들어진다.

57 공기 중에 일산화탄소가 많으면 중독을 일으키게 되는데 중독 증상의 주된 원인은?

① 근육의 경직
② 조직세포의 산소부족
③ 혈압의 상승
④ 간세포의 섬유화

혈액 속의 헤모글로빈(Hb)과의 친화력이 산소보다 250~300배 강하여 조직 내 산소 결핍증을 초래한다.

58 다음 기생충 중 돌고래의 기생충인 것은?

① 유극악구충
② 유구조충
③ 아니사키스충
④ 선모충

아니사키스충은 갑각류나 바다생선에 기생한다.

오답 피하기
• 유극악구충의 제1중간숙주는 담수어, 제2중간숙주는 척추동물이다.
• 유구조충. 선모충은 돼지에 기생한다.

59 구충의 감염예방과 관계가 없는 것은?

① 분변 비료 사용금지
② 밭에서 맨발 작업금지
③ 청정채소의 장려
④ 모기에 물리지 않도록 주의

구충의 예방법
• 육류나 어패류를 날 것으로 먹지 않는다.
• 야채류는 희석시킨 중성세제로 세척 후 흐르는 물에 5회 이상 씻는다.
• 조리 기구를 잘 소독한다.
• 개인위생 관리를 철저히 한다.
• 인분뇨를 사용하지 않고 화학비료를 사용하여 재배한다.

60 자외선에 대한 설명으로 옳지 않은 것은?

① 가시광선보다 짧은 파장이다.
② 피부의 홍반 및 색소 침착을 일으킨다.
③ 인체 내 비타민 D를 형성하게 하여 구루병을 예방한다.
④ 고열물체의 복사열을 운반하므로 열선이라고도 하며, 피부온도의 상승을 일으킨다.

적외선 : 고열물체의 복사열을 운반하므로 열선이라고도 하며, 피부온도의 상승을 일으킨다.

일식조리기능사	소요 시간	문항 수
	1시간	총 60문항

01 밀폐된 포장식품 중에서 식중독이 발생했다면 주로 어떤 균에 의해서인가?

① 살모넬라균
② 대장균
③ 아리조나균
④ 클로스트리디움 보툴리늄균

클로스트리디움 보툴리늄 식중독은 통조림 식품(밀폐된 포장식품)등에 기인한다.

오답 피하기

• 살모넬라 : 어패류, 난류, 육류, 채소, 샐러드
• 병원성대장균 : 우유, 가정에서 만든 마요네즈
• 아리조나균 : 조류

02 독성분인 테트로도톡신(Tetrodotoxin)을 가지고 있는 것은?

① 조개   ② 버섯
③ 복어   ④ 감자

복어의 독성물질은 테트로도톡신이다.

03 쌀뜨물 같은 설사를 유발하는 경구감염병의 원인균은?

① 살모넬라균   ② 포도상구균
③ 장염 비브리오균   ④ 콜레라균

콜레라 : 심한설사와 구토를 동반하고, 쌀뜨물 같은 설사를 유발한다.

오답 피하기

• 살모넬라 : 두통, 복통, 설사를 유발한다.
• 포도상구균 : 급성위장염을 유발한다.
• 장염비브리오 : 설사, 복통, 구토 증상을 일으킨다.

04 HACCP에 대한 설명으로 옳지 않은 것은?

① 어떤 위해를 미리 예측하여 그 위해요인을 사전에 파악하는 것이다.
② 위해 방지를 위한 사전 예방적 식품안전관리 체계를 말한다.
③ 미국, 일본, 유럽연합, 국제기구(Codex, WHO) 등 에서도 모든 식품에 HACCP을 적용할 것을 권장하고 있다.
④ HACCP 12절차의 첫 번째 단계는 위해요소 분석이다.

HACCP 12절차의 첫 번째 단계는 HACCP 팀 구성이다.

오답 피하기

위해요소 분석은 HACCP 7원칙의 첫 번째 단계이다.

05 집단 식중독 발생 시 처치사항으로 옳지 않은 것은?

① 원인식을 조사한다.
② 구토물 등의 원인균 검출에 필요하므로 버리지 않는다.
③ 해당 기관에 즉시 신고한다.
④ 소화제를 복용시킨다.

집단 식중독과 소화제 복용은 전혀 무관하다.

오답 피하기

식중독 발생 시 진단의사는 반드시 시장·군수·구청장에게 보고한다.

정답 01④ 02③ 03④ 04④ 05④

06 노로바이러스 식중독의 예방 및 확산방지 방법으로 옳지 않은 것은?

① 오염지역에서 채취한 어패류는 85℃에서 1분 이상 가열하여 섭취한다.
② 항바이러스 백신을 접종한다.
③ 오염이 의심되는 지하수의 사용을 자제한다
④ 가열 조리한 음식물은 맨손으로 만지지 않도록 한다.

바이러스 식중독은 2차 감염으로 인해 대형 식중독을 유발할 가능성이 높다.

오답 피하기

항바이러스 백신 접종으로 예방할 수 없다.

07 다음 중 식품첨가물과 주요용도를 바르게 연결한 것은?

① 안식향산 – 착색제
② 토코페롤 – 표백제
③ 질소나트륨 – 산화방지제
④ 피로인산칼륨 – 품질개량제

• **피로인산칼륨** : 무백색의 결정 또는 백색의 결정성 분말로 무수물은 백색의 분말. 입상 또는 덩어리인 피로인산염류 품질개량제이다

오답 피하기

• **안식향산** : 보존제
• **토코페롤** : 항산화제
• **질소나트륨(질산나트륨)** : 발색제

08 영양 요구성으로 유기물이 없으면 생육하지 않는 종류의 균은?

① 무기영양균
② 자력영양균
③ 종속영양균
④ 독립영양균

종속영양균 : 생육에 있어 다른 생물이 만든 유기화합물을 필수로 하는 미생물이다.

09 키드뮴이나 수은 등의 중금속 오염 가능성이 가장 큰 식품은?

① 육류
② 어패류
③ 식용유
④ 통조림

카드뮴이나 수은은 어패류에 축적되어 섭취하는 경우에 기인한다.

10 섭조개 속에 들어있으며 특히 신경계통의 마비증상을 일으키는 독성분은?

① 무스카린
② 시큐톡신
③ 베네루핀
④ 삭시톡신

삭시톡신 : 섭조개 속에 들어있는 독성분으로, 마비증상을 일으키거나 사망할 수도 있으며, 끓여도 파괴되지 않는다.

11 식품위생법규상 우수업소의 지정기준으로 옳지 않은 것은?

① 건물은 작업에 필요한 공간을 확보하여야 하며, 환기가 잘 되어야 한다.
② 원료처리실 · 제조가공실 · 포장실 등 작업장은 분리 · 구획되어야 한다.
③ 작업장 · 냉장시설 · 냉동시설 등에는 온도를 측정 할 수 있는 계기가 눈에 잘 보이지 않는 곳에 설치되어야 한다.
④ 작업장의 바닥 · 내벽 및 천장은 내수처리를 하여야 하며, 항상 청결하게 관리되어야 한다.

위생관리 상태 등이 우수한 식품 등의 제조 · 가공업소, 식품접객업소 또는 집단급식소를 우수업소 또는 모범업소로 지정할 수 있다.

12 쇠고기 등급에서 육질등급의 판단 기준이 아닌 것은?

① 등지방 두께　　② 근내지방도
③ 육색　　　　　④ 지방색

등지방 두께는 육량등급의 판단기준이다.

오답 피하기
- 육질등급 : 근내지방도, 육색, 지방색, 조직감, 성숙도에 따라 육질등급을 매긴다.
- 육량등급 : 등지방두께, 배최장근단면적, 도체의 중량을 측정하여 산정된 육량지수에 따라 육량등급을 매긴다.

13 유화(Emulsion)로 형성된 식품이 아닌 것은?

① 우유　　　　　② 마요네즈
③ 주스　　　　　④ 잣죽

유화는 서로 잘 섞이지 않는 액체를 분리되지 않게 만든 것이다. 우유, 마요네즈, 잣죽에는 지방의 성분이 있는데 지방은 물과 잘 섞이지 않는 성질을 갖고 있다.

14 식품위생법상 기구로 분류되지 않는 것은?

① 도마　　　　　② 수저
③ 탈곡기　　　　④ 도시락 통

탈곡기는 식품위생법상 기구가 아니다.

오답 피하기
기구
- 식품 또는 식품첨가물에 직접 닿는 기계 · 기구나 그 밖의 물건을 말한다.
- 음식을 먹을 때 사용하거나 담는 것이다.
- 식품 또는 식품첨가물을 채취 · 제조 · 가공 · 조리 · 저장 · 소분 · 운반 · 진열할 때 사용하는 것이다.

15 식품 등의 표시기준상 열량표시에서 몇 kcal 미만을 '0'으로 표시할 수 있는가?

① 2kcal　　　　② 5kcal
③ 7kcal　　　　④10kcal

열량의 단위는 킬로칼로리(kcal)로 표시하되, 그 값을 그대로 표시하거나 그 값에 가장 가까운 5kcal 단위로 표시하여야 한다. 이 경우 5kcal 미만은 '0'으로 표시할 수 있다.

16 다음 중 가열조리에 의해 가장 파괴되기 쉬운 비타민은?

① 비타민 C　　　② 비타민 B
③ 비타민 A　　　④ 비타민 D

가열조리에 의해 가장 파괴되기 쉬운 비타민은 비타민 C이며 알칼리에 약하고 산화, 열에 불안정하다.

17 온도가 미각에 영향을 미치는 현상에 대한 설명으로 옳지 않은 것은?

① 온도가 상승함에 따라 단맛에 대한 반응이 증가한다.
② 쓴맛은 온도가 높을수록 강하게 느껴진다.
③ 신맛은 온도 변화에 거의 영향을 받지 않는다.
④ 짠맛은 온도가 높을수록 최소 감량이 늘어난다.

쓴맛은 30~40℃일 때 잘 느낀다.

18 일반적인 잼의 설탕 함량은?

① 15~25%　　　② 35~45%
③ 60~70%　　　④ 90~100%

펙틴 0.7% 이상, 당 50~75%, pH 2.8~3.2에서 잼이 형성된다.

19 우유 100g 중에 당질 5g, 단백질 3.5g, 지방 3.7g 이 함유되어 있다면 이때 얻어지는 열량은?

① 약 47kcal　　　② 약 67kcal
③ 약 87kcal　　　④ 약 107kcal

- 1g당 단백질과 탄수화물은 4kcal이고, 지방은 9kcal을 낸다.
- (5g + 3.5g) × 4cal + (3.7g × 9kcal) = 67.3kcal

정답 12 ① 13 ③ 14 ③ 15 ② 16 ① 17 ② 18 ③ 19 ②

20 다시마만을 이용한 맛국물을 내는 방법으로 잘못된 것은?

① 다시마는 마른 면포나 행주로 살짝 닦아 육수를 끓인다.

② 다시마를 찬물에 담가 수 시간 동안 우린 후 사용한다.

③ 다시마를 찬물에 넣어 강한 불로 끓이다가 약 90℃에 불을 끈다.

④ 다시마를 넣고 팔팔 끓이게 되면 알긴산이 나와 국물이 탁해지고 감칠맛이 감소된다.

다시마는 약한 불로 천천히 맛국물을 낸다.

21 ( )에 알맞은 용어가 순서대로 나열된 것은?

당면은 감자, 고구마, 녹두 가루에 첨가물을 혼합, 성형하여 ( )한 후 건조, 냉각하여 ( )시킨 것으로 반드시 열을 가해 ( )하여 먹는다.

① α화 − β화 − α화

② α화 − α화 − β화

③ β화 − β화 − α화

④ β화 − α화 − β화

당면은 감자, 고구마, 녹두 가루에 첨가물을 혼합, 성형하여 (α화)한 후 건조, 냉각하여 (β화)시킨 것으로 반드시 열을 가해 (α화)하여 먹는다.

22 단백질의 특성에 대한 설명으로 옳지 않은 것은?

① C, H, O, N, S, P 등의 원소로 이루어져 있다.

② 단백질은 뷰렛에 의한 정색반응을 나타내지 않는다.

③ 조단백질은 일반적으로 질소의 양에 6.25를 곱한 값이다.

④ 아미노산은 분자 중에 아미노기와 카르복실기를 갖는다.

뷰렛반응 : 단백질을 검출하는 반응으로, 뷰렛용액을 사용하는데 단백질이 있으면 청자색(보라색)으로 변한다.

23 어패류의 주된 비린 냄새 성분은?

① 아세트알데히드(Acetaldehyde)

② 부티르산(Butyric Acid)

③ 트리메틸아민(Trimethylamine)

④ 트리메틸아민 옥사이드(Trimethylamine Oxide)

트리메틸아민(TMA) : 생선 비린내를 내는 식품의 특수 성분으로 수용성이며, 어패류의 신선도 검사에 이용된다.

24 샌드위치를 만들고 남은 식빵을 냉장고에 보관할 때 식빵이 딱딱해지는 원인물질과 그 현상은?

① 단백질 − 젤화

② 지방 − 산화

③ 전분 − 노화

④ 전분 − 호화

전분이 노화되기 쉬운 조건
• 전분이 30~60%일 때
• 온도가 0~5℃일 때
• 전분 분자 중 아밀로오스의 함량이 많을수록

25 일식에서 요리에 첨가하는 향신료나 양념으로 식욕을 증진시키는 역할을 하는 양념을 말하는 용어는?

① 유즈코쇼

② 폰즈

③ 오로시

④ 야쿠미

오답 피하기

유즈코쇼 : 유자와 고추를 간 양념
폰즈 : 다시물, 간장, 식초의 혼합된 양념
오로시 : 무즙

<u>정답</u> 20 ③ 21 ① 22 ② 23 ③ 24 ③ 25 ④

26 일식 찜 요리에 관한 설명으로 옳지 않은 것은?

① 흰살 생선은 생으로 먹을 수도 있으므로 살짝 데친 정도로만 찜을 하면 된다.
② 대합, 중합은 입을 딱 벌리면 완성된 것이다.
③ 채소류는 살짝 데쳐 이물질을 제거하고 푹 익혀 부드럽게 하여야 소화가 잘된다.
④ 직접 가열하는 조리법에 비교하면 가열 시간이 오래 걸리는 단점이 있다.

채소류는 색과 씹히는 맛을 중요시하므로 아삭할 정도로 살짝 익힌다.

27 인산을 함유하는 복합지방질로서 유화제로 사용되는 것은?

① 레시틴
② 글리세롤
③ 스테롤
④ 글리콜

레시틴 : 인산을 함유하는 복합지방질로서 유화제로 사용된다.

28 건성유에 대한 설명으로 옳은 것은?

① 고도의 불포화지방산 함량이 많은 기름이다.
② 포화지방산 함량이 많은 기름이다.
③ 공기 중에 방치해도 피막이 형성되지 않은 기름이다.
④ 대표적인 건성유는 올리브유와 낙화생유가 있다.

건성유 : 불포화도가 높은 지방산이 다량 함유된 것이다.

오답 피하기
• 공기 중에 방치하면 굳는다.
• 올리브유와 낙화생유는 불건성유이다.
• 아마인유, 호두유, 들깨유, 잣유가 건성유에 속한다.

29 초밥용 밥에 대한 설명으로 옳지 않은 것은?

① 배합초를 첨가하여야 하기 때문에 평상시보다 약간 되게 지어야 좋다.
② 초밥용 쌀은 묵은쌀보다는 햅쌀이 좋다.
③ 쌀은 가능하면 현미 상태로 서늘한 곳 또는 냉장 보관하고 사용 직전에 도정한다.
④ 고시히카리 품종이 전분의 구조가 단단하고 밥을 지었을 때 풍미가 있고 수분의 흡수성이 좋기 때문에 주로 이용된다.

초밥용 쌀은 햅쌀보다는 묵은쌀이 좋다. 그 이유는 햅쌀은 전분이 굳어지지 않고 남아 있어 배합초를 뿌렸을 때 흡수율이 낮아 겉의 수분으로 인하여 질퍽한 밥이 되기 때문이다.

30 달걀 저장 중에 일어나는 변화로 옳은 것은?

① pH 저하   ② 중량 감소
③ 난황계수 증가   ④ 수양난백 감소

달걀의 신선도가 떨어지면 중량은 감소한다.

오답 피하기
• 달걀의 수분함량은 시간이 경과됨에 따라 감소하고 기실이 커진다.
• 난각의 구멍을 통하여 탄산가스가 증산해 버리며 pH가 상승한다.
• 농후난백보다는 수양난백이 많은 달걀은 오래된 달걀이다.
• 난백계수가 신선하면 약 0.16, 오래된 달걀은 0.1 이하가 된다.
• 난황계수가 신선한 것은 0.4 내외이며, 오래된 것은 0.3 이하가 된다.

31 다음 자료의 의하여 제조원가를 산출하면?

직접재료비	60,000원
소모품비	10,000원
판매원급료	50,000원
직접임금	100,000원
통신비	5,000원

① 175,000원   ② 210,000원
③ 215000원   ④ 225,000원

제조원가 = 직접경비+직접노무비+ 직접재료비 +제조간접비
= 소모품비(10,000) + 직접임금(100,000) + 직접재료비(60,000) + 통신비(5,000) = 175,000원

정답 26 ③ 27 ① 28 ① 29 ② 30 ② 31 ①

32 밀가루 제품에서 팽창제의 역할을 하지 않는 것은?

① 소금
② 달걀
③ 이스트
④ 베이킹파우더

밀가루 제품에서 소금은 맛을 향상하게 시키고 이스트의 발표작용을 지연시키며 글루텐의 강도를 높여준다.

오답 피하기
• 이스트와 베이킹파우더는 팽창제로 CO_2, 공기, 증기 등을 제공하여 제품을 부풀게 한다.
• 달걀은 구조 형성, 팽창제, 유화성, 액체원이 되며 색과 풍미를 준다.

33 영양소와 그 소화효소가 바르게 연결된 것은?

① 단백질 – 리파아제
② 탄수화물 – 아밀라아제
③ 지방 – 펩신
④ 유당 – 트립신

탄수화물의 아밀로오스(Amylose)를 분해하는 효소는 아밀라아제(Amylase)이다.

오답 피하기
• 단백질 : 펩신, 트립신
• 지방 : 리파아제
• 유당 : 락타아제

34 식품의 관능적 요소를 겉모양, 향미, 텍스처로 구분할 때 겉모양(시각)에 해당하지 않는 것은?

① 색채
② 점성
③ 외피결합
④ 점조성

점성은 시각에 해당되지 않고 질감을 통해 알 수 있다.

35 달걀의 신선도를 판정하는 방법으로 옳지 않은 것은?

① 신선한 달걀의 난황계수는 0.36~0.44이며 0.25 이하인 것은 오래된 것이다.
② 산란 직후의 달걀의 비중은 1.04 정도이며 난각의 두께에 따라 좌우되기는 하지만 비중 1.028에서 떠오르는 것은 오래된 것으로 판정한다.
③ 투시검란 경우는 기실이 작고 난황의 색이 선명하며, 운동성이 없는 것이 신선하다.
④ 난각이 거칠고 매끄럽지 않으며 흔들어서 소리가 나지 않는 것이 신선하다.

투시검란으로 기실, 난황의 위치, 난백의 유동상태 등을 알 수 있다.

36 1일 총 매출액이 1,200,000원, 식재료비가 780,000원인 경우의 식재료비 비율은?

① 55%   ② 60%
③ 65%   ④ 70%

식재료비 비율(%) = (식재료비 ÷ 매출액) × 100
$$= \frac{780,000}{1,200,000} \times 100 = 65\%$$

37 겨자를 갤 때 매운맛을 가장 강하게 느낄 수 있는 온도는?

① 20~25℃   ② 30~35℃
③ 40~45℃   ④ 50~55℃

겨자의 매운맛 성분인 시니그린(Sinigrin)을 분해시키는 효소인 미로시나제(Myrosinase)는 활동 최적온도가 40℃ 정도이므로 따뜻한 물에서 개어야 매운맛이 강하게 난다.

오답 피하기
미각에 매운맛을 강하게 느끼는 온도는 50~60℃ 이다.

38 단시간에 조리되므로 영양소의 손실이 가장 적은 조리방법은?

① 튀김
② 볶음
③ 구이
④ 조림

튀김 : 고온으로 단시간 내에 조리하므로 영양가 손실이 적은 조리법이다.

39 발연점을 고려했을 때 튀김용으로 가장 적합한 기름은?

① 쇼트닝(유화제 첨가)
② 참기름
③ 대두유
④ 피마자유

발연점이 높은 기름이 튀김용으로 적합하다.

40 오징어에 대한 설명으로 옳지 않은 것은?

① 가열하면 근육섬유와 콜라겐섬유 때문에 수축하거나 둥글게 말린다.
② 살이 붉은색을 띠는 것은 색소포에 의한 것으로 신선도와는 상관이 없다.
③ 신선한 오징어는 무색투명하며, 껍질에는 짙은 적갈색의 색소포가 있다.
④ 오징어의 근육은 평활근으로 색소를 가지지 않으므로 껍질을 벗긴 오징어는 가열하면 백색이 된다.

오징어는 적갈색이나 유백색을 띠는 것이 신선하다.

41 식품 감별 시 품질이 좋지 않은 것은?

① 석이버섯은 봉우리가 작고 줄기가 단단한 것
② 무는 가벼우며 어두운 빛깔을 띠는 것
③ 토란은 껍질을 벗겼을 때 희색으로 단단하고 끈적끈적한 감이 강한 것
④ 파는 굵기가 고르고 뿌리에 가까운 부분의 흰색이 긴 것

무는 무겁고 크고 균일하며 모양이 바르고 흠집이 없는 것이 좋다.

42 다음 유화상태 식품 중 유중수적형 식품은?

① 우유
② 생크림
③ 마가린
④ 마요네즈

유중수적형 식품에는 마가린, 버터 등이 있다.

오답 피하기

수중유적형 식품에는 우유, 마요네즈, 아이스크림이 해당된다.

43 일본 면 요리 메밀국수에 대한 설명으로 옳지 않은 것은?

① 메밀을 면으로 만들기 시작한 것은 19세기 말에서 20세기 초이다.
② 메밀국수를 뜨거운 국물이나 차가운 간장에 무·파·고추냉이를 넣고 찍어 먹는다.
③ 메밀국수의 양념으로 사용되는 쯔유는 지역에 따라 색, 농도, 맛의 차이가 난다.
④ 쯔유를 술병과 작은 사기잔에 이용되는 경우가 많다.

메밀을 면으로 만들기 시작한 것은 16세기 말에서 17세기 초이다.

정답 38 ① 39 ③ 40 ② 41 ② 42 ③ 43 ①

44 푸른 채소를 데칠 때 색을 선명하게 유지시키며 비타민 C의 산화도 억제해 주는 것은?

① 소금
② 설탕
③ 기름
④ 식초

1%의 식염수에 데치면 색이 선명해지고 물러지지 않으며 조직이 파괴되지 않는다.

45 원가분석과 관련된 식으로 옳지 않은 것은?

① 메뉴품목별비율(%) = (품목별 메뉴가격 ÷ 품목별 식재료비) × 100
② 감가상각비 = (잔존가격 − 구입가격) ÷ 내용년수
③ 인건비비율(%) = (총매출액 ÷ 인건비) × 100
④ 식재료비비율(%) = (총재료비 ÷ 식재료비) × 100

식재료비비율(%) = (식재료비 ÷ 전체매출액) × 100

46 영양 권장량에 대한 설명으로 옳지 않은 것은?

① 권장량의 값은 다양한 가정을 전제로 하여 제정된다.
② 권장량은 필요량보다 높다.
③ 권장량은 식생활 자료를 기초로 하여 구해진 값이다.
④ 보충제를 통하여 섭취 시 흡수율이나 대사상의 문제점도 고려한 값이다.

보충제의 섭취는 영양 권장량에 고려하지 않았다.

47 일본 요리의 기본 조리법 중 오법에 해당하지 않는 것은?

① 생
② 구이
③ 튀김
④ 무침

오법은 생, 구이, 튀김, 조림, 찜이다.

48 생선 종류에 맛을 들일 때는 간을 하는 순서로 옳은 것은?

① 청주 → 설탕 → 소금 → 식초 → 간장
② 청주 → 설탕 → 소금 → 간장 → 식초
③ 설탕 → 청주 → 소금 → 식초 → 간장
④ 설탕 → 청주 → 소금 → 간장 → 식초

생선 종류에 맛을 들일 때는 청주 → 설탕 → 소금 → 식초 → 간장의 순서대로 간을 한다.

오답 피하기

채소 종류에 맛을 들일 때는 설탕 → 소금 → 간장 → 식초 → 된장의 순서대로 간을 한다.

49 냉동식품의 해동에 관한 설명으로 옳지 않은 것은?

① 비닐봉지에 넣어 50℃ 이상의 물속에서 빨리 해동시키는 것이 이상적인 방법이다.
② 생선의 냉동품은 반 정도 해동하여 조리하는 것이 안전하다.
③ 냉동식품을 완전해동하지 않고 직접 가열하면 효소나 미생물에 의한 변질의 염려가 적다.
④ 일단 해동된 식품은 더 쉽게 변질되므로 필요한 양만큼만 해동하여 사용한다.

높은 온도에서 해동하면 조직 세포가 손상되고 단백질의 변성이 생겨 드립(Drip)이 생기므로 냉장고(5℃)에서 완만 해동하는 것이 좋다.

50 다음 중 비교적 가식부율이 높은 식품으로만 나열된 것은?

① 고구마, 동태, 파인애플
② 닭고기, 감자, 수박
③ 대두, 두부, 숙주나물
④ 고추, 대구, 게

껍질, 씨 등 버리는 부분이 적은 식품은 대두, 두부, 숙주나물이다.

오답 피하기

파인애플의 껍질, 닭고기의 뼈, 게의 껍질, 동태와 대구의 내장으로 인해 식품은 폐기율이 높다.

51 감염병의 예방대책 중 특히 전염경로에 대한 대책은?

① 환자를 치료한다.
② 예방 주사를 접종한다.
③ 면역혈청을 주사한다.
④ 손을 소독한다.

손, 피부, 기침, 재채기 등의 전염경로 차단으로 감염병을 예방할 수 있다.

52 다음 중 만성 감염병은?

① 장티푸스
② 폴리오
③ 결핵
④ 백일해

결핵 : 결핵균의 감염에 의하여 발병하는 만성 감염병이다.

53 우유의 초고온순간살균법에 가장 적합한 가열 온도와 시간은?

① 200℃
② 162℃에서 5초간
③ 150℃에서 5초간
④ 132℃에서 2초간

초고온순간살균법은 130~140℃에서 2초간 살균한다.

오답 피하기

저온살균법은 61~65℃에서 30분간 살균하고, 고온단시간살균법은 70~75℃에서 15~20초간 살균한다.

54 우리나라의 4대 보험에 해당하지 않는 것은?

① 생명보험
② 고용보험
③ 산재보험
④ 국민연금

우리나라의 4대 보험은 국민연금, 건강보험, 산재보험, 고용보험이다.

55 폐흡충증의 제2중간숙주는?

① 잉어
② 연어
③ 게
④ 송어

기생충	제1중간숙주	제2중간숙주
간흡충(간디스토마)	왜우렁이	붕어, 잉어
요꼬가와흡충	다슬기	담수어, 은어, 잉어
광절열두조충(긴촌충)	물벼룩	연어, 송어

정답 50 ③ 51 ④ 52 ③ 53 ④ 54 ① 55 ③

56 다수인이 밀집한 장소에서 발생하며 화학적 조성이나 물리적 조성의 큰 변화를 일으켜 불쾌감, 두통, 권태, 현기증, 구토 등의 생리적 이상을 일으키는 현상은?

① 빈혈
② 일산화탄소 중독
③ 분압 현상
④ 군집독

군집독 : 극장, 강연장 등 다수인이 밀집한 실내 공기는 화학적 조성이나 물리적 조성의 변화를 초래하여 불쾌감, 두통, 권태, 현기증, 구토 등이 일어나는데 이와 같은 생리적 이상을 군집독이라 한다.

57 감각온도(체감온도)의 측정에 작용하지 않는 인자는?

① 기온
② 기압
③ 기습
④ 기류

감각온도의 3요소 : 기온, 기습, 기류

오답 피하기

온열조건인자 : 기온, 기습, 기류, 복사열

58 일식의 조리용어가 바르게 연결된 것은?

① 멘도리 : 조림 시에 끝이 뾰족한 부분은 둥글게 사전 처리를 하는 방법
② 시모후리 : 재료와 국물을 함께 끓여서 맛이 속으로 스며들게 하는 조림
③ 간모도끼 : 전처리의 과정으로 재료 표면에 살짝 끓는 물을 끼얹는 것
④ 니루 : 두부 속에 잘 다진 채소, 다시마 등을 넣어 기름에 튀긴 것

오답 피하기

• 시모후리 : 전처리의 과정으로 재료 표면에 색이 살짝 변화하는 정도의 끓는 물을 끼얹는 것
• 간모도끼 : 두부 속에 잘 다진 채소, 다시마 등을 넣어 기름에 튀긴 것
• 니루 : 재료와 국물을 함께 끓여서 맛이 속으로 스며들게 하는 조림

59 국소진동으로 인한 질병 및 직업병의 예방대책이 아닌 것은?

① 보건교육
② 완충장치
③ 방열복 착용
④ 작업시간 단축

방열복 착용은 고열환경의 직업에 해당된다.

60 감염병의 예방대책과 거리가 먼 것은?

① 병원소의 제거
② 환자의 격리
③ 식품의 저온보존
④ 예방 접종

감염병의 예방대책 : 환자의 조기발견, 격리 및 치료, 보균자 조사와 환경의 소독, 살균, 해충 구제 그리고 숙주의 저항력 증진, 면역력 증강 등이 있다.

정답 56 ④ 57 ② 58 ① 59 ③ 60 ③

해설과 함께 보는 **최신 기출문제 01회**

복어조리기능사	소요 시간	문항 수
	1시간	총 60문항

수험번호 : _____

성   명 : _____

---

01 식품에 존재하는 유기물질을 고온으로 가열할 때 단백질이나 지방이 분해되어 생기는 유해물질은?

① 에틸카바메이트(Ethylcarbamate)
② 다환방향족탄화수소(Polycyclic Aromatic Hydrocarbon)
③ 엔-니트로소아민(N-nitrosoamine)
④ 메탄올(Methanol)

다환방향족탄화수소는 훈제육이나 태운 고기에서 다량 검출되는 발암 물질로 고온으로 가열할 때 생기는 유해물질이다.

02 식품의 위생과 관련된 곰팡이의 특징이 아닌 것은?

① 건조식품을 잘 변질시킨다.
② 대부분 생육에 산소를 요구하는 절대 호기성 미생물이다.
③ 곰팡이독을 생성하는 것도 있다.
④ 일반적으로 생육 속도가 세균에 비하여 빠르다.

곰팡이의 생육 속도는 세균에 비해 느리다.

오답 피하기

미생물 생육 수분활성도(Aw) : 세균(0.94) 〉 효모(0.88) 〉 곰팡이(0.80)

03 다음 중 대장균의 최적 증식 온도 범위는?

① 0~5℃
② 5~10℃
③ 30~40℃
④ 55~75℃

대장균은 중온균으로 30~40℃에서 서식한다.

오답 피하기

• 저온균 : 최적온도 10~20℃인 세균으로 물속이나 냉장고에서도 번식한다.
• 중온균 : 최적온도 25~40℃인 세균으로 자연계에 가장 광범위하게 분포한다.
• 고온균 : 55℃ 이상에서 증식이 가능하고, 온천수에서도 번식한다.

04 모든 미생물을 제거하여 무균상태로 하는 조작은?

① 소독
② 살균
③ 멸균
④ 방부

멸균은 병원 미생물뿐만 아니라 균, 아포, 독소 등을 사멸시키는 것이다.

오답 피하기

• 소독 : 병원성 미생물을 죽이거나 병원성을 약화시키지만 아포는 죽이지 못한다.
• 살균 : 미생물 사멸 또는 불활성화시키는 것을 말한다.
• 방부 : 미생물의 증식을 억제하여 균의 발육을 저지시켜 부패나 발효를 방지한다.

정답 01② 02④ 03③ 04③

05 60℃에서 30분간 가열하면 식품 안전에 위해가 되지 않는 세균은?

① 살모넬라균
② 클로스트리디움 보툴리늄균
③ 황색포도상구균
④ 장구균

살모넬라균은 가열에 의해 파괴되는 감염형 식중독이다.

오답 피하기

클로스트리디움 보툴리늄균, 황색포도상구균, 장구균은 열에 쉽게 파괴되지 않는 독소형 식중독이다.

06 육류의 발색제로 사용되는 아질산염이 산성 조건에서 식품 성분과 반응하여 생성되는 발암물질은?

① 지질과산화물(Aldehyde)
② 벤조피렌(Benzopyrene)
③ 니트로사민(Nitrosamine)
④ 포름알데히드(Formaldehyde)

니트로사민은 아질산염과 아민류가 산성 조건하에서 반응하여 생성하는 물질로 강한 발암성을 갖는 물질이다. 햄, 베이컨, 소시지 등에 붉은색을 내고 장기보관할 수 있도록 발색제로 아질산염을 첨가하는데, 식품의 아민과 반응하여 생성하기도 하고 체내의 위 내에서 합성될 가능성이 있다.

07 사용이 허가된 산미료는?

① 구연산
② 계피산
③ 말톨
④ 초산에틸

산미료 : 구연산(결정), 구연산(무수), 빙초산, 이산화탄소, 젖산, 초산

오답 피하기

계피산, 말톨, 초산에틸 : 착향료

08 식품과 자연독이 바르게 연결된 것은?

① 독버섯 : 솔라닌(Solanine)
② 감자 : 무스카린(Muscarine)
③ 살구씨 : 파세오루나틴(Phaseolunatin)
④ 목화씨 : 고시폴(Gossypol)

오답 피하기

• 독버섯 : 무스카린(Muscarine)
• 감자 : 솔라닌(Solanine)
• 살구씨 : 아미그달린(Amygdalin)

09 식품첨가물 중 보존료의 목적을 가장 잘 표현한 것은?

① 산도 조절
② 미생물에 의한 부패 방지
③ 산화에 의한 변패 방지
④ 가공과정에서 파괴되는 영양소 보충

오답 피하기

• 산도 조절 : 산미료
• 산화에 의한 변패 방지 : 항산화제
• 가공과정에서 파괴되는 영양소 보충 : 강화제

10 알레르기성 식중독을 유발하는 세균은?

① 병원성 대장균(E.Coli O157:H7)
② 프로테우스 모르가니(Proteus Morganii)
③ 엔테로박터 사카자키(Enterobacter Sakazakii)
④ 비브리오 콜레라(Vibrio Cholera)

알레르기성 식중독은 세균이 직접적인 원인이 아니라 세균의 효소작용에 의해 유독 물질이 생성되어 발생하며, 식품 중의 아미노산의 분해로 히스타민이 생성된다. 원인균은 프로테우스 모르가니균이다.

오답 피하기

• 병원성 대장균 : 감염형 식중독
• 엔테로박터 사카자키 : 감염형 식중독
• 비브리오 콜레라 : 감염형 식중독

11 식품위생법상 식품위생 수준의 향상을 위하여 필요한 경우 조리사에게 교육을 받을 것을 명할 수 있는 자는?

① 관할시장
② 보건복지부장관
③ 식품의약품안전처장
④ 관할 경찰서장

영업자 및 유흥종사자를 둘 수 있는 식품접객업 영업자의 종업원은 매년 식품위생에 관한 교육을 받아야 한다. 또한 영업을 하려는 자는 미리 식품위생교육을 받아야 한다. 이는 식품의약품안전처장이 지정한다.

12 식품위생법의 정의에 따른 '기구'에 해당하지 않는 것은?

① 식품 섭취에 사용되는 기구
② 식품 또는 식품첨가물에 직접 닿는 기구
③ 농산품 채취에 사용되는 기구
④ 식품 운반에 사용되는 기구

식품위생법의 정의에 따른 기구란 식품 또는 식품첨가물에 직접 닿는 기계 · 기구나 그 밖의 물건이라고 명시되어 있다. 농산품 채취에 사용되는 기구는 해당되지 않는다.

13 즉석판매제조 · 가공업소 내에서 소비자에게 원하는 만큼 덜어서 직접 최종 소비자에게 판매하는 대상 식품이 아닌 것은?

① 된장
② 식빵
③ 우동
④ 어육제품

즉석판매제조 · 가공 대상식품
소비자가 원하는 만큼 덜어서 직접 최종 소비자에게 판매하는 식품을 말한다. 단 통 · 병조림 제품, 레토르트식품, 냉동식품, 어육제품, 특수용도식품(체중조절용 조제식품은 제외), 식초, 전분은 제외한다.

14 식품위생법상 조리사가 식중독이나 그 밖에 위생과 관련한 중대한 사고 발생의 직무상 책임에 대한 1차 위반 시 행정처분기준은?

① 시정명령
② 업무정지 1개월
③ 업무정지 2개월
④ 면허취소

식중독이나 위생과 관련한 중대한 사고 발생에 직무상의 책임이 있는 경우
• 1차 위반 : 업무정지 1개월
• 2차 위반 : 업무정지 2개월
• 3차 위반 : 면허취소

15 식품위생법상 식품접객업 영업을 하려는 자는 몇 시간의 식품위생교육을 미리 받아야 하는가?

① 2시간
② 4시간
③ 6시간
④ 8시간

영업자의 교육시간
• 식품제조 · 가공업, 즉석판매제조 · 가공업, 식품첨가물제조업 : 8시간
• 식품운반업, 식품소분 · 판매업 등 영업자, 식품보존업, 용기 · 포장류제조업 : 4시간
• 식품접객업 : 6시간
• 집단급식소를 설치 · 운영하려는 자 : 6시간

16 카세인(Casein)은 어떤 단백질에 속하는가?

① 당단백질
② 지단백질
③ 유도단백질
④ 인단백질

카세인(Casein)은 칼슘과 결합된 형태로 존재하며 인단백질이다.

17 전분 식품의 노화를 억제하는 방법으로 적합하지 않은 것은?

① 설탕을 첨가한다.
② 식품을 냉장 보관한다.
③ 식품의 수분함량을 15% 이하로 한다.
④ 유화제를 사용한다.

식품을 냉장 보관하면 노화가 촉진되므로, 냉동 보관이나 온장고에 보관해야 한다.

18 과실 저장고의 온도, 습도, 기체 조성 등을 조절하여 장기간 과실을 저장하는 방법은?

① 산 저장
② 자외선 저장
③ 무균포장 저장
④ CA 저장

CA 저장은 산소와 탄산가스의 농도를 조절하여 과일, 난류를 저장하는 방법이다. 식품마다 다르지만 미생물이 번식할 수 없는 환경은 온도 0℃, 습도 80~85%가 적당하다.

19 유지를 가열할 때 생기는 변화에 대한 설명으로 옳지 않은 것은?

① 유리지방산의 함량이 높아지므로 발연점이 낮아진다.
② 연기 성분으로 알데히드(Aldehyde), 케톤(Ketone) 등이 생성된다.
③ 요오드값이 높아진다.
④ 중합반응에 의해 점도가 증가된다.

유지를 가열하면 불포화지방산이 분해되므로 요오드값은 낮아진다.

20 완두콩 통조림을 가열하여도 녹색이 유지되는 것은 어떤 색소 때문인가?

① Chlorophyll(클로로필)
② Cu-chlorophyll(구리-클로로필)
③ Fe-chlorophyll(철-클로로필)
④ Chlorophylline(클로로필린)

클로로필(엽록소)의 포르피린 고리에 결합하고 있는 마그네슘을 구리이온으로 치환한 것으로 매우 안정적인 녹색이다.

21 신맛 성분과 주요 소재 식품이 잘못 연결된 것은?

① 구연산(Citric Acid) - 감귤류
② 젖산(Lactic Acid) - 김치류
③ 호박산(Succinic Acid) - 늙은 호박
④ 주석산(Tartaric Acid) - 포도

호박산 : 조개, 청주

22 미생물의 생육에 필요한 수분활성도의 크기로 옳은 것은?

① 세균 〉 효모 〉 곰팡이
② 곰팡이 〉 세균 〉 효모
③ 효모 〉 곰팡이 〉 세균
④ 세균 〉 곰팡이 〉 효모

미생물 생육 수분활성도(Aw) : 세균(0.94) 〉 효모(0.88) 〉 곰팡이(0.80)

23 달걀 100g 중에 당질 5g, 단백질 8g, 지질 4.4g 이 함유되어 있다면 달걀 5개의 열량은 얼마인가? (단, 달걀 1개의 무게는 50g이다.)

① 91.6kcal

② 229kcal

③ 274kcal

④ 458kcal

- 단백질 4kcal, 당질 4kcal, 지방 9kcal
- 달걀 100g의 열량 = {(단백질 8g + 당질 5g)×4kcal} + (지질 4.4g× 9kcal) = 91.6kcal
- 달걀 5개 = 1개 50g×5개 = 250g
- 달걀 250g의 열량 = 91.6×2.5 = 229kcal

24 근채류 중 생식하는 것보다 기름에 볶는 조리법을 적용하는 것이 좋은 식품은?

① 무

② 고구마

③ 토란

④ 당근

당근은 지용성 비타민 A가 많아 기름에 볶으면 지용성 비타민 흡수율이 높아진다.

25 다음 중 단백가가 가장 높은 것은?

① 쇠고기

② 달걀

③ 대두

④ 버터

달걀과 우유는 단백가가 100으로 단백가가 가장 높은 완전식품이다.

26 가정에서 많이 사용되는 다목적 밀가루는?

① 강력분

② 중력분

③ 박력분

④ 초강력분

중력분이 가정에서 많이 사용하는 다목적용이다.

27 산성 식품에 해당하는 것은?

① 곡류

② 사과

③ 감자

④ 시금치

P, S, Cl, I가 많이 함유된 육류와 곡류는 산성 식품이다.

28 아미노산, 단백질 등이 당류와 반응하여 갈색 물질을 생성하는 반응은?

① 폴리페놀 옥시다아제(Polyphenol Oxidase)

② 마이야르(Maillard) 반응

③ 캐러멜화(Caramelization) 반응

④ 티로시나아제(Tyrosinase) 반응

카르보닐화합물(탄수화물, 당질)과 단백질 같은 질소 화합물의 반응을 마이야르 반응이라고 한다.

29 제조 과정 중 단백질 변성에 의한 응고 작용이 일어나지 않는 것은?

① 치즈 가공
② 두부 제조
③ 달걀 삶기
④ 딸기잼 제조

딸기잼은 펙틴, 당, 산에 의해 젤라틴화 되는 것이다.

30 난황에 주로 함유되어 있는 색소는?

① 클로로필
② 안토시아닌
③ 카로티노이드
④ 플라보노이드

난황(달걀의 노른자)의 황색 색소는 카로티노이드계열 색소이다.

오답 피하기
• 클로로필 : 녹색
• 안토시아닌 : 자색, 보라색
• 플라보노이드 : 흰색

31 튀김옷의 재료에 관한 설명으로 옳지 않은 것은?

① 중조를 넣으면 탄산가스가 발생하면서 수분도 증발되어 바삭하게 된다.
② 달걀을 넣으면 달걀 단백질의 응고로 수분 흡수가 방해되어 바삭하게 된다.
③ 글루텐 함량이 높은 밀가루가 오랫동안 바삭한 상태를 유지한다.
④ 얼음물에 반죽을 하면 점도를 낮게 유지하여 바삭하게 된다.

글루텐의 함량이 낮은 박력문이 튀김을 바삭하게 한다.

32 식품구매 시 폐기율을 고려한 총발주량을 구하는 식은?

① 총발주량 = (100−폐기율)×100×인원수
② 총발주량 = [(정미중량−폐기율)÷(100−가식률)]×100
③ 총발주량 = (1인당 사용량−폐기율)×인원수
④ 총발주량 = [정미중량÷(100−폐기율)]×100×인원수

발주량 = {정미중량 ÷ (100 − 폐기율)} × 인원수 × 100

오답 피하기
• 폐기율(%) = (폐기량 ÷ 전체 중량) × 100
• 출고계수 = 1 ÷ 정미율 × 100

33 달걀의 기능을 이용한 음식의 연결이 잘못된 것은?

① 응고성 – 달걀찜
② 팽창제 – 시폰케이크
③ 간섭제 – 맑은 장국
④ 유화성 – 마요네즈

간섭제 : 결정체 형성을 방해하여 매끄럽고 부드럽게 하는 역할을 하는 것으로 캔디나 셔벗을 만들 때 사용

오답 피하기
• 응고성 : 난백은 60~65℃, 난황은 65~70℃에서 응고한다.
• 팽창제 : 달걀 흰자의 머랭을 이용하여 시폰케이크, 머랭쿠키를 만드는 데 쓰인다.
• 유화성 : 달걀 노른자의 레시틴이 유화제 역할을 한다.

34 냉장고 사용 방법으로 옳지 않은 것은?

① 뜨거운 음식은 식혀서 냉장고에 보관한다.
② 문을 여닫는 횟수를 가능한 한 줄인다.
③ 온도가 낮으므로 식품을 장기간 보관해도 안전하다.
④ 식품의 수분이 건조되므로 밀봉하여 보관한다.

식품을 냉장, 냉동 보관하여도 세균의 번식과 침입이 일어나므로 유통기한, 포장일, 제조일 등을 표시하여 보관해야 한다.

35 식품을 고를 때 채소류의 감별법으로 틀린 것은?

① 오이는 굵기가 고르며 만졌을 때 가시가 있고 무거운 느낌이 나는 것이 좋다.
② 당근은 일정한 굵기로 통통하고 마디나 뿔이 없는 것이 좋다.
③ 양배추는 가볍고 잎이 얇으며 신선하고 광택이 있는 것이 좋다.
④ 우엉은 껍질이 매끈하고 수염뿌리가 없는 것으로 굵기가 일정한 것이 좋다.

양배추는 무겁고 안이 꽉 차 있는 것이 좋다.

36 조리장의 설비에 대한 설명 중 부적합한 것은?

① 조리장의 내벽은 바닥으로부터 5cm까지 내수성 자재로 한다.
② 충분한 내구력이 있는 구조여야 한다.
③ 조리장에는 식품 및 식기류의 세척을 위한 위생적인 세척 시설을 갖춘다.
④ 조리원 전용의 위생적 수세 시설을 갖춘다.

조리장의 내벽은 바닥으로부터 1.5m까지 밝은 색의 내수성으로 설비하거나 세균 방지용 페인트로 도색한다.

37 복어 독에 대한 설명으로 옳은 것은?

① 양식 복어는 살에 독이 없어 지리나 매운탕으로 끓여 식용이 가능하다.
② 복어 독은 열에 약하여 가열하여 섭취하면 안전하다
③ 복어는 신경독으로 마비와 두통, 복통, 구토 등을 동반한다.
④ 복어독의 치료제로는 진통제가 있다.

오답 피하기
• 양식 복어는 독이 없는 경우가 있지만, 100%는 아니므로 주의를 기울여야 한다.
• 복어 독은 열에 강하여 가열해도 사멸되지 않는다.
• 복어 치료제로는 소생제나 승압제의 투여가 있으나 특효약은 없다.

38 다음 원가의 구성에 해당하는 것은?

직접원가 + 제조간접비

① 판매가격
② 간접원가
③ 제조원가
④ 총원가

제조원가 = 직접재료비 + 직접노무비 + 직접경비 + 간접재료비 + 간접노무비 + 간접경비

39 다음 중 복어의 맹독은?

① 테트로도톡신
② 삭시톡신
③ 아미그달린
④ 마이코톡신

오답 피하기
• 삭시톡신 : 홍합, 조개, 굴의 독소
• 아미그달린 : 살구씨, 복숭아씨의 독소
• 마이코톡신 : 곰팡이의 독소

40 식단을 작성할 때 구비해야 하는 자료로 가장 거리가 먼 것은?

① 계절 식품표
② 설비, 기기 위생점검표
③ 대치 식품표
④ 식품영양구성표

위생 점검은 식단 작성할 때 필요하지는 않고, 수시로 점검해야 한다.

정답 35③ 36① 37③ 38③ 39① 40②

41 탈수가 일어나지 않으면서 간이 맞도록 생선을 구우려면 일반적으로 생선 중량 대비 소금의 양은 얼마가 가장 적당한가?

① 0.1%

② 2%

③ 16%

④ 20%

생선에 1~2%의 간을 하면 살이 단단해지고 수분이 빠져서, 구울 때 부서지지 않고 간이 배어든다.

42 복어의 독이 가장 많이 분포되어 있는 곳은?

① 간

② 난소

③ 피부

④ 근육

난소 〉 간 〉 피부 〉 장 〉 근육

43 복어의 식용 가능한 부위가 잘 짝지어진 것은?

① 알, 정소

② 아가미, 위장

③ 혀, 껍질

④ 난소, 지느러미

혀, 입, 지느러미, 껍질, 살, 머리뼈 부분, 갈비뼈 부분, 정소는 섭취가 가능하다.

44 육류 조리에 대한 설명으로 옳은 것은?

① 육류를 오래 끓이면 질긴 지방 조직인 골라겐이 젤라틴화 되어 국물이 맛있게 된다.

② 목심, 양지, 사태는 건열조리에 적당하다.

③ 편육을 만들 때 고기는 처음부터 찬물에서 끓인다.

④ 육류를 찬물에 넣어 끓이면 맛 성분 용출이 용이해져 국물 맛이 좋아진다.

오답 피하기

• 육류를 오래 끓이면 질긴 단백질 조직인 콜라겐이 젤라틴화 된다.

• 목심, 양지, 사태는 질겨서 습열조리에 적당하다.

• 편육을 만들 때에는 고기 맛이 용출되지 않도록 끓는 물에 넣어 끓인다.

45 단체급식에서 식품의 재고관리에 대한 설명으로 옳지 않은 것은?

① 각 식품에 적당한 재고기간을 파악하여 이용하도록 한다.

② 식품의 특성이나 사용 빈도 등을 고려하여 저장 장소를 정한다.

③ 비상시를 대비하여 가능한 한 많은 재고량을 확보할 필요가 있다.

④ 먼저 구입한 것은 먼저 소비한다.

단체급식에서 재고관리를 하여 필요할 때마다 매일, 1주일, 1개월 단위로 구입하여 사용한다.

46 복어 맑은탕을 끓일 때 부재료가 아닌 것은?

① 미나리, 배추

② 홍고추, 표고버섯

③ 당근, 실파

④ 무, 팽이버섯

홍고추는 맑은탕을 끓일 때 넣지 않는다.

47 중조를 넣어 콩을 삶을 때 가장 문제가 되는 것은?

① 비타민 B₁의 파괴가 촉진됨
② 콩이 잘 무르지 않음
③ 조리수가 많이 필요함
④ 조리시간이 길어짐

콩을 삶거나 녹색채소를 데칠 때 중조(중탄산수소나트륨)를 넣으면 색이 보존되고 빨리 익는다는 장점이 있지만, 비타민 B₁이 파괴된다는 단점도 있다.

48 고기를 연하게 하기 위해 사용하는 과일에 들어 있는 단백질 분해효소가 아닌 것은?

① 피신(Ficin)
② 브로멜린(Bromelin)
③ 파파인(Papain)
④ 아밀라아제(Amylase)

아밀라아제는 아밀로오즈(탄수화물)를 분해하는 효소이다.

49 찹쌀떡이 멥쌀떡보다 더 늦게 굳는 이유는?

① pH가 낮기 때문에
② 수분함량이 적기 때문에
③ 아밀로오스의 함량이 많기 때문에
④ 아밀로펙틴의 함량이 많기 때문에

찹쌀떡에는 아밀로펙틴이 거의 100%, 멥쌀떡에는 아밀로펙틴이 80%와 아밀로오즈가 20%가 있다. 아밀로펙틴이 많고 아밀로오즈의 함량이 적을수록 노화가 더디다.

50 다음 중 일반적으로 폐기율이 가장 높은 식품은?

① 살코기   ② 달걀
③ 생선   ④ 곡류

생선은 가시, 뼈, 내장의 양이 다른 식품에 비하여 많기 때문에 폐기율이 높다.

51 하수오염 조사 방법과 관련이 없는 것은?

① THM의 측정
② COD의 측정
③ DO의 측정
④ BOD의 측정

오답 피하기

하수의 위생 검사
• 화학적 산소요구량(COD) : 수치가 높을수록 오염 정도가 크고 산소량은 5ppm 이하여야 한다.
• 용존 산소(DO) : 수중에 용해되어 있는 산소량을 말하며 DO의 수치가 낮으면 하수 오염도가 높다는 말로 4~5ppm 이상이어야 한다.
• 생화학적 산소요구량(BOD) : 하수의 오염도를 나타내는 방법이며 수중 유기물을 20℃에서 5일간 측정한다. BOD의 수치가 높으면 하수 오염도가 높다는 말로 20ppm 이하여야 한다.

52 다음 중 가장 강한 살균력을 갖는 것은?

① 적외선   ② 자외선
③ 가시광선   ④ 근적외선

살균력이 있는 일광은 자외선으로, 살균 파장은 2,500~2,800 Å 이다.

53 호흡기계 감염병이 아닌 것은?

① 폴리오
② 홍역
③ 백일해
④ 디프테리아

폴리오는 소화기계 감염병이다.

오답 피하기

• 호흡기계 침입 : 인플루엔자, 천연두(두창), 홍역, 백일해, 디프테리아, 유행성 이하선염 등
• 소화기계 침입 : 급성회백수염(소아마비=폴리오), 유행성 간염 등

정답 47 ① 48 ④ 49 ④ 50 ③ 51 ① 52 ② 53 ①

54 학교 급식의 교육 목적으로 옳지 않은 것은?

① 편식 교육

② 올바른 식생활 교육

③ 빈곤 아동들의 급식 교육

④ 영양에 대한 올바른 교육

오답 피하기

• 올바른 식생활 습관 형성으로 식생활 관리를 한다.
• 영양적인 식사를 제공하고 건강을 유지, 증진시킨다.
• 식량의 분배, 소비 등에 관하여 바른 이해력을 길러준다.

55 채소로부터 감염되는 기생충으로 짝지어진 것은?

① 편충, 동양모양선충

② 폐흡충, 회충

③ 구충, 선모충

④ 회충, 무구조충

오답 피하기

• 폐흡충 : 다슬기, 가재, 게
• 선모충 : 돼지
• 무구조충 : 소

56 감각온도의 3요소가 아닌 것은?

① 기온

② 기습

③ 기류

④ 기압

감각온도의 3요소 : 기온, 기습, 기류

오답 피하기

온열조건인자 : 기온, 기습, 기류, 복사열

57 인수공통감염병에 속하지 않는 것은?

① 광견병

② 탄저

③ 고병원성조류인플루엔자

④ 백일해

인수공통감염병이란 사람과 동물 사이에서 동일한 병원체에 의해 발생하는 질병을 말한다.

58 아메바에 의해서 발생되는 질병은?

① 장티푸스

② 콜레라

③ 유행성 간염

④ 이질

아메바성 이질이 있다.

59 폐기물 소각 처리 시의 가장 큰 문제점은?

① 악취가 발생되며 수질이 오염된다.

② 다이옥신이 발생한다.

③ 처리 방법이 불쾌하다.

④ 지반이 약화되어 균열이 생길 수 있다.

석탄, 석유 쓰는 발전소, 쓰레기 소각, 염소계 표백공정, 자동차나 도시가스, 염소 등의 세정수에서 다이옥신이 검출된다.

정답 54 ③ 55 ① 56 ④ 57 ④ 58 ④ 59 ②

60 공중보건사업과 거리가 먼 것은?

① 보건교육

② 인구보건

③ 감염병 치료

④ 보건행정

....

공중보건은 질병 치료, 격리 치료, 환자 치료, 감염병 치료 등과 관련이 없다. 치료라는 단어가 나오면 공중보건과 거리가 먼 것이다.

복어조리기능사	소요 시간	문항 수
	1시간	총 60문항

수험번호 : _____

성   명 : _____

01 사람이 평생 동안 매일 섭취하여도 아무런 장해가 일어나지 않는 최대량으로 1일 체중 kg당 mg 수로 표시하는 것은?

① 최대무작용량(NOEL)
② 1일 섭취 허용량(ADI)
③ 50% 치사량(LD50)
④ 50% 유효량(ED50)

1일 섭취 허용량 : 인간이 한평생 매일 섭취하더라도 장해가 인정되지 않는다고 생각되는 화학물질의 1일 섭취량(mg/kg 체중/1일)

오답 피하기

• **최대무작용량** : 식품첨가물의 사용기준을 정하기 위한 각종 독성시험(급성, 만성, 발암, 변이원성 등)에서, 전혀 유해 작용이 확인되지 않는 투여량
• **50% 치사량** : 일정한 조건하에서 시험동물의 50%를 사망시키는 물질의 양

02 바지락 속에 들어 있는 독성분은?

① 베네루핀(Venerupin)
② 솔라닌(Solanine)
③ 무스카린(Muscarine)
④ 아마니타톡신(Amanitatoxin)

베네루핀은 모시조개, 굴, 바지락에 있는 독성분이다.

오답 피하기

• 솔라닌 : 감자
• 무스카린, 아마니타톡신 : 독버섯

03 다음 중 잠복기가 가장 짧은 식중독은?

① 황색포도상구균 식중독
② 살모넬라균 식중독
③ 장염 비브리오 식중독
④ 장구균 식중독

황색포도상구균은 잠복기가 1~6시간(평균 3시간)이다.

04 세균 번식이 잘 되는 식품과 가장 거리가 먼 것은?

① 온도가 적당한 식품
② 수분을 함유한 식품
③ 영양분이 많은 식품
④ 산이 많은 식품

미생물에 번식에 영향을 가장 많이 끼치는 3대 요인은 온도, 영양분, 수분이다.

정답 01② 02① 03① 04④

05 세균성 식중독과 병원성 소화기계 감염병을 비교한 것으로 옳지 않은 것은?

	세균성 식중독	병원성 소화기계 감염병
①	많은 균량으로 발병	2차 감염이 빈번함
②	균량이 적어도 발병	2차 감염이 없음
③	식품위생법으로 관리	감염병 예방법으로 관리
④	비교적 짧은 잠복기	비교적 긴 잠복기

세균성 식중독은 2차 감염이 없고, 병원성 소화기계 감염병은 2차 감염이 있지만 적은 편이다.

06 관능을 만족시키는 식품첨가물이 아닌 것은?

① 동클로로필린나트륨　　② 질산나트륨
③ 아스파탐　　　　　　　④ 소르빈산

관능을 만족시키는 식품첨가물은 착색제, 발색제, 착향제, 감미료가 해당된다. 소르빈산은 보존료이다.

오답 피하기
- **동클로로필린나트륨** : 착색제
- **질산나트륨** : 발색제
- **아스파탐** : 감미료

07 생선 및 육류의 초기부패 판정 시 지표가 되는 물질에 해당하지 않는 것은?

① 휘발성염기질소(VBN)
② 암모니아(Ammonia)
③ 트리메틸아민(Trimethylamine)
④ 아크롤레인(Acrolein)

식품의 부패 판정 : 관능검사, 생균수, VBN, TMA, K값, 히스타민, pH, 황화수소, 인돌, 암모니아, 피페리딘 등

08 중금속에 대한 설명으로 옳은 것은?

① 비중이 4.0 이하의 금속을 말한다.
② 생체기능유지에 전혀 필요하지 않다.
③ 다량이 축적될 때 건강장해가 일어난다.
④ 생체와의 친화성이 거의 없다.

중금속은 체내에 다량 축적되어 배출되지 않고 증상이 늦게 발견되어 위험하다.

09 이타이이타이병과 관련된 중금속 물질은?

① 수은(Hg)
② 카드뮴(Cd)
③ 크롬(Cr)
④ 납(Pb)

일본 금속광업소에서 배출한 카드뮴이 녹아 있는 폐수를 사용한 쌀을 장기간 섭취하여 일어난 병이다. 카드뮴이 뼛속의 칼슘 성분을 녹여서 칼슘 부족, 골절, 골연화증을 일으킨다.

10 오래된 과일이나 산성 채소 통조림에서 유래되는 화학성 식중독의 원인 물질은?

① 칼슘　　　　　　② 주석
③ 철분　　　　　　④ 아연

통조림에 철이 녹스는 것을 막기 위해 표면에 주석을 입히는데, 산성이 강한 과일, 캔, 주스 등에서 용출 가능성이 높다.

11 조리사 또는 영양사 면허의 취소처분을 받고 그 취소된 날부터 얼마의 기간이 경과해야 면허를 받을 자격이 있는가?

① 1개월　　　　　② 3개월
③ 6개월　　　　　④ 1년

조리사 면허의 취소처분을 받고 그 취소된 날부터 1년이 지나면 다시 자격이 주어진다.

정답　05 ②　06 ④　07 ④　08 ③　09 ②　10 ②　11 ④

12 식품위생법상 출입·검사·수거에 대한 설명으로 옳지 않은 것은?

① 관계 공무원은 영업소에 출입하여 영업에 사용하는 식품 또는 영업시설 등에 대하여 검사를 실시한다.

② 관계 공무원은 영업상 사용하는 식품 등을 검사를 위하여 필요한 최소량이라 하더라도 무상으로 수거할 수 없다.

③ 관계 공무원은 필요에 따라 영업에 관계되는 장부 또는 서류를 열람할 수 있다.

④ 출입·검사·수거 또는 열람하려는 공무원은 그 권한을 표시하는 증표를 지니고 이를 관계인에 내보여야 한다.

────────────────

소비자 등의 위생검사를 요청할 때 지정된 최소량은 무상수거가 가능하다.

13 일반음식점의 모범업소의 지정기준이 아닌 것은?

① 화장실에 1회용 위생종이 또는 에어타월이 비치되어 있어야 한다.

② 주방에는 입식조리대가 설치되어 있어야 한다.

③ 1회용 물컵을 사용하여야 한다.

④ 종업원은 청결한 위생복을 입고 있어야 한다.

────────────────

청결하고 안전한 업소를 모범업소로 지정한다. 1회용 물컵 사용은 이에 해당되지 않는다.

14 우리나라 식품위생법 등 식품위생 행정업무를 담당하고 있는 기관은?

① 환경부

② 고용노동부

③ 보건복지부

④ 식품의약품안전처

────────────────

식품위생법에서 식품의 공전, 표시기준 등은 식품의약품안전처에서 담당한다.

15 소분업 판매를 할 수 있는 식품은?

① 전분   ② 식용유지

③ 식초   ④ 빵가루

────────────────

어육제품, 식용유지, 특수용도식품, 통·병조림 제품, 레토르트식품, 전분, 장류 및 식초는 소분·판매하여서는 안 된다.

16 탄수화물의 조리가공 중 쌀이 떡으로 변화되는 현상과 가장 관계 깊은 것은?

① 거품생성

② 호화

③ 유화

④ 산화

────────────────

오답 피하기
• 거품생성 : 난백의 글로불린 단백질
• 유화 : 난황의 레시틴 단백질

17 색소를 보존하기 위한 방법으로 옳지 않은 것은?

① 녹색채소를 데칠 때 식초를 넣는다.

② 우메보시를 담글 때 소엽(차조기잎)을 넣는다.

③ 연근을 조릴 때 식초를 넣는다.

④ 햄 제조 시 질산칼륨을 넣는다.

────────────────

녹색채소를 데칠 때는 소금을 넣어야 색이 선명해진다.

18 효소적 갈변 반응에 의해 색을 나타내는 식품은?

① 분말 오렌지   ② 간장

③ 캐러멜   ④ 홍차

────────────────

효소적 갈변 반응에는 홍차, 사과와 감자의 갈변 반응이 해당된다.

오답 피하기
• 분말 오렌지 : 아스코르빅산화 반응
• 간장 : 마이아르 반응
• 캐러멜 : 캬라멜화 반응

정답 12②   13③   14④   15④   16②   17①   18④

19 단맛 성분에 소량의 짠맛 성분을 혼합할 때 단맛이 증가하는 현상은?

① 맛의 상쇄현상
② 맛의 억제현상
③ 맛의 변조현상
④ 맛의 대비현상

맛의 대비현상(맛의 강화) : 서로 다른 맛 성분이 혼합되어 주된 맛 성분이 강화된다.

오답 피하기

- 맛의 상쇄현상 : 두 가지 맛이 상쇄되어 한 가지 맛을 단독으로 나타내지 못하고 약화 또는 소멸된다.
- 맛의 억제현상 : 서로 다른 맛의 혼합으로 각각의 맛이 약화된다.
- 맛의 변조현상 : 한 가지 맛을 느낀 후 다른 종류의 맛을 보면 정상적인 맛을 느낄 수 없는 현상이다.

20 브로멜린(Bromelin)이 함유되어 있어 고기를 연화시키는 데 이용되는 과일은?

① 사과
② 파인애플
③ 귤
④ 복숭아

브로멜린은 파인애플에 있는 단백질 분해효소로 질긴 육류를 부드럽게 한다.

21 지방의 경화에 대한 설명으로 옳은 것은?

① 물과 지방이 서로 섞여 있는 상태이다.
② 불포화지방산에 수소를 첨가하는 것이다.
③ 기름을 7.2℃까지 냉각시켜서 지방을 여과하는 것이다.
④ 반죽 내에서 지방층을 형성하여 글루텐 형성을 막는 것이다.

식물성 유지(액체)에 수소를 첨가하고 니켈을 촉매제로 사용하여 결정화시킨 가공유지이다.

22 어류의 염장법 중 건염법(마른간법)에 대한 설명으로 옳지 않은 것은?

① 식염의 침투가 빠르다.
② 품질이 균일하지 못하다.
③ 선도가 낮은 어류로 염장을 할 경우 생산량이 증가한다.
④ 지방질의 산화로 변색이 쉽게 일어난다.

식품을 저장할 때에도 신선한 것으로 저장해야 한다.

23 대두를 구성하는 콩 단백질의 주성분은?

① 글리아딘
② 글루테닌
③ 글루텐
④ 글리시닌

콩의 단백질은 대부분이 글리시닌이다.

오답 피하기

- 글루텐 : 밀가루
- 글루텐 = 글리아딘 + 글루테닌

24 간장, 다시마 등의 감칠맛을 내는 주된 아미노산은?

① 알라닌(Alanine)
② 글루탐산(Glutamic Acid)
③ 리신(Lysine)
④ 트레오닌(Threonine)

감칠맛을 내는 글루탐산은 다시마에 많이 함유되어 있다.

오답 피하기

- 알라닌 : 육류, 어패류
- 리신 : 꽃게, 생선, 우유, 육류
- 트레오닌 : 닭, 달걀

정답 19④ 20② 21② 22③ 23④ 24②

25 열에 의해 가장 쉽게 파괴되는 비타민은?

① 비타민 C

② 비타민 A

③ 비타민 E

④ 비타민 K

비타민 C는 열에 쉽게 파괴되기 때문에 가열하지 않고 생으로 섭취하는 것이 가장 많이 섭취할 수 있는 방법이다.

26 가열에 의해 고유의 냄새 성분이 생성되지 않는 것은?

① 장어구이　　　② 스테이크

③ 커피　　　　　④ 포도주

포도주는 발효에 의해 향미가 달라지므로 가열에 의한 변화는 아니다.

27 연제품 제조에서 탄력성을 주기 위해 꼭 첨가해야 하는 것은?

① 소금　　　　　② 설탕

③ 펙틴　　　　　④ 글루타민산소다

연제품이란 어묵 같은 식품을 말하는 것인데, 어육류의 미오신 단백질이 소금에 녹는 성질이 있어 첨가하여 어묵류를 만든다.

28 어떤 단백질의 질소함량이 18%라면 이 단백질의 질소계수는 약 얼마인가?

① 5.56　　　　　② 6.30

③ 6.47　　　　　④ 6.67

• 질소계수 = 100÷질소함량(%)
• 100÷18 = 5.555 = 약 5.56%

29 맥아당은 어떤 성분으로 구성되어 있는가?

① 포도당 2분자가 결합된 것

② 과당과 포도당 각 1분자가 결합된 것

③ 과당 2분자가 결합된 것

④ 포도당과 전분이 결합된 것

맥아당 = 포도당 + 포도당

오답 피하기

• 자당(서당) = 포도당 + 과당
• 유당 = 포도당 + 갈락토오즈

30 1g당 발생하는 열량이 가장 큰 것은?

① 당질

② 단백질

③ 지방

④ 알코올

• 탄수화물 : 4kcal/g
• 단백질 : 4kcal/g
• 지질 : 9kcal/g
• 알코올 : 7kcal/g

31 냉동 생선을 해동하는 방법으로 위생적이며 영양 손실이 가장 적은 경우는?

① 18~22℃의 실온에 둔다.

② 40℃의 미지근한 물에 담가둔다.

③ 냉장고 속에 해동한다.

④ 23~25℃의 흐르는 물에 담가둔다.

냉동식품은 냉장고에서 완만 해동하는 것이 조직의 드립 용출이 적고, 맛이 좋다.

32 식품의 감별법으로 옳지 않은 것은?

① 쌀알은 투명하고 앞니로 씹었을 때 강도가 센 것이 좋다.

② 생선은 안구가 돌출되어 있고 비늘이 단단하게 붙어 있는 것이 좋다.

③ 닭고기의 뼈(관절) 부위가 변색된 것은 변질된 것으로 맛이 없다.

④ 돼지고기의 색이 검붉은 것은 늙은 돼지에서 생산된 고기일 수 있다.

닭고기의 관절 부위의 변색은 냉동을 하였거나 헤모글로빈의 산소화에 따른 변화일 수도 있다.

33 다음 중 신선한 달걀은?

① 달걀을 흔들어서 소리가 나는 것

② 삶았을 때 난황의 표면이 암녹색으로 쉽게 변하는 것

③ 껍질이 매끈하고 윤기 있는 것

④ 깨보면 많은 농후 난백이 난황을 에워싸고 있는 것

신선한 달걀은 농후난백이 노른자를 감싸고 있는 것이 좋다. 많은 양의 난백은 수양화가 되어 신선도가 떨어지고 있다는 것이다.

34 은어나 빙어 등의 작은 생선구이용으로 꼽는 꼬치는?

① 호소구시

② 나라비구시

③ 히라구시

④ 쿠시가츠

쇠꼬챙이의 용도

• **평행 꼬챙이(나라비구시)** : 보통 크기의 생선에 사용

• **납작한 꼬챙이(히라구시)** : 조개나 새우 등 살이 부서지기 쉬운 것을 여러 개 꽂아 구울 때 사용

• **쿠시가츠** : 돈까스 등 튀긴 재료를 꼬챙이에 끼운 요리

35 레몬 · 라임 · 오렌지 · 유자 · 가보스 등 감귤류의 과즙에 초산을 첨가한 것으로 초간장이라고 불리는 양념의 이름은?

① 스

② 쇼유

③ 다시

④ 폰즈

스는 식초, 쇼유는 간장, 다시는 육수를 말한다.

36 가다랑어포에 대한 설명으로 옳지 않은 것은?

① 가다랑어의 단백질이 아미노산으로 변해 이노신산이 증가한다.

② 일번 다시는 제일 좋은 가다랑어포로 국물을 맑게 우려내는 것이다.

③ 이번 다시는 재료의 밑간을 들이는 데 폭넓게 사용한다.

④ 통가다랑어는 잘 말라 있고 수분이 빠져 가벼운 것이 좋다.

통가다랑어는 무겁고, 두들겨보았을 때 맑은 음이 나는 것이 좋다.

37 초간장 재료로 적당하지 않은 것은?

① 유자, 간장

② 레몬, 식초

③ 라임, 고추냉이

④ 가쓰오부시, 다시마

신맛을 내는 과일류와 간장과 식초, 그리고 육수를 내는 다시마와 가쓰오부시는 적당하나 고추냉이는 초간장 재료로 적합하지 않다.

32 ③ 33 ④ 34 ① 35 ④ 36 ④ 37 ③

38 옅은 색을 내고, 재료가 가지고 있는 색, 맛, 향을 잘 살리는 요리에 이용하는 간장의 종류는?

① 연간장
② 진간장
③ 타마리간장
④ 백간장

• 진간장 : 찍어 먹는 간장 또는 뿌리거나 곁들이고, 일본 요리에 가장 많이 쓰이는 간장이다.
• 타마리간장 : 흑색으로서 부드럽고 진하고 단맛이 있는 간장이다.
• 백간장 : 투명하고 황금에 가까운 색을 띠며 재료의 색을 살릴 수 있다.

39 복어 껍질 손질에 대한 설명으로 옳지 않은 것은?

① 데바칼로 속껍질과 겉껍질을 벗기고, 사시미로 가시를 제거한다.
② 끓는 물에 푹 익혀 질기지 않도록 준비한다.
③ 삶아 물기를 제거하고, 건조시켜 보관한다.
④ 무침을 할 때 속껍질과 겉껍질은 1:9 비율 정도로 사용한다.

끓는 물에 1분 이내로 살짝 데쳐 사용해야 한다.

40 스파게티와 국수 등에 이용되는 문어나 오징어 먹물의 색소는?

① 타우린(Taurine)
② 멜라닌(Melanin)
③ 미오글로빈(Myoglobin)
④ 히스타민(Histamine)

오징어와 먹물의 검은색 색소는 멜라닌 색소이다.

• 타우린 : 오징어, 문어에 있는 아미노산의 일종으로 피로회복제의 성분이기도 하다.
• 미오글로빈 : 육류의 근육색소이다.
• 히스타민 : 알레르기 반응을 할 수 있는 아미노산이다.

41 수분 70g, 당질 40g, 섬유질 7g, 단백질 5g, 무기질 4g, 지방 3g이 들어있는 식품의 열량은?

① 165kcal
② 178kcal
③ 198kcal
④ 207kcal

• 당질 : 4kcal/g, 단백질 : 4kcal/g, 지질 : 9kcal/g
• 수분과 섬유질, 무기질은 열량이 없는 식품이므로 이를 제외하고 계산을 한다.
• (40 + 5)×4kcal + 3×9kcal = 180 + 27 = 207kcal

42 조리장의 입지조건으로 적당하지 않은 곳은?

① 급 · 배수가 용이하고 소음, 악취, 분진, 공해 등이 없는 곳
② 사고발생 시 대피하기 쉬운 곳
③ 조리장이 지하층에 위치하여 조용한 곳
④ 재료의 반입, 오물의 반출이 편리한 곳

지하는 습하고 환기의 어려움이 있어 조리장으로는 적합한 장소가 아니다.

43 버터 대용품으로 생산되고 있는 식물성 유지는?

① 라드
② 마가린
③ 마요네즈
④ 땅콩버터

버터의 대용품인 쇼트닝이나 마가린은 식물성 유지에 수소를 첨가하여 만든 가공 유지이다.

44 조미의 기본 순서로 옳은 것은?

① 설탕 → 소금 → 간장 → 식초
② 설탕 → 식초 → 간장 → 소금
③ 소금 → 식초 → 간장 → 설탕
④ 간장 → 설탕 → 식초 → 소금

설탕은 분자량이 커서 흡수 속도가 느리기 때문에 설탕부터 넣어야 골고루 양념이 잘 스며든다. 식초는 신맛이 휘발되므로 마지막에 넣는다.

정답 38 ① 39 ② 40 ② 41 ④ 42 ③ 43 ② 44 ①

45 편육을 할 때 가장 적합한 삶기 방법은?

① 끓는 물에 고기를 덩어리째 넣고 삶는다.
② 끓는 물에 고기를 잘게 썰어 넣고 삶는다.
③ 찬물에서부터 고기를 넣고 삶는다.
④ 찬물에서부터 고기와 생강을 넣고 삶는다.

편육은 고기의 맛이 용출되지 않도록 끓는 물에 덩어리째 넣고 삶고, 식은 후 써는 것이 좋다.

오답 피하기

육수는 고기의 맛이 국물로 빠져나올 수 있도록 찬물에 넣어 끓인다.

46 단체급식의 목적이 아닌 것은?

① 피급식자의 건강의 회복, 유지, 증진을 도모한다.
② 피급식자의 식비를 경감한다.
③ 피급식자에게 물질적 충족을 준다.
④ 영양교육과 음식의 중요성을 교육함으로써 바람직한 급식을 실현한다.

• 학교급식의 목적
 – 올바른 식생활 습관 형성으로 식생활 관리를 한다.
 – 영양적인 식사를 제공하고 건강을 유지, 증진시킨다.
 – 식량의 분배, 소비 등에 관하여 바른 이해력을 길러준다.
• 산업체 급식의 목적
 – 연령, 성별, 노동 정도에 따라 적정한 영양이 급식되므로 영양필요량을 충족시킨다.
 – 동일한 장소에서 함께 식사를 하므로 동료 간 대화를 통해 원만한 인간관계를 형성한다.
• 병원 급식의 목적
 – 간접적인 치료 방법이라는 사실을 생각하여 환자에 따라 적정한 식사를 제공한다.
 – 질병의 치유와 병상의 회복과 촉진을 도모한다.

47 소화흡수가 잘 되도록 하는 방법으로 가장 적절한 것은?

① 짜게 먹는다.
② 동물성 식품과 식물성 식품을 따로따로 먹는다.
③ 식품을 잘고 연하게 조리하여 먹는다.
④ 한꺼번에 많은 양을 먹는다.

소화흡수가 잘 되도록 조리를 하고, 입에서도 여러 번 씹어 넘겨야 소화흡수가 빠르다.

48 젤라틴과 한천에 관한 설명으로 옳지 않은 것은?

① 한천은 보통 28~35℃에서 응고되는데 온도가 낮을수록 빨리 굳는다.
② 한천은 식물성 급원이다.
③ 젤라틴은 젤리, 양과자 등에서 응고제로 쓰인다.
④ 젤라틴에 생파인애플을 넣으면 단단하게 응고한다.

젤라틴은 단백질이므로 파인애플을 넣으면 부드러워진다. 보통 콜라겐의 질긴 육류에 과일을 넣어 부드럽게 조리를 하지만, 젤라틴에는 첨가하지 않는다.

49 밀가루 반죽 시 넣는 첨가물에 관한 설명으로 옳은 것은?

① 유지는 글루텐 구조형성을 방해하여 반죽을 부드럽게 한다.
② 소금은 글루텐 단백질을 연화시켜 밀가루 반죽의 점탄성을 떨어뜨린다.
③ 설탕은 글루텐 망사구조를 치밀하게 하여 반죽을 질기고 단단하게 한다.
④ 달걀을 넣고 가열하면 단백질의 연화작용으로 반죽이 부드러워진다.

유지는 글루텐을 연하게 하는 연화작용이 있어 바삭하게 한다.

오답 피하기

• 소금은 글루텐을 강화시켜 쫄깃하게 한다.
• 설탕은 글루텐을 부드럽게 해서 바삭하고 질기지 않게 한다.
• 달걀을 넣으면 점성이 생겨 반죽이 쫄깃해진다.

50 원가계산의 목적으로 옳지 않은 것은?

① 원가의 절감 방안을 모색하기 위해서
② 제품의 판매가격을 결정하기 위해서
③ 경영손실을 제품가격에서 만회하기 위해서
④ 예산편성의 기초자료로 활용하기 위해서

원가계산의 목적
• 가격결정의 목적 : 제품의 판매가격을 결정한 목적으로 원가를 계산한다.
• 원가관리의 목적 : 원가의 절감을 위한 원가관리의 기초자료를 제공한다.
• 예산편성의 목적 : 예산의 편성에 따른 자료를 제공하는 목적이다.
• 재무제표 작성의 목적 : 기업의 외부 이해 관계자에게 경영활동 결과를 보고하기 위한 재무제표를 작성하는데 기초자료 제공을 위하여 원가를 계산한다.

51 다음의 상수처리 과정에서 가장 마지막 단계는?

① 급수
② 취수
③ 정수
④ 도수

취수 → 도수 → 정수(침사 → 침전 → 여과 → 소독) → 송수 → 배수 → 급수

52 규폐증에 대한 설명으로 옳지 않은 것은?

① 먼지 입자의 크기가 $0.5 \sim 5.0\,\mu\text{m}$일 때 잘 발생한다.
② 대표적인 진폐증이다.
③ 암석가공업, 도자기 공업, 유리제조업의 근로자들이 주로 많이 발생한다.
④ 일반적으로 위험요인에 노출된 근무 경력이 1년 이후부터 자각 증상이 발생한다.

근무 경력이 15~20년 이후에 걸리지만, 분진의 농도에 따라 발병까지의 기간은 단축된다.

53 공중보건학의 목표에 관한 설명으로 옳지 않은 것은?

① 건강 유지
② 질병 예방
③ 질병 치료
④ 지역사회 보건수준 향상

질병을 예방할 수는 있으나 치료라는 단어가 나오면 틀린 내용이다.

54 생균(Live Vaccine)을 사용하는 예방접종으로 면역이 되는 질병은?

① 파상풍
② 콜레라
③ 폴리오
④ 백일해

생균 백신 : 홍역, 결핵, 황열, 폴리오, 탄저, 두창

사균 백신 : 파라티푸스, 장티푸스, 콜레라, 백일해, 일본뇌염

55 돼지고기를 날것으로 먹거나 불완전하게 가열하여 섭취할 때 감염될 수 있는 기생충은?

① 유구조충
② 무구조충
③ 광절열두조충
④ 간디스토마

돼지고기와 관련된 기생충은 유구조충, 선모충이 있다.

• 무구조충 : 소
• 광절열두조충 : 물벼룩, 연어, 송어
• 간니스토마 : 왜우렁이, 붕어, 잉어

정답 50 ③ 51 ① 52 ④ 53 ③ 54 ③ 55 ①

56 소음의 측정 단위는?

① dB

② kg

③ Å

④ ℃

• 소음 음압의 단위 : Decibel
• 소음 음의 크기 : phon

57 인수공통감염병으로 그 병원체가 세균인 것은?

① 일본뇌염

② 공수병

③ 광견병

④ 결핵

오답 피하기

일본뇌염, 공수병, 광견병 : 바이러스

58 음식물이나 식수에 오염되어 경구적으로 침입되는 감염병이 아닌 것은?

① 유행성이하선염

② 파라티푸스

③ 세균성 이질

④ 폴리오

오답 피하기

소화기계 감염병 : 장티푸스, 파라티푸스, 세균성 이질, 콜레라, 폴리오 등

59 적외선에 속하는 파장은?

① 200nm

② 400nm

③ 600nm

④ 800nm

적외선의 파장은 7800Å 이상(780nm)이다.

오답 피하기

• 자외선 : 2,000~3,800Å
• 가시광선 : 3,900~7,700Å

60 매개 곤충과 질병이 잘못 연결된 것은?

① 이 – 발진티푸스

② 쥐벼룩 – 페스트

③ 모기 – 사상충증

④ 벼룩 – 렙토스피라증

• 벼룩 : 페스트

오답 피하기

• 설치류 : 렙토스피라증

해설과 함께 보는 최신 기출문제 03회

복어조리기능사	소요 시간	문항 수
	1시간	총 60문항

수험번호 : _____

성   명 : _____

---

01 황색 포도상구균의 특징이 아닌 것은?

① 균체가 열에 강함
② 독소형 식중독 유발
③ 화농성 질환의 원인균
④ 엔테로톡신(Enterotoxin) 생성

독소인 엔테로톡신은 열에 강하지만, 포도상구균은 열에 약하여 80℃에서 30분 가열 시 파괴된다.

02 섭조개에서 문제를 일으킬 수 있는 독소 성분은?

① 테트로도톡신(Tetrodotoxin)
② 셉신(Sepsine)
③ 베네루핀(Venerupin)
④ 삭시톡신(Saxitoxin)

섭조개 : 삭시톡신

오답 피하기
• 테트로도톡신 : 복어
• 셉신 : 부패된 감자
• 베네루핀 : 바지락, 굴

03 어패류의 선도 평가에 이용되는 지표성분은?

① 헤모글로빈
② 트리메틸아민
③ 메탄올
④ 이산화탄소

TMA(트리메틸아민)의 값이 1㎍이면 맛이 저하되고, 2~3㎍ 정도이면 부패된 어류이다.

04 식품에서 자연적으로 발생하는 유독물질을 통해 식중독을 일으킬 수 있는 식품과 가장 거리가 먼 것은?

① 피마자   ② 표고버섯
③ 미숙한 매실   ④ 모시조개

표고버섯에는 유독성분이 없다.

오답 피하기
• 피마자 : 리신
• 미숙한 매실 : 아미그달린
• 모시조개 : 베네루핀

05 과거 일본 미나마타병의 집단발병 원인이 되는 중금속은?

① 카드뮴   ② 납
③ 수은   ④ 비소

1956년 일본 규수 미나마타시에서 한 해에만 52만 명에게 발생한 미나마타병이 대표적이다. 일본질소비료에서 강으로 흘려보낸 유기수은이 어패류에 축적되었다가 오염된 어패류를 섭취한 인근 주민들에게 언어장애, 보행 장애, 난청 등의 증상이 나타나면서 사망하였다.

06 소시지 등 가공육 제품의 육색을 고정하기 위해 사용하는 식품첨가물은?

① 발색제   ② 착색제
③ 강화제   ④ 보존제

발색제는 색의 변색 방지와 발색을 위해 사용한다. 식육에 사용하는 발색제 종류로는 아질산나트륨, 질산나트륨, 질산칼륨이 있다.

정답 01① 02④ 03② 04② 05③ 06①

07 소독의 지표가 되는 소독제는?

① 석탄산
② 크레졸
③ 과산화수소
④ 포르말린

석탄산은 비교적 안정적이고 유기물에도 소독력이 약화되지 않으므로 살균력의 지표가 된다.

08 식품의 변화현상에 대한 설명으로 옳지 않은 것은?

① 산패 : 유지식품의 지방질 산화
② 발효 : 화학물질에 의한 유기화합물의 분해
③ 변질 : 식품의 품질 저하
④ 부패 : 단백질과 유기물이 부패 미생물에 의해 분해

발효 : 탄수화물 식품이 미생물에 의해 알코올과 유기산을 생성하여 유용한 물질을 만들어 내는 현상

09 파라티온(Parathion), 말라티온(Malathion)과 같이 독성이 강하지만 빨리 분해되어 만성중독을 일으키지 않는 농약은?

① 유기인제 농약
② 유기염소제 농약
③ 유기불소제 농약
④ 유기수은제 농약

• 유기인제 : 파라티온, 말라티온, 다이아지논, TEPP

오답 피하기
• 유기염소제 : DDT, BHC
• 비소화합물 : 산성비산납, 비산석회
• 카바메이트제 : BPMC, MIMC, NAC

10 식품첨가물의 주요 용도가 바르게 연결된 것은?

① 삼이산화철 – 표백제
② 이산화티타늄 – 발색제
③ 명반 – 보존료
④ 호박산 – 산도조절제

호박산은 산도조절제이면서 감칠맛의 성분이다.

오답 피하기
• **삼이산화철, 이산화티타늄** : 착색료
• **명반** : 팽창제

11 식품위생법상 식중독 환자를 진단한 의사는 누구에게 이 사실을 제일 먼저 보고하여야 하는가?

① 보건복지부장관
② 경찰서장
③ 보건소장
④ 관할 시장 · 군수 · 구청장

식중독 발생 시 의사나 한의사는 지체없이 관할 시장 · 군수 · 구청장에게 보고하여야 한다.

12 조리사 면허 취소에 해당하지 않는 것은?

① 식중독이나 그 밖에 위생과 관련한 중대한 사고 발생에 직무상의 책임이 있는 경우
② 면허를 타인에게 대여하여 사용하게 한 경우
③ 조리사가 마약이나 그 밖의 약물에 중독이 된 경우
④ 조리사 면허의 취소처분을 받고 그 취소된 날부터 2년이 지나지 아니한 경우

조리사 면허의 취소처분을 받고 그 취소된 날로부터 1년이 지나지 아니한 경우

13 식품위생법상 식품 등의 위생적인 취급에 관한 기준이 아닌 것은?

① 식품 등을 취급하는 원료보관실·제조가공실·조리실·포장실 등의 내부는 항상 청결하게 관리하여야 한다.
② 식품 등의 원료 및 제품 중 부패·변질되기 쉬운 것은 냉동·냉장시설에 보관·관리하여야 한다.
③ 유통기한이 경과된 식품 등을 판매하거나 판매의 목적으로 전시하여 진열·보관하여서는 아니 된다.
④ 모든 식품 및 원료는 냉장·냉동시설에 보관·관리하여야 한다.

실온에서 보관해야 하는 식품도 있으므로 모든 식품이라고 말할 수는 없다.

14 불린 쌀이나 밥으로 맛국물을 넉넉히 넣고 길게 끓이고 밥알의 형체가 없게 만드는 일식 죽의 이름은?

① 오카유
② 조우스이
③ 아게모노
④ 시라코

오답 피하기
• 조우스이는 밥을 넣고 짧게 끓여 밥알의 형태가 있는 죽이다.
• 아게모노란 덴푸라, 가라아게, 카츠, 프라이 등 다양한 종류의 일본의 튀김 요리를 말한다.
• 시라코는 복어 수컷의 정소로 하얀색이고 크림처럼 부드럽고 고소한 맛이 있다.

15 양념한 재료를 그대로 튀기거나 박력분이나 전분만을 묻혀 튀긴 튀김의 용어는?

① 아게모노
② 고로모아게
③ 가라아게
④ 스아게

오답 피하기
• 아게모노 : 덴푸라, 가라아게, 카츠, 프라이 등 다양한 종류의 일본의 튀김 요리
• 고로모아게 : 박력분이나 전분으로 튀김옷에 물을 넣어서 만들어 재료에 묻혀 튀긴 것
• 스아게 : 식재료 그 자체를 아무것도 묻히지 않은 상태에서 튀겨내 재료가 가진 색과 형태를 그대로 살리는 튀김

16 β−전분이 가열에 의해 α−전분으로 되는 현상은?

① 호화
② 호정화
③ 산화
④ 노화

전분이 날것인 상태를 베타전분(β전분)이라고 한다. 이 베타전분을 물로 가열하면 분자에 금이 가며 물 분자가 전분으로 들어가서 팽윤한 상태가 되고 점성이 높은 반투명의 콜로이드 상태가 되는데 이것을 전분의 호화라고 한다.

17 중성지방의 구성 성분은?

① 탄소와 질소
② 아미노산
③ 지방산과 글리세롤
④ 포도당과 지방산

지방은 '지방산 3분자 + 글리세롤의 에스테르' 결합이다.

18 복어 초회 양념 중 고추 간장의 재료가 아닌 것은?

① 겨자
② 고추
③ 간장
④ 미림

물에 갠 겨자와 간장, 미림을 혼합하여 사용한다.

정답 13 ④ 14 ① 15 ③ 16 ① 17 ③ 18 ②

19 결합수의 특징이 아닌 것은?

① 전해질을 잘 녹여 용매로 작용한다.
② 자유수보다 밀도가 크다.
③ 식품에서 미생물의 번식과 발아에 이용되지 못한다.
④ 동·식물의 조직에 존재할 때 그 조직에 큰 압력을 가하여 압착해도 제거되지 않는다.

결합수	자유수
용질에 대하여 용매로 작용하지 않음	전해질을 잘 녹임(용매 작용)
건조로 쉽게 제거되지 않음	건조로 쉽게 제거됨
−20℃에서도 동결되지 않음	0℃ 이하에서 쉽게 동결됨
미생물 증식에 이용되지 못함	미생물의 번식과 발아에 이용됨
밀도가 큼	표면 장력, 점성, 비열이 큼

20 요구르트 제조는 우유 단백질의 어떤 성질을 이용하는가?

① 응고성
② 용해성
③ 팽윤
④ 수화

요구르트는 발효유의 일종으로 우유류에 젖산균을 접종·발효시켜 응고시킨 제품이다.

21 알칼리성 식품에 대한 설명으로 옳은 것은?

① Na, K, Ca, Mg이 많이 함유되어 있는 식품
② S, P, Cl이 많이 함유되어 있는 식품
③ 당질, 지질, 단백질 등이 많이 함유되어 있는 식품
④ 곡류, 육류, 치즈 등의 식품

• 알칼리성 식품 : Ca, Mg, Na, K, Fe, Cu, Mn, Co, Zn(야채, 과일, 해조류)

오답 피하기
• 산성 식품 : P, S, Cl, I(육류, 곡류)

22 우유의 균질화(Homogenization)에 대한 설명이 아닌 것은?

① 지방구 크기를 0.1~2.2㎛ 정도로 균일하게 만들 수 있다.
② 탈지유를 첨가하여 지방의 함량을 맞춘다.
③ 큰 지방구의 크림층 형성을 방지한다.
④ 지방의 소화를 용이하게 한다.

우유의 균질화(Homogenization) : 우유 지방구에 물리적 충격을 가하여 크기를 작게 분쇄하는 작업으로 지방의 분리를 방지하기 위한 방법이다.

23 레드 캐비지로 샐러드를 만들 때 식초를 조금 넣은 물에 담그면 고운 적색을 띠는 것은 어떤 색소 때문인가?

① 안토시아닌(Anthocyanin)
② 클로로필(Chlorophyll)
③ 안토잔틴(Anthoxanthin)
④ 미오글로빈(Myoglobin)

적채에 있는 자색 색소는 안토시아닌이고, 안토시아닌은 산성에 안정하고 알칼리에 불안정하다.

24 섬유소와 한천에 대한 설명으로 옳지 않은 것은?

① 산을 첨가하여 가열하면 분해되지 않는다.
② 체내에서 소화되지 않는다.
③ 변비를 예방한다.
④ 모두 다당류이다.

한천에 산은 강도를 약하게 한다. 다당류로 소화되지 않는 난소화성 식품이다.

25 과실의 젤리화 3요소와 관계가 없는 것은?

① 젤라틴
② 당
③ 펙틴
④ 산

젤리화 만드는 조건은 펙틴 1~1.5%, 유기산 3%를 함유한 과즙에 설탕 60% 이상을 첨가해 설탕이 펙틴을 침전시켜 형성되는 것이다.

26 탄수화물의 분류 중 5탄당이 아닌 것은?

① 갈락토오스(Galactose)
② 자일로오스(Xylose)
③ 아라비노오스(Arabinose)
④ 리보오스(Ribose)

• **5탄당** : 리보오스(Ribose), 아라비노오스(Arabinose), 크실로스(Xylose, 자일로즈)

• **6탄당** : 포도당, 과당, 갈락토오스, 만노오스, 소르보스

27 CA 저장에 가장 적합한 식품은?

① 육류
② 과일류
③ 우유
④ 생선류

• 산소와 탄산가스의 농도를 조절하여 과일, 난류를 저장하는 방법이다.
• 식품마다 다르지만 미생물이 번식할 수 없는 온도는 0℃, 습도는 80~85%가 적당하다.
• **사과** : 산소 15%, 탄산가스 10~15%, 혼합기체 12℃로 저장한다.
• **토마토** : 산소와 탄산가스를 각각 5%의 혼합기체로 하여 12℃에서 저장한다.
• **달걀** : 흰자의 수양화가 지연된다.

28 황함유 아미노산이 아닌 것은?

① 트레오닌(Thrconine)
② 시스틴(Cystine)
③ 메티오닌(Methionine)
④ 시스테인(Cysteine)

분자에 황원자를 포함하는 아미노산의 총칭이다. 단백질의 구성성분으로는 메티오닌, 시스틴, 시스테인이 있다.

29 하루 필요 열량이 2,500kcal일 경우 이 중의 18%에 해당하는 열량을 단백질에서 얻으려 한다면, 필요한 단백질의 양은 얼마인가?

① 50.0g
② 112.5g
③ 121.5g
④ 171.3g

• **단백질** : 4kcal/g
• **단백질 하루 필요 열량** = 2,500kcal×0.18 = 450kcal
• **단백질 필요량** = 450÷4 = 112.5g

30 조리와 가공 중 천연색소의 변색 요인과 거리가 먼 것은?

① 산소
② 효소
③ 질소
④ 금속

산소와 접촉에 의한 과일이나 채소의 갈변, 효소에 의한 홍차, 감자, 우엉의 갈변, 금속에 의한 양상추의 색 변화가 있다.

31 조리에 사용하는 냉동식품의 특성이 아닌 것은?

① 완만 동결하여 조직이 좋다.
② 미생물 발육을 저지하여 장기간 보존이 가능하다.
③ 저장 중 영양가 손실이 적다.
④ 산화를 억제하여 품질 저하를 막는다.

냉동식품은 급속 냉동하는 것이 좋다.

32 조리기구의 재질 중 열전도율이 커서 열을 전달하기 쉬운 것은?

① 유리
② 도자기
③ 알루미늄
④ 석면

알루미늄이 열전도율이 커서 가열이 빠르게 쉽게 된다는 장점이 있지만, 음식이 식거나 온도가 유지되지 않는다는 단점이 있다. 알루미늄 조리기구를 손으로 접촉할 때에는 뜨거울 수 있으므로 주의해야 한다.

33 달걀을 이용한 조리식품과 관계가 없는 것은?

① 오믈렛
② 수란
③ 치즈
④ 커스터드

치즈는 우유에 산이나 레닌을 첨가하여 만든 제품이다.

오답 피하기

커스터드 : 달걀, 우유, 설탕, 향료를 혼합하여 가열한 것이다.

34 소금 절임 시 저장성이 좋아지는 이유는?

① pH가 낮아져 미생물이 살아갈 수 없는 환경이 조성된다.
② pH가 높아져 미생물이 살아갈 수 없는 환경이 조성된다.
③ 고삼투성에 의한 탈수효과로 미생물의 생육이 억제된다.
④ 저삼투성에 의한 탈수효과로 미생물의 생육이 억제된다.

식품에 소금을 넣으면 삼투압 작용에 의해 소금은 식품 내부로 침투하고, 식품의 수분은 용출된다. 식품의 수분이 제거되므로 생육할 수 있는 조건이 억제되는 것이다.

35 밀가루의 용도별 분류는 어느 성분을 기준으로 하는가?

① 글리아딘
② 글로불린
③ 글루타민
④ 글루텐

• **강력분** : 글루텐 함량 13% 이상, 빵, 마카로니, 스파게티
• **중력분** : 글루텐 함량 10~13%, 칼국수면, 만두피
• **박력분** : 글루텐 함량 10%이하, 튀김옷, 케이크, 쿠키, 도너츠

36 소고기의 부위별 용도와 조리법 연결이 옳지 않은 것은?

① 앞다리−불고기, 육회, 장조림
② 설도−탕, 샤브샤브, 육회
③ 목심−불고기, 국거리
④ 우둔−산적, 장조림, 육포

설도는 고기의 결과 질이 우둔과 비슷해서 퍽퍽하고 질긴 편이기 때문에 불고기, 육포 등으로 사용한다.

37 젤라틴의 응고에 관한 설명으로 옳지 않은 것은?

① 젤라틴의 농도가 높을수록 빨리 응고된다.
② 설탕의 농도가 높을수록 응고가 방해된다.
③ 염류는 젤라틴의 응고를 방해한다.
④ 단백질의 분해효소를 사용하면 응고력이 약해진다.

젤라틴에서 약간의 소금은 응고를 시켜주는 역할을 한다.

38 과일의 일반적인 특성과는 다르게 지방 함량이 가장 높은 과일은?

① 아보카도
② 수박
③ 바나나
④ 감

아보카도는 어떠한 과일보다도 높은 지방분과 단백질 함유량을 가지며 단맛은 없다.

39 전자레인지의 주된 조리 원리는?

① 복사   ② 전도
③ 대류   ④ 초단파

전자레인지는 초단파를 이용하여 짧은 시간 내에 고열로 조리하는 방법이다.

40 물에 녹는 비타민은?

① 레티놀(Retinol)
② 토코페롤(Tocopherol)
③ 티아민(Thiamine)
④ 칼시페롤(Calciferol)

수용성 비타민 : 티아민(비타민 B₁)

오답 피하기

지용성 비타민 : 레티놀(비타민 A), 토코페롤(비타민 E), 칼시페롤(비타민 D)

41 생선에 레몬즙을 뿌렸을 때 나타나는 현상이 아닌 것은?

① 신맛이 가해져서 생선이 부드러워진다.
② 생선의 비린내가 감소한다.
③ pH가 산성이 되어 미생물의 증식이 억제된다.
④ 단백질이 응고된다.

생선에 식초(산) 제품을 뿌리면 탄력이 생겨서 살이 단단해지고, 신선도가 증가한다.

42 튀김의 특징이 아닌 것은?

① 고온 단시간 가열로 영양소의 손실이 적다.
② 기름의 맛이 더해져 맛이 좋아진다.
③ 표면이 바삭바삭해 입안에서의 촉감이 좋아진다.
④ 불미성분이 제거된다.

튀김조리를 한다고 재료의 불미성분까지 제거되지는 않는다. 신선도가 낮은 식품은 여전히 좋지 못한 맛을 갖고 있을 수 있다.

43 생선의 조리방법에 관한 설명으로 옳은 것은?

① 생선은 결제조직의 함량이 많으므로 습열 조리법을 많이 이용한다.
② 지방 함량이 낮은 생선보다는 높은 생선으로 구이를 하는 것이 풍미가 더 좋다.
③ 생선찌개를 할 때 생선 자체의 맛을 살리기 위해서 찬물에 넣고 은근히 끓인다.
④ 선도가 낮은 생선은 조림국물의 양념을 담백하게 하여 뚜껑을 닫고 끓인다.

지방 함량이 높은 고등어, 꽁치 등이 구웠을 때 고소한 맛이 더 높다.

오답 피하기

• 생선은 결체조직인 콜라겐이 적고, 습열과 건열 조리 모두에 적합하다.
• 생선찌개를 할 때 생선 자체의 맛을 살리기 위해서 물이 끓으면 넣고 생선이 익을 때까지 끓여야 살이 부서지지 않고 맛이 좋다.
• 선도가 낮은 생선은 조림 국물의 양념을 진하게 하여 뚜껑을 열고 끓여야 냄새가 휘발된다.

정답 37③ 38① 39④ 40③ 41① 42④ 43②

44 계량방법이 잘못된 것은?

① 된장, 흑설탕은 꼭꼭 눌러 담아 수평으로 깎아서 계량한다.
② 우유는 투명기구를 사용하여 액체 표면의 윗부분을 눈과 수평으로 하여 계량한다.
③ 저울은 반드시 수평한 곳에서 0으로 맞추고 사용한다.
④ 마가린은 실온일 때 꼭꼭 눌러 담아 평평한 것으로 깎아 계량한다.

우유는 투명기구를 사용하여 액체 표면의 아랫부분을 눈과 수평으로 하여 계량한다.

45 총원가에 대한 설명으로 옳은 것은?

① 제조간접비와 직접원가의 합이다.
② 판매관리비와 제조원가의 합이다.
③ 판매관리비, 제조간접비, 이익의 합이다.
④ 직접재료비, 직접노무비, 직접경비, 직접원가, 판매관리비의 합이다.

총원가 = 판매관리비 + 제조원가

46 대상집단의 조직체가 급식운영을 직접 하는 형태는?

① 준위탁급식
② 위탁급식
③ 직영급식
④ 협동조합급식

직영급식의 장단점
• 장점 : 정해진 예산을 효과적으로 활용, 고객의 필요와 요구를 만족
• 단점 : 직원들의 직무 부담, 인력관리

47 가다랑어국물 내는 방법으로 옳은 것은?

① 다시마는 물에 담가 미리 우려내면 좋다.
② 다시마는 물이 끓으면 5분정도 끓이고 건져낸다.
③ 가다랑어포를 넣고 30분정도 끓여 국물을 진하게 한다.
④ 가다랑어포는 강불, 다시마는 약불에서 끓인 후 건져낸다.

오답 피하기
• 다시마와 물을 넣고 물이 끓기 전에 다시마는 건져낸다.
• 가다랑어포를 넣고 5~10분 끓인다.
• 다시마와 가다랑어포는 모두 약불에서 우려낸다.

48 초회에 쓰이는 양념으로 간장, 식초, 미림에 설탕, 가쓰오부시를 끓여 식혀 사용하는 양념의 용어는?

① 이배초
② 삼배초
③ 도사스
④ 아마스

니바이스 (이배초)	식초, 간장 혼합	야채 등 초회에 사용
삼바이스 (삼배초)	식초, 간장, 미림 혼합	일반적으로 폭넓게 사용
도사스	삼바이스에 설탕, 가쓰오부시 끓여 식혀 사용	고급요리에 사용
아마스 (단식초)	식초, 설탕, 소금을 혼합	야채 절일 때 사용

49 식품검수 방법에 대한 설명으로 옳지 않은 것은?

① 화학적 방법 : 영양소의 분석, 첨가물, 유해 성분 등을 검출하는 방법
② 검경적 방법 : 식품의 중량, 부피, 크기 등을 측정하는 방법
③ 물리학적 방법 : 식품의 비중, 경도, 점도, 빙점 등을 측정하는 방법
④ 생화학적 방법 : 효소반응, 효소 활성도, 수소이온농도 등을 측정하는 방법

검경적 방법 : 현미경을 이용하여 식품의 세포나 조직의 모양, 불순물, 병원균 등의 존재를 검사하는 것이다.

50 다음 중 적절한 작업 환경 안전 관리가 아닌 것은?

① 부식 및 발화 가연제 또는 위험물질은 별도로 구분하여 보관한다.
② 적정한 상대습도는 40~60%를 유지한다.
③ 조리작업장의 권장 조도는 100Lux 이하이다.
④ 작업장 주위의 통로나 작업장은 항상 청소한 후 작업한다.

조리작업장의 권장 조도는 161~143Lux이다.

51 인분을 사용한 밭에서 특히 경피적 감염을 주의해야 하는 기생충은?

① 십이지장충
② 요충
③ 회충
④ 말레이사상충

십이지장충(구충)은 경피 침입될 수 있는 기생충이므로 맨발로 작업하지 않도록 한다.

52 무구조충(민촌충) 감염의 올바른 예방대책은?

① 게나 가재의 가열 섭취
② 음료수의 소독
③ 채소류의 가열 섭취
④ 소고기의 가열 섭취

무구조충은 소고기에 기생하는 기생충이다.

53 사람이 예방접종을 통하여 얻은 면역을 무엇이라고 하는가?

① 선천면역
② 자연수동면역
③ 자연능동면역
④ 인공능동면역

인공능동면역 : 예방접종 후 얻은 면역

오답 피하기

• **자연능동면역** : 질병 감염 후 얻은 면역, 두창, 소아마비
• **자연수동면역** : 태반, 모유 등 모체로부터 얻은 면역
• **인공수동면역** : 수혈 후 얻은 면역, 글로불린 주사

54 쥐에 의하여 옮겨지는 감염병은?

① 유행성이하선염
② 페스트
③ 파상풍
④ 일본뇌염

쥐 : 유행성출혈열, 쯔쯔가무시, 페스트, 서교증, 와일씨병, 발진열

오답 피하기

• **파리** : 소화기계, 호흡기계 감염병
• **모기** : 말라리아, 사상충증, 황열, 뎅구열
• **이** : 발진티푸스, 재귀열
• **벼룩** : 발진티푸스, 페스트, 발진열, 재귀열
• **바퀴** : 소화기계 질병, 소아마비
• **진드기** : 쯔쯔가무시, 재귀열, 유행성출혈열, 양충병

55 눈 보호를 위해 가장 좋은 인공조명 방식은?

① 직접조명
② 간접조명
③ 반직접조명
④ 전반확산조명

간접조명은 조명 효율이 낮고 설비의 유지비가 다소 많이 들지만, 눈에 안정적이다.

56 중금속과 중독 증상의 연결이 잘못된 것은?

① 카드뮴-신장기능 장애
② 크롬-비중격천공
③ 수은-홍독성 홍분
④ 납-섬유화 현상

납 중독 : 연빈혈, 칼슘대사 이상, 신장장애, 적혈구 수 증가

57 국소진동으로 인한 질병 및 직업병의 예방대책이 아닌 것은?

① 보건교육
② 완충장치
③ 방열복 착용
④ 작업시간 단축

방열복은 열을 차단하는 작업복이므로 진동과는 관련이 없다.

58 쓰레기 처리 방법 중 미생물까지 사멸할 수는 있으나 대기오염을 유발할 수 있는 것은?

① 소각법
② 투기법
③ 매립법
④ 재활용법

소각법 : 가장 위생적인 방법이지만, 대기 오염이 심하고 처리 비용이 비싸다.

59 디피티(D.P.T) 기본접종과 관계없는 질병은?

① 디프테리아
② 풍진
③ 백일해
④ 파상풍

오답 피하기
• D : 디프테리아(Diphtheriae)
• P : 백일해(Pertussis)
• T : 파상풍(Tetanus)

60 국가의 보건수준 평가를 위하여 가장 많이 사용되고 있는 지표는?

① 조사망률
② 성인병 발생률
③ 결핵 이환율
④ 영아 사망률

• 한 지역사회나 국가의 보건수준을 나타내는 보건 지표로 영아 사망률, 조사망률, 질병 이환율, 사인별 사망률, 모성 사망률, 평균 수명 등으로 평가하는데 영아 사망률은 대표적인 지표가 된다.
• 영아 사망의 3대 원인 : 폐렴 및 기관지염, 장염 및 설사, 신생아 고유질환 및 사고

정답 55 ② 56 ④ 57 ③ 58 ① 59 ② 60 ④

PART

05

해설과 따로 보는
최신 기출문제

CBT 온라인 문제집

시험장과 동일한
환경에서 문제 풀이
서비스

• QR 코드를 찍으면 원하는 시험에 응시할 수 있습니다.

• 풀이가 끝나면 자동 채점되며, 해설을 즉시 확인할 수 있습니다.

• 마이페이지에서 풀이 내역을 분석하여 드립니다.

• 모바일과 PC도 이용 가능합니다.

중식조리기능사	소요 시간	문항 수
	1시간	총 60문항

수험번호 : _____

성   명 : _____

정답 & 해설 ▶ 1-380쪽

01 유독성 금속화합물에 의한 식중독을 일으킬 수 있는 경우는?

① 철분강화식품
② 요오드 강화 밀가루
③ 칼슘강화우유
④ 종자살균용 유기수은제 처리 콩나물

02 Staphylococcus Aureus 균이 분비하는 장독소가 원인이 되는 식중독은?

① 살모넬라 식중독
② 장염비브리오 식중독
③ 병원성대장균 식중독
④ 황색포도상구균 식중독

03 자외선 살균 등의 특징과 거리가 먼 것은?

① 사용법이 간단하다.
② 조사대상물에 거의 변화를 주지 않는다.
③ 잔류효과는 없는 것으로 알려져 있다.
④ 유기물 특히 단백질이 공존 시 효과가 증가한다.

04 식품위생법상 식품첨가물이 식품에 사용되는 방법이 아닌 것은?

① 침윤
② 반응
③ 첨가
④ 혼입

05 식중독에 관한 설명으로 옳지 않은 것은?

① 자연독이나 유해물질이 함유된 음식물을 섭취함으로써 생긴다.
② 발열, 구역질, 구토, 설사, 복통 등의 증세가 나타난다.
③ 세균, 곰팡이, 화학물질 등이 원인물질이다.
④ 대표적인 식중독은 콜레라, 세균성이질, 장티푸스 등이 있다.

06 곰팡이독(Mycotoxin) 중에서 간장독을 일으키는 독소가 아닌 것은?

① 아이스란디톡신(Islanditoxin)
② 시트리닌(Citrinin)
③ 아플라톡신(Aflatoxin)
④ 루테오스키린(Luteoskyrin)

07 단백질이 탈탄산반응에 의해 생성되어 알레르기성 식중독의 원인이 되는 물질은?

① 암모니아
② 아민류
③ 지방산
④ 알코올류

08 식품의 부패 정도를 측정하는 지표로 가장 거리가 먼 것은?

① 휘발성염기질소(VBN)
② 트리메탈아민(TMA)
③ 수소이온농도(pH)
④ 총 질소(TN)

09 식품에 존재하는 유기물질을 고온으로 가열할 때 단백질이나 지방이 분해되어 생기는 유해물질은?

① 에틸카바메이트(Ethylcarbamate)
② 다환방향족탄화수소(Polycyclic Aromatic Hydrocarbon)
③ 엔-니트로소아민(N-nitrosoamine)
④ 메탄올(Methanol)

10 과채류의 품질유지를 위한 피막제로만 사용되는 식품첨가물은?

① 실리콘수지
② 몰포린지방산염
③ 인산나트륨
④ 만니톨

11 식품위생법상 영업신고 대상 업종이 아닌 것은?

① 위탁급식영업
② 식품냉동 · 냉장업
③ 즉석판매제조 · 가공업
④ 양곡가공업 중 도정업

12 중국음식에서 간장을 사용하거나 붉은색의 조미료를 사용하여 만든 음식의 조리법은?

① 마라   ② 오향
③ 홍소   ④ 백소

13 팥이 들어있는 경단 형태의 찹쌀떡으로 겉에 깨가 붙어있는 중식의 후식은?

① 지마구   ② 빠스
③ 행인   ④ 유빙

14 재료를 살짝 익혀 싱겁고, 기름기가 적고, 재료 사용의 범위가 넓고, 서양 식재료에 영향을 받은 중국의 요리는?

① 북경 요리   ② 광동 요리
③ 남경 요리   ④ 사천 요리

15 유화 드레싱 유분리 현상이 일어나는 원인으로 옳지 않은 것은?

① 기름이 한 번에 많이 첨가될 때
② 지나치게 빠른 속도로 저을 때
③ 소스의 농도가 너무 진할 때
④ 소스가 만들어지는 과정에서 너무 차거나 따뜻하게 되었을 때

16 산과 당이 존재하면 특징적인 젤(Gel)을 형성하는 것은?

① 섬유소(Cellulose)
② 펙틴(Pectin)
③ 전분(Starch)
④ 글리코겐(Glycogen)

17 탕수육을 만들 때 전분을 물에 풀어서 넣을 때 용액의 성질은?

① 젤(Gel)
② 현탁액
③ 유화액
④ 콜로이드 용액

18 유지의 산패를 차단하기 위해 상승제(Synergist)와 함께 사용하는 물질은?

① 보존제
② 발색제
③ 항산화제
④ 표백제

19 김치류의 신맛 성분이 아닌 것은?

① 초산(Acetic Acid)
② 호박산(Succinic Acid)
③ 젖산(Lactic Acid)
④ 수산(Oxalic Acid)

20 식품의 동결건조에 이용되는 주요 현상은?

① 융해
② 기화
③ 승화
④ 액화

21 육류의 조리 · 가공 중 색소성분의 변화에 대한 설명으로 옳은 것은?

① 미오글로빈이 산화되면 메트미오글로빈으로 되어 갈색이 된다.
② 육류 조직 내의 미오글로빈은 공기 중에 노출되면 산소와 결합하여 헤마틴으로 되어 선명한 붉은색이 된다.
③ 햄, 베이컨, 소시지 등의 육류 가공품은 질산염이나, 아질산염과 작용하여 옥시미오글로빈으로 되어 선명한 붉은 색이 된다.
④ 신선한 육류의 절단면이 계속 공기 중에 노출되면 옥시미오글로빈으로 되어 갈색이 된다.

22 강화미란 주로 어떤 성분을 보충한 쌀인가?

① 비타민 A
② 비타민 B
③ 비타민 D
④ 비타민 C

23 중식에서 전분을 사용하지 않는 볶음은?

① 초채(炒菜)
② 류채(熘菜)
③ 홍소(紅燒)
④ 민(燜)

24 식품의 수분활성도에 대한 설명으로 옳은 것은?

① 임의의 온도에서 식품이 나타내는 수증기압에 대한 같은 온도에 있어서 순수한 물의 수증기압의 비율
② 임의의 온도에서 식품이 나타내는 수증기압
③ 임의의 온도에서 식품의 수분함량
④ 임의의 온도에서 식품과 동량의 순수한 물의 최대 수증기압

25 식혜는 엿기름 중에 어떠한 성분에 의하여 전분이 당화를 일으키게 되는가?

① 지방
② 단백질
③ 무기질
④ 효소

26 다음 중 우유 가공품이 아닌 것은?

① 마요네즈
② 버터
③ 아이스크림
④ 치즈

27 아미노 카르보닐 반응에 대한 설명으로 옳지 않은 것은?

① 마이야르반응(Maillard Reaction) 이라고도 한다.
② 당의 카르보닐 화합물과 단백질 등의 아미노기가 관여하는 반응이다.
③ 갈색 색소인 캐러멜을 형성하는 반응이다.
④ 비효소적 갈변반응이다.

28 안토시아닌 색소를 함유하는 과일의 붉은색을 보존하려고 할 때 가장 좋은 방법은?

① 식초를 가한다.
② 중조를 가한다.
③ 소금을 가한다.
④ 수산화나트륨을 가한다.

29 식품의 응고제로 쓰이는 수산물 가공품은?

① 젤라틴
② 셀룰로오스
③ 한천
④ 펙틴

30 버터의 수분함량이 23%라면, 버터 20g은 몇 칼로리(kcal) 정도의 열량을 내는가?

① 6016kcal
② 138.6kcal
③ 153.6kcal
④ 180.0kcal

31 식단 작성 시 필요한 사항과 가장 거리가 먼 것은?

① 식품 구입방법
② 영양 기준량 산출
③ 3식 영양량 배분 결정
④ 음식 수의 계획

32 콩밥은 쌀밥에 비해 특히 어떤 영양소의 보완에 좋은가?

① 단백질
② 당질
③ 지방
④ 비타민

33 생선을 프라이팬이나 석쇠에 구울 때 들러붙지 않도록 하는 방법으로 옳지 않은 것은?

① 낮은 온도에서 서서히 굽는다.
② 기구의 금속면을 테프론(Teflon)으로 처리한 것을 사용한다.
③ 기구의 표면에 기름을 칠하여 막을 만들어준다.
④ 기구를 먼저 달구어서 사용한다.

34 중식 조리법에서 고기를 연화시키는 방법으로 전분과 흰자를 입혀 기름에 데치는 방법의 조리법은?

① 화　　　　　② 전
③ 류　　　　　④ 초

35 관동 일대에서 쓰는 색깔이 진한 간장으로 색이 진하며, 짠맛은 강하지 않고 동파육, 해삼 요리, 팔보채 등에 사용하는 양념은?

① 노추
② 흑초
③ 해선장
④ 굴소스

36 아이스크림을 만들 때 굵은 얼음 결정이 형성되는 것을 막아 부드러운 질감을 갖게 하는 것은?

① 설탕
② 달걀
③ 젤라틴
④ 지방

37 육류의 사후강직과 숙성에 대한 설명으로 틀린 것은?

① 사후강직은 근섬유가 액토미오신(Acto-myosin)을 형성하여 근육이 수축되는 상태이다.
② 도살 후 글리코겐이 호기적 상태에서 젖산을 생성하여 pH가 저하된다.
③ 사후강직 시기에는 보수성이 저하되고 육즙이 많이 유출된다.
④ 자가분해효소인 카텝신(Cathepsin)에 의해 연해지고 맛이 좋아진다.

38 두부를 만드는 과정은 콩 단백질의 어떠한 성질을 이용한 것인가?

① 건조의 의한 변성
② 동결에 의한 변성
③ 효소에 의한 변성
④ 무기염류에 의한 변성

39 원가의 구성으로 옳은 것은?

① 판매가격 = 이익 + 제조원가
② 직접원가 = 직접재료비 + 직접노무비 + 직접경비
③ 총원가 = 제조간접비 + 직접원가
④ 제조원가 = 판매경비 + 일반관리비 + 제조간접비

40 발효시킨 메주콩에 고추를 갈아 넣고 양념을 첨가하여 만든 맵고 칼칼한 소스는?

① 황두장　　　　② 춘장
③ 첨면장　　　　④ 두반장

41 중식 요리에서 돼지뼈, 닭뼈, 닭고기 등을 넣어 1~2시간 정도로 짧게 끓이는 맑은 육수의 용어는?

① 농탕   ② 칭탕

③ 샹탕   ④ 얼탕

42 칼슘의 흡수를 방해하는 인자는?

① 유당   ② 단백질

③ 비타민 C   ④ 옥살산

43 다음 중 유화의 형태가 나머지 셋과 다른 것은?

① 우유   ② 버터

③ 마요네즈   ④ 아이스크림

44 다음은 간장의 재고 대상이다. 간장의 재고가 10 병일 때 선입선출법에 의한 간장의 재고 자산은 얼마인가?

입고일자	수량(병)	단가(원)
5일	5	3,500
12일	10	3,500
20일	7	3,000
27일	5	3,500

① 30,000원   ② 31,500원

③ 32,500원   ④ 35,000원

45 조리대 배치형태 중 환풍기와 후드의 수를 최소화할 수 있는 것은?

① 일렬형   ② 병렬형

③ ㄷ자형   ④ 아일랜드형

46 탄수화물 급원인 쌀 100g을 고구마로 대치하려면 고구마는 몇 g정도 필요한가? (단, 100g당 당질 함량은 쌀 80g, 고구마 32g이다.)

① 250g   ② 275g

③ 300g   ④ 325g

47 달걀의 열 응고성을 이용한 것은?

① 마요네즈   ② 엔젤 케이크

③ 커스터드   ④ 스펀지 케이크

48 펙틴과 산이 적어 잼 제조에 가장 부적합한 과일은?

① 사과   ② 배

③ 포도   ④ 딸기

49 버터 대용품으로 생산되고 있는 식물성 유지는?

① 라드   ② 마가린

③ 마요네즈   ④ 땅콩버터

50 현미 식초를 1년 이상 더 발효시켜 만든 것으로 신맛은 덜하고 달고, 색이 진해 간장처럼 진한 색이 나온 중국 식자재는?

① 흑초
② 노추
③ 산초
④ 매실소스

51 환경위생을 철저히 함으로써 예방 가능한 감염병은?

① 콜레라
② 풍진
③ 백일해
④ 홍역

52 순화독소(Toxoid)를 사용하는 예방접종으로 면역이 되는 질병은?

① 파상풍
② 콜레라
③ 폴리오
④ 백일해

53 주로 정상기압에서 고기압으로 변화하는 환경에서 작업 시 발생하는 질환은?

① 잠함병
② 고산병
③ 항공병
④ 일산화탄소 중독

54 카드뮴 만성중독의 주요 3대 증상이 아닌 것은?

① 빈혈
② 폐기증
③ 신장 기능 장애
④ 단백뇨

55 수질검사에서 과망간산칼륨(KMnO₄)의 소비량이 의미하는 것은?

① 유기물의 양
② 탁도
③ 대장균의 양
④ 색도

56 사회보장 제도 중 공공부조에 해당하는 것은?

① 고용보험
② 건강보험
③ 의료급여
④ 국민연금

57 생활쓰레기의 분류 중 부엌에서 나오는 동. 식물성 유기물은?

① 주개
② 가연성 진개
③ 불연성 진개
④ 재활용성 진개

58 병원체가 바이러스(Virus)인 질병은?

① 장티푸스
② 결핵
③ 유행성 간염
④ 발진열

59 모기가 매개하는 감염병이 아닌 것은?

① 황열
② 일본뇌염
③ 장티푸스
④ 사상충증

60 바다에서 잡히는 어류(생선)을 먹고 기생충증에 걸렸다면 이와 가장 관계 깊은 기생충은?

① 아니사키스충
② 유구조충
③ 동양모양선충
④ 선모충

중식조리기능사	소요 시간	문항 수
	1시간	총 60문항

수험번호 : _____

성　명 : _____

정답 & 해설 ▶ 1-383쪽

01 우리나라에서 허가된 발색제가 아닌 것은?

① 아질산나트륨
② 황산제일철
③ 질산칼륨
④ 아질산칼륨

02 다환방향족 탄화수소이며, 훈제육이나 태운 고기에서 다량 검출되는 발암 작용을 일으키는 것은?

① 질산염
② 알코올
③ 벤조피렌
④ 포름알데히드

03 에탄올 발효 시 생성되는 메탄올의 가장 심각한 중독 증상은?

① 구토　　　② 경기
③ 실명　　　④ 환각

04 식품의 변질 현상에 대한 설명으로 옳지 않은 것은?

① 통조림 식품의 부패에 관여하는 세균에는 내열성인 것이 많다.
② 우유의 부패 시 세균류가 관계하여 적변을 일으키기도 한다.
③ 식품의 부패에는 대부분 한 종류의 세균이 관계한다.
④ 가금육은 주로 저온성 세균이 주된 부패균이다.

05 일반적으로 식품 1g 중 생균 수가 약 얼마 이상일 때 초기부패로 판정하는가?

① 10^2개
② 10^4개
③ 10^7개
④ 10^{15}개

06 독소형 세균성 식중독으로 짝지어진 것은?

① 살모넬라 식중독, 장염비브리오 식중독
② 리스테리아 식중독, 복어독 식중독
③ 황색포도상구균 식중독, 클로스트리디움 보툴리눔균 식중독
④ 맥각독 식중독, 콜리균 식중독

07 복어독 중독의 치료법으로 적절하지 않은 것은?

① 호흡촉진제 투여
② 진통제 투여
③ 위세척
④ 최토제 투여

08 식품 취급자의 화농성 질환에 의해 감염되는 식중독은?

① 살모넬라 식중독
② 황색포도상구균 식중독
③ 장염비브리오 식중독
④ 병원성대장균 식중독

09 과실류, 채소류 등 식품의 살균 목적으로 사용되는 것은?

① 초산비닐수지(Polyvinyl Acetate)
② 이산화염소(Chlorine Dioxide)
③ 규소수지(Silicone Resin)
④ 차아염소산나트륨(Sodium Hypochlorite)

10 다음 중 내인성 위해 식품은?

① 지나치게 구운 생선
② 푸른곰팡이에 오염된 쌀
③ 싹이 튼 감자
④ 농약을 많이 뿌린 채소

11 전채 요리의 특징으로 옳은 것은?

① 적당한 신맛 단맛 짠맛 쓴맛으로 만든다.
② 전채 요리는 다량으로 만든다.
③ 전채 요리는 식사의 시작 모양과 색채, 맛이 어우러져 예술작품을 만든다.
④ 통일감을 위해 주 요리에 사용되는 재료와 반복된 조리법을 사용한다.

12 우리나라 식품 위생법의 목적과 거리가 먼 것은?

① 식품으로 인한 위생상의 위해 방지
② 식품 영양의 질적 향상 도모
③ 국민 보건의 증진에 이바지
④ 부정 식품 제조에 대한 가중 처벌

13 식품위생법상에서 정의하는 '집단급식소'에 대한 정의로 옳은 것은?

① 영리를 목적으로 하는 모든 급식 시설을 일컫는 용어이다.
② 영리를 목적으로 하지 않고 비정기적으로 1개월에 1회씩 음식물을 공급하는 급식 시설도 포함된다.
③ 영리를 목적으로 하지 아니하면서 특정 다수인에게 계속하여 음식을 공급하는 급식 시설을 말한다.
④ 영리를 목적으로 하지 않고 계속적으로 불특정 다수인에게 음식물을 공급하는 급식 시설을 말한다.

14 식품위생법상 식품위생감시원의 직무가 아닌 것은?

① 영업소의 폐쇄를 위한 간판 제거 등의 조치
② 영업의 건전한 발전과 공동의 이익을 도모하는 조치
③ 영업자 및 종업원의 건강 진단 및 위생 교육의 이행 여부의 확인, 지도
④ 조리사 및 영양사의 법령 준수사항 이행 여부의 확인, 지도

15 식품위생법상 영업신고를 하지 않는 업종은?

① 즉석 판매 제조, 가공업
② 양곡관리법에 따른 양곡가공업 중 도정업
③ 식품운반법
④ 식품소분, 판매업

16 마이야르(Maillard) 반응에 영향을 주는 인자가 아닌 것은?

① 수분
② 온도
③ 당의 종류
④ 효소

17 다음 중 쌀 가공식품이 아닌 것은?

① 현미
② 강화미
③ 팽화미
④ α-미

18 다음 중 발효 식품은?

① 치즈   ② 수정과
③ 사이다   ④ 우유

19 채소와 과일의 가스 저장(CA 저장) 시 필수 요건이 아닌 것은?

① pH 조절
② 기체의 조절
③ 냉장 온도 유지
④ 습도 유지

20 단백질에 관한 설명으로 옳은 것은?

① 인단백질은 단순단백질에 인산이 결합한 단백질이다.
② 지단백질은 단순단백질에 당이 결합한 단백질이다.
③ 당단백질은 단순단백질에 지방이 결합한 단백질이다.
④ 핵단백질은 단순단백질 또는 복합단백질이 화학적 또는 산소에 의해 변화된 단백질이다.

21 한천의 용도가 아닌 것은?

① 훈연 제품의 산화방지제
② 푸딩, 양갱 등의 젤화제
③ 유제품, 청량 음료 등의 안정제
④ 곰팡이, 세균 등의 배지

22 식품의 수분 활성도(Aw)에 대한 설명으로 옳지 않은 것은?

① 식품이 나타내는 수증기압과 순수한 물의 수증기압의 비를 말한다.
② 일반적인 식품의 Aw 값은 1보다 크다.
③ Aw의 값이 작을수록 미생물의 이용이 쉽지 않다.
④ 어패류의 Aw의 0.99~0.98. 정도이다.

23 장기간의 식품 보존 방법과 가장 관계가 먼 것은?

① 배건법
② 염장법
③ 산저장법
④ 냉장법

24 대표적인 콩 단백질인 글로불린(Globulin)이 가장 많이 함유하고 있는 성분은?

① 글리시닌(Glycinin)
② 알부민(Albumin)
③ 글루텐(Gluten)
④ 제인(Zein)

25 라면류, 건빵류, 비스킷 등은 상온에서 비교적 장시간 저장해 두어도 노화가 잘 일어나지 않는데, 그 주된 이유는?

① 낮은 수분함량
② 낮은 pH
③ 높은 수분함량
④ 높은 pH

26 신맛 성분에 유기산인 아미노기(−NH₂)가 있으면 어떤 맛이 가해진 산미가 되는가?

① 단맛
② 신맛
③ 쓴맛
④ 짠맛

27 유지의 발연점에 영향을 주는 인자와 거리가 먼 것은?

① 용해도
② 유리지방산의 함량
③ 노출된 유지의 표면적
④ 불순물의 함량

28 다음 당류 중 단맛이 가장 약한 것은?

① 포도당
② 과당
③ 맥아당
④ 설탕

29 다음 쇠고기 성분 중 일반적으로 살코기에 비해 간에 특히 더 많은 것은?

① 비타민 A, 무기질
② 단백질, 전분
③ 섬유소, 비타민 C
④ 전분, 비타민 A

30 오징어 먹물 색소의 주 색소는?

① 안토잔틴
② 클로로필
③ 유멜라닌
④ 플라보노이드

31 급식인원이 1,000명인 단체급식소에서 1인당 60g의 풋고추조림을 주려고 한다. 발주할 풋고추의 양은? (단, 풋고추의 폐기율은 9%이다.)

① 55kg
② 60kg
③ 66kg
④ 68kg

32 단체급식이 갖는 운영상의 문제점이 아닌 것은?

① 단시간 내에 다량의 음식 조리
② 식중독 등 대형 위생사고
③ 대량구매로 인한 재고관리
④ 적온 급식의 어려움으로 음식의 맛 저하

33 완두콩을 조리할 때 정량의 황산구리를 첨가하면 특히 어떤 효과가 있는가?

① 비타민이 보강된다.
② 무기질이 보강된다.
③ 냄새를 보유할 수 있다.
④ 녹색을 보유할 수 있다.

34 중식 요리에서 물을 사용하는 조리법은?

① 사오
② 차오
③ 짜
④ 빠오

35 다음이 설명하는 중국에서 많이 사용하는 식재료는?

> • 줄기와 어린잎에서 특유하고 독특한 냄새가 있고 성숙하면 방향이 변한다.
> • 중국, 인도, 태국, 베트남 등 동남아시아의 여러 나라에서 향신료로 많이 사용한다.
> • 오이 피클이나 육류제품, 스프의 향신료로 이용된다.

① 짜차이
② 향차이
③ 초이삼
④ 카이란

36 중식 튀김옷 재료에 대한 설명으로 틀린 것은?

① 감자 전분, 옥수수 전분, 고구마 전분을 사용한다.
② 튀김에는 탈수가 잘 되는 박력분을 많이 활용한다.
③ 식소다를 사용하면 수분 함량이 낮아지면서 질기게 튀겨진다.
④ 달걀은 튀김이 오래되면 눅눅해지고 질감이 떨어지게 한다.

37 채소를 세척하는 방법으로 옳지 않은 것은?

① 충분한 물에 야채에 묻어 있는 흙이나 모래를 깨끗이 씻어낸다.
② 충분히 잠겨진 물에 야채를 씻는 것이 효과적이다.
③ 씻은 채소는 3~5℃ 정도의 차가운 물에 30분 정도 담가 놓는다.
④ 어린잎, 여린 채소들은 상온의 물에 담가 사용하는 것이 좋다.

38 면 반죽에서 소금의 역할로 옳지 않은 것은?

① 글루텐에 대한 연화성을 증가시켜 준다.
② 맛과 풍미를 향상시킨다.
③ 삶는 시간을 단축해 주고, 보존성을 향상시킨다.
④ 건면의 경우에는 이상 건조, 낙면을 방지한다.

39 냉채 요리 선정할 때 유의 사항으로 옳은 것은?

① 주 요리의 가격대에 따라 결정한다.
② 주 요리와 비슷한 재료로 통일해서 냉채를 결정한다.
③ 계절에 따라 메인 메뉴는 변화를 주고 냉채 요리는 고정으로 한다.
④ 육류보다는 해산물을 사용하는 것이 적합하다.

40 중국 요리의 특징이 아닌 것은?

① 중국은 크게 양쯔강을 중심으로 남방과 북방으로 나누는데,
② 중국요리는 높은 열에서 단시간에 조리하는 메뉴가 많으므로 영양의 손실이 많다.
③ 북경요리, 남경요리, 광동요리, 사천요리를 4대 요리라 부른다.
④ 각 지방의 기후, 풍토 등에 특색이 있고 식용유의 활용도가 매우 높다.

41 식품의 구매 방법으로 필요한 품목, 수량을 표시하여 업자에게 견적서를 제출받고 품질이나 가격을 검토한 후 낙찰자를 정하여 계약을 체결하는 것은?

① 수의계약
② 경쟁입찰
③ 대량구매
④ 계약구입

42 떡의 노화를 방지할 수 있는 방법이 아닌 것은?

① 찹쌀가루의 함량을 높인다.
② 설탕의 첨가량을 늘인다.
③ 급속 냉동시켜 보관한다.
④ 수분 함량을 30~60%로 유지한다.

43 우유에 산을 넣으면 응고물이 생기는데 이 응고물의 주체는?

① 유당
② 레닌
③ 카제인
④ 유지방

44 오리알이나 달걀을 흙, 재, 소금, 석회를 쌀겨를 섞어 두 달 이상 삭혀 노른자는 까맣게 변하고 흰자 부위는 투명한 갈색이 되는 식재료는?

① 피단
② 삭스핀
③ 분피
④ 짜차이

45 육류 조리 과정 중 색소의 변화 단계가 바르게 연결된 것은?

① 미오글로빈 – 메트미오글로빈 – 옥시미오글로빈
② 메트미오글로빈 – 옥시미오글로빈 – 미오글로빈
③ 미오글로빈 – 옥시미오글로빈 – 메트미오글로빈
④ 옥시미오글로빈 – 메트미오글로빈 – 미오글로빈

46 머랭을 만들고자 할 때 설탕 첨가는 어느 단계에 하는 것이 가장 효과적인가?

① 처음 젓기 시작할 때
② 거품이 생기려고 할 때
③ 충분히 거품이 생겼을 때
④ 거품이 없어졌을 때

47 마요네즈를 만들 때 기름의 분리를 막아주는 것은?

① 난황
② 난백
③ 소금
④ 식초

48 고체화한 지방을 여과 처리하는 방법으로 샐러드유 제조 시 이용되며, 유화 상태를 유지하기 위한 가공 처리 방법은?

① 용출 처리
② 동유 처리
③ 정제 처리
④ 경화 처리

49 주방의 바닥 조건으로 옳은 것은?

① 산이나 알칼리에 약하고 습기, 열에 강해야 한다.
② 바닥 전체의 물매는 1/20이 적당하다.
③ 조리 작업을 드라이 시스템화할 경우의 물매는 1/100. 정도가 적당하다.
④ 고무 타일, 합성수지 타일 등이 잘 미끄러지지 않으므로 적당하다.

50 다음 중 돼지고기에만 존재하는 부위명은?

① 사태살
② 갈매기살
③ 채끝살
④ 안심살

51 상수도와 관계된 보건 문제가 아닌 것은?

① 수도열
② 반상치
③ 레이노드병
④ 수인성 감염병

52 규폐증과 관계가 먼 것은?

① 유리규산
② 암석가공업
③ 골연화증
④ 폐조직의 섬유화

53 감염병 관리상 환자의 격리를 요하지 않는 것은?

① 콜레라

② 디프테리아

③ 파상풍

④ 장티푸스

54 ( ) 안에 차례대로 들어갈 내용으로 알맞은 것은?

> 생물화학적 산소요구량(BOD)은 일반적으로 ( )을 ( )에서 ( )간 안정화하는 데 소비한 산소량을 말한다.

① 무기 물질, 15℃, 5일

② 무기 물질, 15℃, 7일

③ 유기 물질, 20℃, 5일

④ 유기 물질, 20℃, 7일

55 실내 공기의 오염지표로 사용되는 것은?

① 일산화탄소

② 이산화탄소

③ 질소

④ 오존

56 수인성 감염병의 특징에 대한 설명으로 옳지 않은 것은?

① 단시간에 다수의 환자가 발생한다.

② 환자의 발생은 그 급수지역과 관계가 깊다.

③ 발생률이 남녀노소, 성별, 연령별로 차이가 크다.

④ 오염원의 제거로 일시에 종식될 수 있다.

57 기생충과 인체감염원인 식품이 잘못 연결된 것은?

① 유구조충 – 돼지고기

② 무구조충 – 쇠고기

③ 동양모양선충 – 민물고기

④ 아니사키스충 – 바다생선

58 감염병 발생의 3대 요인이 아닌 것은?

① 예방접종

② 환경

③ 숙주

④ 병인

59 기생충에 오염된 논, 밭에서 맨발로 작업할 때 감염될 수 있는 가능성이 가장 높은 것은?

① 간흡충

② 폐흡충

③ 구충

④ 광절열두조충

60 4대 온열 요소에 속하지 않은 것은?

① 기류

② 기압

③ 기습

④ 복사열

중식조리기능사	소요 시간	문항 수
	1시간	총 60문항

수험번호 : _____

성   명 : _____

정답 & 해설 ▶ 1-385쪽

01 칼슘(Ca)과 인(P)의 대사 이상을 초래하여 골연화증을 유발하는 유해 금속은?

① 철(Fe)

② 카드뮴(Cd)

③ 은(Ag)

④ 주석(Sn)

02 미생물학적으로 식품 1g당 세균수가 얼마일 때 초기 부패 단계로 판정하는가?

① $10^3 \sim 10^4$

② $10^4 \sim 10^5$

③ $10^7 \sim 10^8$

④ $10^{12} \sim 10^{13}$

03 혐기 상태에서 생산된 독소에 의해 신경 증상이 나타나는 세균성 식중독은?

① 황색포도상구균 식중독

② 클로스트리디움 보툴리늄 식중독

③ 장염비브리오 식중독

④ 살모넬라 식중독

04 식품과 독성분이 잘못 연결된 것은?

① 감자 – 솔라닌(Solanine)

② 조개류 – 삭시톡신(Saxitoxin)

③ 독미나리 – 베네루핀(Venerupin)

④ 복어 – 테트로도록신(Tetrodotoxin)

05 식품첨가물의 사용 목적과 이에 따른 첨가물의 종류가 바르게 연결된 것은?

① 식품의 영양 강화를 위한 것 – 착색료

② 식품의 관능을 만족시키기 위한 것 – 조미료

③ 식품의 변질이나 변패를 방지하기 위한 것 – 감미료

④ 식품의 품질을 개량하거나 유지하기 위한 것 – 산미료

06 다음 식품첨가물 중 주요 목적이 다른 것은?

① 과산화벤조일

② 과황산암모늄

③ 이산화염소

④ 아질산나트륨

07 식품의 변화 현상에 대한 설명으로 옳지 않은 것은?

① 산패 : 유지 식품의 지방질 산화

② 발효 : 화학물질에 의한 유기 화합물의 분해

③ 변질 : 식품의 품질 저하

④ 부패 : 단백질과 유기물이 부패 미생물에 의해 분해

08 바이러스에 의한 감염이 아닌 것은?

① 폴리오
② 인플루엔자
③ 장티푸스
④ 유행성 감염

09 통조림 식품의 통조림관에서 유래될 수 있는 식중독 원인물질은?

① 카드뮴
② 주석
③ 페놀
④ 수은

10 곰팡이의 대사산물에 의해 질병이나 생리 작용에 이상을 일으키는 원인이 아닌 것은?

① 청매 중독
② 아플라톡신 중독
③ 황변미 중독
④ 오크라톡신 중독

11 식품위생법상 위해 식품 등의 판매 등 금지내용이 아닌 것은?

① 불결하거나 다른 물질이 섞이거나 첨가된 것으로 인체의 건강을 해칠 우려가 있는 것
② 유독·유해 물질이 들어 있으나 식품의약품안전처장이 인체의 건강을 해할 우려가 없다고 인정한 것
③ 병원 미생물에 의하여 오염되었거나 그 염려가 있어 인체의 건강을 해칠 우려가 있는 것
④ 썩거나 상하거나 설익어서 인체의 건강을 해칠 우려가 있는 것

12 식품, 식품첨가물, 기구 또는 용기·포장의 위생적 취급에 관한 기준을 정하는 것은?

① 총리령
② 농림수산식품부령
③ 고용노동부령
④ 식품의약품안전처장령

13 식품위생법규상 무상수거 대상 식품은?

① 도·소매업소에서 판매하는 식품 등을 시험검사용으로 수거할 때
② 식품 등의 기준 및 규격 제정을 위한 참고용으로 수거할 때
③ 식품 등을 검사할 목적으로 수거할 때
④ 식품 등의 기준 및 규격 개정을 위한 참고용으로 수거할 때

14 식품위생법상 명시된 영업의 종류에 포함되지 않는 것은?

① 식품조사처리업
② 식품접객업
③ 즉석판매제조·가공업
④ 먹는샘물제조업

15 식품위생법상 조리사 면허를 받을 수 없는 사람은?

① 미성년자
② 마약중독자
③ B형간염환자
④ 조리사 면허의 취소 처분을 받고 그 취소된 날부터 1년이 지난 자

16 결합수의 특성으로 옳은 것은?

① 식품 조직을 압착하여도 제거되지 않는다.
② 점성이 크다.
③ 미생물의 번식과 발아에 이용된다.
④ 보통의 물보다 밀도가 작다.

17 사과, 바나나, 파인애플 등의 주요 향미 성분은?

① 에스테르(Ester)류
② 고급지방산류
③ 유황화합물류
④ 퓨란(Furan)류

18 다당류에 속하는 탄수화물은?

① 펙틴
② 포도당
③ 과당
④ 갈락토오스

19 알코올 1g당 열량산출 기준은?

① 0kcal
② 4kcal
③ 7kcal
④ 9kcal

20 유지를 가열하면 점차 점도가 증가하게 되는데 이것은 유지 분자들의 어떤 반응 때문인가?

① 산화 반응
② 열분해 반응
③ 중합 반응
④ 가수분해 반응

21 젤라틴과 관계없는 것은?

① 양갱
② 족편
③ 아이스크림
④ 젤리

22 다음 중 일반적으로 꽃 부분을 주요 식용 부위로 하는 화채류는?

① 비트(Beet)
② 파슬리(Parsley)
③ 브로콜리(Broccoli)
④ 아스파라거스(Asparagus)

23 색소 성분의 변화에 대한 설명으로 옳은 것은?

① 엽록소는 알칼리성에서 갈색화
② 플라본 색소는 알칼리성에서 황색화
③ 안토시안 색소는 산성에서 청색화
④ 카로틴 색소는 산성에서 흰색화

24 칼슘과 단백질의 흡수를 돕고 정장 효과가 있는 것은?

① 설탕
② 과당
③ 유당
④ 맥아당

25 두부를 만들 때 간수에 의해 응고되는 것은 단백질의 변성 중 무엇에 의한 변성인가?

① 산
② 효소
③ 염류
④ 동결

26 호화와 노화에 관한 설명으로 옳지 않은 것은?

① 전분의 가열 온도가 높을수록 호화 시간이 빠르며, 점도는 낮아진다.
② 전분 입자가 크고 지질 함량이 많을수록 빨리 호화된다.
③ 수분 함량이 0~60%, 온도가 0~4℃일 때 전분의 노화는 쉽게 일어난다.
④ 60℃ 이상에서는 노화가 잘 일어나지 않는다.

27 쓴 약을 먹은 직후 물을 마시면 단맛이 나는 것처럼 느끼게 되는 현상은?

① 변조 현상
② 소실 현상
③ 대비 현상
④ 미맹 현상

28 오이나 배추의 녹색이 김치를 담갔을 때 점차 갈색을 띠게 되는 것은 어떤 색소의 변화 때문인가?

① 카로티노이드(Carotenoid)
② 클로로필(Chlorophyll)
③ 안토시아닌(Anthocyanin)
④ 안토잔틴(Anthoxanthin)

29 가공치즈(Processed Cheese)의 설명으로 옳지 않은 것은?

① 자연 치즈에 유화제를 가하여 가열한 것이다.
② 일반적으로 자연 치즈보다 저장성이 높다.
③ 약 85℃에서 살균하여 Pasteurized Cheese라고도 한다.
④ 가공치즈는 매일 지속적으로 발효가 일어난다.

30 달걀에 가스 저장을 실시하는 가장 중요한 이유는?

① 알껍질이 매끄러워짐을 방지하기 위하여
② 알껍질의 이산화탄소 발산을 억제하기 위하여
③ 알껍질의 수분 증발을 방지하기 위하여
④ 알껍질의 기공을 통한 미생물 침입을 방지하기 위하여

31 굵은 소금이라고도 하며, 오이지를 담글 때나 김장 배추를 절이는 용도로 사용하는 소금은?

① 천일염
② 재제염
③ 정제염
④ 꽃소금

32 제품의 제조를 위하여 소비된 노동의 가치를 말하며 임금, 수당, 복리 후생비 등이 포함되는 것은?

① 노무비
② 재료비
③ 경비
④ 훈련비

33 국이나 전골 등에 국물 맛을 독특하게 내는 조개류의 성분은?

① 요오드
② 주석산
③ 구연산
④ 호박산

34 우유에 대한 설명으로 옳지 않은 것은?

① 시판되고 있는 전유는 유지방 함량이 3.0% 이상이다.
② 저지방 우유는 유지방을 0.1% 이하로 낮춘 우유이다.
③ 유당소화장애증이 있으면 유당을 분해한 우유를 이용한다.
④ 저염 우유란 전유 속의 Na(나트륨)을 K(칼륨)과 교환시킨 우유를 말한다.

35 다음이 설명하는 중국요리의 증기를 사용하는 조리법은?

- 음식의 수분이 증발하여 겉표면은 바삭바삭하며, 음식의 속은 부드럽다.
- 직화 또는 오븐 등 복사열을 이용하여 음식을 익히는 조리법은 오랜 전통 방식이기도 하다.
- 북경 오리구이가 대표적인 방식이다.

① 차오
② 지옌
③ 쩽
④ 카오

36 다음 중 조리용 기기 사용으로 옳지 않은 것은?

① 필러(Peeler) : 감자, 당근 껍질 벗기기
② 슬라이서(Slicer) : 쇠고기 갈기
③ 세미기 : 쌀의 세척
④ 믹서 : 재료의 혼합

37 지역별 요리의 특색으로 옳지 않은 것은?

① 북경은 중국의 수도로서 정치·문화·사회적인 중심지이므로 고급 요리가 많이 발달해 있다.
② 광동은 유럽의 침입에 영향을 받아 서구풍으로 발전했다.
③ 남경은 중국의 중심 지대로서 장강을 끼고 있는 비옥한 농토에서 나는 식재료를 사용한다.
④ 사천은 야생의 특산물을 취하기는 하나, 맛은 그곳 특유의 조미 방식을 많이 사용한다.

38 궁보계정에서 재료처럼 깍둑 모양으로 썰거나 재료에 칼집을 넣어 데친 후 팬에서 센 불에서 빠르게 볶아 내는 조리법은?

① 빠오   ② 펑
③ 차오   ④ 리우

39 식빵에 버터를 펴서 바를 때처럼 버터에 힘을 가한 후 그 힘을 제거해도 원래 상태로 돌아오지 않고 변형된 상태로 유지하는 성질은?

① 유화성   ② 가소성
③ 쇼트닝성   ④ 크리밍성

40 쇠고기 부위 중 결체조직이 많아 구이에 가장 부적당한 것은?

① 등심
② 갈비
③ 사태
④ 채끝

41 버터나 마가린의 계량 방법으로 가장 적절한 것은?

① 냉장고에서 꺼내어 계량컵에 눌러 담은 후 윗면을 직선으로 된 칼로 깎아 계량한다.
② 실온에서 부드럽게 하여 계량컵에 담아 계량한다.
③ 실온에서 부드럽게 하여 계량컵에 눌러 담은 후 윗면을 직선으로 된 칼로 깎아 계량한다.
④ 냉장고에서 꺼내어 계량컵의 눈금까지 담아 계량한다.

42 무나 양파를 오랫동안 익힐 때 색을 희게 하려면 다음 중 무엇을 첨가하는 것이 가장 좋은가?

① 소금
② 소다
③ 생수
④ 식초

43 생선을 껍질이 있는 상태로 구울 때 껍질이 수축되는 주원인 물질과 그 처리 방법은?

① 생선살의 색소 단백질, 소금에 절이기
② 생선살의 염용성 단백질, 소금에 절이기
③ 생선 껍질의 지방, 껍질에 칼집 넣기
④ 생선 껍질의 콜라겐, 껍질에 칼집 넣기

44 육류 조리에 대한 설명으로 옳지 않은 것은?

① 탕 조리 시 찬물에 고기를 넣고 끓여야 추출물이 최대한 용출된다.
② 장조림 조리 시 간장을 처음부터 넣으면 고기가 단단해지고 잘 찢기지 않는다.
③ 편육 조리 시 찬물에 넣고 끓여야 잘 익은 고기 맛이 좋다.
④ 불고기용으로는 결합 조직이 되도록 적은 부위가 적당하다.

45 다음 중 영양소의 손실이 가장 큰 조리법은?

① 바삭바삭한 튀김을 위해 튀김옷에 중조를 첨가한다.
② 푸른 채소를 데칠 때 약간의 소금을 첨가한다.
③ 감자를 껍질째 삶은 후 절단한다.
④ 쌀을 담가놓았던 물을 밥물로 사용한다.

46 양장피의 주재료인 분피의 원료는?

① 밀가루
② 고구마전분
③ 쌀
④ 타피오카

47 마요네즈에 대한 설명으로 옳지 않은 것은?

① 식초는 산미를 주고, 방부성을 부여한다.
② 마요네즈를 만들 때 너무 빨리 저어주면 분리되므로 주의한다.
③ 사용되는 기름은 냄새가 없고, 고도로 분리 정제가 된 것을 사용한다.
④ 새로운 난황에 분리된 마요네즈를 조금씩 넣으면서 저어주면, 마요네즈 재생이 가능하다.

48 조절 영양소가 비교적 많이 함유된 식품으로 구성된 것은?

① 시금치, 미역, 굴
② 쇠고기, 달걀, 두부
③ 두부, 감자, 쇠고기
④ 쌀, 감자, 밀가루

49 소금 절임 시 저장성이 좋아지는 이유는?

① pH가 낮아져 미생물이 살아갈 수 없는 환경이 조성된다.
② pH가 높아져 미생물이 살아갈 수 없는 환경이 조성된다.
③ 고삼투성에 의한 탈수 효과에 미생물의 생육이 억제된다.
④ 저삼투성에 의한 탈수 효과로 미생물의 생육이 억제된다.

50 성인 여자의 1일 필요 열량을 2,000kcal라고 가정할 때, 이 중 15%를 단백질로 섭취할 경우 동물성 단백질의 섭취량은? (단, 동물성 단백질량은 일일단백질량의 1/3로 계산한다.)

① 25g   ② 35g
③ 75g   ④ 100g

51 인공능동면역의 방법에 해당하지 않는 것은?

① 생균 백신 접종
② 글로불린 접종
③ 사균 백신 접종
④ 순화독소 접종

52 주로 동물성 식품에서 기인하는 기생충은?

① 구충
② 회충
③ 동양모양선충
④ 유구조충

53 인구정지형으로 출생률과 사망률이 모두 낮은 인구형은?

① 피라미드형
② 별형
③ 항아리형
④ 종형

54 공기의 자정 작용과 관계가 없는 것은?

① 희석 작용

② 세정 작용

③ 환원 작용

④ 살균 작용

55 〈예비 처리 – 본 처리 – 오니 처리〉 순서로 진행되는 것은?

① 하수 처리

② 쓰레기 처리

③ 상수도 처리

④ 지하수 처리

56 이산화탄소(CO_2)를 실내 공기의 오탁지표로 사용하는 가장 주된 이유는?

① 유독성이 강하므로

② 실내 공기 조성의 전반적인 상태를 알 수 있으므로

③ 일산화탄소로 변화되므로

④ 항상 산소량과 반비례하므로

57 폐기물 관리법에서 소각로 소각법의 장점으로 옳지 않은 것은?

① 위생적인 방법으로 처리할 수 있다.

② 다이옥신(Dioxin)의 발생이 없다.

③ 잔류물이 적어 매립하기에 적당하다.

④ 매립법에 비해 설치 면적이 적다.

58 진동이 심한 작업을 하는 사람에게 국소진동 장애로 생길 수 있는 직업병은?

① 진폐증

② 파킨슨씨병

③ 잠함병

④ 레이노드병

59 조명이 불충분할 때는 시력저하, 눈의 피로를 일으키고 지나치게 강렬할 때는 어두운 곳에서 암순응능력을 저하시키는 태양 광선은?

① 전자파

② 자외선

③ 적외선

④ 가시광선

60 감수성지수(접촉감염지수)가 가장 높은 감염병은?

① 폴리오

② 홍역

③ 백일해

④ 디프테리아

일식조리기능사	소요 시간	문항 수	수험번호 : _____
	1시간	총 60문항	성 명 : _____

정답 & 해설 ▶ 1-388쪽

01 다음 식품첨가물 중 영양 강화제는?

① 비타민류, 아미노산류
② 검류, 락톤류
③ 에테르류, 에스테르류
④ 지방산류, 페놀류

02 식품의 보존료가 아닌 것은?

① 데히드로초산(Dehydroacetic Acid)
② 소르빈산(Sorbic Acid)
③ 안식향산(Benzoic Acid)
④ 아스파탐(Aspartam)

03 아플라톡신(Aflatoxin)에 대한 설명으로 옳지 않은 것은?

① 기질수분 16% 이상, 상대습도 80~85% 이상에서 생성한다.
② 탄수화물이 풍부한 곡물에서 많이 발생한다.
③ 열에 비교적 약하여 100℃에서 쉽게 불활성화된다.
④ 강산이나 강알칼리에서 쉽게 분해되어 불활성화된다.

04 다음 중 일반적으로 사망률이 가장 높은 식중독은?

① 살모넬라 식중독
② 장염비브리오 식중독
③ 클로스트리디움 보툴리눔 식중독
④ 포도상구균 식중독

05 식품의 부패과정에서 생성되는 불쾌한 냄새물질과 거리가 먼 것은?

① 암모니아   ② 포르말린
③ 황화수소   ④ 인돌

06 웰치균에 대한 설명으로 옳은 것은?

① 아포는 60℃에서 10분 가열하면 사멸한다.
② 혐기성 균주이다.
③ 냉장온도에서 잘 발육한다.
④ 당질식품에서 주로 발생한다.

07 식중독 발생 시 즉시 취해야 할 행정적 조치는?

① 식중독 발생신고
② 원인식품의 폐기처분
③ 연막 소독
④ 역학 조사

08 식품첨가물의 사용목적이 아닌 것은?

① 식품의 기호성 증대
② 식품의 유해성 입증
③ 식품의 부패와 변질을 방지
④ 식품의 제조 및 품질개량

09 화학물질에 의한 식중독으로 일반 중독증상과 시신경의 염증으로 실명의 원인이 되는 물질은?

① 납
② 수은
③ 메틸알코올
④ 청산

10 세균성식중독 중 감염형이 아닌 것은?

① 살모넬라 식중독
② 황색포도상구균 식중독
③ 장염 비브리오 식중독
④ 병원성대장균 식중독

11 매운맛을 내는 성분이 바르게 연결된 것은?

① 겨자 – 캡사이신(Capsaicin)
② 생강 – 호박산(Succinic Acid)
③ 마늘 – 알리신(Allicin)
④ 고추 – 진저롤(Gingerol)

12 생선을 후라이팬이나 석쇠에 구울 때 들러붙지 않도록 하는 방법으로 옳지 않은 것은?

① 낮은 온도에서 서서히 굽는다.
② 기구의 금속면을 테프론(Teflon)으로 처리한 것을 사용한다.
③ 기구의 표면에 기름을 칠하여 막을 만들어 준다.
④ 기구를 먼저 달구어서 사용한다.

13 HACCP 인증 단체급식업소(집단급식소, 식품접객업소, 도시락류 포함)에서 조리한 식품은 소독된 보존식 전용 용기 또는 멸균 비닐봉지에 매회 1인분 분량을 담아 몇 ℃ 이하에서 얼마 이상의 시간 동안 보관하여야 하는가?

① 4℃ 이하, 48시간 이상
② 0℃ 이하, 100시간 이상
③ −10℃ 이하, 200시간 이상
④ −18℃ 이하, 144시간 이상

14 음식류를 조리 · 판매하는 영업으로서 식사와 함께 부수적으로 음주행위가 허용되는 영업은?

① 휴게음식점영업
② 단란주점영업
③ 유흥주점영업
④ 일반음식점영업

15 식품위생법령상 조리사를 두어야 하는 영업자 및 운영자가 아닌 것은?

① 국가 및 지방자치단체의 집단급식소 운영자
② 면적 100㎡ 이상의 일반음식점 영업자
③ 학교, 병원 및 사회복지시설의 집단급식소 운영자
④ 복어를 조리 · 판매하는 영업자

16 마가린, 쇼트닝, 튀김유 등은 식물성 유지에 무엇을 첨가하여 만드는가?

① 염소   ② 산소
③ 탄소   ④ 수소

17 효소적 갈변 반응을 방지하기 위한 방법이 아닌 것은?

① 가열하여 효소를 불 활성화시킨다.
② 효소의 최적조건을 변화시키기 위해 pH를 낮춘다.
③ 아황산가스 처리를 한다.
④ 산화제를 첨가한다.

18 게, 가재, 새우 등의 껍질에 다량 함유된 키틴(Chitin)의 구성성분은?

① 다당류   ② 단백질
③ 지방질   ④ 무기질

19 다음 중 단당류인 것은?

① 포도당   ② 유당
③ 맥아당   ④ 전분

20 식품을 저온 처리할 때 단백질에서 나타나는 변화가 아닌 것은?

① 가수분해
② 탈수현상
③ 생물학적 활성 파괴
④ 용해도 증가

21 알코올 1g당 열량산출 기준은?

① 0kcal   ② 4kcal
③ 7kcal   ④ 9kcal

22 수확한 후 호흡작용이 특이하게 상승되므로 미리 수확하여 저장하면서 호흡작용을 인공적으로 조절할 수 있는 과일류와 가장 거리가 먼 것은?

① 아보카도   ② 사과
③ 바나나   ④ 레몬

23 동물성 식품(육류)의 대표적인 색소성분은?

① 미오글로빈(Myoglobin)
② 페오피틴(Pheophytin)
③ 안토잔틴(Anthoxanthin)
④ 안토시아닌(Anthocyanin)

24 시찌미의 특징으로 옳지 않은 것은?

① 시찌미는 일반적으로 따뜻한 국물 요리에 넣어 먹는 향신료이다.

② 고춧가루, 산초, 진피, 삼씨, 파란김, 검은깨, 생강을 첨가하여 만든 곁들임 재료이다.

③ 일본의 시찌미는 지역에 따라서 배합, 배분이 다르다.

④ 관서 지방의 시찌미는 산초의 향이 강하고 산초의 비율이 높다.

25 일본 무침 조리의 특징으로 옳지 않은 것은?

① 재료와 향신료 등을 섞어서 무친 것을 말한다.

② 된장 무침, 초무침, 깨 무침 등이 있다.

③ 재료에 따라 가열하거나 밑간을 먼저 한 후에 무치는 경우가 있다.

④ 양념이 배도록 미리 무쳐 놓아두도록 한다.

26 자유수와 결합수의 설명으로 옳은 것은?

① 결합수는 용매로서 작용한다.

② 자유수는 4℃에서 비중이 제일 크다.

③ 자유수는 표면장력과 점성이 작다.

④ 결합수는 자유수보다 밀보다 작다.

27 우유의 가공에 대한 설명으로 옳지 않은 것은?

① 크림의 주성분은 우유의 지방성분이다.

② 분유는 전유, 탈지유, 반탈지유 등을 건조시켜 분말화한 것이다.

③ 저온 살균법은 60.6~65.6℃에서 30분간 가열하는 것이다.

④ 무당연유는 살균과정을 거치지 않고, 가당연유만 살균과정을 거친다.

28 미숫가루를 만들 때 건열로 가열하면 전분이 열분해되어 덱스트린이 만들어진다. 이 열분해과정을 무엇이라고 하는가?

① 호화

② 노화

③ 호정화

④ 전화

29 다음 중 5탄당은?

① 갈락토오스(Galactose)

② 만노오스(Mannose)

③ 자일로오스(Xylose)

④ 프락토오스(Fructose)

30 달걀에서 시간이 지남에 따라 나타나는 변화가 아닌 것은?

① 호흡작용을 통해 알칼리성으로 된다.

② 흰자의 점성이 커져 끈적끈적 해진다.

③ 흰자에서는 황화수소가 검출된다.

④ 주위의 냄새를 흡수한다.

31 다음 중 효소적 갈변반응이 나타나는 것은?

① 캐러멜 소스

② 간장

③ 장어구이

④ 사과주스

32 일식 요리에서 곁들임에 대한 설명으로 옳지 않은 것은?

① 일식 조리에서 곁들임을 아시라이라고 한다.
② 곁들임 재료는 채소류가 주를 이루고 그 종류도 다양하다.
③ 주재료에 첨가해서 시각적으로 조화로 이루고 맛을 돋우어 준다.
④ 사시스세소 일본의 양념이 다 들어갈 수 있도록 구성한다.

33 가다랑어포에 대한 설명으로 옳지 않은 것은?

① 통가다랑어는 무게가 있고 잘 말린 것이 좋다.
② 가다랑어포는 검은색이 선명한 것이 좋다.
③ 마른 행주나 키친타월로 가다랑어포 표면의 곰팡이를 닦아 사용한다.
④ 깎은 가다랑어포는 비닐봉투에 넣어 냉장고에 보관한다.

34 조리용 소도구의 용도로 옳은 것은?

① 믹서(Mixer) – 재료를 다질 때 사용
② 휘퍼(Whipper) – 감자 껍질을 벗길 때 사용
③ 필러(Peeler) – 골고루 섞거나 반죽할 때 사용
④ 그라인더(Grinder) – 쇠고기를 갈 때 사용

35 냉동식품에 대한 보관료 비용이 아래와 같을 때 당월소비액은? (단, 당월선급액과 전월미지급액은 고려하지 않는다.)

* 당월지급액 : 60,000원
* 전월선급액 : 10,000원
* 당월미지급액 : 30,000원

① 70,000원
② 80,000원
③ 90,000원
④ 100,000원

36 식품을 구입할 때 식품감별로 옳지 않은 것은?

① 과일이나 채소는 색깔이 고운 것이 좋다.
② 육류는 고유의 선명한 색을 가지며, 탄력성이 있는 것이 좋다.
③ 어육 연제품은 표면에 점액질의 액즙이 없는 것이 좋다.
④ 토란은 겉이 마르지 않고, 잘랐을 때 점액질이 없는 것이 좋다.

37 맛술(미림)에 대한 설명으로 옳지 않은 것은?

① 소주에 찐 쌀과 누룩을 넣어 천천히 발효시켜 만든다.
② 알코올과 당분, 각종 유기산, 아미노산 등이 특유의 맛을 내고 음식에 윤기가 나게 한다.
③ 성분의 당분과 알코올이 조릴 때 재료의 부서짐을 방지한다.
④ 설탕과 비교하면 포도당과 올리고당이 적은 편이라 식재료가 단단해지므로 나중에 첨가한다.

38 조림 요리의 냄비와 뚜껑에 대한 설명으로 옳지 않은 것은?

① 조림 요리의 냄비는 두꺼운 것을 선택한다.
② 조림 요리의 크기, 깊이, 재료, 조리법에 의해 분리 사용한다.
③ 조림 요리의 조림 뚜껑은 냄비보다 넉넉한 것을 준비한다.
④ 열이 밖으로 새지 않고, 뚜껑을 하지 않을 때보다 짧은 시간에 조리할 수 있다.

39 총 고객 수 900명, 좌석 수 300석, 1좌석 당 바닥면적 0.15m²일 때, 필요한 식당의 면적은?

① 300m²
② 350m²
③ 400m²
④ 450m²

40 조리에 사용하는 냉동식품의 특성이 아닌 것은?

① 완만 동결하여 조직이 좋다.
② 장기간 보존이 가능하다.
③ 저장 중 영양가 손실이 적다.
④ 비교적 신선한 풍미가 유지된다.

41 10월 한 달간 과일 통조림의 구입현황이 아래와 같고, 재고량이 모두 13캔인 경우 선입선출법에 따른 재고금액은?

날짜	구입량(캔)	구입단가(원)
10/1	20	1,000
10/10	15	1,050
10/20	25	1,150
10/25	10	1,200

① 14,500원
② 15,000원
③ 15,450원
④ 16,000원

42 일본 요리 중의 하나로, 밀가루를 넓게 펴서 칼로 썰어서 만든 굵은 국수는?

① 우동
② 소면
③ 라멘
④ 소바

43 냉동 중 육질의 변화가 아닌 것은?

① 육내의 수분이 동결되어 체적 팽창이 이루어진다.
② 건조에 의한 감량이 발생한다.
③ 고기 단백질이 변성되어 고기의 맛을 떨어뜨린다.
④ 단백질 용해도가 증가한다.

44 젓갈의 부패를 방지하기 위한 방법이 아닌 것은?

① 고농도의 소금을 사용한다.
② 방습, 차광포장을 한다.
③ 합성보존료를 사용한다
④ 수분활성도를 증가시킨다.

45 아미노카르보닐화 반응, 캐러멜화 반응, 전분의 호정화가 일어나는 온도의 범위는?

① 20~50℃
② 50~100℃
③ 100~200℃
④ 200~300℃

46 따뜻한 면류 맛국물의 다시:진간장:맛술의 적절한 비율은?

① 14:1:1
② 10:1:1
③ 7:1:1
④ 4:1:1

47 총비용과 총수익(판매액)이 일치하여 이익도 손실도 발생하지 않는 기점은?

① 매상선점
② 가격결정점
③ 손익분기점
④ 한계이익점

48 과일의 갈변을 방지하는 방법으로 바람직하지 않은 것은?

① 레몬즙, 오렌지즙에 담가둔다.
② 희석된 소금물에 담가둔다.
③ −10℃ 온도에서 동결시킨다.
④ 설탕물에 담가둔다.

49 체내 산·알칼리 평형유지에 관여하며 가공 치즈나 피클에 많이 함유된 영양소는?

① 철분
② 나트륨
③ 황
④ 마그네슘

50 어류를 가열 조리할 때 일어나는 변화와 거리가 먼 것은?

① 결합조직 단백질인 콜라겐의 수축 및 용해
② 근육섬유 단백질의 응고수축
③ 열응착성 약화
④ 지방의 용출

51 다음 중 공중보건상 감염병 관리가 가장 어려운 것은?

① 동물 병원소
② 환자
③ 건강 보균자
④ 토양 및 물

52 병원체가 바이러스(Virus)인 감염병은?

① 결핵   ② 회충
③ 발진티푸스   ④ 일본뇌염

53 일산화탄소(CO)에 대한 설명으로 옳지 않은 것은?

① 무색, 무취이다.
② 물체의 불완전연소 시 발생한다.
③ 자극성이 없는 기체이다.
④ 이상 고기압에서 발생하는 잠함병과 관련이 있다.

54 기생충과 중간숙주와의 연결이 옳지 않은 것은?

① 간흡충 – 쇠우렁, 참붕어
② 요꼬가와흡충 – 다슬기, 은어
③ 폐흡충 – 다슬기, 게
④ 광절열두조충 – 돼지고기, 쇠고기

55 눈 보호를 위해 가장 좋은 인공조명 방식은?

① 직접조명
② 간접조명
③ 반직접조명
④ 전반확산조명

56 채소류를 매개로 감염될 수 있는 기생충이 아닌 것은?

① 회충   ② 아니사키스
③ 구충   ④ 편충

57 초기 청력장애 시 직업성 난청을 조기 발견할 수 있는 주파수는?

① 1,000Hz
② 2,000Hz
③ 3,000Hz
④ 4,000Hz

58 질병을 매개하는 위생해충과 그 질병의 연결이 옳지 않은 것은?

① 모기 – 사상충증, 말라리아
② 파리 – 장티푸스, 콜레라
③ 진드기 – 유행성출혈열, 쯔쯔가무시증
④ 이 – 페스트, 재귀열

59 다음 중 음료수 소독에 가장 적합한 것은?

① 생석회
② 알코올
③ 염소
④ 승홍수

60 분변소독에 가장 적합한 것은?

① 생석회
② 약용비누
③ 과산화수소
④ 표백분

일식조리기능사	소요 시간	문항 수
	1시간	총 60문항

수험번호 : _____

성   명 : _____

정답 & 해설 ▶ 1-391쪽

01 작은 그릇에 다양한 음식이 조금씩 순차적으로 담겨 나오는 일본의 연회용 코스 요리를 무엇이라고 하는가?

① 쇼진요리
② 회석요리
③ 정진요리
④ 탁복요리

02 어패류의 생식 시 주로 나타나며, 수양성 설사증상을 일으키는 식중독의 원인균은?

① 살모넬라균
② 장염 비브리오균
③ 포도상구균
④ 클로스트리디움 보틀리늄균

03 후천성 면역결핍의 바이러스 감염경로가 아닌 것은?

① 혈액
② 성행위
③ 모자감염
④ 경구감염

04 주요용도와 식품첨가물이 바르게 연결된 것은?

① 삼이산화철 – 발색제
② 이산화티타늄 – 표백제
③ 명반 – 피막제
④ 호박산 – 산도조절제

05 사시, 동공 확대, 언어장애 등의 특유의 신경 마비 증상을 나타내며 비교적 높은 치사율을 보이는 식중독 원인균은?

① 클로스트리움 보틀리늄균
② 포도상구균
③ 병원성 대장균
④ 셀레우스균

06 만성중독의 경우 반상치, 골경화증, 체중감소, 빈혈 등을 나타내는 물질은?

① 붕산
② 불소
③ 승홍
④ 포르말린

07 우유의 살균방법으로 130~150℃에서 0.5~5초간 가열하는 것은?

① 저온살균법
② 고압증기멸균법
③ 고온단시간살균법
④ 초고온순간살균법

08 생선 및 육류의 초기부패 판정 시 지표가 되는 물질에 해당하지 않는 것은?

① 휘발성염기질소(VBN)
② 암모니아(Ammonia)
③ 트리메틸아민(Trimethylamine)
④ 아크로레인(Acrolein)

09 클로스트리디움 보툴리늄 식중독을 일으키는 주된 원인식품은?

① 통조림 식품
② 채소류
③ 과일류
④ 곡류

10 사용이 허가된 발색제는?

① 폴리 아크릴산 나트륨
② 알긴산 프로필렌 글리콜
③ 카르복시 메틸 스타치 나트륨
④ 아질산나트륨

11 식품위생법령상 영업허가를 받아야 하는 업종은?

① 식품제조가공업
② 즉석판매제조가공업
③ 일반음식점영업
④ 단란주점영업

12 식품위생법령상 영업의 허가 또는 신고와 관련하여 아래의 경우와 같은 분류에 속하는 것은? (단, 각 내용은 해당 법령에 따른다.)

> • 양곡가공업 중 도정업을 하는 경우
> • 수산물 가공업 등록을 받아 당해 영업을 하는 경우
> • 주류 제조의 면허를 받아 주류를 제조하는 경우

① 수산물의 냉동·냉장을 제외하고 식품을 얼리거나 차게 하여 보존하는 경우
② 휴게음식점영업과 제과점영업
③ 식품첨가물이나 다른 원료를 사용하지 아니하고 농·임·수산물을 단순히 자르거나 껍질을 벗겨 가공하되, 위생상 위해 발생의 우려가 없고 식품의 상태를 관능으로 확인할 수 있도록 가공하는 경우
④ 방사선을 쬐어 식품의 보전성을 높이는 경우

13 식품위생법에 따른 식중독에 해당하지 않는 경우는?

① 금속조각에 의하여 이가 부러짐
② 도시락을 먹고 세균성장염에 걸림
③ 포도상구균독소에 중독됨
④ 아플라톡신에 중독됨

14 일번 다시 맛 국물을 내는 방법으로 옳지 않은 것은?

① 다시마와 가다랑어포를 이용하여 30분 정도에 맛을 우려낸다.
② 최고의 맛과 향이 있어 고급 국물 요리에 사용한다.
③ 닦은 다시마와 물을 약불로 끓여 다시마를 건지고 가다랑어포를 넣는다.
④ 가다랑어포의 감칠맛은 끓는점 이하의 온도인 약 80℃ 전후에서 잘 우러난다.

15 일식 조림 요리를 하는 방법으로 잘못 설명한 것은?

① 다시 물과 설탕, 소금, 식초, 된장, 미림, 정종 등 특성과 성질을 파악하여 사용한다.
② 설탕은 소금보다 입자가 작아서 처음에 넣으면 재료를 단단하게 한다.
③ 처음에는 술, 설탕 등을 넣어 재료를 부드럽게 한다.
④ 식초, 간장, 된장은 그 자체의 풍미를 가지고 있어 너무 빨리 넣으면 풍미가 달아날 수 있다.

16 다음 중 전화당의 구성성분과 그 비율로 옳은 것은?

① 포도당 : 과당이 1:1인 당
② 포도당 : 맥아당이 2:1인 당
③ 포도당 : 과당이 3:1인 당
④ 포도당 : 자당이 4:1인 당

17 먹다 남은 찹쌀떡을 보관하려고 할 때 노화가 가장 빨리 일어나는 보관 방법은?

① 상온보관
② 온장고 보관
③ 냉동고 보관
④ 냉장고 보관

18 단백질의 변성 요인 중 그 효과가 가장 적은 것은?

① 가열　　　　② 산
③ 건조　　　　④ 산소

19 육가공 시 햄류에 사용하는 훈연법의 장점이 아닌 것은?

① 특유한 향미를 부여한다.
② 저장성을 향상시킨다.
③ 색이 선명해지고 고정된다.
④ 양이 증가한다.

20 50g의 달걀을 접시에 깨뜨려 놓았더니 난황 높이는 0.15cm, 난황 직경은 4cm였다. 이 달걀의 난황계수는?

① 0.188　　　　② 0.232
③ 0.336　　　　④ 0.375

21 쇠고기를 가열하였을 때 생성되는 근육색소는?

① 헤모글로빈(Hemoglobin)

② 미오글로빈(Myoglobin)

③ 옥시헤모글로빈(Oxyhemoglobin)

④ 메트미오글로빈(Metmyoglobin)

22 사과를 깎아 방치했을 때 나타나는 갈변현상과 관계없는 것은?

① 산화효소

② 산소

③ 페놀류

④ 섬유소

23 설탕용액에 미량의 소금을 가하여 단맛이 증가하는 현상은?

① 맛의 상쇄

② 맛의 변조

③ 맛의 대비

④ 맛의 발현

24 카로티노이드(Carotenoid) 색소와 소재식품의 연결이 바르지 않은 것은?

① 베타가로틴(β-carotene) – 당근, 녹황색 채소

② 라이코펜(Lycopene) – 토마토, 수박

③ 아스타잔틴(Astaxanthin) – 감, 옥수수, 난황

④ 푸코크산틴(Fucoxanthin) – 다시마, 미역

25 오징어 훈제공정에 포함되지 않는 방법은?

① 수세　　　　　② 염지

③ 여과　　　　　④ 훈연

26 무기염류에 의한 단백질 변성을 이용한 식품은?

① 곰탕　　　　　② 버터

③ 두부　　　　　④ 요구르트

27 밀가루에 중조를 넣으면 황색으로 변하는 원리는?

① 효소적 갈변

② 비효소적 갈변

③ 알칼리에 의한 변색

④ 산에 의한 변색

28 다음 중 난황에 들어 있으며 마요네즈 제조 시 유화제 역할을 하는 성분은?

① 글로불린

② 갈락토오스

③ 레시틴

④ 오브알부민

29 양질의 칼슘이 가장 많이 들어있는 식품끼리 짝지어진 것은?

① 곡류, 서류

② 돼지고기, 쇠고기

③ 우유, 건멸치

④ 달걀, 오리알

30 비타민에 대한 설명으로 옳지 않은 것은?

① 카로틴은 프로비타민 A이다.
② 비타민 E는 토코페롤이라고 한다.
③ 비타민 B_{12}는 망간(Mn)을 함유한다.
④ 비타민 C가 결핍되면 괴혈병이 발생한다.

31 조미료의 침투속도와 채소의 색을 고려할 때 조미료 사용 순서가 가장 합리적인 것은?

① 소금 → 설탕 → 식초
② 설탕 → 소금 → 식초
③ 소금 → 식초 → 설탕
④ 식초 → 소금 → 설탕

32 맛국물의 감칠맛 성분에 대한 설명으로 옳지 않은 것은?

① 맛국물의 성분은 감칠맛을 내는 구아닐산, 글루타민산, 프로피온산 등이 있다.
② 구아닐산은 버섯에 다량 함유되어 있으며 특히 표고버섯에 많다.
③ 글루타민산은 동식물에 폭넓게 포함되어 있으며 특히 다시마에 다량 함유되어 있다.
④ 맛국물을 만들 때는 맛의 시너지 효과를 위해 여러 가지 성분을 같이 사용한다.

33 일본 초회의 특징으로 옳지 않은 것은?

① 식욕을 증진시키고 피로 회복에 도움을 주는 요리이다.
② 미소, 식초, 간장 등 발효식품을 사용하여 양념의 맛을 잘 살린다.
③ 미역이나 오이 등의 채소를 바탕으로 어패류를 담아낸다.
④ 날 것을 사용할 경우 신선도가 중요하다.

34 다시물, 간장, 청주, 설탕을 살짝 끓여 튀김을 찍어먹는데 사용하는 양념은?

① 덴다시
② 일번다시
③ 니바이즈
④ 삼배초

35 식물성 액체유를 경화 처리한 고체 기름은?

① 버터
② 라드
③ 쇼트닝
④ 마요네즈

36 조리작업장의 위치선정 조건으로 적합하지 않은 것은?

① 보온을 위해 지하인 곳
② 통풍이 잘 되며 밝고 청결한 곳
③ 음식의 운반과 배선이 편리한 곳
④ 재료의 반입과 오물의 반출이 쉬운 곳

37 생선을 조리하는 방법에 대한 설명으로 옳지 않은 것은?

① 생강과 술은 비린내를 없애는 용도로 사용한다.
② 처음 가열할 때 수분간은 뚜껑을 약간 열어 비린내를 휘발시킨다.
③ 모양을 유지하고 맛 성분이 밖으로 유출되지 않도록 양념간장이 끓을 때 생선을 넣기도 한다.
④ 선도가 약간 저하된 생선은 조미를 비교적 약하게 하여 뚜껑을 덮고 짧은 시간 내에 끓인다.

38 침(타액)에 들어있는 소화효소의 작용은?

① 전분을 맥아당으로 변화시킨다.
② 단백질을 펩톤으로 분해시킨다.
③ 설탕을 포도당과 과당으로 분해시킨다.
④ 카제인을 응고시킨다.

39 발생 형태를 기준으로 했을 때의 원가 분류는?

① 개별비, 공통비
② 재료비, 노무비, 경비
③ 직접비, 간접비
④ 고정비, 변동비

40 우리나라의 전통적인 향신료가 아닌 것은?

① 겨자 ② 생강
③ 고추 ④ 팔각

41 가다랑어포의 감칠맛 성분은?

① 이노신산
② 글루타민산
③ 호박산
④ 구아닐산

42 국수를 삶는 방법으로 부적합한 것은?

① 끓는 물에 넣는 국수의 양이 지나치게 많아서는 안 된다.
② 국수 무게의 6~7배 정도의 물에서 삶는다.
③ 국수를 넣은 후 물이 다시 끓기 시작하면 찬물을 넣는다.
④ 국수가 다 익으면 많은 양의 냉수에서 천천히 식힌다.

43 쌀의 조리에 관한 설명으로 옳은 것은?

① 쌀을 너무 문질러 씻으면 지용성 비타민의 손실이 크다.
② pH 3~4의 산성물을 사용해야 밥맛이 좋아진다.
③ 수세한 쌀은 3시간 이상 물에 담가 놓아야 흡수량이 적당하다.
④ 묵은 쌀로 밥을 할 때는 햅쌀보다 밥 물량을 더 많이 한다.

44 동식물 조직에서 지방을 추출하여 채유하는 방법이 아닌 것은?

① 압착법
② 추출법
③ 보일링처리법
④ 건열처리법

45 수분 70g, 당질 40g, 섬유질 7g, 단백질 5g, 무기질 4g, 지방 2g이 들어있는 식품의 열량은?

① 141kcal

② 144kcal

③ 165kcal

④ 198kcal

46 초밥과 배합초의 비율로 적절한 것은?

① 20 : 1　　② 15 : 1

③ 10 : 1　　④ 8 : 1

47 미역국을 끓일 때 1인분에 사용되는 지료와 필요량, 가격이 아래와 같다면 미역국 10인분에 필요한 재료비는? (단, 총 조미료의 가격 70원은 1인분 기준이다.)

재료	필요량(g)	가격 (원/100g당)
미역	20	150
쇠고기	60	850
총 조미료	–	70(1인분)

① 610원　　② 6,100원

③ 870원　　④ 8,700원

48 각 식품을 냉장고에서 보관할 때 나타나는 현상으로 옳지 않은 것은?

① 바나나 – 껍질이 검게 변한다.

② 고구마 – 전분이 변해서 맛이 없어진다.

③ 식빵 – 딱딱해신다.

④ 감자 – 솔라닌이 생성된다.

49 김 한 장으로 속 재료로 오이, 박고지, 단무지, 달걀 등을 넣어 굵게 만 김초밥으로 한 줄을 8개로 자른 김초밥은?

① 후토마끼

② 호소마끼

③ 우라마끼

④ 데마끼

50 다음과 같은 자료에서 계산한 제조원가는?

- 직접재료비　32,000원
- 직접경비　　10,500원
- 판매경비　　10,000원
- 직접노무비　68,000원
- 제조간접비　20,000원
- 일반관리비　5,000원

① 130,500원　　② 140,500원

③ 145,500원　　④ 155,500원

51 음식물 섭취와 관계가 없는 기생충은?

① 회충

② 사상충

③ 광절열두조충

④ 요충

52 다음 중 DPT 예방접종과 관계가 없는 감염병은?

① 페스트

② 디프테리아

③ 백일해

④ 파상풍

53 역성비누에 설명으로 옳지 않은 것은?

① 양이온 계면활성제

② 살균제, 소독제 등으로 사용된다.

③ 자극성 및 독성이 없다.

④ 무미, 무해하나 침투력이 약하다.

54 어패류 매개 기생충 질환의 가장 확실한 예방법은?

① 환경위생 관리

② 생식 금지

③ 보건교육

④ 개인위생 철저

55 자연계에 버려지면 쉽게 분해되지 않으므로 식품 등에 오염되어 인체에 축적독성을 나타내는 원인과 거리가 먼 것은?

① 수은오염

② 잔류성이 큰 유기염소제 농약 오염

③ 방사선 물질에 의한 오염

④ 콜레라와 같은 병원 미생물 오염

56 병원성 미생물의 발육과 그 작용을 저지 또는 정지시켜 부패나 발효를 방지하는 조작은?

① 산화

② 열균

③ 방부

④ 응고

57 생균을 이용하여 인공능동면역이 되며, 면역획득에 있어서 영구면역성인 질병은?

① 세균성 이질

② 폐렴

③ 홍역

④ 임질

58 세계보건기구(WHO)의 주요 기능이 아닌 것은?

① 국제적인 보건사업의 지휘 및 조정

② 회원국에 대한 기술지원 및 자료 공급

③ 세계식량계획 설립

④ 유행성 질병 및 감염병 대책 후원

59 인수공통감염병으로 그 병원체가 바이러스인 것은?

① 발진열

② 탄저

③ 광견병

④ 결핵

60 자외선에 의한 인체 건강장해가 아닌 것은?

① 설안염

② 피부암

③ 폐기종

④ 백내장

일식조리기능사	소요 시간	문항 수
	1시간	총 60문항

수험번호 : _____

성   명 : _____

정답 & 해설 ▶ 1-395쪽

01 부적절하게 조리된 햄버거 등을 섭취하여 식중독을 일으키는 O157:H7균은 다음 중 무엇에 속하는가?

① 살모넬라균
② 리스테리아균
③ 대장균
④ 비브리오균

02 다음 중 일반적으로 복어의 독성분인 테트로도톡신이 가장 많은 부위는?

① 근육
② 피부
③ 난소
④ 껍질

03 감염형 세균성 식중독에 해당하는 것은?

① 살모넬라 식중독
② 수은 식중독
③ 클로스트리디움 보툴리늄 식중독
④ 아플라톡신 식중독

04 보존성에 대한 설명으로 옳지 않은 것은?

① 수확 혹은 가공된 식품이 식용으로서 적합한 품질과 위생상태를 유지하는 성질을 말한다.
② 유통과정, 소매점의 상품관리에 의해서는 보존기간이 변동될 수 없다.
③ 장기저장이 가능한 통ㆍ병조림이라도 온도나 광선의 영향에 의해 품질변화가 일어난다.
④ 신선식품은 보존성이 짧은 것이 많아 상품의 온도 관리에 따라 그 보존기간이 크게 달라진다.

05 다음 미생물 중 곰팡이가 아닌 것은?

① 아스퍼질러스(Aspergillus) 속
② 페니실리움(Penicillium) 속
③ 클로스트리디움(Clostridium) 속
④ 리조푸스(Rhizopus) 속

06 식품의 위생적인 준비를 위한 조리장의 관리로 부적합한 것은?

① 조리장의 위생해충은 약제사용을 1회만 실시하면 영구적으로 박멸된다.
② 조리장에 음식물과 음식물 찌꺼기를 함부로 방치하지 않는다.
③ 조리장의 출입구에 신발을 소독할 수 있는 시설을 갖춘다.
④ 조리사의 손을 소독할 수 있도록 손소독기를 갖춘다.

07 주로 부패한 감자에 생성되어 중독을 일으키는 물질은?

① 셉신(Sepsine)
② 아미그달린(Amygdalin)
③ 시큐톡신(Cicutoxin)
④ 마이코톡신(Mycotoxin)

08 식품 중 멜라민에 대한 설명으로 옳지 않은 것은?

① 잔류허용 기준상 모든 식품첨가물에서 불검출되어야 한다.
② 생체 내 반감기는 약 3시간으로 대부분 신장을 통해 뇨로 배설된다.
③ 반수치사량(LD50)은 3.2g/kg 이상으로 독성이 낮다.
④ 많은 양의 멜라민을 오랫동안 섭취할 경우 방광결석 및 신장결석 등을 유발한다.

09 Cholinesterase의 작용을 억제하여 마비 등 신경독성을 나타내는 농약류는?

① DDT
② BHC
③ Propoxar
④ Parathion

10 식품첨가물의 사용제한 기준이 아닌 것은?

① 사용할 수 있는 식품의 종류 제한
② 식품에 대한 사용량 제한
③ 사용 방법에 대한 제한
④ 사용 장소에 대한 제한

11 다음 중 판매 등이 금지되는 병육에 해당하지 않는 것은?

① 리스테리아병에 걸린 가축의 고기
② 조류 인플루엔자에 걸린 가축의 고기
③ 소해면상뇌증(BSE)에 걸린 가축의 고기
④ 거세한 가축의 고기

12 흰색 야채의 경우 흰색을 그대로 유지할 수 있는 방법으로 옳은 것은?

① 야채를 데친 후 곧바로 찬물에 담가둔다.
② 약간의 식초를 넣어 삶는다.
③ 야채를 물에 담가 두었다가 삶는다.
④ 약간의 중조를 넣어 삶는다.

13 일반음식점의 영업신고는 누구에게 하는가?

① 동사무소장
② 시장 · 군수 · 구청장
③ 식품의약품안전처장
④ 보건소장

14 식품위생법상 식품을 제조 · 가공 또는 보존함에 있어 식품에 첨가, 혼합, 침윤 기타의 방법으로 사용되는 물질(기구 및 용기 · 포장의 살균 · 소독의 목적에 사용되어 간접적으로 식품에 이행될 수 있는 물질을 포함한다.)이라 함은 무엇에 대한 정의인가?

① 식품
② 식품첨가물
③ 화학적 합성품
④ 기구

15 식품 등의 표시기준상 '유통기한'의 정의는?

① 해당식품의 품질이 유지될 수 있는 기한을 말한다.
② 해당식품의 섭취가 허용되는 기한을 말한다.
③ 제품의 출고일로부터 대리점으로의 유통이 허용되는 기한을 말한다.
④ 제품의 제조일로부터 소비자에게 판매가 허용되는 기한을 말한다.

16 지방 산패 촉진인자가 아닌 것은?

① 빛
② 지방분해효소
③ 비타민 E
④ 산소

17 식품의 분류에 대한 설명으로 옳지 않은 것은?

① 식품은 수분과 고형물로 나눌 수 있다.
② 고형물은 유기질과 무기질로 나누어진다.
③ 유기질은 조단백질, 조지방, 탄수화물, 비타민으로 나누어 진다.
④ 조단백질은 조섬유와 당질로 나누어진다.

18 다음 식품 성분 중 지방질은?

① 프로라민(Prolamin)
② 글리코겐(Glycogen)
③ 카라기난(Carrageenan)
④ 레시틴(Lecithin)

19 큰가다랑어를 4등분하여 만든 것으로 풍미가 좋은 가다랑어포의 명칭은?

① 가메부시
② 아라부시
③ 혼부시
④ 혼카레부시

20 초밥을 만드는 방법으로 옳지 않은 것은?

① 한기리에 뜨거운 밥을 옮겨 담고 배합초를 뿌리고 나무 주걱으로 살살 젓는다.
② 배합초가 충분히 스며들었을 때 부채질을 하여야 한다.
③ 밥이 뜨거울 때 배합초를 뿌려 주어야 한다.
④ 살살 위에서 아래로 자주 뒤집어 밥알이 깨지지 않도록 섞는다.

21 다음 중 물에 녹는 비타민은?

① 레티놀(Retinol)
② 토코페롤(Tocopherol)
③ 리보플라빈(Riboflavin)
④ 칼시페롤(Calciferol)

22 비타민에 대한 설명으로 옳지 않은 것은?

① 카로틴은 프로비타민 A이다.
② 비타민 E는 토코페롤이라고도 한다.
③ 비타민 B_{12}는 코발트(Co)를 함유한다.
④ 비타민 C가 결핍되면 각기병이 발생한다.

23 여뀌잎을 갈고 쌀죽을 넣어 만든 양념장으로 주로 은어구이에 제공되는 것은?

① 다데즈

② 폰즈

③ 단조림

④ 오카유

24 다음 중 화학조미료는?

① 구연산

② HAP(Hydrolyzed Animail Protein)

③ 글루타민산 나트륨

④ 효모

25 다음 중 동물성 색소는?

① 클로로필

② 안토시안

③ 미오글로빈

④ 플라보노이드

26 100℃ 내외의 온도에서 2~4시간 동안 훈연하는 방법은?

① 냉훈법

② 온훈법

③ 배훈법

④ 전기훈연법

27 조리방법에 대한 설명으로 옳지 않은 것은?

① 무 초절이 쌈을 할 때 얇게 썰은 무를 식소다 물에 담가두면 무의 색소성분이 알칼리에 의해 더욱 희게 유지된다.

② 양파를 썬 후 강한 향을 없애기 위해 식초를 뿌려 효소 작용을 억제시켰다.

③ 사골의 핏물을 우려내기 위해 찬물에 담가 혈색소인 수용성 헤모글로빈을 용출시켰다.

④ 모양을 내어 썬 양송이에 레몬즙을 뿌려 색이 변하는 것을 억제시켰다.

28 작은 생선을 통으로 구울 때 쇠꼬챙이를 꽂는 방법은?

① 오우기쿠시

② 노보리쿠시

③ 료우즈마오레

④ 가타즈마오레

29 기름을 오랫동안 저장하여 산소, 빛, 열에 노출되었을 때 색깔, 맛, 냄새 등이 변하게 되는 현상은?

① 발효

② 부패

③ 산패

④ 변질

30 다음 중 유도지질(Derived Lipids)은?

① 왁스(Wax)

② 인지질(Phospholipid)

③ 지방산(Fatty Acid)

④ 단백지질(Proteolipid)

31 체온유지 등을 위한 에너지 형성에 관계하는 영양소는?

① 탄수화물, 지방, 단백질
② 물, 비타민, 무기질
③ 무기질, 탄수화물, 물
④ 비타민, 지방, 단백질

32 두류의 조리 시 두류를 연화시키는 방법으로 옳지 않은 것은?

① 1% 정도의 식염용액에 담갔다가 그 용액으로 가열한다.
② 초산용액에 담근 후 칼슘, 마그네슘 이온을 첨가한다.
③ 약알카리성의 중조수에 담갔다가 그 용액으로 가열한다.
④ 습열 조리 시 연수를 사용한다.

33 다음 중 필수 지방산이 아닌 것은?

① 리놀레산(Linoleic Acid)
② 스테아르산 (Stearic Acid)
③ 리놀렌산 (Linolenic Acid)
④ 아라키돈산 (Arachidonic Acid)

34 아래의 조건에서 당질 함량을 기준으로 감자 140g을 보리쌀로 대치하면 보리쌀은 약 몇 g이 되는가?

- 감자 100g의 당질 함량 14.4g
- 보리쌀 100g의 당질 함량 68.4g

① 29.5g　　　② 37.6g
③ 46.3g　　　④ 54.7g

35 조리기기와 사용 용도의 연결이 적절하지 않은 것은?

① 살라만더 – 볶음하기
② 전자레인지 – 냉동식품의 해동
③ 블랜더 – 불린 콩 갈기
④ 압력솥 – 갈비찜 하기

36 우유에 들어있는 비타민 중에서 함유량이 적어 강화우유에 사용되는 지용성 비타민은?

① 비타민 D
② 비타민 C
③ 비타민 B_1
④ 비타민 E

37 다음 중 고정비에 해당하는 것은?

① 노무비
② 연료비
③ 수도비
④ 광열비

38 어류의 변질 현상에 대한 설명으로 옳지 않은 것은?

① 휘발성 물질의 양이 증가한다.
② 세균에 의한 탈탄산 반응으로 아민이 생성된다.
③ 아가미가 선명한 적색이다.
④ 트리메틸아민의 양이 증가한다.

39 재료의 소비액을 산출하는 계산식은?

① 재료 구입량 × 재료 소비단가
② 재료 소비량 × 재료 구입단가
③ 재료 소비량 × 재료 소비단가
④ 재료 구입량 × 재료 구입단가

40 단체급식에 대한 설명으로 옳은 것은?

① 학교, 병원, 기숙사, 대중식당에서 특정다수
인에게 계속적으로 음식을 공급하는 것
② 학교 , 병원, 공장, 사업장에서 특정다수인
에게 계속적으로 음식을 공급하는 것
③ 학교, 병원 등에서 불특정 다수인에게 계속
적으로 음식을 공급하는 것
④ 사회복지시설, 고아원 등에서 불특정다수인
에게 계속적으로 음식을 공급하는 것

41 아래에서 설명하는 조미료는?

• 수란을 뜰 때 끓는 물에 이것을 넣고 달걀을 넣
으면 난백의 응고를 돕는다.
• 작은 생선을 사용할 때 이것을 소량 가하면 뼈
가 부드러워진다.
• 기름기 많은 재료에 이것을 사용하면 맛이 부
드럽고 산뜻해진다.

① 설탕
② 후추
③ 식초
④ 소금

42 갑오징어 명란무침을 할 때 조리법으로 옳지 않
은 것은?

① 갑오징어는 끓는 물에 살짝 데치고, 살만 얇
게 채 썬다.
② 명란젓을 반으로 갈라 칼등으로 알만 밀어
사용한다.
③ 볼에 갑오징어, 명란을 담아 엉키지 않게 젓
가락으로 고루 혼합한다.
④ 차조기잎과 무순으로 장식한다.

43 과일, 채소류의 저장법으로 적합하지 않은 것은?

① 냉장법
② 호일포장 상온저장법
③ ICF(Ice Coating Film) 저장법
④ 피막제 이용법

44 급속냉동법의 특징이 아닌 것은?

① 단백질의 변질이 적다.
② 식품의 원상 유지가 어느 정도 가능하다.
③ 비타민의 손실을 줄인다.
④ 식품과 얼음의 분리가 심하게 나타난다.

45 다음 중 조리를 하는 목적으로 적합하지 않은 것
은?

① 소화흡수율을 높여 영양효과를 증진
② 식품 자체의 부족한 영양성분을 보충
③ 풍미, 외관을 향상시켜 기호성을 증진
④ 세균 등의 위해 요소로부터 안전성 확보

46 식단 작성의 순서가 바르게 연결된 것은?

> A. 영양필요량 산출
> B. 식품량 산출
> C. 3식 영양배분
> D. 식단표 작성

① B-C-A-D
② D-A-B-C
③ A-B-C-D
④ C-D-A-B

47 우유를 응고시키는 용인과 거리가 먼 것은?

① 가열
② 레닌(Rennin)
③ 산
④ 당류

48 다음 중 단맛의 강도가 가장 강한 당류는?

① 설탕
② 젖당
③ 포도당
④ 과당

49 지방에 대한 설명으로 옳지 않은 것은?

① 에너지가 높고 포만감을 준다.
② 모든 동물성 지방은 고체이다.
③ 기름으로 식품을 가열하면 풍미를 향상시킨다.
④ 지용성 비타민의 흡수를 좋게 한다.

50 급식인원이 1,000명인 단체 급식소에서 점심급식으로 닭조림을 하려고 한다. 닭조림에 들어가는 닭 1인분량은 50g이며 닭의 폐기율이 15%일 때 발주량은 약 얼마인가?

① 50kg
② 60kg
③ 70kg
④ 80kg

51 육류에 마리네이드를 하는 이유로 적합하지 않은 것은?

① 고기를 조리하기 전에 간을 배이게 한다.
② 고기의 핏물을 빼서 누린내를 제거한다
③ 향미와 수분을 주어 맛이 좋아진다.
④ 식초나 레몬주스는 질긴 고기를 연하게 만드는 작용을 한다.

52 하천수에 대한 설명으로 옳지 않은 것은?

① 하천수의 구성성분은 계절, 배수지역의 지형에 따라 다르다.
② 홍 수시에는 하천 유량의 대부분이 표면수로 되어 있다.
③ 건기에는 지하수가 많으며 경도가 높아진다.
④ 최대유량과 최소유량 사이의 기간 동안에도 수질의 변화는 거의 없다.

53 정수과정의 응집에 대한 효과와 거리가 먼 것은?

① 침전 잔유물 제거
② 세균수 감소
③ 이미 제거
④ 공기 공급

54 생선을 손질하거나 포를 뜰 때 또는 굵은 뼈를 자를 때 사용하는 칼로 칼등이 두껍고 무거운 특징인 칼의 명칭은?

① 데바보쵸
② 사시미보쵸
③ 우스바보쵸
④ 우나기보쵸

55 석탄산수(페놀)에 대한 설명으로 옳지 않은 것은?

① 염산을 첨가하면 소독효과가 높아진다.
② 바이러스와 아포에 약하다.
③ 햇볕을 받으면 갈색으로 변하고 소독력이 없어진다.
④ 음료수의 소독에는 적합하지 않다.

56 인공조명 시 고려해야 할 사항으로 옳지 않은 것은?

① 작업하기 충분한 조명도를 유지해야 한다.
② 균등한 조명도를 유지해야 한다.
③ 조명 시 유해가스가 발생하지 않아야 한다.
④ 가급적 직접조명이 되도록 해야 한다.

57 폐흡충증의 제 1, 2 중간 숙주가 순서대로 바르게 나열된 것은?

① 왜우렁이, 붕어
② 다슬기, 참게
③ 물벼룩, 가물치
④ 왜우렁이, 송어

58 분자식은 $KMnO_4$이며, 산화력에 의한 소독효과를 가지는 것은?

① 크레졸
② 석탄산
③ 과망간산칼륨
④ 에탄올

59 수질의 분변 오염 지표균은?

① 장염비브리오균
② 대장균
③ 살모넬라균
④ 웰치균

60 다음 중 이타이이타이병의 유발물질은?

① 수은(Hg)
② 납(Pb)
③ 칼슘(Ca)
④ 카드뮴(Cd)

복어조리기능사	소요 시간	문항 수	수험번호 : _____
	1시간	총 60문항	성 명 : _____

정답 & 해설 ▶ 1-398쪽

01 다음 중 복어중독의 독성분(Tetrodotoxin)이 가장 많이 들어 있는 부분은?

① 껍질　　　　　② 난소
③ 지느러미　　　④ 근육

02 식품 등의 위생적 취급에 관한 기준으로 옳지 않은 것은?

① 식품 등을 취급하는 원료보관실 · 제조가공실 · 포장실 등의 내부는 항상 청결하게 관리하여야 한다.
② 식품 등의 원료 및 제품 중 부패 · 변질이 되기 쉬운 것은 냉동 · 냉장시설에 보관 · 관리하여야 한다.
③ 식품 등의 제조 · 가공 · 조리 또는 포장에 직접 종사하는 자는 위생모를 착용하는 등 개인위생관리를 철저히 하여야 한다.
④ 유통기한이 경과된 식품 등은 판매의 목적으로 전시하여 진열 · 보관하여도 된다.

03 식품접객업 중 단란주점영업을 허가하는 자는?

① 시장 · 군수 · 구청장
② 시 · 도지사
③ 보건복지가족부장관
④ 식품의약품안전처장

04 집단급식소를 설치 · 운영하는 자는 조리한 식품의 매회 1인분 분량을 보건복지가족부령이 정하는 바에 따라 몇 시간 이상 보관해야 하는가?

① 12시간
② 24시간
③ 144시간
④ 1,000시간

05 다음 중 조리사 면허를 받을 수 없는 사람은?

① 미성년자
② 마약중독자
③ 비전염성 간염환자
④ 조리사 면허의 취소처분을 받고 그 취소된 날부터 1년이 지난 자

06 칼슘(Ca)과 인(P)의 대사이상을 초래하여 골연화증을 유발하는 유해금속은?

① 철(Fe)
② 카드뮴(Cd)
③ 은(Ag)
④ 주석(Sn)

07 살모넬라 식중독 원인균의 주요 감염원은?

① 채소   ② 바다생선

③ 식육   ④ 과일

08 다음 중 국내에서 허가된 인공감미료는?

① 둘신(Dulcin)

② 사카린나트륨(Sodium Saccharin)

③ 사이클라민산나트륨(Sodium Cyclamate)

④ 엘틸렌글리콜(Ethylene Glycol)

09 황색포도상구균에 의한 식중독에 대한 설명으로 옳지 않은 것은?

① 잠복기는 1~5시간 정도이다.

② 감염형 식중독을 유발하며 사망률이 높다.

③ 주요 증상은 구토, 설사, 복통 등이다.

④ 장독소(Enterotoxin)에 의한 독소형이다.

10 화학 물질을 시험동물에 1회 또는 24시간 안에 반복 투여하거나, 흡입될 수 있는 화학 물질을 24시간 안에 노출시켰을 때 1일~2주 안에 나타나는 독성은?

① 급성독성   ② 만성독성

③ 아급성독성   ④ 특수독성

11 일반적으로 식품 1g 중 생균수가 약 얼마 이상일 때 초기부패로 판정하는가?

① 10^2개   ② 10^4개

③ 10^7개   ④ 10^{15}개

12 신선도가 저하된 꽁치, 고등어 등의 섭취로 인한 알레르기성 식중독의 원인 성분은?

① 트리메틸아민(Trimethylamine)

② 히스타민(Histamine)

③ 엔테로톡신(Enterotoxin)

④ 시큐톡신(Cicutoxin)

13 유동파라핀의 사용 용도는?

① 껌기초제

② 이형제

③ 소포제

④ 추출제

14 음식물과 함께 섭취된 미생물이 식품이나 체내에서 다량 증식하여 장관 점막에 위해를 끼쳐 일어나는 식중독은?

① 독소형 세균성 식중독

② 감염형 세균성 식중독

③ 식물성 자연독 식중독

④ 동물성 자연독 식중독

15 장마철 후 저장 쌀이 적홍색 또는 황색으로 착색된 현상에 대한 설명으로 틀린 것은?

① 수분함량이 15% 이상 되는 조건에서 저장할 때 발생한다.

② 기후 조건 때문에 동남아시아 지역에서 발생하기 쉽다.

③ 저장된 쌀에 곰팡이류가 오염되어 그 대사산물에 의해 쌀이 황색으로 변한 것이다.

④ 황변미는 일시적인 현상이므로 위생적으로 무해하다.

16 유화(Emulsion)와 관련이 적은 식품은?

① 버터
② 마요네즈
③ 두부
④ 우유

17 생선의 신선도가 저하되었을 때의 변화로 옳지 않은 것은?

① 살이 물러지고 뼈와 쉽게 분리된다.
② 표피의 비늘이 떨어지거나 잘 벗겨진다.
③ 아가미의 빛깔이 선홍색으로 단단하여 꽉 닫혀 있다.
④ 휘발성 염기물질이 생성된다.

18 먹다 남은 찹쌀떡을 보관하려고 할 때 노화가 가장 빨리 일어나는 보관 방법은?

① 상온 보관
② 온장고 보관
③ 냉동고 보관
④ 냉장고 보관

19 다음 영양소 중 열량소에 해당하지 않는 것은?

① 비타민
② 단백질
③ 지방
④ 탄수화물

20 캐러멜화(Caramelization) 반응을 일으키는 것은?

① 당류
② 아미노산
③ 지방질
④ 비타민

21 몸길이는 60cm 정도이고, 피부에는 작은 가시가 있고, 등 쪽은 어두운 회색, 배 쪽은 흰색이다. 등, 배쪽 지느러미는 검은색이고 양 옆 지느러미는 황색인 이 복어는?

① 밀복
② 까치복
③ 황복
④ 참복

22 동물성 식품의 시간에 따른 변화 경로는?

① 사후강직 → 자기소화 → 부패
② 자기소화 → 사후강직 → 부패
③ 사후강직 → 부패 → 자기소화
④ 자기소화 → 부패 → 사후강직

23 다음 중 이당류가 아닌 것은?

① 설탕(Sucrose)
② 유당(Lactose)
③ 과당(Fructose)
④ 맥아당(Maltose)

24 각 식품에 대한 설명으로 옳지 않은 것은?

① 쌀은 라이신, 트레오닌 등의 필수 아미노산이 부족하다.
② 당근은 비타민 A의 급원 식품이다.
③ 우유는 단백질과 칼슘의 급원 식품이다.
④ 육류는 알칼리성 식품이다.

25 하루 동안 섭취한 음식 중에 단백질 70g, 지질 35g, 당질 400g이 있었다면 이때 얻을 수 있는 열량은?

① 1,995kcal
② 2,095kcal
③ 2,195kcal
④ 2,295kcal

26 곡류의 특성에 관한 설명으로 옳지 않은 것은?

① 곡류의 호분층에는 단백질, 지질, 비타민, 무기질, 효소 등이 풍부하다.
② 멥쌀의 아밀로오스와 아밀로펙틴의 비율은 보통 80:20이다.
③ 밀가루로 면을 만들었을 때 잘 늘어나는 이유는 글루텐 성분의 특성 때문이다.
④ 맥아는 보리의 싹을 틔운 것으로서 맥주 제조에 이용된다.

27 박력분에 대한 설명으로 옳은 것은?

① 경질의 밀로 만든다.
② 다목적으로 사용된다.
③ 탄력성과 점성이 약하다.
④ 마카로니, 식빵 제조에 알맞다.

28 아밀로펙틴에 대한 설명으로 옳지 않은 것은?

① 찹쌀은 아밀로펙틴으로만 구성되어 있다.
② 기본단위는 포도당이다.
③ $\alpha-1,4$ 결합과 $\alpha-1,6$ 결합으로 되어 있다.
④ 요오드와 반응하면 보라색을 띤다.

29 식소다(Baking Soda)를 넣어 만든 빵의 색깔이 누렇게 되는 이유는?

① 밀가루의 플라본 색소가 산에 의해서 변색된다.
② 밀가루의 플라본 색소가 알칼리에 의해서 변색된다.
③ 밀가루의 안토시아닌 색소가 가열에 의해서 변색된다.
④ 밀가루의 안토시아닌 색소가 시간이 지나면서 퇴색된다.

30 훈연에 대한 설명으로 옳지 않은 것은?

① 햄, 베이컨, 소시지가 훈연 제품이다.
② 훈연 목적은 육제품의 풍미와 외관 향상이다.
③ 훈연 재료는 침엽수인 소나무가 좋다.
④ 훈연하면 보존성이 좋아진다.

31 전분의 호정화(Dextrinization)가 일어난 예로 적합하지 않은 것은?

① 누룽지
② 토스트
③ 미숫가루
④ 묵

32 식품과 주요 특수 성분이 바르게 연결된 것은?

① 마늘 : 알리신
② 무 : 진저론
③ 후추 : 메틸메르캅탄
④ 고추 : 차비신

33 집단급식소에 해당하지 않는 것은?

① 군부대의 급식소
② 양로원의 급식소
③ 초등학교의 급식소
④ 호텔의 이벤트 급식소

34 다음 중 신선한 달걀의 특징에 해당하는 것은?

① 껍질이 매끈하고 윤기가 흐른다.
② 식염수에 넣었더니 가라앉는다.
③ 깨뜨렸더니 난백이 넓게 퍼진다.
④ 노른자의 점도가 낮고 묽다.

35 다음 원가요소에 따라 산출한 총 원가는?

- 직접재료비 : 250,000원
- 직접노무비 : 100,000원
- 직접경비 : 40,000원
- 제조간접비 : 120,000원
- 판매관리비 : 60,000원
- 이익 : 100,000원

① 390,000원
② 510,000원
③ 570,000원
④ 610,000원

36 미역에 대한 설명으로 옳지 않은 것은?

① 칼슘과 요오드가 많이 함유되어 있다.
② 알칼리성 식품이다.
③ 갈조 식물이다.
④ 점액질 물질인 알긴산은 중요한 열량급원이다.

37 식품의 풍미를 증진시키는 방법으로 적합하지 않은 것은?

① 부드러운 채소 조리 시 그 맛을 제대로 유지하려면 조리시간을 단축해야 한다.
② 빵을 갈색이 나게 잘 구우려면 건열로 갈색 반응이 일어날 때까지 충분히 구워야 한다.
③ 사태나 양지머리와 같은 질긴 고기의 국물을 맛있게 맛을 내기 위해서는 약한 불에 서서히 끓인다.
④ 빵은 증기로 찌거나 전자 오븐으로 시간을 단축시켜 조리한다.

38 식품의 냉동에 대한 설명으로 옳지 않은 것은?

① 완두는 씻어서 소금물에 살짝 데쳐 식힌 후 냉동시키면 선명한 녹색을 유지할 수 있다.
② 조리된 케이크, 빵, 떡 등은 부드러운 상태에서 밀봉하여 냉동 저장하였다가 상온에서 그대로 녹이면 거의 원상태로 돌아간다.
③ 파이 껍질 반죽, 쿠키 반죽 등과 같은 반조리된 식품은 밀봉하여 냉동 저장하였다가 다시 사용할 수 없다.
④ 사과 등의 과일은 정량의 설탕이나 설탕시럽을 사용하여 냉동하면 향기나 질감의 손상을 어느 정도 막을 수 있다.

39 안토시아닌 색소가 함유된 채소를 알칼리 용액에서 가열하면 어떻게 변색하는가?

① 붉은색   ② 황갈색
③ 무색   ④ 청색

40 식단의 형태 중 자유선택식단(카페테리아 식단)의 특징이 아닌 것은?

① 피급식자가 기호에 따라 음식을 선택한다.
② 적온급식설비와 개별식기의 사용은 필요하지 않다.
③ 셀프서비스가 전제되어야 한다.
④ 조리 생산성은 고정 메뉴식보다 낮다.

41 튀김을 찍어 먹는 간장 소스는?

① 덴다시   ② 덴가츠
③ 야꾸미   ④ 아게다시

42 튀김에 찍어먹는 간장소스 덴다시 다시 : 간장 : 미림의 비율은?

① 7:1:1   ② 4:1:1
③ 2:1:1   ④ 1:1:1

43 식품 조리의 목적으로 부적합한 것은?

① 영양소의 함량 증가
② 풍미향상
③ 식욕증진
④ 소화되기 쉬운 형태로 변화

44 달걀을 삶았을 때 난황 주위에 일어나는 암녹색의 변색에 대한 설명으로 옳은 것은?

① 100℃의 물에서 5분 이상 가열 시 나타난다.
② 신선한 달걀일수록 색이 진해진다.
③ 난황의 철과 난백의 황화수소가 결합하여 생성된다.
④ 낮은 온도에서 가열할 때 색이 더욱 진해진다.

45 조리장의 설비 및 관리에 대한 설명으로 옳지 않은 것은?

① 조리장 내에는 배수시설이 잘 되어야 한다.
② 하수구에는 덮개를 설치한다.
③ 폐기물 용기는 목재 재질을 사용한다.
④ 폐기물 용기는 덮개가 있어야 한다.

46 우리 몸 안에서 수분의 작용을 바르게 설명한 것은?

① 영양소를 운반하는 작용을 한다.
② 5대 영양소에 속하는 영양소이다.
③ 높은 열량을 공급하여 추위를 막을 수 있다.
④ 호르몬의 주요 구성성분이다.

47 세 장 뜨기의 한 가지로 생선의 머리 쪽에서 중앙 뼈에 칼을 넣고 꼬리 쪽으로 단번에 오로시하는 방법이다. 보리멸, 학꽁치 등 작은 생선에 적당한 생선포 뜨기 방법은?

① 두 장 뜨기
② 세 장 뜨기
③ 다섯 장 뜨기
④ 다이묘 뜨기

48 튀김에 대한 설명으로 옳은 것은?

① 기름의 온도를 일정하게 유지하기 위해 가능한 적은 양의 기름을 사용한다.

② 기름은 비열이 낮기 때문에 온도가 쉽게 변화된다.

③ 튀김에 사용했던 기름은 철로 된 튀김용 그릇에 담아 그대로 보관한다.

④ 튀김 시 직경이 넓고, 얇은 용기를 사용하면 온도변화가 작다.

49 취식자 1인당 취식면적을 $1.3m^2$, 식기회수 공간을 취식면적의 10%로 할 때, 1회 350인을 수용하는 식당의 면적은?

① $500.5m^2$

② $455.5m^2$

③ $485.5m^2$

④ $525.5m^2$

50 생선회의 선도와 탄력 있는 생선회를 얇게 자르는 방법을 가르키는 용어는?

① 우스즈쿠리

② 호소즈쿠리

③ 히라즈쿠리

④ 소기즈쿠리

51 순화독소(Toxoid)를 사용하는 예방접종으로 면역이 되는 질병은?

① 파상풍

② 콜레라

③ 폴리오

④ 백일해

52 B형 간염에 대한 설명으로 옳지 않은 것은?

① 제3군 감염병이다.

② 후기에는 황달증상이 나타난다.

③ 감염된 사람의 혈액에 의해 전염된다.

④ 세균성 감염이다.

53 중간숙주가 제1중간숙주와 제2중간숙주로 두 가지인 기생충은?

① 요충

② 간디스토마

③ 회충

④ 아메바성 이질

54 먹는 물의 수질기준으로 옳지 않은 것은?

① 색도는 7도 이상이어야 한다.

② 소독으로 인한 냄새와 맛 이외의 냄새와 맛이 있어서는 안 된다.

③ 대장균·분원성 대장균군은 100mL에서 검출되지 않아야 한다(단, 샘물·먹는 샘물 및 먹는 해양심층수 제외).

④ 수소이온의 농도는 pH5.8 이상 8.5 이하이어야 한다.

55 어패류 매개 기생충 질환의 가장 확실한 예방법은?

① 환경위생 관리

② 생식금지

③ 보건교육

④ 개인위생 철서

56 세계보건기구(WHO)의 주요 기능이 아닌 것은?

① 국제적인 보건사업의 지휘 및 조정
② 회원국에 대한 기술지원 및 자료공급
③ 개인의 정신질환 치료 및 정신보건 향상
④ 전문가 파견에 의한 기술자문 활동

57 아래에서 설명하는 소독법은?

> 드라이오븐을 이용하여 유리 기구, 주사침, 유지, 글리세린, 분말 등에 주로 사용하며 보통 170℃에서 1~2시간 처리한다.

① 자비소독법
② 고압증기멸균법
③ 건열멸균법
④ 유통증기멸균법

58 소독약과 유효한 농도의 연결이 적합하지 않은 것은?

① 알코올 : 5%
② 과산화수소 : 3%
③ 석탄산 : 3%
④ 승홍수 : 0.1%

59 하천수의 용존 산소량이 적을 때의 원인으로 가장 적합한 것은?

① 하천수의 온도가 하강하였다.
② 가정하수, 공장폐수 등에 의해 오염되었다.
③ 중금속의 오염이 심각하였다.
④ 비가 내린 지 얼마 안 되었다.

60 심한 설사로 인하여 탈수증상을 나타내는 감염병은?

① 콜레라
② 백일해
③ 결핵
④ 홍역

복어조리기능사	소요 시간	문항 수
	1시간	총 60문항

수험번호 : _____

성   명 : _____

정답 & 해설 ▶ 1-401쪽

01 식품첨가물에 대한 설명으로 옳지 않은 것은?

① 보존료는 식품의 미생물에 의한 부패를 방지할 목적으로 사용된다.
② 규소수지는 주로 산화방지제로 사용된다.
③ 과산화벤조일(희석)은 밀가루 이외의 식품에 사용하여서는 안 된다.
④ 과황산암모늄은 밀가루 이외의 식품에 사용하여서는 안 된다.

02 다음에서 설명하는 중금속은?

- 도료, 제련, 배터리, 인쇄 등의 작업에 많이 사용되며 유약을 바른 도자기 등에서 중독이 일어날 수 있다.
- 중독 시 안면 창백, 연연(鉛緣), 말초 신경염 등의 증상이 나타난다.

① 납
② 주석
③ 구리
④ 비소

03 통조림, 병조림과 같은 밀봉 식품의 부패가 원인이 되는 식중독과 가장 관계 깊은 것은?

① 살모넬라 식중독
② 클로스트리디움 보툴리눔 식중독
③ 포도상구균 식중독
④ 리스테리아균 식중독

04 냉장고에 식품을 저장하는 방법에 대한 설명으로 옳은 것은?

① 생선과 버터는 가까이 두는 것이 좋다.
② 식품을 냉장고에 저장하면 세균이 완전히 사멸된다.
③ 조리하지 않은 식품과 조리한 식품은 분리해서 저장한다.
④ 오랫동안 저장해야 할 식품은 냉장고 중에서 가장 온도가 높은 곳에 저장한다.

05 빵 반죽 시 효모와 함께 물에 녹여 사용하면 효모의 작용을 약화하는 식품첨가물은?

① 프로피온산 칼슘(Calcium Propionate)
② 2초산나트륨(Sodium Diaconate)
③ 파라옥시안식향산 에스테르(P-oxy Benzoic Acid Ester)
④ 소르빈산(Sorbic Acid)

06 알코올 발효에서 펙틴이 있으면 생성되기 때문에 과실주에 함유되어 있으며, 과잉 섭취 시 두통, 현기증 등의 증상을 나타내는 것은?

① 붕산
② 승홍
③ 메탄
④ 포르말린

07 감염형 식중독의 원인균이 아닌 것은?

① 살모넬라균
② 장염비브리오균
③ 병원성대장균
④ 포도상구균

08 식품첨가물에 대한 설명으로 옳지 않은 것은?

① 식품의 변질을 방지하기 위한 것이다.
② 식품 제조에 필요한 것이다.
③ 식품의 기호성 등을 높이는 것이다.
④ 우발적 오염물을 포함한다.

09 덜 익은 매실, 살구씨, 복숭아씨 등에 들어 있으며, 인체 장내에서 청산을 생산하는 것은?

① 솔라닌(Solanine)
② 고시폴(Gossypol)
③ 시큐톡신(Cicutoxin)
④ 아미그달린(Amygdalin)

10 식인성 병해 생성요인 중 유기성 원인 물질에 해당되는 것은?

① 세균성 식중독균
② 방사선 물질
③ 엔-니트로소(N-nitroso) 화합물
④ 복어독

11 밥을 넣고 짧게 끓여 밥알의 형태가 있는 일식 죽의 이름은?

① 오카유
② 조우스이
③ 고로모
④ 조우니

12 식품 등의 표시기준에 의거하여 식품의 내용량을 표시할 경우, 내용물이 고체 또는 반고체일 때 표시하는 방법은?

① 중량
③ 개수
② 용량
④ 부피

13 식품의 조리 가공, 저장 중에 생성되는 유해 물질 중 아민이나 아미드류와 반응하여 니트로소 화합물을 생성하는 성분은?

① 지질
② 아황산
③ 아질산염
④ 삼염화질소

14 식품접객업을 신규로 하고자 하는 경우 몇 시간의 위생교육을 받아야 하는가?

① 2시간
② 4시간
③ 6시간
④ 8시간

15 식품위생법상 식품위생의 정의는?

① 음식과 의약품에 관한 위생을 말한다.
② 농산물, 기구 또는 용기 · 포장의 위생을 말한다.
③ 식품 및 식품첨가물만을 대상으로 하는 위생을 말한다.
④ 식품, 식품첨가물, 기구 또는 용기 · 포장을 대상으로 하는 음식에 관한 위생을 말한다.

16 어육연제품의 결착제로 사용되는 것은?

① 소금, 한천
② 설탕, MSG
③ 전분, 달걀
④ 솔비톨, 물

17 식품에서 다음과 같은 기능을 갖는 성분은?

> 유화성, 거품생성능력, 젤화, 수화성

① 단백질
② 지방
③ 탄수화물
④ 비타민

18 동물성 식품의 색에 대한 설명으로 옳지 않은 것은?

① 식육의 붉은 색은 미오글로빈과 헤모글로빈에 의한 것이다.
② 헴(Heme)은 페로프로토포피린과 단백질인 글로빈이 결합된 복합 단백질이다.
③ 미오글로빈은 적자색이지만 공기와 오래 접촉하여 철(Fe)로 산화되면 선홍색의 옥시미오글로빈이 된다.
④ 아질산염으로 처리하면 가열에도 안정한 선홍색의 니트로소미오글로빈이 된다.

19 식품의 조리 및 가공 시 발생하는 갈변 현상에 대한 설명으로 옳지 않은 것은?

① 설탕 등의 당류를 160~180℃로 가열하면 마이야르 반응으로 갈색 물질이 생성된다.
② 사과, 가지, 고구마 등의 껍질을 벗길 때 폴리페놀성 물질을 산화시키는 효소 작용으로 갈변 물질이 생성된다.
③ 감자를 절단하면 효소 작용으로 흑갈색의 멜라닌 색소가 생성되며, 갈변을 막으려면 물에 담근다.
④ 아미노-카르보닐 반응으로 간장과 된장의 갈변 물질이 생성된다.

20 동 · 식물체에 자외선을 쪼이면 활성화되는 비타민은?

① 비타민 A
② 비타민 D
③ 비타민 E
④ 비타민 K

21 조리 시 산패의 우려가 가장 큰 지방산은?

① 카프롤레산(Caproleic Acid)
② 리놀레산(Linoleic Acid)
③ 리놀렌산(Linolenic Acid)
④ 아이코사펜타에노산(Eicosapentaenoic Acid)

22 다음의 당류 중 영양소를 공급할 수 없으나 식이 섬유소로서 인체에 중요한 기능을 하는 것은?

① 전분
② 설탕
③ 맥아당
④ 펙틴

23 어패류 가공에서 북어의 제조법은?

① 염건법　　　　② 소건법
③ 동건법　　　　④ 염장법

24 양갱 제조에서 팥소를 굳히는 작용을 하는 재료는?

① 젤라틴　　　　② 회분
③ 한천　　　　　④ 밀가루

25 강화식품에 대한 설명으로 옳지 않은 것은?

① 식품에 원래 적게 들어있는 영양소를 보충한다.
② 식품의 가공 중 손실되기 쉬운 영양소를 보충한다.
③ 강화영양소로 비타민 A, 비타민 B, 칼슘(Ca) 등을 이용한다.
④ α-화 쌀은 대표적인 강화식품이다.

26 다음 중 감미도가 가장 높은 것은?

① 설탕　　　　　② 과당
③ 포도당　　　　④ 맥아당

27 우유 가공품 중 발효유에 속하는 것은?

① 가당연유
② 무당연유
③ 전지분유
④ 요구르트

28 하루 필요 열량이 2,700kcal일 때 이 중 12%에 해당하는 열량을 단백질에서 얻으려 한다. 이때 필요한 단백질의 양은?

① 61g
② 71g
③ 81g
④ 91g

29 식품의 수분활성도(Aw)에 대한 설명으로 옳지 않은 것은?

① 임의의 온도에서 순수한 물에 대한 그 식품이 나타내는 수분함량의 비율로 나타낸다.
② 소금 절임은 수분 활성을 낮게, 삼투압을 높게 하여 미생물의 생육을 억제하는 방법이다.
③ 식품 중의 수분 활성은 식품 중 효소 작용의 속도에 영향을 준다.
④ 식품 중 여러 화학 반응은 수분 활성에 큰 영향을 받는다.

30 생선의 훈연 가공에 대한 설명으로 옳지 않은 것은?

① 훈연 특유의 맛과 향을 얻게 된다.
② 연기 성분의 살균 작용으로 미생물 증식이 억제된다.
③ 열훈법이 냉훈법보다 제품의 장기 저장이 가능하다.
④ 생선의 건조가 일어난다.

31 식당의 원가 요소 중 급식 재료비에 속하는 것은?

① 급료
② 조리 식품비
③ 수도 광열비
④ 연구 재료비

32 녹색 채소의 데치기에 대한 설명으로 옳지 않은 것은?

① 데치는 조리수의 양이 많으면 영양소, 특히 비타민 C의 손실이 크다.
② 데칠 때 식소다를 넣으면 엽록소가 페오피틴으로 변해 선명한 녹색이 된다.
③ 데치는 조리수의 양이 적으면 비점으로 올라가는 시간이 길어져 유기산과 많이 접촉하게 된다.
④ 데칠 때 소금을 넣으면 비타민 C의 산화도 억제하고 채소의 색을 선명하게 한다.

33 다음 중 신선한 우유의 특징은?

① 투명한 백색으로 약간의 감미를 가지고 있다.
② 물이 담긴 컵 속에 한 방울 떨어뜨렸을 때 구름같이 퍼져가며 내려간다.
③ 진한 황색이며 특유한 냄새를 가지고 있다.
④ 알코올과 우유를 동량으로 섞었을 때 백색의 응고가 일어난다.

34 식단 작성 시 공급열량의 구성비로 가장 적절한 것은?

① 당질 50%, 지질 25%, 단백질 25%
② 당질 65%, 지질 20%, 단백질 15%
③ 당질 75%, 지질 15%, 단백질 10%
④ 당질 80%, 지질 10%, 단백질 10%

35 오징어에 대한 설명으로 옳지 않은 것은?

① 가로로 형성되어 있는 근육 섬유는 열을 가하면 줄어드는 성질이 있다.
② 무늬를 내고자 오징어에 칼집을 넣을 때는 껍질이 붙어 있던 바깥쪽으로 넣어야 한다.
③ 오징어의 4겹 껍질 중 제일 안쪽의 진피는 몸의 축 방향으로 크게 수축한다.
④ 오징어는 가로 방향으로 평행하게 근섬유가 발달해 있어 말린 오징어는 옆으로 잘 찢어진다.

36 튀김유의 보관 방법으로 옳지 않은 것은?

① 갈색병에 담아 서늘한 곳에 보관한다.
② 직경이 넓은 팬에 담아 서늘한 곳에 보관한다.
③ 이물질을 걸러서 광선의 접촉을 피해 보관한다.
④ 철제 팬에 튀긴 기름은 다른 그릇에 옮겨서 보관한다.

37 복어의 식용 부위로 바르게 짝지어진 것은?

① 안구, 아가미
② 혀, 배꼽살
③ 난소, 간장
④ 정소, 심장

38 오로시의 기능으로 옳지 않은 것은?

① 복어의 비린내 제거
② 매운맛 부여
③ 복어의 해독 작용
④ 풍미 증가

39 조리된 상태의 냉동식품을 해동하는 가장 좋은 방법은?

① 실온해동   ② 가열해동
③ 저온해동   ④ 청수해동

40 트랜스지방은 식물성 기름에 어떤 원소를 첨가하는 과정에서 발생하는가?

① 수소   ③ 산소
② 질소   ④ 탄소

41 난백의 기포성에 대한 설명으로 옳지 않은 것은?

① 난백에 올리브유를 소량 첨가하면 거품이 잘 생기고 윤기도 난다.
② 난백은 냉장 온도보다 실내온도에 저장했을 때 점도가 낮고 표면장력이 작아져 거품이 잘 생긴다.
③ 신선한 달걀보다는 어느 정도 묵은 달걀이 수양난백이 많아 거품이 쉽게 형성된다.
④ 난백의 거품이 형성된 후 설탕을 서서히 소량씩 첨가하면 안정성 있는 거품이 형성된다.

42 식재료 그 자체를 아무것도 묻히지 않은 상태에서 튀겨내 재료가 가진 색과 형태를 그대로 살리는 튀김의 용어는?

① 아게모노   ② 고로모아게
③ 가라아게   ④ 스아게

43 생선의 신선도를 판별하는 방법으로 옳지 않은 것은?

① 생선의 육질이 단단하고 탄력성이 있는 것이 신선하다.
② 눈의 수정체가 투명하지 않고 아가미색이 어두운 것은 신선하지 않다.
③ 어체의 특유한 빛을 띠는 것이 신선하다.
④ 트리메틸아민(TMA)이 많이 생성된 것이 신선하다.

44 밀가루 반죽에 사용되는 물의 기능이 아닌 것은?

① 탄산가스 형성을 촉진한다.
② 소금의 용해를 도와 반죽에 골고루 섞이게 한다.
③ 글루텐의 형성을 돕는다.
④ 전분의 호화를 방지한다.

45 생선의 중앙 뼈를 따라서 칼집을 넣어 배 쪽 2장, 등 쪽 2장, 중앙 뼈 1장이 되게 포 뜬 방법으로, 평평한 생선인 광어와 가자미 등에 주로 이용하는 생선 포 뜨기 방법은?

① 니마이오로시
② 삼마이오로시
③ 고마이오로시
④ 다이묘오로시

46 복어 회를 접시에 담는 방법으로 옳지 않은 것은?

① 섬세한 회의 얇음을 강조하기 위해 도안이 들어간 그릇이 좋다.
② 도자기보다 단단하고 튼튼하고 화려한 채색화를 넣은 접시를 선택한다.
③ 청색, 파랑, 남색, 검은색 등의 컬러를 사용한다.
④ 사각 접시와 투명 유리 접시가 적당하다.

47 급식 인원이 500명인 단체급식소에서 가지조림을 하려고 한다. 가지의 1인당 중량이 30g이고, 폐기율이 6%일 때 총 발주량은?

① 약 15kg   ② 약 16kg
③ 약 20kg   ④ 약 25kg

48 다음 중 원가의 구성으로 옳지 않은 것은?

① 직접원가 = 직접재료비 + 직접노무비 + 직접경비
② 제조원가 = 직접원가 + 제조간접비
③ 총원가 = 제조원가 + 판매경비 + 일반관리비
④ 판매가격 = 총원가 + 판매경비

49 음식의 색을 고려하여 녹색 채소를 무칠 때 가장 나중에 넣어야 하는 조미료는?

① 설탕   ② 식초
③ 소금   ④ 고추장

50 두류 조리 시 두류를 연화시키는 방법으로 옳지 않은 것은?

① 1% 정도의 식염용액에 담갔다가 그 용액으로 가열한다.
② 초산용액에 담근 후 칼슘, 마그네슘이온을 첨가한다.
③ 약알칼리성의 중조수에 담갔다가 그 용액으로 가열한다.
④ 습열 조리 시 연수를 사용한다.

51 규폐증에 대한 설명으로 옳지 않은 것은?

① 먼지 입자의 크기가 $0.5 \sim 5.0 \, \mu\text{m}$일 때 잘 발생한다.
② 대표적인 진폐증이다.
③ 납 중독, 벤젠 중독과 함께 3대 직업병이라고 하기도 한다.
④ 위험요인에 노출된 근무 경력이 1년 이후에 잘 발생한다.

52 병원체를 보유하였으나 임상 증상은 없으면서 병원체를 배출하는 자는?

① 환자   ② 보균자
③ 무증상감염자   ④ 불현성감염자

53 식품과 함께 입을 통해 감염되거나 피부로 직접 침입하는 기생충은?

① 회충   ② 십이지장충
③ 요충   ④ 동양모양선충

54 직업과 직업병과의 연결이 바르지 않은 것은?

① 용접공 – 백내장
② 인쇄공 – 진폐증
③ 채석공 – 규폐증
④ 용광로공 – 열쇠약

55 다음 중 공공부조에 해당하는 것은?

① 의료급여
② 건강보험
③ 산업재해 보상보험
④ 고용보험

56 건강선(Dorno Ray)이란?

① 감각온도를 표시한 도표
② 가시광선
③ 강력한 진동으로 살균 작용을 하는 음파
④ 자외선 중 살균 효과를 가지는 파장

57 우리나라에서 출생 후 가장 먼저 인공능동면역을 실시하는 것은?

① 파상풍
② 결핵
③ 백일해
④ 홍역

58 공기의 자정 작용에 속하지 않는 것은?

① 산소, 오존 및 과산화수소에 의한 산화 작용
② 공기 자체의 희석 작용
③ 세정 작용
④ 여과 작용

59 물의 정수법 중 완속여과법과 급속여과법을 비교할 때 급속여과법의 특징은?

① 여과 속도가 느리다.
② 광대한 면적이 필요하다.
③ 건설비는 많이 들지만 유지비는 적게 든다.
④ 추운 지방이나 대도시에서 이용하기에 적당하다.

60 다음 중 제1 및 제2중간숙주가 있는 것은?

① 구충, 요충
② 사상충, 회충
③ 간흡충, 유구조충
④ 폐흡충, 광절열두조충

복어조리기능사	소요 시간	문항 수
	1시간	총 60문항

수험번호 : _____

성   명 : _____

정답 & 해설 ▶ 1-404쪽

01 음식을 먹기 전에 가열하여도 식중독 예방이 가장 어려운 균은?

① 포도상구균
② 살모넬라균
③ 장염비브리오균
④ 병원성대장균

02 미생물이 자라는 데 필요한 조건이 아닌 것은?

① 온도
② 햇빛
③ 수분
④ 영양분

03 황변미 중독을 일으키는 오염 미생물은?

① 곰팡이
② 효모
③ 세균
④ 기생충

04 식품첨가물 중 보존제의 목적과 가장 거리가 먼 것은?

① 수분 감소의 방지
② 신선도 유지
③ 식품의 영양가 보존
④ 변질 및 부패 방지

05 체내에서 흡수되면 신장의 재흡수장애를 일으켜 칼슘 배설을 증가시키는 중금속은?

① 납
② 수은
③ 비소
④ 카드뮴

06 소독의 지표가 되는 소독제는?

① 석탄산
② 크레졸
③ 과산화수소
④ 포르말린

07 감자, 고구마 및 양파와 같은 식품에 뿌리가 나고 싹이 트는 것을 억제하는 효과가 있는 것은?

① 자외선 살균법
② 적외선 살균법
③ 일광 소독법
④ 방사선 살균법

08 주류 발효 과정에서 존재하면 포도주, 사과주 등에 메탄올이 생성되어 함유될 수 있으며, 중독 증상은 구토, 복통, 설사 및 심하면 실명하게 되는 성분은?

① 펙틴
② 구연산
③ 지방산
④ 아미노산

09 식품첨가물의 사용 목적이 아닌 것은?

① 변질, 부패방지
② 관능개선
③ 질병예방
④ 품질개량, 유지

10 육류의 직화구이 및 훈연 중에 발생하는 발암물질은?

① 아크릴아마이드(Acrylamide)
② 니트로사민(N-nitrosamine)
③ 에틸카바메이트(Ethylcarbamate)
④ 벤조피렌(Benzopyrene)

11 박력분이나 전분으로 튀김을 튀기기 위한 반죽옷을 말하는 튀김 용어는?

① 고로모
② 아게다시
③ 덴다시
④ 덴가츠

12 일반음식점을 개업하기 위하여 수행하여야 할 사항과 관할 관청은?

① 영업허가 - 지방식품의약품안전청
② 영업신고 - 지방식품의약품안전청
③ 영업허가 - 특별자치도 · 시 · 군 · 구청
④ 영업신고 - 특별자치도 · 시 · 군 · 구청

13 복어살 회는 방법으로 잘못된 것은?

① 젖은 행주, 찬물에 레몬즙을 짜서 레몬 물을 준비한다.
② 복어살을 도마에 사선으로 놓고 약 길이 6~7cm, 폭 2~3cm로 얇게 회를 뜬다.
③ 복어 회를 접시에 담을 때 반시계방향으로 접시를 돌리면서 뜬다.
④ 복어살을 일정한 폭과 길이로 자른다.

14 야쿠미를 만드는 재료로 짝지어진 것은?

① 대파, 무, 생강
② 실파, 무, 레몬
③ 실파, 레몬, 생강
④ 대파, 생강, 마늘

15 식품위생법상 조리사를 두어야 하는 영업장은?

① 유흥주점
② 단란주점
③ 일반 레스토랑
④ 복어조리점

16 불포화지방산을 포화지방산으로 변화시키는 경화유에는 어떤 물질이 첨가되는가?

① 산소
② 수소
③ 질소
④ 칼슘

17 치즈 제품을 굳기에 따라 구분할 때 일반적으로 가장 경두가 높은 것은?

① 체다 치즈(Cheddar Cheese)
② 블루 치즈(Blue Cheese)
③ 까망베르 치즈(Camembert Cheese)
④ 크림 치즈(Cream Cheese)

18 식품의 수분 활성도(Aw)란?

① 식품의 수증기압과 그 온도에서의 물의 수증기압의 비
② 자유수와 결합수의 비
③ 식품의 단위시간당 수분증발량
④ 식품의 상대습도와 주위의 온도와의 비

19 녹색 채소의 색소고정에 관계하는 무기질은?

① 알루미늄(Al)
② 염소(Cl)
③ 구리(Cu)
④ 코발트(Co)

20 식품을 구성하는 성분 중 특수 성분인 것은?

① 수분
② 효소
③ 섬유소
④ 단백질

21 두부의 응고제 중 간수의 주성분은?

① KOH
② KCl
③ NaOH
④ $MgCl_2$

22 신맛성분과 주요 소재 식품의 연결이 바르지 않은 것은?

① 초산(Acetic Acid) − 식초
② 젖산(Lactic Acid) − 김치류
③ 구연산(Citric Acid) − 시금치
④ 주석산(Tartaric Acid) − 포도

23 카로티노이드에 대한 설명으로 옳은 것은?

① 클로로필과 공존하는 경우가 많다.
② 산화효소에 의해 쉽게 산화되지 않는다.
③ 자외선에 대해서 안정하다.
④ 물에 쉽게 용해된다.

24 한천의 용도가 아닌 것은?

① 훈연제품의 산화방지제
② 푸딩, 양갱의 겔화제
③ 유제품, 청량음료 등의 안정제
④ 곰팡이, 세균 등의 배지

25 당류 가공품 중 결정형 캔디는?

① 퐁당(Fondant)
② 캐러멜(Caramel)
③ 마쉬멜로우(Marshmellow)
④ 젤리(Jelly)

26 우유 100g 중에 당질 5g, 단백질 3.5g, 지방 3.7g이 들어있다면 우유 170g은 몇 kcal를 내는가?

① 114.4kcal

② 167.3kcal

③ 174.3kcal

④ 182.3kcal

27 간장이나 된장의 착색은 주로 어떤 반응이 관계하는가?

① 아미노 카르보닐(Aminocarbonyl) 반응

② 캐러멜(Caramel)화 반응

③ 아스코르빈산(Ascorbic Acid) 산화 반응

④ 페놀(Phenol) 산화 반응

28 복어 독성부위를 폐기하는 방법으로 옳지 않은 것은?

① 복어의 내장은 음식물 쓰레기와 함께 폐기한다.

② 독극물임을 쉽게 인지할 수 있는 표시와 문구를 삽입해야 한다.

③ 폐기물 중에는 뼈도 포함될 수 있기 때문에 여러 겹으로 포장을 한다

④ 폐기물 수거 직원 교육을 통해 폐기물이 잘 관리되도록 한다.

29 사과의 갈변 촉진 현상에 영향을 주는 효소는?

① 아밀라아제(Amylase)

② 리파아제(Lipase)

③ 아스코르비나아제(Ascorbinase)

④ 폴리페놀 옥시다아제(Polyphenol Oxidase)

30 유화액의 상태가 같은 것으로 묶인 것은?

① 우유, 버터, 마요네즈

② 버터, 아이스크림, 마가린

③ 크림수프, 마가린, 마요네즈

④ 우유, 마요네즈, 아이스크림

31 삼치구이를 하려고 한다. 정미중량 60g을 조리하고자 할 때, 1인당 발주량은 약 얼마인가? (단, 삼치의 폐기율은 34%이다.)

① 43g

② 67g

③ 91g

④ 110g

32 다음 식품 중 직접 가열하는 급속해동법이 많이 이용되는 것은?

① 생선류

② 육류

③ 반조리 식품

④ 계육

33 전분의 호화와 점성에 대한 설명 중 틀린 것은?

① 곡류는 서류보다 호화온도가 높다.

② 전분의 입자가 클수록 빨리 호화된다.

③ 소금은 전분의 호화와 점도를 억제한다.

④ 산첨가는 가수분해를 일으켜 호화를 촉진시킨다.

34 난백에 기포가 생기는 것에 영향을 주는 것은?

① 난백에 거품을 낼 때 식초를 조금 넣으면 기품이 잘 생긴다.

② 난백에 거품을 낼 때 녹인 버터를 1큰술 넣으면 거품이 잘 생긴다.

③ 머랭을 만들 때 설탕은 맨 처음에 넣는다.

④ 난백은 0℃에서 가장 안정적이고 기포가 잘 생긴다.

35 필수지방산에 속하는 것은?

① 리놀렌산

② 올레산

③ 스테아르산

④ 팔미트산

36 우유를 응고시키는 요인과 거리가 먼 것은?

① 가열

② 레닌(Rennin)

③ 산

④ 당류

37 육류의 근원섬유에 들어있으며, 근육의 수축이완에 관여하는 단백질은?

① 미오겐(Myogen)

② 미오신(Myosin)

③ 미오글로빈(Myoglobin)

④ 콜라겐(collagen)

38 해조류에서 추출한 성분으로 식품에 점성을 주고 안정제, 유화제로서 널리 이용되는 것은?

① 알긴산(Alginic Acid)

② 펙틴(Pectin)

③ 젤라틴(Gelatin)

④ 이눌린(Inulin)

39 습열 조리법으로 조리하지 않는 것은?

① 편육

② 장조림

③ 불고기

④ 꼬리곰탕

40 햇볕에 말린 생선이나 버섯에 특히 많은 비타민은?

① 비타민 C

② 비타민 K

③ 비타민 D

④ 비타민 E

41 어취 제거 방법에 대한 설명으로 옳지 않은 것은?

① 식초나 레몬즙을 이용하여 어취를 약화한다.

② 된장, 고추장의 흡착성은 어취 제거 효과가 있다.

③ 술을 넣으면 알코올에 의하여 어취가 더 심해진다.

④ 우유에 미리 담가두면 어취가 약화된다.

42 밀가루로 빵을 만들 때 첨가하는 다음 물질 중 글루텐(Gluten) 형성을 도와주는 것은?

① 설탕
② 지방
③ 중조
④ 달걀

43 복어의 독은 청산가리보다 13배 정도 강하고 신경독으로 마비와 두통, 복통, 구토 등을 동반하는데, 이 독의 이름은?

① 무스카린
② 아플라톡신
③ 시큐톡신
④ 테트로도톡신

44 식품을 계량하는 방법으로 옳지 않은 것은?

① 밀가루 계량은 부피보다 무게가 더 정확하다.
② 흑설탕은 계량 전 체로 친 다음 계량한다.
③ 고체 지방은 계량 후 고무주걱으로 잘 긁어 옮긴다.
④ 꿀같이 점성이 있는 것은 계량컵을 이용한다.

45 기름 성분이 하수구로 들어가는 것을 방지하는 데 가장 적합한 하수관의 형태는?

① S 트랩
② P 트랩
③ 드럼
④ 그리스 트랩

46 폐기율이 20%인 식품의 출고계수는 얼마인가?

① 0.5
② 1.0
③ 1.25
④ 2.0

47 일반적인 식품의 구매 방법으로 옳은 것은?

① 고등어는 2주일분을 한꺼번에 구입한다.
② 느타리버섯은 3일에 한 번씩 구입한다.
③ 쌀은 1개월분을 한꺼번에 구입한다.
④ 쇠고기는 1개월분을 한꺼번에 구입한다.

48 급식시설의 유형 중 1인 1식을 제공하는 데 사용하는 물의 양이 가장 많은 곳은?

① 학교급식
② 병원급식
③ 사업체급식
④ 기숙사급식

49 고기의 질긴 결합조직 부위를 물과 함께 장시간 끓였을 때 연해지는 이유는?

① 엘라스틴이 알부민으로 변화되어 용출되어서
② 엘라스틴이 젤라틴으로 변화되어 용출되어서
③ 콜라겐이 알부민으로 변화되어 용출되어서
④ 콜라겐이 젤라틴으로 변화되어 용출되어서

50 무기질만으로 짝지어진 것은?

① 지방, 나트륨, 비타민 A
② 칼슘, 인, 철
③ 지방산, 염소, 비타민 B
④ 아미노산, 요오드, 지방

51 질병의 감염경로로 옳지 않은 것은?

① 아메바성 이질 – 환자 · 보균자의 분변 · 음
식물
② 유행성 간염 A형 – 환자 · 보균자의 분변 ·
음식물
③ 폴리오 – 환자 · 보균자의 콧물과 분변 · 음
식물
④ 세균성이질 – 환자 · 보균자의 콧물 · 재채
기 등의 분비물 · 음식물

52 회복기 보균자에 대한 설명으로 옳은 것은?

① 병원체에 감염되어 있지만 임상증상이 아직
나타나지 않은 상태의 사람
② 병원체를 몸에 지니고 있으나 겉으로는 증상
이 나타나지 않는 건강한 사람
③ 질병의 임상 증상이 회복되는 시기에도 여전
히 병원체를 지닌 사람
④ 몸에 세균 등 병원체를 오랫동안 보유하고
있으면서 자신은 병의 증상을 나타내지 아니
하고 다른 사람에게 옮기는 사람

53 간디스토마와 폐디스토마의 제1중간숙주를 순서
대로 짝지은 것은?

① 우렁이 – 다슬기
② 잉어 – 가재
③ 사람 – 가재
④ 붕어 – 참게

54 다음 감염병 중 바이러스가 병원체인 것은?

① 세균성 이질
② 폴리오
③ 파라티푸스
④ 장티푸스

55 음의 강도(음압)의 단위는?

① Decibel
② Phon
③ Sone
④ Hertz

56 만성감염병과 비교할 때 급성감염병의 역학적 특
성은?

① 발생률은 낮고 유병률은 높다.
② 발생률은 높고 유병률은 낮다.
③ 발생률과 유병률이 모두 높다.
④ 발생률과 유병률이 모두 낮다.

57 집단감염이 잘 되며 항문 부위의 소양증을 유발하는 기생충은?

① 회충

② 구충

③ 요충

④ 간흡충

58 중독될 경우 소변에서 코프로포르피린(Copro-porphyrin)이 검출될 수 있는 중금속은?

① 철(Fe)

② 크롬(Cr)

③ 납(Pb)

④ 시안화합물(CN)

59 자외선의 작용과 거리가 먼 것은?

① 피부암 유발

② 관절염 유발

③ 살균 작용

④ 비타민 D 형성

60 물의 자정 작용에 해당하지 않는 것은?

① 희석 작용

② 침전 작용

③ 소독 작용

④ 산화 작용

PART

06

정답 & 해설

정답 & 해설

중식조리기능사 최신 기출문제 01회

1-308쪽

01 ④		02 ④		03 ④		04 ②		05 ④	
06 ②		07 ②		08 ④		09 ②		10 ②	
11 ④		12 ③		13 ①		14 ②		15 ②	
16 ②		17 ②		18 ③		19 ②		20 ③	
21 ①		22 ②		23 ①		24 ①		25 ④	
26 ①		27 ③		28 ①		29 ③		30 ②	
31 ①		32 ①		33 ①		34 ②		35 ①	
36 ③		37 ②		38 ④		39 ②		40 ④	
41 ②		42 ④		43 ②		44 ③		45 ④	
46 ①		47 ③		48 ②		49 ②		50 ①	
51 ①		52 ①		53 ①		54 ①		55 ①	
56 ③		57 ①		58 ③		59 ③		60 ①	

01 ④

수은은 언어장애, 지각이상, 보행곤란의 증상이 있고 미나마타병 식중독을 일으킬 수 있다.

02 ④

오답 피하기
• 감염형 식중독 : 살모넬라 식중독, 장염비브리오 식중독, 병원성대장균 식중독
• 독소형 식중독 : 황색포도상구균 식중독, 클로스트리디움 보툴리눔 식중독

03 ④

단백질이 공존하는 경우에는 살균효과가 현저히 떨어진다.

04 ②

식품첨가물은 식품에 첨가, 혼합, 침윤하거나, 그 밖의 방법으로 식품에 사용되는 물질을 말한다.

05 ④

콜레라, 장티푸스, 세균성이질은 수인성 감염병으로 인한 식중독으로 대표적이라 말할 수 없다. 세균성 식중독인 살모넬라 식중독이 대표적인 식중독이다.

06 ②

시트리닌은 신장독이다.

07 ②

식품이 부패하면 탈탄산 반응에 의해 유해성 아민이 생성되어 알레르기성 식중독 원인이 된다.

08 ④

오답 피하기
• 휘발성 염기질소(VBN) : 식육의 신선도검사
• 트리메틸아민(TMA) : 어패류의 신선도 검사
• 소이온농도(pH) : 어육 5.5 전후 신선 6.2이면 초기부패로 판정한다.

09 ②

화석연료나 유기물질이 불완전 연소할 때 발생한다. 탄 고기나 훈제음식 중에도 있다.

10 ②

• 피막제 : 과일이나 식품의 겉에 발라 싱싱하게 하는 물질을 말한다.
• 몰포린지방산염(몰포린) : 발암물질로 동물실험에서 암 발생 증가한다는 연구결과가 있다.
• 피막제의 종류 : 초산비닐수지

11 ④

양곡가공업 중 도정업은 영업신고하지 않아도 되는 업종이다.

12 ③

음식의 색이 옅으면 반소, 소금을 사용하면 백소라고 한다. 홍소는 주로 동물성 재료를 사용하고, 백소는 주로 식물성 재료를 사용한다.

13 ①

냉동실에 보관해서 하나씩 꺼내어 차갑게 먹기도 하고 만들어 바로 따뜻하게 먹기도 한다.

14 ②

돼지고기구이, 광동식 탕수육, 상어지느러미찜, 볶음밥 등이 있다.

15 ②

유화드레싱은 빠른 속도로 저어야 분리가 일어나지 않는다. 빠른 속도로 젓는 것은 좋은 방법이다.

16 ②

펙틴 0.7% 이상, 유기산 3%를 함유한 과즙에 설탕 60% 이상을 첨가해 설탕이 펙틴을 침전시켜 젤을 형성한다.

17 ②

현탁액 : 물에 용해되지 않고 뿌옇게 부유 상태로 유지하고 있는 것

오답 피하기
• 진용액 : 분자량이 적은 물질이 용해된 것
  ⓔ 설탕물, 소금물
• 유화액 : 지방에 물이, 물에 지방이 유화상태로 분포되어 있는 것
  ⓔ 버터, 마가린, 생크림, 마요네즈
• 젤 : 졸(Sol)이 굳어진 상태
  ⓔ 두부, 치즈, 스프
• 콜로이드용액 : 진용액을 형성하지 않으면서 물이 산포된 것

18 ③

항산화제가 있는 식물성 기름은 유지의 산패를 방지한다.

19 ④

- 수산 : 녹색채소에 있는 성분으로 체내에서 칼슘의 흡수를 방해하여 신장 결석을 일으킨다.
- 수산을 제거하기 위해 뚜껑을 열고 데친다.

20 ③

동결건조 : 수분을 함유한 재료를 동결시키고 얼음을 승화시켜 수분을 제거하여 건조물을 얻는 방법이다.

21 ①

② 육류 조직 내의 미오글로빈은 공기 중에 노출되면 산소와 결합하여 옥시미오글로빈으로 되어 선명한 붉은색이 된다.
③ 햄, 베이컨, 소시지 등의 육류 가공품은 질산염이나, 아질산염과 작용하여 니트로사민으로 되어 선명한 붉은 색이 된다.
④ 신선한 육류의 절단면이 계속 공기 중에 노출되면 메트미오글로빈으로 되어 갈색이 된다.

22 ②

정백미에 비타민 B_1, 아미노산 등을 첨가한 쌀이다.

23 ①

부추잡채, 고추잡채, 당면잡채, 토마토달걀볶음 등이 해당된다.

24 ①

$$\frac{\text{식품이 나타내는 수증기압}}{\text{순수한 물의 최대 수증기압}}$$

25 ④

말타아제(Maltase)라는 효소로 쌀의 전분을 말토오즈(Maltose)상태로 분해시킨다.

26 ①

마요네즈는 계란과 식용유의 가공품이다.

27 ③

캐러멜은 설탕 등의 당류를 160~180℃로 가열하면 생기는 반응이고, 단백질이 없으므로 아미노 카르보닐 반응이 아니다.

28 ①

안토시아닌 색소는 산성에 안정하여 적색이 되고, 알칼리에는 불안정하여 청자색이 된다.

29 ③

한천 : 우뭇가사리 등의 홍조류를 삶아서 얻은 액을 냉각, 동결, 건조한 것이다.

30 ②

- 버터의 지방함량은 수분함량을 뺀 77%이다.
- 20g×0.77=15.4g 버터의 지방함량은 15.4g이다
- 지방은 1g당 9kcal의 열량을 내므로 15.4g × 9kcal = 138.6g이다.

31 ①

식단의 작성 순서

영양 기준량 산출 → 섭취 기준량 산출 → 3식 배분 → 음식수, 요리명 결정 → 식단 주기 결정 → 식량 배분 계획 → 식단표 작성

32 ①

쌀에는 단백질이 8% 정도 들어있는데 필수 아미노산 8가지 중 특히 리신이 부족하다. 콩밥을 먹으면 단백질이 보충된다.

33 ①

낮은 온도에서 서서히 구우면 육즙이 빠져나와 눌어붙게 된다.

34 ①

- 전 : 기름을 두르고 지지는 조리법이다.
- 류 : 재료에 간을 하고, 옷을 만들어 입힌 후 튀김 온도에 맞춰 튀겨 내는 방식과 재료를 데치거나 쪄내 준비한 소스에 빠르게 버무리는 방식
- 초 : '볶다'라는 뜻으로 재료를 썰어 팬에 기름을 두르고 재빠르게 볶아서 만드는 조리법

35 ①

노추 또는 노두유라고 한다.

36 ③

젤라틴의 특징

- 식품의 3~4% 정도를 사용한다.
- 13℃ 이하에서 응고한다.
- 설탕의 증가는 겔 강도를 감소시켜 부드러운 젤리를 형성한다.

37 ②

도살 후에는 글리코겐이 혐기적인 상태가 된다.

38 ④

대두단백질 글리시닌은 황산칼슘($CaSO_4$), 염화마그네슘($MgCl_2$), 염화칼슘($CaCl_2$) 등의 두부응고제와 열(70℃)에 응고되는 성질을 이용하여 두부를 만든다. 소금을 첨가하면 두부가 부드러워진다.

39 ②

- 판매가격 = 이익 + 총원가
- 총원가 = 제조원가 + 판매관리비
- 제조원가 = 제조간접비 + 직접원가

40 ④

마파두부, 새우 칠리소스, 돼지고기 요리, 냉채 요리 등의 소스로 쓰인다.

41 ②

칭탕	돼지뼈, 닭뼈, 닭고기 등을 넣어 1~2시간 정도로 짧게 끓이는 맑은 육수
농탕	핏물이 잘 제거된 돼지뼈, 닭뼈 등을 센 불에서 4~5시간 정도로 끓여서 진하게 만든 육수로 얼탕과 비슷하게 사용
샹탕	노계와 금화화퇴(중국식 햄) 등 고급재료를 넣어 끓인 상탕은 고급스러운 맛을 내는 육수로 삭스핀 수프, 불도장, 제비집 요리 등의 재료로 사용
얼탕	상탕을 한 번 우려낸 재료에 상탕을 끓일 때의 반 정도의 물을 넣고 다시 우려낸 육수

42 ④

옥살산(수산)은 녹색채소에 있는 성분으로 체내에서 칼슘의 흡수를 방해하여 신장결석을 일으킨다. 수산을 제거하기 위해 뚜껑을 열고 데친다.

43 ②

유중수적형 식품 : 마가린, 버터 등

오답 피하기

수중유적형 식품 : 우유, 마요네즈, 아이스크림 등

44 ③

선입선출법은 재료의 구입순서에 따라 먼저 구입한 재료를 나중에 입고된
품목보다 먼저 사용한다. 그러므로 27일에 입고된 5병, 20일에 입고된 5병
은 사용하지 않았다.
- (5×3,000) + (5×3,500) − 32,500원

45 ④

아일랜드형은 작업대를 분리시킨 형으로 동선을 단축시킬 수 있고 융통성
있는 공간 활용이 가능하다.

46 ①

$$\frac{100×80}{32} = 250g$$

47 ③

열을 가해 익히면 달걀은 서로 엉기고 굳는데 이런 성질을 이용한 것이다.

48 ②

배 자체에는 펙틴과 산이 부족한 편이나 요즘은 식품첨가물 펙틴, 식초, 레몬
즙을 첨가하여 잼을 만들 수 있다.

49 ②

마가린 : 버터와 라드의 대용품으로 식물성 유지에 수소를 첨가하고 니켈을
촉매제로 사용하여 결정화시킨 가공유지이다. 이 과정 중에 수소화된 불포화
지방산인 트랜스지방이 발생한다.

50 ①

헤이추 또는 우추라고 불린다.

51 ①

수인성 감염병인 콜레라, 장티푸스 등은 오염수나 생존 가능한 음식물을 통
해서 전염되는 질병이다.

52 ①

예방접종으로 면역이 되는 질병 : BCG, 디프테리아, 백일해, 파상풍, 소아마
비, 홍역, 볼거리, 풍진, 일본뇌염

53 ①

오답 피하기

항공병, 고산병 : 저압환경

54 ①

카드뮴에 중독되면 이타이이타이병에 걸릴 수 있다.

55 ①

과망간산칼륨의 소비량으로 유기물의 간접적 지표를 알 수 있다.

오답 피하기

- 탁도 : 1NTU를 넘지 아니할 것
- 대장균군 : 100mL에서 검출되지 아니할 것
- 색도 : 5도를 넘지 아니할 것

56 ③

생활능력이 없는 빈곤층에 대한 국가적 차원의 책임규정으로 최저생활보장
의 원칙을 두고 있다.

57 ①

가정, 음식점, 호텔 등의 주방에서 배출되는 식품의 쓰레기를 말한다. 육류,
야채, 과실, 곡류 등의 부스러기로 부패하기 쉽고 악취의 원인이 된다.

58 ③

오답 피하기

- 세균 : 장티푸스, 결핵
- 리케차 : 발진열

59 ③

장티푸스는 분변이나 토물에 의해서 소화기계 감염병이나 기생충 질환의 병
원체가 체외로 배설되어 감염된다.

60 ①

아니사키스충은 갑각류나 바다생선에 기생한다.

오답 피하기

- 유구조충, 선모충 : 돼지에 기생한다.
- 동양모양선충 : 중간 숙주가 없고, 절임채소에 붙어 감염된다.

중식조리기능사 최신 기출문제 02회

1-315쪽

01 ④	02 ③	03 ③	04 ③	05 ③
06 ③	07 ②	08 ②	09 ④	10 ③
11 ③	12 ④	13 ③	14 ②	15 ②
16 ④	17 ①	18 ①	19 ①	20 ①
21 ①	22 ②	23 ④	24 ①	25 ①
26 ③	27 ①	28 ①	29 ①	30 ①
31 ③	32 ③	33 ④	34 ①	35 ①
36 ③	37 ④	38 ①	39 ①	40 ②
41 ①	42 ④	43 ③	44 ①	45 ①
46 ③	47 ①	48 ③	49 ④	50 ①
51 ③	52 ③	53 ③	54 ①	55 ②
56 ③	57 ③	58 ①	59 ③	60 ②

01 ④

> **오답 피하기**

발색제는 식품 색의 변색을 방지한다. 발색을 하는 식품첨가제로 허가된 발색제로는 아질산나트륨, 질산칼륨, 황산제1철(건조), 황산제1철(결정), 질산나트륨이 있다.

02 ③

벤조피렌은 불완전연소 과정에서 생성되는 다환방향족 탄화수소의 한 종류로 발암물질이고, 돌연변이를 일으키는 환경 호르몬이다. 공장의 매연, 배기가스, 담배 연기에서 나오는 물질이다.

03 ③

메탄올의 중독 증상으로는 신경 염증, 두통, 구토, 설사, 실명이 있고, 심하면 호흡 곤란으로 사망한다.

04 ③

식품의 부패는 여러 종류의 세균이 관여하여 생긴다.

05 ③

생균 수가 식품 1g당 생균 수가 $10^7 \sim 10^8$이면 초기부패로 판정한다.

06 ③

> **오답 피하기**

감염형 식중독 : 살모넬라 식중독, 장염비브리오 식중독, 병원성대장균 식중독, 웰치균

07 ②

복어독인 테트로도톡신의 중독 증상에 알맞은 조치는 위세척을 하거나 구토하게 만드는 최토제를 투여한다. 호흡 곤란으로 인한 사망을 예방하기 위해서는 호흡 촉진제를 투여한다.

08 ②

황색포도상구균 식중독은 화농성질환자에 의해 발생하므로 식품 조리 및 가공을 금지해야 한다.

09 ④

참깨에는 사용할 수 없고, 과일과 채소의 살균 목적으로 사용한다. 최종 식품 완성 전에 제거한다.

> **오답 피하기**

- 초산비닐수지 : 피막제
- 이산화염소 : 소맥분 개량제
- 규소수지 : 소포제

10 ③

식품 중의 유독 유해 성분이나 물질 섭취로 인한 위해 식품을 내인성 위해 식품이라고 한다.

11 ③

전채요리의 특징

- 적당한 신맛과 짠맛으로 만든다.
- 전채 요리는 소량으로 만든다.
- 주 요리에 사용되는 재료와 반복된 조리법을 사용하지 않는다.

12 ④

> **오답 피하기**

식품 위생의 목적 : 식품으로 인하여 생기는 위생상의 위해를 방지하고 식품 영양의 질적 향상을 도모하며 식품에 관한 올바른 정보를 제공하여 국민 보건의 증진에 이바지함을 목적으로 한다.

13 ③

집단급식소 : 영리를 목적으로 하지 아니하면서 특정 다수인에게 계속하여 음식물을 공급하는 기숙사, 학교, 병원, 사회 복지 시설, 산업체, 국가, 지방 자치 단체 및 공공기관, 그 밖의 후생 기관

14 ②

> **오답 피하기**

식품위생법상 식품위생감시원의 직무

- 식품 등의 위생적인 취급에 관한 기준의 이행 지도
- 수입 · 판매 또는 사용 등이 금지된 식품 등의 취급 여부에 관한 단속
- 표시 기준 또는 과대광고 금지의 위반 여부에 관한 단속
- 출입 · 검사 및 검사에 필요한 식품 등의 수거
- 행정 처분의 이행 여부 확인
- 식품 등의 압류 · 폐기 등
- 그 밖에 영업자의 법령 이행 여부에 관한 확인 · 지도

15 ②

신고하지 않아도 되는 업종

- 양곡가공업 중 도정업을 하는 경우
- 수산물가공업의 신고를 하고 해당 영업을 하는 경우
- 축산물가공업의 허가를 받아 해당 영업을 하는 경우
- 건강기능 식품제조업, 건강기능 식품수입업 및 건강기능 식품판매업의 영업 허가를 받거나 영업 신고를 하고 해당 영업을 하는 경우

16 ④

마이야르 반응은 비효소적 갈변이다.

17 ①

> **오답 피하기**

- 강화미 : 손실된 영양분의 보충, 본래 함유된 영양분의 증가한 쌀
- 팽화미 : 쌀을 압력이 걸려 있는 장치에 넣어 밀폐시켜 가열하여 호화, 팽창시킨 쌀
- α−미 : 쪄서 수분이 8% 이하가 되도록 더운 바람으로 말린 쌀

18 ①

발효 식품 : 치즈, 요구르트, 된장, 간장, 김치

19 ①

오답 피하기
- 산소와 탄산가스의 기체의 농도를 조절하여 과일, 난류를 저장하는 방법이다.
- 식품마다 다르지만 미생물이 번식할 수 없는 0℃, 습도는 80~85%가 적당하다.

20 ①

오답 피하기
- 지단백질 : 단순단백질 + 지방
- 당단백질 : 단순단백질 + 당
- 핵단백질 : 단순단백질 + 핵산

21 ①

오답 피하기
한천은 우뭇가사리 등의 홍조류를 삶아서 얻은 액을 냉각, 동결, 건조한 것으로 양갱 제조에 쓰이고, 젤라틴과 함께 유제품의 식품안정제로도 사용된다. 연구 목적으로 곰팡이나 세균의 배지로도 사용한다.

22 ②

일반적인 식품의 수분활성도는 1보다 작다. 물의 수분활성도가 1이다.

23 ④

냉장고에 보관하는 것만으로 장기간 보존할 수는 없다.

24 ①

글리시닌은 콩의 대표적인 단백질로 염류에 응고되는 성질이 있어 두부를 만드는 데 이용된다.

25 ①
- 노화가 잘 일어나지 않는 조건으로는 수분함량 15% 이하, 유화제 첨가, 설탕 첨가 등이 있다.
- 이 중 라면류, 건빵류, 비스킷은 수분함량이 낮아 노화가 잘 일어나지 않는다.

26 ③

신맛 + 아미노기 = 쓴맛

27 ①

오답 피하기
- 사용횟수가 많으면, 1회 사용할 때마다 발연점이 10~15℃씩 저하된다.
- 유리지방산의 함량이 많을수록 발연점이 낮아진다.
- 기름에 이물질이 많으면 발연점이 낮아진다.
- 그릇의 표면적이 1인치 넓을수록 발연점이 2℃씩 저하된다.

28 ③

유당(16) < 갈락토오스(33) < 맥아당(60) < 포도당(74) < 설탕(100) < 전화당(85~130) < 과당(170)

29 ①

소의 간에는 비타민 A가 많아 눈에 좋은 음식이라 하였고, 무기질인 철분(Fe)이 많아서 빈혈에 좋은 식품이다.

30 ③

오답 피하기
- 안토잔틴 : 꽃잎의 노란색, 가을에 잎의 자색이나 적자색
- 클로로필 : 녹색 야채에 있는 Mg을 함유한 엽록소 색소
- 플라보노이드 : 콩, 감자, 연근 등의 흰색이나 노란색

31 ③

발주량 = {정미주량 ÷ (100 − 폐기율)} × 인원수 × 100
= {60 ÷ (100 − 9)} × 1,000 × 100 = 65,934g = 약 66kg

32 ④

단체급식에서는 일정한 기간마다 재고관리를 하여 사용량을 통계·발주한다.

33 ④

완두콩을 통조림으로 만들 때 황산구리를 첨가하면 녹색을 유지할 수 있다. 그러나 비타민 C가 파괴되는 단점이 있다.

34 ①

재료를 볶거나 튀기거나 쪄서 육수를 붓고 조림을 하는 조리법이다.

오답 피하기
- 차오 : 볶는 방식
- 짜 : 팬에 기름을 넉넉히 넣고 튀기는 방식
- 빠오 : 깍둑 모양 재료를 팬에서 센 불에서 빠르게 볶아 내는 방식

35 ②

고수에 대한 설명이다.

36 ③

식소다를 사용하면 튀김이 가볍게 튀겨진다. 단 많이 사용하면 쓴맛이 나므로 주의한다.

37 ④

차가운 물에 씻어 싱싱하게 한다.

38 ①

글루텐에 대한 점탄성을 증가시켜 준다.

39 ①

오답 피하기
② 주요리가 어떤 요리가 나가는지 보고 조리법이 겹치지 않게 냉채를 결정한다.
③ 계절에 따라 메인메뉴와 냉채 요리 모두 변화를 준다.
④ 육류, 해산물, 채소, 향신료 등 다양하게 쓰인다.

40 ②

고온으로 단시간 내에 조리하므로 영양소의 손실이 적다.

41 ②

오답 피하기
수의계약 : 경쟁 계약에 의하지 아니하고 임의로 적당한 상대자를 선정하여 체결하는 계약

42 ④

수분함량을 15% 이하로 낮추어야 한다.

43 ③

카제인(Casein)은 산, 레닌에 응고되는 성질이 있다. 이를 응용하여 치즈를 만든다.

44 ①

흰자 부위가 마치 소나무 위에 눈꽃이 핀 것과 같다 해서 송화단이라고도 한다.

45 ③

적자색 – 선홍색 – 갈색

46 ③

설탕은 흰자의 거품 생성을 방해하므로 충분한 거품이 생긴 후 설탕을 첨가하는 것이 좋다.

47 ①

난황의 레시틴은 유화성이 있어 기름의 분리를 막아준다.

48 ②

샐러드유로 쓰이는 기름은 냉장고에 보관하는데, 굳지 않고 부드러운 상태가 유지되어야 한다. 그러나 유지는 냉장고에서 보관하면 굳는 것이 있다. 그래서 온도를 낮추어 고체화시키고 여과하여 샐러드유로 적합하게 만든다.

49 ④

> **오답 피하기**

산과 알칼리에도 강해야 하고 바닥 전체의 물매는 1/100이 적당하다.

50 ②

돼지고기의 부위로는 갈매기살, 항정살, 삼겹살 등이 있다.

51 ③

레이노드병은 진동과 관련된 병이다.

52 ③

카드뮴 중독 증상으로 이타이이타이병에 걸리고 증상은 골연화증이 있다.

53 ③

파상풍은 다른 환자를 통해 감염되지 않기 때문에 격리를 요하지 않는다.

54 ③

하수의 오염도를 나타내는 방법이며 수중 유기물을 20℃에서 5일간 측정한다. BOD의 수치가 높으면 하수 오염도가 높다는 말로 20ppm 이하여야 한다.

55 ②

- 10% 이상일 때는 질식사, 7% 이상일 때는 호흡 곤란 증세가 있다.
- 위생학적 허용 한계 : 0.1%(=1,000ppm)

56 ③

발생지역과 일치하고 성별, 연령에 따른 차이는 없다.

57 ③

동양모양선충 – 절임채소

58 ①

예방접종은 감염병의 예방 대책 중의 하나이다.

59 ③

구충은 맨발 작업 시 피부로 감염되는 기생충이므로 장화를 착용해야 기생충 감염을 예방할 수 있다.

60 ②

4대 온열 조건 인자는 기온, 기습, 기류, 복사열이다.

---

01 ②	02 ③	03 ②	04 ③	05 ②
06 ④	07 ②	08 ③	09 ②	10 ①
11 ②	12 ①	13 ③	14 ④	15 ②
16 ①	17 ①	18 ①	19 ③	20 ③
21 ①	22 ③	23 ②	24 ③	25 ③
26 ①	27 ①	28 ②	29 ④	30 ②
31 ①	32 ①	33 ④	34 ②	35 ④
36 ②	37 ③	38 ①	39 ②	40 ③
41 ③	42 ④	43 ④	44 ③	45 ①
46 ②	47 ②	48 ①	49 ③	50 ②
51 ②	52 ③	53 ②	54 ③	55 ①
56 ②	57 ②	58 ④	59 ④	60 ②

01 ②

- 카드뮴(Cd) 중독 : 이타이이타이병, 신장장애, 단백뇨, 골연화증
- 납(Pb) 중독 : 연빈혈, 칼슘대사이상, 신장장애, 적혈구수 증가
- 수은(Hg) 중독 : 미나마타병, 언어장애, 지각이상, 보행곤란
- 크롬(Cr) 중독 : 비염, 인두염, 기관지염

02 ③

세균수가 10^5/g이면 신선한 때로 보고, 식품 1g당 세균수가 $10^7 \sim 10^8$이면 초기부패로 판정한다.

03 ②

특이한 신경 증상, 눈의 시력저하, 동공 확대, 청각마비, 언어장애, 높은 치사율

04 ③

독미나리 : 시큐톡신(Cicutoxin)

05 ②

> **오답 피하기**

- 식품의 영양 강화를 위한 것 – 강화제
- 식품의 변질이나 변패를 방지하기 위한 것 – 보존제
- 식품의 품질을 개량하거나 유지하기 위한 것 – 개량제

06 ④

아질산나트륨은 발색제이다.

> **오답 피하기**

과산화벤조일, 과황산암모늄, 이산화염소는 소맥분 개량제이다.

07 ②

발효 : 탄수화물 식품이 미생물에 의해 알코올과 유기산을 생성하여 유용한 물질을 만들어 내는 것

08 ③

- 바이러스 : 인플루엔자, 천연두(두창), 홍역, 유행성이하선염, 급성회백수염(소아마비 = 폴리오), 유행성 간염, 일본뇌염, 광견병(공수병), AIDS 등
- 세균 : 디프테리아, 백일해, 결핵, 성홍열, 폐렴, 나병, 장티푸스, 파라티푸스, 세균성이질, 콜레라, 페스트, 파상풍 등

09 ②

통조림에 철이 녹스는 것을 막기 위해 표면에 주석을 입힌다. 이 주석은 산성이 강한 과일, 캔, 주스 등에서 용출될 가능성이 높다.

10 ①

청매 중독은 곰팡이 중독이 아니라 식물성 식중독의 중독 증상이다.

11 ②

위해 식품 등의 판매 등 금지
- 썩거나 상하거나 설익어서 인체의 건강을 해칠 우려가 있는 것
- 유독·유해 물질이 들어있거나 묻어 있는 것 또는 그러할 염려가 있는 것. 다만, 식품의약품안전처장이 인체의 건강을 해칠 우려가 없다고 인정하는 것은 제외한다.
- 병을 일으키는 미생물에 오염되었거나 그러할 염려가 있어 인체의 건강을 해칠 우려가 있는 것
- 불결하거나 다른 물질이 섞이거나 첨가된 것 또는 그 밖의 사유로 인체의 건강을 해칠 우려가 있는 것

12 ①

오답 피하기

식품의약품안전처장은 식품 또는 식품첨가물의 기준 및 성분에 관한 규격을 정하여 고시한다.

13 ③

- 관계 공무원으로 하여금 다음 각 목에 해당하는 출입·검사·수거 등의 조치·판매를 목적으로 하거나 영업에 사용하는 식품 등 또는 영업 시설 등에 대하여 하는 검사
- 검사에 필요한 최소량의 식품 등의 무상 수거
- 영업에 관계되는 장부 또는 서류의 열람

14 ④

오답 피하기

영업 : 식품 또는 식품첨가물을 채취·제조·수입·가공·조리·저장·소분·운반 또는 판매하거나 기구 또는 용기·포장을 제조·수입·운반·판매하는 업(농업과 수산업에 속하는 식품 채취업은 제외한다.)

15 ②

- 정신질환자
- 감염병환자(B형간염환자는 제외)
- 마약이나 그 밖의 약물 중독자
- 조리사 면허의 취소 처분을 받고 그 취소된 날부터 1년이 지나지 아니한 자

16 ①

	용질에 대하여 용매로 작용하지 않는다.
	건조로 쉽게 제거되지 않는다.
결합수	−20℃에서도 동결되지 않는다
	미생물 증식에 이용되지 못한다.
	밀도가 크다.
	전해질을 잘 녹인다(용매 작용).
	건조로 쉽게 제거된다.
자유수	0℃ 이하에서 쉽게 동결된다.
	미생물의 번식과 발아에 이용된다.
	표면장력, 점성, 비열이 크다.

17 ①

오답 피하기

- 알코올 및 알데히드류 : 주류, 바닐라향, 감자, 오이, 복숭아, 계피
- 테르펜 : 녹차, 레몬, 오렌지
- 유황화합물 : 무, 파, 마늘, 양파, 간장
- 퓨란류 : 커피, 빵, 조리된 가금류, 카제인나트륨, 콩 등의 가열 처리 제품

18 ①

오답 피하기

포노당, 과당, 갈락토오스는 난당류이다.

19 ③

참고로 탄수화물의 열량은 4kcal/g, 단백질은 4kcal/g, 지질은 9kcal/g이다.

20 ③

간단한 분자들이 서로 결합하여 거대한 고분자 물질을 만드는 반응이다.

오답 피하기

- 산화 반응 : 산소와의 결합, 수소가 빠져나가는 반응이다.
- 열분해 반응 : 열에 의해 결합이 끊어지고 새로운 물질을 만드는 반응이다.
- 가수분해 반응 : 일반적으로 염이 물과 반응하여 산과 염기로 분해하는 반응이다.

21 ①

양갱은 한천으로 만든다.

22 ③

오답 피하기

비트는 뿌리식품, 파슬리는 잎, 아스라파라거스는 줄기를 먹는다.

23 ②

오답 피하기

엽록소는 산성에서 갈색화, 안토시안 색소는 알칼리성에서 청색화, 카로틴 색소는 산성과 알칼리에서 안정하다.

24 ③

유당(Lactose)
- 갈락토오스와 포도당의 결합
- 체내 성장 촉진, 뇌신경 조직에 중요한 역할
- 살균 작용, 정장 작용에 도움

25 ③

두부응고제 : 황산칼슘($CaSO_4$), 염화마그네슘($MgCl_2$), 염화칼슘($CaCl_2$) 등

26 ①

전분의 가열 온도가 높을수록 호화시간이 빠르고, 점도는 높아진다.

27 ①

오답 피하기

- 맛의 대비 효과(맛의 강화) : 서로 다른 맛 성분이 혼합되어 주된 맛 성분을 강화한다.
- 맛의 억제 효과 : 서로 다른 맛의 혼합으로 각각의 맛이 약화한다.
- 맛의 상쇄 : 두 가지 맛이 상쇄되어 한 가지 맛을 단독으로 나타내지 못하고 약화 또는 소멸시킨다.

28 ②

클로로필 색소는 산에 불안정하여 식초를 사용하면 누런색으로 변하고, 알칼리에 안정해서 식소다를 사용하면 녹색을 유지한다.

29 ④

매일 지속적으로 발효가 일어나는 것은 자연 치즈의 특징이다.

30 ②

가스 저장은 산소와 탄산가스의 농도를 조절하여 과일, 난류를 저장하는 방법이다. 달걀에서 이산화탄소가 발산하면 기공이 커지고 신선도가 저하된다.

31 ①

천일염은 가공되지 않은 굵고 무기질이 많은 소금이다.

• 정제염 : 불순물과 중금속을 제거한 정제한 소금이다.
• 식탁염 : 식성에 따라 간을 맞추어 먹도록 식탁 위에 놓아두는 고운 소금이다.
• 가공염 : 볶음, 태움 등의 방법으로 원형을 변형하거나 식품첨가물을 더하여 가공한 소금이다.

32 ①

• 재료비 : 제품의 제조를 위하여 소비되는 물품의 원가
• 경비 : 제품의 제조를 위하여 소비되는 재료비, 노무비 이외의 가치

33 ④

호박산은 감칠맛을 내는 맛 성분으로 조개, 청주, 사과 등에 들어있다.

34 ②

저지방 우유는 지방함량을 2% 이하로 줄인 우유이다.

35 ④

중국 요리 조리법 중 제일 오래되었으며, 원시적인 방법으로 장작이나 숯, 석탄, 적외선, 가스 등이 연료로 쓰인다.

• 챠오 : 재료를 썰어 팬에 기름을 두르고 재빠르게 볶아서 만드는 조리법
• 지옌 : 팬에 기름을 두르고 재료에 노릇노릇하게 지지는 조리법
• 쩡 : 수증기로 쪄서 만드는 방식의 조리법

36 ②

슬라이서는 채 써는 도구이다.

37 ②

서구풍으로 발전한 것은 남경 요리이다.

38 ①

궁빠오지딩(공보계정)은 궁빠오(宮保)와 깍두기 모양으로 썬 지딩(鸡丁)을 합친 말이다. 2품 이상의 관직들은 궁빠오라는 칭호를 받았는데 사람들이 이 요리에 궁빠오라는 칭호를 붙여 불렀다.

39 ②

버터, 마가린 등에 힘을 가하고 제거했을 때 원상태로 회복되지 않는 성질이다.

40 ③

사태는 기름, 힘줄이 많아서 찜, 탕, 편육, 육수에 적당하다.

41 ③

• 밀가루 : 체로 쳐서 누르지 않고 수북하게 담아 흔들지 말고 편편하게 깎아 측정한다.
• 설탕 : 흑설탕은 꼭꼭 눌러서 잰다.
• 액체 : 물엿, 꿀과 같은 점성이 큰 것은 큰 계량컵을 사용하고 눈금과 액체 표면의 아래 부분을 눈과 같은 높이로 맞추어 계량한다.

42 ④

플라보노이드계 색소는 산성에 안정하여 식초, 산을 첨가하는 것이 좋다.

43 ④

생선 껍질은 97% 이상이 콜라겐으로 구성되어 있는데, 오그라드는 성질은 칼집을 넣어 방지할 수 있다.

44 ③

편육을 만들 때는 끓는 물에 고기를 넣어야 고기 맛의 용출이 적어 맛이 좋아진다.

45 ①

중조는 양질의 튀김을 만들고 바삭한 역할을 하지만 제품의 영양소 손실이 있다.

46 ②

고구마전분으로 만든 것으로 분피가 두장이라고 양장피라고 한다.

47 ②

마요네즈를 만들 때는 빨리 한 방향으로 저어야 분리되지 않는다.

48 ①

조절 영양소는 비타민, 무기질이다.

쇠고기, 달걀, 두부에는 비교적 단백질이 많이 들어있고, 감자, 쌀, 밀가루에는 탄수화물이 많이 함유되어 있다.

49 ③

높은 농도의 소금 용액에 저장하면 삼투압 작용으로 소금은 식품으로, 식품의 수분은 바깥으로 빠져나오게 된다.

50 ①

• 2,000kcal 중 15%를 단백질로 섭취할 경우의 단백질의 섭취 칼로리는 다음과 같다.
• 2000kcal × 0.15 = 300kcal
• 300kcal에서 동물성 단백질의 양은 1/3로 하면 100kcal가 나온다.
• 단백질은 1g당 4kcal이다.
• 100 ÷ 4 = 25g

51 ②

글로불린 접종은 인공수동면역이다.

52 ④

유구조충은 돼지고기에 기생을 한다.

53 ④

종형은 아래와 위가 좁은 형태로 출생률과 사망률이 모두 낮다.

구분	유형	특징
피라미드형	후진국형(인구증가형)	출생률은 높고 사망률은 낮은 형이다.
종형	이상형(인구정체형)	출생률과 사망률이 낮고 14세 이하가 65세 이상 인구의 2배 정도이다.
항아리형	선진국형(인구감소형)	평균수명이 높고 인구가 감퇴하는 형이다
별형	도시형(인구유입형)	생산층 인구가 증가되는 형이다.
기타형	농촌형(인구유출형)	생산층 인구가 감소하는 형이다.

54 ③

- 공기 자체의 확산과 이동에 의한 희석 작용
- 눈과 비에 의한 세정 작용
- 오존에 의한 산화 작용
- 자외선에 의한 살균 작용
- CO_2와 O_2의 교환 작용 : 광합성에 의한 교환

55 ①

- 예비 처리 : 제진망(Screen)을 설치하여 부유 물질을 제거하고 토사 등을 유속을 느리게 하여 침전시키는 보통 침전과 약품 처리를 시키는 약품 침전이 있다.
- 본 처리 : 혐기성, 호기성 처리 방법이 있다.
- 오니 처리 : 육상투기법, 해양투기법, 소각법, 퇴비화법, 사상건조법, 소화법 등이 일반적으로 이용되고 있다. 그 중 소화법은 혐기성 분해 처리를 시키는 방법으로 제일 진보된 오니 처리법이다.

56 ②

이산화탄소는 악취나 호흡, 연소 작용에 의해 발생하는데 공기 조성의 전반적으로 판단할 수 있다.

57 ②

다이옥신의 발생으로 대기 오염 문제가 발생한다.

58 ④

- 고열 환경 : 열중증(열쇠약증,열경련증,열사병)
- 저온 환경 : 동상, 동창, 참호족염
- 고압 환경 : 잠함병, 잠수병
- 저압 환경 : 고산병, 항공병
- 분진 : 진폐증, 규폐증, 석면폐증, 활석폐증

59 ④

가시광선은 망막을 자극하여 색채를 부여하고 명암을 구분하는 파장이다.

60 ②

두창, 홍역(95%) > 백일해 > 성홍열 > 디프테리아 > 소아마비(0.1%)

일식조리기능사 최신 기출문제 01회

1-331쪽

01 ①	02 ④	03 ③	04 ③	05 ②
06 ②	07 ①	08 ②	09 ③	10 ②
11 ③	12 ①	13 ④	14 ④	15 ②
16 ④	17 ④	18 ①	19 ①	20 ④
21 ③	22 ④	23 ①	24 ①	25 ④
26 ②	27 ④	28 ③	29 ③	30 ②
31 ④	32 ④	33 ②	34 ④	35 ④
36 ④	37 ④	38 ③	39 ④	40 ①
41 ③	42 ①	43 ④	44 ④	45 ③
46 ①	47 ③	48 ③	49 ②	50 ③
51 ④	52 ④	53 ④	54 ④	55 ②
56 ②	57 ③	58 ④	59 ③	60 ①

01 ①

영양 강화제 : 식품에 영양소를 강화할 목적으로 사용되는 첨가물로 비타민, 아미노산류 등의 무기염류가 강화제로 사용된다.

- 락톤류, 에테르류, 에스테르류, 지방산류, 페놀류는 착향료이다.
- 검류는 유화제나 안정제로 사용한다.

02 ④

- 보존료 : 식품의 변질 및 부패를 방지하기 위한 첨가물이다. 데히드로초산은 치즈, 버터, 마가린에 사용하고 소르빈산은 육제품, 절인식품에 사용한다. 안식향산은 간장, 청량음료수 등이 사용한다.
- 아스파탐 : 감미료로 인스턴트 커피, 술, 탄산음료 등에 주로 사용된다.

03 ③

아플라톡신은 강한 발암 물질로 열에도 죽지 않아 주의하여야 한다.

04 ③

보툴리누스균이 생산한 독소는 가장 맹독성이고 A형 및 B형의 중독에 의한 치명률은 70%를 넘는다.

05 ②

포르말린 : 포름알데히드의 수용액으로 살균, 소독용으로 사용하고 부패과정과 관계가 없다.

- 황화수소 : 달걀 썩는 냄새이다.
- 인돌 : 부패한 단백질, 포유류의 배설물 속에 존재한다.

06 ②

웰치균 : 그람양성 간균으로 혐기성 균이지만 혐기성의 요구가 약한 편이다.

① 내열성으로 100℃에서 1~4시간 가열하여 균이 남아있다.
③ 50℃이하로 되면 급속하게 발육한다.
④ 당질식품에서 주로 발생하지 않고 단백질 식품이 원인식품이 될 수 있다.

07 ①

식중독 발생 시 즉시 취해야 할 행정적인 조치로는 식중독을 일으킨 환자 또는 그 의심 환자를 진단한 의사는 지체 없이 관할 시장 · 군수 · 구청장에게 보고하여야 한다.

08 ②

오답 피하기

식품첨가물의 사용 목적
- 식품의 부패와 변질을 방지한다.
- 기호 및 관능을 만족시키고자 한다.
- 영양을 강화하고자 한다.
- 품질 개량 및 일정 기간 유지시킨다.
- 식품 제조에 필요하다.

09 ③

메틸알코올을 7~8mL 음용했을 때 실명하고, 100~250mL로 사망한다.

오답 피하기
- 납 : 구토, 복통, 사지마비, 피로 등의 중독증세가 있다.
- 수은 : 구토, 복통, 설사와 전신경련을 일으킨다.
- 청산 : 중추신경의 자극과 마비를 일으킨다.

10 ②

황색포도상구균은 독소형식중독이다.

11 ③

오답 피하기
- 겨자 : 시니그린
- 생강 : 진저롤

12 ①

생선은 달궈진 팬에 고온으로 구워 겉면을 먼저 응고시켜야 맛이 빠지지 않고 들러붙지 않는다.

13 ④

보존식 : 식중독 발생 시 정확한 원인을 조사하기 위한 것이므로 급식을 제공하는 모든 식사에 대해 보존할 의무가 있다.

14 ④

일반음식점영업 : 식사와 음주가 허용되는 영업으로 신고대상이다.

오답 피하기
- 휴게음식점영업 : 음주가 허용되지 않는다.
- 단란주점영업 : 식사와 음주가 허용되며 노래 부르는 행위도 허용되는데 허가 대상이다.
- 유흥주점영업 : 식사와 음주가 허용되며 노래와 춤을 추는 행위도 허용되는데 허가 대상이다.

15 ②

일반음식점은 조리사를 두지 않아도 된다.

16 ④

식물성유지에 수소와 촉매제를 첨가하여 경화유인 마가린, 쇼트닝을 만든다.

17 ④

산화제는 갈변반응을 촉진시킨다.

18 ①

키틴은 아미노당으로 이루어진 다당류이다.

19 ①

단당류 : 포도당, 갈락토오스, 과당이 있다.

오답 피하기

유당, 맥아당은 이당류이고 전분은 다당류이다.

20 ④

식품의 저온 처리는 단백질의 용해도 증가와 관련이 없다.

21 ③

탄수화물, 단백질, 지방, 알코올은 1g당 각각 4, 4, 9, 7kcal의 열량을 나타낸다.

22 ④

오답 피하기

아보카도, 사과, 바나나는 후숙 과일이다.

23 ①

육류의 육색소는 미오글로빈이고, 혈색소는 헤모글로빈이다.

오답 피하기
- 페오피틴은 클로로필의 색소를 산처리 하면 얻는 색소이다.
- 안토잔틴은 플라보노이드계의 색소로 흰색 계열이다.
- 안토시아닌은 과일, 채소의 보라, 자주색 계열의 색소이다.

24 ①

시찌미는 일반적으로 따뜻한 면류에 곁들인다.

25 ④

요리는 먼저 무쳐 놓아두면 수분이 나오는 경우가 있어 색과 맛이 떨어지기 때문에 먹기 직전에 무친다.

26 ④

자유수는 비중이 4℃에서 제일 크고 전해질에 잘 녹으며 건조로 쉽게 제거된다. 표면 장력, 점성, 비열도 크며 미생물의 번식과 발아에 이용되는 물이다.

27 ④

무당연유와 가당연유의 구분은 당의 유무이다.

28 ③

호정화 : 전분에 160℃ 이상의 건열로 가열하면 여러 단계의 가용성 전분을 거쳐 덱스트린으로 분해되는 과정이다.

29 ③

탄소가 5개인 것을 5탄당이라고 하며, 갈락토오스, 만나오스, 프락토오스는 6탄당이다.

30 ②

달걀은 시간이 지남에 따라 농후난백보다 수양난백이 많아지고 점성이 묽어진다.

31 ④

사과의 효소적 갈변 방지를 위해 항산화제 처리, 당, 산을 첨가한다.

32 ④

곁들임 고명은 양념이 거의 들어가지 않는다.

33 ②

가다랑어포가 검은색이 많은 것은 피가 섞여 있는 것으로 피하는 것이 좋다.

34 ④

오답 피하기

- 믹서는 골고루 섞거나 반죽할 때 사용하며 블랜더, 쥬서도 같은 용도이다.
- 휘퍼는 달걀을 거품내거나 반죽할 때 사용한다.
- 필러는 당근, 감자, 무 등의 껍질을 벗기는 기구이다.

35 ④

- 전월선급액은 당월소비액을 미리 지급한 것이므로 당월소비액에 포함시킨다.
- 당월지급액(60,000원) +전월선급액(10,000원) + 당월미지급액(30,000원) = 100,000원

36 ④

토란은 흙이 묻어 있고 수분이 많으며 단단하고 점액질이 있는 것이 좋다.

37 ④

설탕과 비교하면 포도당과 올리고당이 다량 함유되어 있어 식재료가 부드러워진다.

38 ③

조림 요리의 조림 뚜껑은 냄비보다 적은 것을 준비한다.

39 ④

식당의 면적 = 바닥면적 × 좌석 수
300 × 0.15m² = 450m²

40 ①

급속 동결하여 완만 해동하여야 조직이 상하지 않는다.

41 ③

- 선입선출법이므로 10월 25일에 입고된 10캔과 20일에 입고된 3캔은 사용하지 않았다.
- (3 × 1,150) + (10 × 1,200) = 15,450원

42 ①

우동면은 칼국수보다 조금 더 굵고, 사누끼 지방에서 가장 많이 사용하는 두께의 면발을 표준으로 여긴다.

43 ④

냉동 중에 단백질의 용해도가 감소된다.

44 ④

수분활성도를 높이는 것은 젓갈의 미생물 번식시켜 부패하기 쉽게 만든다. 젓갈이 묽으면 부패하기 쉽다.

오답 피하기

젓갈은 어패류에 20% 내외의 소금을 넣어 부패를 억제하면서 미생물의 작용으로 분해, 발효 숙성시켜 젓갈을 만든다.

45 ③

- 아미노 카르보닐화 반응 : 120℃ 이상, 175~180℃에서 가장 빠르게 반응한다.
- 캐러멜화 : 당류를 180~200℃로 가열하면 생기는 반응이다.
- 호정화 : 전분에 160℃ 이상의 건열로 가열하는 것은 여러 단계의 가용성 전분을 거쳐 덱스트린으로 분해되는 과정이다.

46 ①

- 볶음류 간장:청주:맛술:물 =1:1:1:2
- 메밀국수 다시:진간장:맛술 – 7:1:1
- 찬우동 다시:진간장:맛술 = 5~6:1:1

47 ③

손익분기점에서는 이익과 손실이 발생되지 않는다.

48 ③

동결과 과일의 갈변은 관계가 없다.

49 ②

나트륨 : 산, 알칼리의 평형을 유지하고, 삼투압을 조절한다.

오답 피하기

- 철분 : 비타민 C는 철분의 흡수를 도와주고, 탄닌 성분을 저해한다.
- 황 : 모발, 피부, 손톱에 많이 있다.
- 마그네슘 : 신경흥분억제, 체액의 알칼리성 유지한다.

50 ③

열 응착성은 미오겐 단백질과 석쇠의 금속이온과 달라붙는 성질을 말한다. 가열조리 시 열 응착성이 강화된다.

51 ③

건강 보균자는 병원체를 보유하고 있지만 증상은 나타나지 않는 자로 관리가 어렵다.

52 ④

오답 피하기

- 결핵 : 세균
- 회충 : 기생충
- 발진티푸스 : 리케차

53 ④

일산화탄소와 기압과는 관련이 없다.

54 ④

광절열두조충은 제1중간숙주가 물벼룩, 제2중간숙주가 연어, 송어이다.

55 ②

간접조명 : 조명 효율이 낮고, 설비의 유지비가 다소 많이 들지만, 눈에 안정적이다.

56 ②

아니사키스는 고래에 기생하는 회충의 일종이다.

57 ④

소음성난청(직업성난청)을 조기 발견할 수 있는 주파수는 4,000Hz이다.

58 ④ ----------

이 : 발진티푸스, 재귀열

59 ③ ----------

일반적으로 염소 소독을 사용하고, 잔류 염소량은 0.2ppm을 유지한다.

60 ① ----------

생석회:물 = 2:8의 비율로 섞어 소독한다.

> **오답 피하기**
>
> • 약용비누 : 과일, 야채, 식기, 손 소독을 한다.
> • 과산화수소 : 피부, 상처 소독을 한다.
> • 표백분 : 우물, 수영장, 과일, 야채 소독을 한다.

일식조리기능사 최신 기출문제 02회 1-339쪽

01 ②	02 ②	03 ④	04 ④	05 ①
06 ②	07 ④	08 ④	09 ①	10 ④
11 ④	12 ③	13 ①	14 ①	15 ②
16 ①	17 ④	18 ④	19 ④	20 ④
21 ④	22 ④	23 ③	24 ③	25 ③
26 ③	27 ③	28 ③	29 ③	30 ④
31 ②	32 ①	33 ②	34 ①	35 ③
36 ①	37 ④	38 ①	39 ②	40 ④
41 ①	42 ④	43 ④	44 ③	45 ④
46 ②	47 ②	48 ④	49 ①	50 ①
51 ②	52 ①	53 ④	54 ②	55 ④
56 ③	57 ③	58 ③	59 ③	60 ③

01 ② ----------

가이세키 요리라고도 하며, 작은 그릇에 다양한 음식이 조금씩 순차적으로 담겨 나오는 일본의 연회용 코스 요리이다.

> **오답 피하기**
>
> • 쇼진요리(정진)요리 : 육류 · 어패류 · 달걀을 사용하지 않고 곡물 · 콩 · 야채 등의 식물성 재료와 해조류를 사용한 사찰요리이다.
> • 탁복(싯포쿠)요리 : 일본사람들의 입맛에 맞게 변화된 중국요리

02 ② ----------

장염비브리오균 : 어패류의 생식 시 주로 나타나며, 수양성 설사증상을 일으키는 식중독의 원인균은 장염비브리오균이다.

> **오답 피하기**
>
> • 살모넬라 : 그람음성 간균으로 동식물계에 널리 분포하고 있으며, 열에 약해 60℃에서 30분 가열하면 사멸한다.
> • 포도상구균 : 주로 밥을 주식으로 하는 나라에서 많이 일어나고, 급성위장염을 일으키며, 화농성질환자가 식품의 조리 · 가공에 종사해서는 안 된다.
> • 클로스트리디움 보툴리늄 식중독 : 햄, 소시지, 통조림식품에서 기인하며, 특이한 신경증상, 눈의 시력저하, 동공확대, 청각마비, 언어장애 증상을 일으킨다.

03 ④ ----------

후천성 면역결핍증은 경구감염되지 않는다.

04 ④ ----------

호박산 : 청주와 조개류의 신맛성분이고, 산도조절제, 향미증진제이다.

> **오답 피하기**
>
> • 삼이산화철 : 착색료
> • 이산화티타늄 : 비타르계 색소, 착색료
> • 명반 : 팽창제

05 ①

클로스트리디움 보툴리늄균 : 사시, 동공확대, 언어장해 등의 특유의 신경 마비증상을 나타내며 비교적 높은 치사율을 보이는 식중독 원인균이다.

- 포도상구균 식중독 : 독소형 식중독으로 주로 밥을 주식으로 하는 나라에서 많이 일어나고, 급성위장염을 일으키며, 화농성질환자가 식품의 조리 · 가공에 종사해서는 안 된다.
- 병원성 대장균 식중독 : 세균성 식중독으로 물이나 흙속에도 존재하는 분변오염지표로서 설사, 복통, 두통, 발열 증상을 일으킨다.
- 셀레우스균 : 잠복 시간이 짧은 구토형은 식품 내에서 독소를 생성한 것으로 추측되고 있으며, 잠복기간이 긴 설사형에 의한 셀레우스 식중독에서도 엔테로톡신이 의심되고 있다.

06 ②

불소에 의해 만성중독 : 반상치, 골경화증, 체중감소, 빈혈 등을 나타낸다.

오답 피하기

- 붕산, 승홍 : 유해보존료
- 포르말린 : 소독제

07 ④

초고온순간살균법 : 130~140℃에서 2초간 살균한다.

오답 피하기

- 저온살균법 : 61~65℃에서 30분간 가열 후 급냉한다.
- 고온단시간 살균법 : 70~75℃에서 20초 내로 가열 후 급냉한다.
- 고압증기멸균법 : 고압증기멸균솥을 이용하며 121℃(압력 15파운드)에서 15~20분간 살균멸균효과가 좋아서(아포멸균) 통조림 등 살균에 이용한다.

08 ④

아크로레인 : 유지가 발연점 이상 가열되어서 그을음이 발생할 때 그 연기를 말한다.

09 ①

클로스트리디움 보툴리늄 식중독 : 통조림 식품이 원인 식품으로 특이한 신경증상, 눈의 시력저하, 동공확대, 청각마비, 언어장애 등의 증상을 보이며 치사율이 높다.

10 ④

발색제 : 염료색소를 만드는 약품으로 주로 백색 분말이며 사용허가 된 발색제에는 육류 발색제의 질산칼륨, 질산나트륨, 아질산나트륨이 있고 식물성 발색제의 황산제1철(건조), 황산제1철(결정), 소명반이 있다.

11 ④

허가를 받아야 하는 영업 : 식품조사처리업, 단란주점영업, 유흥주점영업

12 ③

영업신고하지 않아도 되는 업종

- 양곡가공업 중 도정업을 하는 경우
- 수산물가공업의 등록을 하고 해당 영업을 하는 경우
- 주류제조면허를 받아 주류를 제조하는 경우
- 축산물가공업의 허가를 받아 해당 영업을 하는 경우
- 식품첨가물이나 다른 원료를 사용하지 아니하고 농산물 · 임산물 · 수산물을 단순히 자르거나 껍질을 벗겨 가공하되, 위생상 위해 발생의 우려가 없고 식품의 상태를 관능으로 확인할 수 있도록 가공하는 경우

오답 피하기

- 수산물의 냉동 · 냉장을 제외하고 식품을 얼리거나 차게 하여 보존하는 경우는 식품냉동 · 냉장업으로 영업신고를 해야 하는 업종이다.
- 휴게음식점영업, 제과점영업은 영업신고를 해야 하는 업종이다.
- 방사선을 쬐어 식품의 보전성을 높이는 경우는 식품조사처리업에 속하므로 허가를 받아야 하는 영업에 속한다.

13 ①

▼ 식중독의 종류

세균성 식중독	감염형, 독소형, 부패산물형 식중독
자연독 식중독	식물성, 동물성, 곰팡이 식중독
화학성 식중독	유해금속, 농약, 불량첨가물

14 ①

다시마와 가다랑어포를 이용하여 짧은 시간 안에 맛을 우려낸다.

15 ②

소금은 설탕보다 입자가 작아서 재료에 스며들기 쉬우므로 처음에 넣으면 재료의 표면을 단단하게 해서 다른 조미료 등이 스며들기 어렵다.

16 ①

전화당 : 수크로오스를 가수분해하여 얻은 포도당과 과당의 등량 혼합물이다.

17 ④

전분의 노화가 가장 잘 일어나는 온도는 0~5℃이다.

18 ④

오답 피하기

단백질 변성요인 : 가열, 탈수, 동결, 거품 내기, 산, 알칼리, 중금속, 유기용제 등

19 ④

오답 피하기

훈연법 : 나무를 불완전 연소시켜 발생한 연기에 그을리는 방법으로 식품의 풍미를 향상시키고 저장성을 높인다.

20 ④

$$난황계수 = \frac{난황의 높이}{난황의 직경} = \frac{1.5}{4} = 0.375$$

21 ④

미오글로빈(Myoglobin, 적자색)
↓ (산소화)
옥시미오글로빈(Oxymyoglobin, 선홍색)
↓ (가열 및 산화)
메트미오글로빈(Metmyoglobin, 갈색)

22 ④

갈변현상 : 채소류나 과일류의 상처받은 조직이 공기 중에 노출되면 페놀화합물이 갈색 색소인 멜라닌으로 전환되는 현상이다.

23 ③

맛의 대비 : 설탕용액에 미량의 소금을 가하면 단맛이 증가해 맛이 더 강화되는 현상이다.

24 ③

새우나 게 같은 갑각류의 색소는 가열하면 회색인 아스타잔틴(Astaxanthin)에서 적색의 아스타신(Astacin)이 된다.

25 ③

오답 피하기

오징어 훈제 공정 : 수세, 염지, 훈연

26 ③

대두단백질 글리시닌은 황산칼슘($CaSO_4$), 염화마그네슘($MgCl_2$), 염화칼슘($CaCl_2$) 등의 두부응고제와 열(70℃)에 응고되는 성질을 이용하여 두부를 만든다.

27 ③

중조(중탄산나트륨) : 밀가루에 넣으면 제품이 황색으로 변하는 단점이 있고, 약알칼리성이다.

28 ③

레시틴 : 난황에 들어있는 유화제 성분이다. 마요네즈는 난황, 샐러드유, 식초를 주원료로 하여 이것에 식염, 향신료 등을 가하여 만든 반고체 상태의 유화식품으로 난황이 유화제의 기능을 하고 있다.

29 ③

칼슘의 대표적인 식품은 우유 · 유제품, 뼈째 먹는 생선이다.

오답 피하기

• 곡류, 서류 : 탄수화물 식품
• 돼지고기, 쇠고기 : 단백질 식품
• 달걀, 오리알 : 단백질 식품

30 ③

비타민 B_{12}는 코발트(Co)를 함유한다.

31 ②

조미료의 사용 순서 : 설탕 → 술 → 소금 → 식초 → 간장 → 된장 → 고추장 → 화학조미료

32 ①

프로피온산은 감칠맛성분이 아니라 식품 보존제이다. 감칠맛 성분은 구아닐산, 글루타민산, 이노신산이 있다. 이노신산은 육류와 해산물에 다량 함유되어 있으며 특히 가다랑어포에 많이 함유되어 있다.

33 ②

재료가 가지고 있는 맛을 그대로 살려 내는 것이 중요하다.

34 ①

이배초 (니바이즈)	• 다시 물 1.3, 식초 1, 간장 1을 살짝 끓여 식혀 사용 • 해산물 초무침, 생선 구이
삼배초 (삼바이스)	• 다시 물 3, 식초 2, 간장 1, 설탕 1을 살짝 끓여 식혀 사용 • 익힌 해산물, 채소, 해초류
폰즈	• 다시 물 1, 간장 1, 식초 1을 잘 혼합 • 싱싱한 해산물, 채소, 해초류
배합초	• 식초 3, 설탕 2, 소금 1/2을 잘 혼합하거나 살짝 끓여 사용 • 초밥용
덴다시	• 다시 물 4, 진간장 1, 청주 1/2, 설탕 1/2을 살짝 끓여 사용 • 튀김용

35 ③

버터와 라드의 대용품으로 식물성유지를 수소를 첨가하고 니켈을 촉매제로 사용하여 결정화시킨 가공유지이다. 쇼트닝, 마가린이 이에 해당한다.

36 ①

지하는 통풍이 안 되고 습해서 부적절하다.

오답 피하기

조리작업장의 조건 : 채광과 환기가 잘되어야 하고 건조한 장소여야 한다.

37 ④

뚜껑을 열고 끓여야 비린내를 제거할 수 있다.

오답 피하기

생선을 조리하는 방법
• 산(레몬즙, 식초)을 첨가하면 비린내가 감소하고 생선가시를 연하게 한다.
• 마늘, 파, 양파는 황 화합물을 함유하고 있어 비린내를 감소한다.
• 된장, 간장은 비린내 억제 효과가 있다.
• 알코올은 생선의 어취를 없애고 맛의 향상에 도움을 준다.

38 ①

침의 아밀라아제(Amylase) 효소로 전분을 맥아당으로 변화시킨다.

오답 피하기

• 펩신
• 수크라아제
• 산, 레닌

39 ②

• 원가 발생 형태에 따른 분류 : 재료비, 노무비, 경비
• 원가 추적 가능성에 따른 분류 : 직접비, 간접비

40 ④

팔각 : 중식의 향신료이다.

41 ①

오답 피하기

• 글루타민산 : 다시마, 육류
• 호박산 : 조개, 청주
• 구아닐산 : 버섯

42 ④

국수가 익으면 냉수에 빨리 여러 번 식힌다.

43 ④

묵은 쌀은 수분의 함량이 적어 물량을 더 많이 해서 밥을 해야 한다.

> **오답 피하기**
> • 쌀을 너무 문질러 씻으면 수용성 비타민의 손실이 크다.
> • 산성물을 사용하면 밥맛이 떨어진다.
> • 쌀은 30분 ∼ 1시간 정도 불리는 것이 적당하다.

44 ③

> **오답 피하기**
> 지방을 추출하여 채유하는 방법 : 압착법, 추출법, 연속식, 건식법, 습식법 등이 있다.

45 ④

열량을 나타내는 식품은 당질 4kcal, 단백질 4kcal, 지방 9kcal이다.
(40×4) + (5×4) + (2×9) = 198kcal

46 ②

• 김초밥은 배합초의 비율을 조금 더 적게 한다.
• 생선 초밥은 배합초의 비율을 조금 높게 하는 경우가 있다.

47 ②

• 필요량은 1g 단위로 기재가 되어있고 가격은 100g 단위로 되어있으므로 통일 후 계산한다.
• 1인분의 재료비 = (0.2×150)+(0.6×850)+70 = 610원
• 10인분의 재료비 = 610 ×10 = 6,100원

48 ④

감자의 솔라닌 성분은 실온에 보관하였을 때 생성되는 물질이다.

49 ①

> **오답 피하기**
> 호소마끼는 가늘게 말은 김초밥, 우라마끼는 밥이 김 바깥으로 나온 김초밥이다.

50 ①

제조원가
= 직접재료비 + 직접노무비 + 직접경비 + 제조간접비
= 32,000 + 68,000 + 10,500 + 20,000
= 130,500원

51 ②

사상충 : 음식물 섭취와 관계가 없고 모기가 중간숙주인 기생충이다.

52 ①

> **오답 피하기**
> D는 디프테리아, P는 백일해, T는 파상풍을 말한다.

53 ④

역성비누는 과일, 야채, 식기 및 손 소독에 이용된다.

54 ②

민물고기, 게, 가재 등을 생식하지 않는 방법이 확실한 예방법이다.

55 ④

콜레라 : 오염수나 생존 가능한 음식물을 통해서 전염되는 질병이다.

56 ③

• 방부 : 미생물의 증식을 억제하여 균의 발육을 저지시켜 부패나 발효를 방지한다.
• 멸균 : 병원 미생물뿐만 아니라 균, 아포, 독소 등을 사멸시키는 것이다.
• 소독 : 병원성 미생물을 죽이거나 병원성을 약화시키지만 아포는 죽이지 못한다.

57 ③

인공능동면역 : 예방접종 후 얻은 면역을 말하며 홍역, 수두, 장티푸스 등이 이에 해당한다.

58 ③

세계식량계획 설립은 세계식량계획(WFP)의 기능이다.

> **오답 피하기**
> 세계 보건기구의 주요 기능 : 지휘 및 조정, 기술 지원, 자료 공급, 공중보건 관련 행정 강화와 지원 등 간접적인 활동을 한다.

59 ③

광견병 : 경피 침입의 경로로 병원체가 바이러스인 감염병이다.

> **오답 피하기**
> • 발진열 : 리케차
> • 결핵, 탄저: 세균

60 ③

폐기종은 분진, 먼지로 인한 건강장해이다.

> **오답 피하기**
> 자외선의 건강장해 : 피부색소 침착 등을 일으키며 심하면 피부암 유발, 두통과 현기증, 열사병, 백내장, 설안염 등이 발생한다.

01	③	02	③	03	①	04	②	05	③
06	①	07	①	08	①	09	④	10	④
11	④	12	②	13	②	14	②	15	④
16	③	17	④	18	④	19	③	20	④
21	③	22	④	23	①	24	③	25	②
26	③	27	①	28	②	29	③	30	④
31	①	32	③	33	②	34	①	35	①
36	①	37	①	38	③	39	③	40	②
41	③	42	①	43	②	44	④	45	②
46	③	47	④	48	④	49	④	50	②
51	②	52	④	53	④	54	①	55	③
56	④	57	②	58	③	59	②	60	④

01 ③

대장균에 속하는 O157:H7균은 맹독성 식중독을 일으키는 균이다.

02 ③

복어의 독소량 : 난소 〉 간 〉 내장 〉 피부

03 ①

감염형 : 살모넬라균, 장염비브리오균, 병원성 대장균, 웰치균

오답 피하기

• 수은 식중독 : 화학성 식중독
• 클로스트리디움 보툴리늄 식중독 : 독소형 세균성 식중독
• 아플라톡신 식중독 : 자연독 식중독

04 ②

유통과정, 소매점의 상품관리에 의해서는 보존 기간이 변동될 수 있다.

05 ③

클로스트리디움은 세균이다.

06 ①

조리장의 위생해충은 정기적인 약제사용이 필요하고 영구적으로 박멸되지는 않는다.

07 ①

셉신(Sepsin) : 부패된 감자에서 생기는 독성물질

오답 피하기

• 살구, 복숭아, 아몬드, 청매의 유독성분 : 아미그달린
• 독미나리 : 시큐톡신
• 곰팡이독의 총칭 : 마이코톡신

08 ①

이유식 등 영유아를 대상으로 한 식품은 불검출로 하되, 나머지 식품과 식품첨가물은 2.5ppm 이하로 멜라민 허용한다.

09 ④

유기인제 농약에는 파라티온, 말라티온, 다이아지논, 테프(TEPP)이 있으며 신경독 증상을 일으킨다.

10 ④

오답 피하기

식품첨가물 중 사용 방법이나 사용량 등이 부적당할 경우 인체의 건강을 해칠 염려가 있는 것은 사용대상 식품의 종류, 사용량, 사용법 및 사용 목적 등을 제한하여 이상 섭취하지 않도록 한다.

11 ④

병든 동물 고기 등의 판매 등 금지되는 질병
• 축산물가공처리법 시행규칙에 따라 도축이 금지되는 가축감염병
• 리스테리아병, 살모넬라병, 파스튜렐라병 및 선모충증

오답 피하기

다음 질병에 걸린 동물을 사용하여 판매할 목적으로 식품 또는 식품첨가물을 제조 · 가공 또는 조리한 자는 3년 이상의 징역에 처한다.
• 소해면상뇌증(광우병)
• 탄저병
• 가금 인플루엔자

12 ②

플라보노이드계열 색소는 산에서 안정화된다.

13 ②

일반음식점의 영업신고는 시장 · 군수 · 구청장에게 한다.

14 ②

식품첨가물 : 식품을 제조 · 가공 또는 보존하는 과정에서 식품에 넣거나 섞는 물질 또는 식품을 적시는 등에 사용되는 물질을 말한다.

15 ④

[식품등의 표시기준] 제2조(정의) 제4호
'유통기한'이라 함은 제품의 제조일로부터 소비자에게 판매가 허용되는 기한을 말한다.

16 ③

비타민 E는 항산화제이다.

오답 피하기

유지의 산패에 영향을 끼치는 인자
• 온도가 높을수록 반응 속도가 증가한다.
• 광선 및 자외선은 산패를 촉진한다.
• 수분이 많으면 촉매 작용이 강해진다.
• 금속류는 유지의 산화를 촉진한다.
• 불포화도가 심하면 유지의 산패가 일어난다.

17 ④

조단백질 : 식품 및 사료의 일반분석에서 전체 질소를 측정하고, 이것에 6.25(단백질의 평균적 질소함량의 역수, 1÷0.16)를 곱하여 구하는 단백질이다.

18 ④

레시틴 : 지방으로 이루어진 난황의 유화제 성분이다.

19 ③

명칭	특성
혼부시	참(큰) 가다랑어를 4등분하여 만든 것으로 풍미가 좋다. 등쪽육으로 만든 것을 오부시, 배쪽육으로 만든 것을 메부시라고 한다.
가메 부시	작은 가다랑어를 3등분하여 만든 것으로 풍미는 떨어지지만 경제적이다.
아라 부시	가다랑어를 훈연 건조한 것이다.
혼카레 부시	아라 부시에 곰팡이를 5~6번 피워 햇볕에 말린 것이다.

20 ④

배합초를 뿌리고 나무 주걱으로 살살 옆으로 자르는 식으로 밥알이 깨지지 않도록 섞고 한 번씩 밑과 위를 뒤집어 주면서 배합초가 골고루 섞이도록 한다.

21 ③

리보플라빈(비타민B₂)은 수용성비타민이다.

22 ④

비타민 C가 결핍되면 괴혈병이 발생한다.

23 ①

오답 피하기

오카유는 쌀을 넣어 쌀의 형태가 없도록 푹 끓인 죽이다.

24 ③

글루타민산나트륨은 화학 조미료이다.

오답 피하기

HAP(Hydrolyzed Animial Protein) : 동물성 가수분해 단백질이다.

25 ③

동물성색소 : 미오글로빈(육색소), 헤모글로빈(혈색소), 일부 카로티노이드, 아스타산틴(카로티노이드계), 헤모시아닌

오답 피하기

식물성색소 : 클로로필 색소(엽록소), 안토시안 색소(붉은 색), 플라보노이드 색소, 카로티노이드 색소(카로틴, 크산토필 색소)

26 ③

배훈법(Roast Smoking) : 95~120℃에서 2~4시간 훈연 처리하여 바로 먹을 수 있는 상태로 만드는 훈연법

오답 피하기

• 냉훈법 : 10~30℃, 1~3주
• 온훈법 : 30~50℃, 2~12시간
• 전기훈연법 : 전기를 이용한다.

27 ①

무 초절임 쌈을 할 때 얇게 썬 무를 식초에 담가두면 무의 색소성분이 산성에 의해 희게 유지된다.

28 ②

오답 피하기

• 오우기쿠시 : 자른 생선살을 꽂을 때 사용하는 방법
• 가타즈마오레 : 생선 껍질 쪽을 도마 위에 놓고 앞쪽 한쪽만 말아 꽂는 방법
• 료우즈마 오레 : 양쪽을 말아 꽂는 방법

29 ③

산패 : 유지가 불쾌한 냄새를 발생하고 착색이 되며 맛이 나쁘게 되는 품질 저하 현상을 말한다.

30 ③

유도지질 : 지방산, 각종 알코올, 콜레스테롤, 지용성비타민, 스테로이드 등

31 ①

열량영양소 : 탄수화물, 지방, 단백질

오답 피하기

• 보전 영양소 : 단백질, 무기질, 비타민
• 조절 영양소, 미량영양소 : 무기질, 비타민
• 구성 영양소 : 단백질, 무기질

32 ②

칼슘, 마그네슘 용액에서 응고된다.

33 ②

오답 피하기

필수지방산 : 리놀레산, 리놀렌산, 아라키돈산

34 ①

$$\text{대치식품의 양} = \frac{\text{원 식품의 양} \times \text{원 식품의 함량}}{\text{대치식품의 함량}}$$
$$= \frac{140 \times 14.4}{68.4} = \text{약 29.47}$$

35 ①

살라만더 : 구이용으로 겉 표면을 색깔을 나타내는 데 주로 사용한다.

36 ①

지용성 비타민은 A, D, E, K이며 강화우유에 사용되는 지용성 비타민은 비타민 D이다.

37 ①

고정비 : 일정한 기간 동안 조업도의 변동에 관계없이 항상 일정액으로 발생하는 원가로 감가상각비, 노무비, 보험료, 제세공과 등 포함된다.

38 ③

선명한 적색은 신선한 어류이다.

39 ③

재료의 소비액 = 재료 소비량 × 재료 소비단가

40 ②

단체급식 : 학교, 병원, 공장, 사업장에서 특정다수인에게 계속적으로 음식을 공급하는 것을 말한다.

오답 피하기

• 대중식당은 해당되지 않는다.
• 불특정 다수인이 아니라 특정 다수인에게 공급한다.

41 ③

• 달걀을 삶을 때 소금과 식초를 넣으면 응고작용을 돕는다.
• 산(레몬즙, 식초)을 첨가하면 비린내가 감소되고 생선가시를 연하게 한다.

42 ①

갑오징어는 50℃의 따뜻한 물에 소금을 넣어 살짝 데친다. 끓는 물에 데치면 많이 오그라들고 질겨진다.

43 ②

과일, 채소류의 저장법으로는 저온저장, 냉동저장, 가스(CA저장), 방사선 저장 등이 있다.

44 ④

오답 피하기

급속냉동법의 특징
- 조직 중의 빙결정의 수가 줄고, 대형의 빙결정이 생긴다.
- 근섬유가 손상을 받아 해동을 해도 수분이 흡수되지 못하고 유출되어 구멍이 생긴다.
- 드립 중 수용성 단백질, 염류, 비타민류 등의 영양분의 손실이 있다.
- 중량, 풍미, 식미가 감소된다.
- 동결육의 건조에 의한 지방의 산화로 변색, 변성이 되는 동결화상이 생길 수 있다.

45 ②

오답 피하기

조리의 목적
- 기호성 : 식품의 외관을 좋게 하며 맛있게 하기 위함이다.
- 소화성 : 소화를 용이하게 하여 영양 효율을 높이기 위함이다.
- 안전성 : 위생상 안전한 음식으로 만들기 위함이다.
- 저장성 : 저장성을 높이기 위함이다.

46 ③

식단의 작성 순서
영양 기준량 산출 → 섭취 기준량 산출 → 3식 배분 → 음식수, 요리명 결정 → 식단 주기 결정 → 식량 배분 계획 → 식단표 작성

47 ④

오답 피하기

우유를 응고시키는 요인
- 카세인(Casein) : 산(식초, 레몬즙), 응유효소(레닌), 알코올, 염류(염석)
- 유청 단백질 (락토글로불린, 락트알부민) : 열

48 ④

단맛의 강도 : 과당 〉설탕 〉포도당 〉맥아당 〉갈락토오스 〉유당 순서이다.

49 ②

- 동물성 유지는 고체 상태가 많고, 포화지방산이 많이 함유되어 있다.
- 식물성 유지는 액체 상태가 많고 불포화지방산이 많이 함유되어 있다.

50 ②

$$발주량 = (\frac{정미량}{100-폐기율}) \times 인원수 \times 100$$

$$= (\frac{50}{100-15}) \times 1,000 \times 100 = 58,823g = 58.8kg$$

51 ②

밑간(마리네이드)을 하면 누린내는 제거되지만, 핏물을 빼는 것이 이유는 아니다.

52 ④

수질 : 기상, 기후의 영향을 받고, 최대유량과 최소유량 사이의 기간에는 하천수와 하천수의 수질이 변한다.

53 ④

정수과정에서 응집은 침전에 응용되며, 공기 공급과는 전혀 무관하다.

54 ①

오답 피하기

- 사시미보쵸 : 선회를 자를 때 사용하고, 다른 칼들에 비해 가늘고 긴 것이 특징
- 우스바보쵸 :, 주로 채소를 자르거나 무 등을 돌려깎기할 때 사용
- 우나기보쵸 : 민물장어나 바다장어 등을 손질할 때 전용으로 사용

55 ③

오답 피하기

석탄산수(페놀)의 특징
- 비교적 안정적이고 유기물에도 소독력이 약화되지 않으므로 살균력의 지표가 된다.
- 독성이 강하고 피부 점막에 자극성이 있으며 금속을 부식시키는 단점이 있다.
- 석탄산 계수 = 소독약의 희석배수/ 석탄산의 희석배수
- 석탄산 계수가 낮을수록 소독력은 떨어진다.
- 크레졸은 석탄산보다 냄새와 소독력이 강하고 피부 자극은 약하다.

56 ④

간접조명이 눈에 안정적이다.

57 ②

오답 피하기

기생충	제1 중간숙주	제2 중간숙주
간흡충(간디스토마)	왜우렁이	붕어, 잉어
폐흡충(폐디스토마)	다슬기	가재, 게
요꼬가와흡충	다슬기	담수어, 은어, 잉어
광절열두조충(긴촌충)	물벼룩	연어, 송어

58 ③

과망간산칼륨소비량은 유기물의 간접적 지표이다.

59 ②

대장균이 수질 오염의 지표로 사용하는 이유
- 검출 방법이 간편하며 정확하기 때문에
- 그 분포가 오염원, 특히 인축의 분변과 공존하기 때문에
- 다른 병원성 미생물이나 분변 오염을 추측할 수 있어서

60 ④

카드뮴 중독 : 이타이이타이병은 카드뮴 중금속의 질병으로 신장장애, 단백뇨, 골연화증의 증세가 있다.

오답 피하기

- 수은중독 : 미나마타병
- 납(Pb) 중독 : 연빈혈, 칼슘대사이상, 신장장애, 적혈구수 증가

복어조리기능사 최신 기출문제 01회

1-355쪽

01 ②	02 ④	03 ①	04 ③	05 ②
06 ②	07 ③	08 ②	09 ②	10 ①
11 ③	12 ②	13 ②	14 ②	15 ④
16 ③	17 ③	18 ④	19 ①	20 ①
21 ②	22 ①	23 ③	24 ④	25 ③
26 ②	27 ③	28 ④	29 ②	30 ③
31 ④	32 ①	33 ④	34 ②	35 ③
36 ④	37 ③	38 ④	39 ④	40 ②
41 ①	42 ④	43 ①	44 ③	45 ④
46 ①	47 ④	48 ②	49 ①	50 ①
51 ①	52 ④	53 ②	54 ①	55 ②
56 ③	57 ③	58 ①	59 ②	60 ①

01 ②

복어 독소량 : 독소량 : 난소 〉 간 〉 내장 〉 피부

02 ④

유통기한이 경과된 식품 등은 판매의 목적으로 전시하여 진열 및 보관하여서는 아니 된다.

03 ①

허가를 받아야하는 영업 및 허가관청
- 식품조사처리업 : 식품의약품안전처장
- 단란주점영업과 유흥주점영업 : 특별자치도지사 또는 시장 · 군수 · 구청장

04 ③

조리 · 제공한 식품의 매회 1인분 분량을 144시간 이상 보관한다.

> **오답 피하기**

보존식은 섭씨 영하 18℃ 이하에서 144시간 이상 보관하여야 한다.

05 ②

조리사결격사유
- 정신질환자
- 감염병환자(B형 간염환자는 제외한다.)
- 약물 중독자
- 조리사 면허의 취소처분을 받고 그 취소된 날부터 1년이 지나지 아니한 자

06 ②

카드뮴(Cd) : 칼슘(Ca)과 인(P)의 대사이상을 초래하여 골연화증과 같은 이타이이타이병을 유발하는 유해금속이다.

07 ③

살모넬라 식중독 : 어패류, 달걀, 육류 등의 식품에서 기인된다.

08 ②

허가된 인공감미료 : 사카린나트륨, D−소르비톨액, 글리실리진산 2 나트륨, 아스파탐

> **오답 피하기**

유해감미료 : 에틸렌글리콜, 파라니트로오르토톨루이딘(설탕의 200배), 둘신(설탕의 250배), 페릴라틴(설탕의 2000배), 사이클라메이트(설탕의 40~50배), 니트로아닐린

09 ②

독소형 : 포도상구균(엔테로톡신), 보툴리누스균(뉴로톡신)

> **오답 피하기**

감염형 : 살모넬라균, 장염비브리오균, 병원성대장균, 웰치균

10 ①

급성독성 : 화학 물질을 시험동물에 1회 또는 24시간 안에 반복 투여하거나, 흡입될 수 있는 화학물질을 24시간 안에 노출시켰을 때 1일~2주 안에 나타나는 독성이다.

> **오답 피하기**

- 만성독성 : 시험동물에게 6개월 또는 그 이상, 검사물을 연속적으로 투여하여 장기간에 나타나는 독성이다.
- 아급성독성 : 시험동물에게 시험물질을 3개월 이상 연속적으로 투여하여 나타나는 독성이다.
- 특수독성 : 발암성, 최기형성, 변이원성 등을 통틀어 특수독성이라 한다.

11 ③

식품 1g 중 생균수가 10^7~10^8이면 초기부패로 판정한다.

12 ②

히스타민 : 어육 중 4~10mg%이 축적되면 알레르기성 식중독을 일으킨다.

> **오답 피하기**

- 트리메틸아민(TMA) : 어패류의 신선도 검사
- 엔테로톡신 : 포도상구균 독소
- 시큐톡신 : 독미나리 식중독 독소

13 ②

이형제 : 빵을 제조할 때 형태를 손상시키지 않고 빵을 분리해 내기 위한 식품첨가물이다.

14 ②

감염형 세균성 식중독 : 음식물과 함께 섭취된 미생물이 식품이나 체내에서 다량 증식하여 장관 점막에 위해를 끼침으로써 일어나는 식중독이다.

15 ④

황변미 중독 : 페니실리움 속 곰팡이가 기생하면서 유독한 독성물질을 생성하는데 신경독 증상을 일으키며 위생적으로 유해하다. 곰팡이가 비정상적으로 핀 식품은 버려야 한다.

16 ③

대두단백질 글리시닌은 황산칼슘($CaSO_4$), 염화마그네슘($MgCl_2$), 염화칼슘($CaCl_2$) 등의 두부응고제와 열(70℃)에 응고되는 성질을 이용하여 두부를 만든다.

17 ③

아가미의 빛깔이 선홍색으로 단단하여 꽉 닫혀있으면 신선한 생선이다.

18 ④

전분은 온도가 0~5℃일 때, 수분이 30~60%일 때, 아밀로오스의 함량 비율이 높을수록, pH가 낮을수록 노화되기 쉽다.

19 ①

조절소 : 비타민

열량소 : 단백질, 탄수화물, 지방

20 ①

캐러멜화 : 당의 농후액을 가열하면 분해반응을 일으켜 갈색으로 착색하는 현상이다.

21 ②

까치복은 난소와 간장에는 독이 있으나 정소, 근육, 피부에는 없다.

22 ①

어육류의 부패 과정 : 사후강직(어육이 맛있는 시점) → 자가소화(숙성단계 / 연화과정 효소분해로 숙성돼서 어육류가 맛있는 시점) → 부패

23 ③

과당은 단당류이다.

24 ④

육류는 산성 식품이다.

25 ③

• 단백질 4kcal, 탄수화물 4kcal, 지방 9kcal
• {(단백질 70g + 당질 400g) × 4kcal} + (지질 35g × 9kcal) = 2,195kcal

26 ②

멥쌀의 아밀로오스와 아밀로펙틴의 비율은 보통 20 : 80이다.

27 ③

박력분은 글루텐 함량이 10% 이하로 튀김옷, 케이크, 쿠키, 도너츠를 만들 때 사용한다.

28 ④

아밀로펙틴은 요오드와 반응하면 적갈색을 띤다.

29 ②

플라보노이드는 알칼리에 불안정하여 밀가루 반죽에 소다를 넣으면 황색으로 변한다.

30 ③

훈제 나무는 사과나무, 참나무, 피칸나무, 체리나무, 단풍나무, 히코리, 벚나무, 떡갈나무, 향나무 등이 좋다.

31 ④

전분의 호정화 : 전분에 160℃ 이상의 건열로 가열하면 여러 단계의 가용성 전분을 거쳐 덱스트린으로 분해되는 과정이다.

32 ①

• 생강 : 진저론
• 후추 : 캐비신
• 고추 : 캡사이신

33 ④

집단급식소 : 비영리 목적으로 계속적으로 특정 다수인에게 음식을 제공하는 기숙사, 학교, 병원, 기타 후생기관 등의 급식시설이다.

34 ②

• 껍질이 까칠한 것이 신선하다.
• 난백이 퍼지지 않고 농후난백이 많은 것이 좋다.
• 계란의 점도가 높다.

35 ③

총 원가
= 직접재료비 + 직접노무비 + 직접경비 + 제조간접비 + 판매관리비
= 250,000 + 120,000 + 100,000 + 40,000 + 60,000 = 570,000원

36 ④

알긴산 : 저칼로리 식품이며 식이섬유가 있어 배변 작용을 원활하게 한다.

37 ④

증기나 오븐으로 시간을 단축시킬 경우 갈색 반응 등의 풍미가 충분히 나타나지 않는다.

38 ③

반 조리된 식품은 냉동 저장 후 다시 해동하여 사용할 수 있다.

39 ④

알칼리에 불안정하여 가지를 삶을 때 백반을 넣으면 청자색이 된다.

40 ②

자유선택식단이라도 적온급식설비와 개별식기는 필요하다.

41 ①

• 덴가츠 : 고로모를 방울지게 튀긴 것으로 튀길 때 재료에서 떨어져 나온 여분의 튀김
• 야꾸미 : 요리의 풍미를 증가시키거나 식욕을 자극하기 위해 첨가하는 야채나 향신료
• 아게다시 : 튀긴 재료 위에 조미한 조림 국물을 부어 먹는 요리

아게다시	튀긴 재료 위에 조미한 조림 국물을 부어 먹는 요리 (다시 7:연간장 1:미림 1의 비율)
덴다시	튀김을 찍어 먹는 간장 소스 (다시 4:진간장 1:미림 1의 비율)
고로모	박력분이나 전분으로 튀김을 튀기기 위한 반죽옷
야꾸미	요리의 풍미를 증가시키거나 식욕을 자극하기 위해 첨가하는 야채나 향신료(예: 파, 와사비, 생강, 간 무, 고춧가루 등)
덴가츠	고로모를 방울지게 튀긴 것으로 튀길 때 재료에서 떨어져 나온 여분의 튀김

42 ②

덴다시의 비율은 4:1:10이다.

43 ①

식품 조리의 목적
- 기호성 : 식품의 외관을 좋게 하며 맛있게 하기 위함이다.
- 소화성 : 소화를 용이하게 하여 영양 효율을 높이기 위함이다.
- 안전성 : 위생상 안전한 음식으로 만들기 위함이다.
- 저장성 : 저장성을 높이기 위함이다.

44 ③

- 5분을 가열하면 달걀은 반숙이 되고, 오래 삶았을 경우 암녹색화 된다.
- 오래된 달걀일수록 색이 진해진다.
- 높은 온도에서 가열할 때 색이 진해진다.

45 ③

폐기물 용기는 오물, 악취 등이 누출되지 않도록 내수성 재질을 사용한다.

46 ①

물의 기능
- 영양소 운반, 노폐물 배출, 고열이 있을 때 수분을 섭취하면 열이 내려간다.
- 성인은 1일 2~3L 정도의 물이 필요하다.

47 ④

- 두 장 뜨기 : 중간 뼈가 붙어 있지 않게 살이 2장이 되게 하는 방법
- 세 장 뜨기 : 생선을 위쪽 살, 아래쪽 살, 중앙 뼈의 3장으로 나누는 것
- 다섯 장 뜨기 : 배쪽 2장, 등쪽 2장, 중앙 뼈 1장이 되게 포를 뜬 것

48 ②

- 가능한 많은 양의 기름을 사용하는 것이 온도를 유지하고 바삭한 튀김을 하는 데 좋다.
- 튀김에 사용했던 기름은 유리병에 담고 밀폐시켜 직사광선을 피해 보관한다.
- 튀김 시 직경이 넓고, 두꺼운 용기를 사용하는 것이 좋다.

49 ①

- 필요면적 + 식기회수공간 10% = 식당의 면적
- $(1.3 + 0.13) \times 350 = 500.5m^2$

50 ①

- 호소즈쿠리 : 가늘게 자르는 방법
- 히라즈쿠리 : 칼의 손잡이 부분에서 자르기 시작해서 그대로 잡아당겨서 자르는 방법
- 소기즈쿠리 : 깎아 내듯이 자르는 방법

51 ①

파상풍, 디프테리아는 예방접종으로 면역이 가능하다.

52 ④

B형 간염의 병원체는 바이러스이다.

53 ②

중간숙주가 2개인 것으로는 간디스토마, 폐디스토마, 광절열두조충, 요꼬가와흡충이 있다.

요충, 회충은 중간숙주가 없다.

54 ①

먹는 물의 수질 기준으로 색도는 5도, 탁도는 2도 이하여야 한다.

55 ②

가장 확실한 예방법은 생식을 금지하는 것이고, 그밖에 조리기구를 소독하고 개인위생을 철저히 하는 방법이 있다.

56 ③

세계보건기구(WHO)의 주요기능
- 국제적인 보건사업의 지휘 및 조정
- 회원국에 대한 기술 지원 및 자원공급
- 전문가 파견에 의한 기술자문 활동

57 ③

- 자비소독법 : 100℃에서 10~20분간 식기, 행주 등을 소독한다.
- 고압증기멸균법 : 121℃에서 15~20분간 멸균하고 통조림, 고무제품 등에 사용한다.
- 유통증기멸균법 : 100℃의 증기에서 30분씩 3회간 멸균한다.

58 ①

에틸알코올을 70% 희석한다.

59 ②

- 용존 산소량이 적으면 오염된 하수이다.
- 오염된 물은 유기물, BOD(생화학적 산소요구량), COD(화학적 산소요구량)가 높고 산소, DO(용존 산소량)는 낮다.

60 ①

콜레라 : 콜레라균에 의하여 일어나는 소화기 계통의 감염병으로 증세로는 심한 설사와 구토를 수반한다.

01 ②	02 ①	03 ②	04 ③	05 ①
06 ③	07 ④	08 ④	09 ④	10 ③
11 ②	12 ①	13 ③	14 ③	15 ④
16 ③	17 ①	18 ③	19 ①	20 ②
21 ④	22 ④	23 ③	24 ①	25 ④
26 ④	27 ④	28 ③	29 ①	30 ②
31 ④	32 ②	33 ②	34 ②	35 ②
36 ③	37 ②	38 ②	39 ②	40 ①
41 ①	42 ④	43 ④	44 ④	45 ③
46 ④	47 ②	48 ④	49 ②	50 ②
51 ④	52 ②	53 ②	54 ②	55 ①
56 ④	57 ②	58 ④	59 ④	60 ④

01 ②

산화방지제 : 식품의 산화에 의한 변질 현상을 방지하기 위한 식품첨가물이다.

오답 피하기

규소수지(실리콘수지) : 소포제, 거품을 없애는 목적으로 사용한다.

02 ①

납 : 인체 섭취의 60%가 음식으로부터 섭취하게 된다. 중독 식품으로는 쌀, 어패류, 통조림 식품이 있고, 소변에서 코프로포르피린이 검출된다.

오답 피하기

비소 : 발열, 구토, 탈수증상, 복통, 혈압저하, 체온저하, 사망

03 ②

클로스트리디움 보툴리눔 식중독 : 살균이 불충분한 저산성 통조림 식품에 의해 발생되는 세균성 식중독의 원인균이기도 하다.

오답 피하기

• 살모넬라 : 닭고기, 달걀에 균이 존재할 때
• 포도상구균 : 화농성질환자가 식품을 조리 · 가공할 때
• 리스테리아균 : 비살균우유, 식육 및 식육가공품, 채소, 치즈, 수산가공품

04 ③

오답 피하기

• 식품을 냉장고에 저장하면 부패를 방지하지만, 오랫동안 보관하면 상할 수 있다.
• 오랫동안 저장해야 할 식품은 냉장고 중에서 낮은 온도에 보관하거나 냉동한다.

05 ①

프로피온산 칼슘을 사용하면 빵 효모의 활성저해가 일어나 발효가 지연되고, 발육을 약간 억제하기 때문에 가능한 나중에 첨가하는 것이 바람직하다.

06 ③

• 각종 술의 메탄올 함량은 소주, 맥주, 막걸리에서 0.01mg 이하로 가장 낮았고, 위스키에서 0.04mg, 포도주에서 0.26mg이 검출된다.
• 메탄올은 간의 소화효소에 의해 포름알데하이드로 분해되는데, 눈과 코, 뇌를 자극하여 심할 경우 실명하거나 사망하기도 한다.

07 ④

포도상구균은 독소형 식중독이다.

08 ④

오답 피하기

식품첨가물 : 식품을 제조 · 가공 또는 보존하는 과정에서 식품에 넣거나 섞는 물질 또는 식품을 적시는 등에 사용되는 물질을 말한다.

09 ④

오답 피하기

• 솔라닌 : 감자
• 고시폴 : 목화씨
• 시큐톡신 : 독미나리

10 ③

엔-니트로소(N-nitroso) : 식육 및 어육제품의 가공 시 첨가되는 아질산과 이급아민이 반응하여 생기는 발암물질이다.

11 ②

오답 피하기

• 오카유는 불린 쌀이나 밥으로 맛국물을 넉넉히 넣고 길게 끓이고 밥알의 형체가 없게 만드는 죽
• 고로모는 박력분이나 전분으로 튀김을 튀기기 위한 반죽 옷
• 조우니는 복냄비 요리 마지막에 남은 국물에 떡을 넣은 것

12 ①

식품 등의 표시 기준에 따라 내용량은 내용물의 성상에 따라 중량 · 용량 또는 개수로 표시하여야 하며, 이 경우 내용물이 고체 또는 반고체일 경우 중량으로, 액체일 경우 용량으로, 고체와 액체의 혼합물(직접 음용하지 아니하는 액체를 포함한다)일 경우 중량 또는 용량으로 표시하고, 개수로 표시할 때에는 중량 또는 용량을 괄호 속에 표시하여야 한다.

13 ③

• 식품에서는 안정하지만, pH2 이상에서 불안정하여 파괴된다.
• 아민과 아질산의 반응에 의해 생성된다.
• 가열하면 증가한다.
• 육류의 발색제인 아질산염과 질산염은 클로스트리디움 보툴리눔의 억제 효과를 가지는 유용한 첨가물이긴 하나 다른 형태의 발암물질이다.

14 ③

영업자
• 식품제조 · 가공업, 즉석판매제조 · 가공업, 식품첨가물제조업 : 8시간
• 식품운반업, 식품소분 · 판매업 등 영업자, 식품보존업, 용기 · 포장류제조업 : 4시간
• 식품접객업 : 6시간
• 집단급식소를 설치 · 운영하려는 자 : 6시간

15 ④

오답 피하기

의약으로 섭취하는 것은 제외한다.

16 ③

섬유상 단백질의 미오신 함량은 가용성 단백질의 60%를 차지하고 소금에 녹는 성질이 있어 어묵 형성에 이용된다. 이때 점탄성을 부여하기 위해 전분을 첨가한다.

17 ①

• 유화성 : 난황의 레시틴
• 거품생성능(기포성) : 난백
• 젤화 : 젤라틴
• 수화성 : 열

18 ③

고기가 노출되면 미오글로빈의 철(Fe)에 산소가 결합하게 되어 선홍색을 띠는 옥시미오글로빈이 된다. Fe로 산화된다는 내용이 잘못되었다.

19 ①

설탕 등의 당류를 160~180℃로 가열하면 캐러멜화로 갈색 물질이 생성된다.

오답 피하기

마이야르 반응 : 아미노산과 환원당(포도당, 과당, 맥아당 등)이 작용하여 갈색의 중합체인 멜라노이딘(Melanoidin : 갈변 물질)을 만드는 반응이다.

20 ②

자외선은 비타민 D를 형성하여 구루병을 예방하고, 관절염 치료에 효과적이다.

21 ④

등푸른 생선에는 어유가 많은데 이 기름인 EPA(아이코사펜타에노산)는 심혈관 질환 발생을 억제하는 효과가 있다.

22 ④

펙틴 : 다당류의 한 종류로 과실류, 감귤류의 껍질에 많다.

23 ③

동건법 : 얼렸다 건조하는 방법이다.

오답 피하기

• 염건법 : 소금간하여 말리는 방법이다.
• 소건법 : 날것을 불로 가열하거나 햇볕을 쬐어 말리는 방법이다.
• 염장법 : 소금 10% 정도의 농도에서 저장하는 방법이다.

24 ③

한천 : 우뭇가사리 등의 홍조류를 삶아서 얻은 액을 냉각, 동결, 건조한 것이다.

25 ④

α-화 쌀은 호화된 쌀을 말한다.

26 ②

감미도가 높은 순서 : 과당 〉 설탕 〉 포도당 〉 맥아당

27 ④

오답 피하기

• 가당연유 : 우유를 1/3로 농축시키고 설탕을 첨가한 가공품이다.
• 무당연유 : 우유를 1/3로 농축시킨 가공품이다.
• 전지분유 : 원유를 가루 형태, 즉 분말화시킨 제품이다.

28 ③

• 단백질에서 얻고자 하는 양 = 2,700kcal × 0.12 = 324kcal
• 단백질은 1g당 4kcal의 열량을 내므로 324kcal ÷ 4 = 81g이 된다.

29 ①

수분활성도는 동일 온도에서 순수한 물의 증기압에 대한 그 식품 중에 수분의 증기압 비율이다.

30 ③

냉훈법 : 제품의 장기 저장을 목적으로 행하는 방법으로 훈연 기간이 길어서 중량의 감소가 큰 결점이나 훈연 공정 중에 건조와 숙성이 일어나므로 보존성이 좋고 향이 뛰어나다.

31 ②

오답 피하기

• 급료 : 노무비, 수도 광열비
• 연구 재료비 : 경비

32 ②

페오피틴은 산이나 가열에 의해 엽록소가 변한 것으로 갈색이다.

33 ②

우유를 떨어뜨렸을 때 뿌옇게 흩어지면 신선하지 않은 것이다.

34 ②

성별, 연령, 노동의 강도에 따라 다르지만 일반인은 '당질:지질:단백질 = 65:20:15'로 권장하고 있다.

35 ②

칼집을 넣을 에는 내장이 있던 안쪽에 넣어야 한다.

36 ②

표면적이 넓으면 산패가 일어난다.

37 ②

불가식 부위는 피, 점액질, 뇌, 아가미, 안구, 쓸개, 심장, 간장, 식도, 위, 신장, 난소(알)가 있다.

38 ②

오답 피하기

오로시는 무로 만든 즙, 생강즙, 고추냉이로 만들고 생선 특유의 냄새 제거, 해독 작용, 풍미 증가 효과가 있다.

39 ②

조리된 상태의 냉동식품은 데치거나 익혀서 가열하여 해동한다.

40 ①

식물성유지에 수소와 촉매제를 첨가하여 경화유인 마가린, 쇼트닝을 만드는 과정 중에 생긴다.

41 ①

올리브유와 기포성은 관계가 없다.

42 ④

오답 피하기

• 아게모노 : 덴푸라, 가라아게, 카츠, 프라이 등 다양한 종류의 일본의 튀김 요리를 말한다.
• 고로모아게 : 박력분이나 전분으로 튀김옷에 물을 넣어서 만들어 재료에 묻혀 튀긴 것을 말한다.
• 가라아게 : 양념한 재료를 그대로 튀기거나 박력분이나 전분만을 묻혀 튀긴 튀김

43 ④

트리메틸아민(TMA) : 비린내 성분으로 수용성이어서 물에 씻으면 어취가 감소한다.

44 ④

물은 전분의 호화를 돕는다.

45 ③

오답 피하기

- 니마이오로시 : 중간 뼈가 붙어 있지 않게 살이 2장이 되게 하는 방법
- 삼마이오로시 : 생선을 위쪽 살, 아래쪽 살, 중앙 뼈의 3장으로 나누는 것
- 다이묘오로시 : 생선의 머리 쪽에서 중앙 뼈에 칼을 넣고 꼬리 쪽으로 단번에 오로시하는 방법

46 ④

사각 접시와 투명 유리 접시는 복어회의 두께를 표현하기 부적합하여 피하는 것이 좋다.

47 ②

- 가식부율(정미율)은 94%이고, 정미량은 30g이다.
- 1인 발주량 = 정미량 ÷ 정미율 × 100
  = 30 ÷ 94 × 100
  = 약 31.9g
- 500명 × 31.9 = 15,950g = 약 16kg

48 ④

판매가격 = 총원가 + 이익

49 ②

산은 엽록소가 페오피틴(Pheophytin)으로 변해서 갈색으로 변하므로 식초는 먹기 직전에 첨가한다.

50 ②

대두단백질 글리시닌은 황산칼슘($CaSO_4$), 염화마그네슘($MgCl_2$), 염화칼슘($CaCl_2$) 등의 두부응고제와 열(70℃)에 응고되는 성질을 이용하여 두부를 만든다. 연화시키는 방법과는 거리가 있다.

51 ④

근무 경력이 15~20년 이후에 걸리지만, 분진의 농도에 따라 발병까지의 기간은 단축된다.

52 ②

보균자 : 병원체를 보유하고 있지만 증상은 나타나지 않는 자로 관리가 어렵다.

53 ②

구충(십이지장충) : 오염된 토양에서 맨발로 작업할 경우 피부로 감염될 수 있다.

오답 피하기

- 회충 : 경구 침입을 통해 감염된다.
- 요충 : 감염자의 항문 주위나 사용한 침구, 물건 등을 만져 요충 알이 묻어 구강을 통해 감염된다.
- 동양모양선충 : 내염성, 절임채소에도 붙어 감염된다.

54 ②

진폐증 : 건축공사장, 채석장

55 ①

생활능력이 없는 빈곤층에 대한 국가적 차원의 책임규정으로 최저생활보장의 원칙을 두고 있다.

56 ④

건강선 : 자외선에 해당되는 파장으로 살균력이 강하여 소독에 이용된다.

오답 피하기

- 감각온도 : 적외선
- 건강선에는 진동 음파가 없다.

57 ②

인공능동면역은 예방접종 후 얻은 면역으로 출생 후 BCG(결핵) 주사를 먼저 맞는다.

58 ④

오답 피하기

공기의 자정 작용

- 자외선에 의한 살균 작용
- CO_2와 O_2의 교환 작용 : 광합성에 의한 교환

59 ④

완속사여과법	급속사여과법
사면대치	역류세척
보통침전	약품침전
넓은 면적이 필요	좁은 면적이 필요

60 ④

오답 피하기

- 중간숙주가 없는 것 : 구충, 요충, 회충, 사상충
- 중간숙주가 하나인 것 : 유구조충
- 중간숙주가 두 개인 것 : 간흡충

복어조리기능사 최신 기출문제 03회

1-371쪽

01 ①	02 ②	03 ①	04 ①	05 ④
06 ①	07 ④	08 ①	09 ③	10 ④
11 ①	12 ④	13 ③	14 ②	15 ④
16 ②	17 ①	18 ①	19 ③	20 ②
21 ④	22 ③	23 ①	24 ①	25 ①
26 ①	27 ①	28 ①	29 ④	30 ④
31 ③	32 ③	33 ④	34 ①	35 ①
36 ④	37 ②	38 ①	39 ③	40 ④
41 ③	42 ④	43 ④	44 ④	45 ④
46 ③	47 ③	48 ②	49 ④	50 ②
51 ④	52 ②	53 ①	54 ②	55 ①
56 ②	57 ③	58 ③	59 ②	60 ③

01 ①

포도상구균 자체는 열에 약해 80℃에서 30분 가열하면 파괴되지만 독소는 열에 강하여 쉽게 파괴되지 않는다.

02 ②

오답 피하기

미생물 생육에 필요한 3대 조건은 온도, 수분, 영양분이다.

03 ①

황변미의 병원체는 푸른곰팡이이다.

04 ①

오답 피하기

보존제 : 식품의 변질, 부패를 방지하고 식품의 영양가와 신선도를 보존하기 위하여 사용하는 식품첨가물이다.

05 ④

카드뮴 중금속의 질병으로 신장 장애, 단백뇨, 골연화증의 증세가 있고, 이타이이타이병의 원인이다.

06 ①

석탄산 : 변소, 하수도, 오물, 의류를 소독하는 데 사용되며 비교적 안정적이고 유기물에도 소독력이 약화하지 않으므로 살균력의 지표가 된다.

07 ④

발아, 발근의 억제를 위해 방사선을 조사하여 식품처리를 하는데, 감자와 고구마의 허용선량은 0.05~0.15kGy이다. kGy는 감마선의 에너지 흡수량을 표시하는 단위이다.

08 ①

메틸알코올(메탄올) 중독 증상은 두통, 현기증 등을 일으키는 것 이외에 시신경염증과 시각장애를 일으킨다.

09 ③

오답 피하기

식품첨가물의 사용 목적 : 식품의 부패와 변질을 방지하고, 기호 및 관능을 만족시키고, 영양을 강화시키고, 품질개량 및 일정 기간을 유지시키는 데 있다.

10 ④

3,4-벤조피렌 : 발암 물질로 훈연제품, 구운 생선류, 불고기 등에서 발생한다.

11 ①

아게다시	튀긴 재료 위에 조미한 조림 국물을 부어 먹는 요리 (다시 7:연간장 1:미림 1의 비율)
덴다시	튀김을 찍어 먹는 간장 소스 (다시 4:진간장 1:미림 1의 비율)
고로모	박력분이나 전분으로 튀김을 튀기기 위한 반죽옷
야쿠미	요리의 풍미를 증가시키거나 식욕을 자극하기 위해 첨가하는 야채나 향신료(예: 파, 와사비, 생강, 간 무, 고춧가루 등)
덴가츠	고로모를 방울지게 튀긴 것으로 튀길 때 재료에서 떨어져 나온 여분의 튀김

12 ④

일반음식점 외에 식품제조가공업, 식품첨가물제조업, 휴게음식점 등도 이에 해당한다.

13 ③

복어 회를 접시에 담을 때 12시 방향에 놓고 시계 방향으로 접시를 돌리면서 회는 시계 반대 방향으로 일정하게 놓는다.

14 ②

무를 강판에 갈아 고춧가루로 물들이고, 실파를 송송 썰고, 레몬은 편으로 썰어 만든다.

15 ④

복어조리점에는 복어조리기능사 자격증을 취득한 조리사를 두어야 한다.

16 ②

경화유는 액상기름에 수소를 첨가해서 만든 것이다.

17 ①

체다 치즈는 경성 치즈이고, 블루, 까망베르, 크림 치즈는 연성 치즈로 부드럽다.

18 ①

수분활성도(Aw) = 식품이 나타내는 수증기압 ÷ 순수한 물의 최대 수증기압

19 ③

녹색 채소의 클로로필 분자의 마그네슘이온을 구리양이온으로 치환하면 안정된 청록색이 된다.

20 ②

식품의 특수 성분은 효소로 맛, 향에 기인한다.

21 ④

대두단백질 글리시닌은 황산칼슘($CaSO_4$), 염화마그네슘($MgCl_2$), 염화칼슘($CaCl_2$) 등의 두부응고제와 열(70℃)에 응고되는 성질을 이용하여 두부를 만든다.

22 ③

구연산은 감귤, 살구, 딸기에 있다.

23 ①

• 산화효소에 의해 산화된다.
• 자외선에 불안정하다.
• 물에 쉽게 용해되지 않는다.

24 ①

훈연제품의 산화방지제는 에르소르빈산나트륨이다.

25 ①

결정형 캔디에는 퐁당(Fondant), 퍼지(Fudge), 너겟(Nougat)이 있다.

26 ①

• 당질, 단백질은 1g당 4kcal의 열량을 내고, 지방은 1g당 9kcal의 열량을 낸다.
• $(5 \times 4) + (3.5 \times 4) + (3.7 \times 9) = 67.3$
• 우유 100g에서 67.3kcal의 열량을 낸다.
• 우유 170g은 $67.3 \times 170 \div 100 = 114.41$kcal의 열량을 낸다.

27 ①

아미노화합물과 카르보닐화합물이 반응하여 착색중합물을 생성하는 비효소적인 반응을 아미노카르보닐반응이라 한다. 커피, 된장 등에서 방향 성분의 생성, 착색, 항산화성 등 바람직한 성질이 이에 해당한다.

28 ①

복어의 내장은 독성이 있어 음식물 쓰레기와 함께 버릴 경우 2차 사고 우려가 있다.

29 ④

• 아밀라아제 : 아밀로오스를 분해하는 효소
• 리파아제 : 리포오스를 분해하는 효소
• 아스코르비나아제 : 아스코르빈산을 분해하는 효소

30 ④

우유, 마요네즈, 아이스크림은 수중유적형 제품이다.

31 ③

발주량 = 정미량 ÷ 정미율 = 정미량 ÷ (1 − 폐기율)
= 60 ÷ (1 − 0.34) ÷ 91g

32 ③

냉동식품은 완만 해동하는 편이 좋으나, 반조리 식품은 직접 가열한다.

33 ④

산은 호화에 방해를 일으키는 인자이다.

34 ①

산(식초, 레몬즙)에서 기포가 더 잘 일어난다.

설탕, 우유, 기름은 기포의 발생을 저해한다.

35 ①

필수지방산은 리놀렌산, 리놀레산, 아라키돈산이다.

36 ④

카제인은 산(식초, 레몬즙), 응유효소(레닌), 알코올, 염류(염석)에 의해 응고되고, 유청 단백질은 열에 응고한다.

37 ②

근원섬유(섬유상) 단백질은 미오신(Myosin), 액틴(Actin) 등이다.

38 ①

알긴산은 갈조류의 세포막 성분으로 미역, 다시마에 함유되어 있다.

39 ③

불고기는 건열 조리이다.

40 ③

자외선을 받으면 비타민 D가 생성된다.

41 ③

술을 넣으면 어취를 약화시킨다.

42 ④

• 글루텐의 형성에 도움을 주는 물질 : 액체, 달걀, 소금, 물, 우유

• 글루텐의 형성을 방해하는 물질 : 지방, 설탕

43 ④

• 무스카린 : 독버섯
• 아플라톡신 : 곰팡이독
• 시큐톡신 : 독미나리

44 ②

흑설탕은 수저로 꾹꾹 눌러 담아 계량한다.

45 ④

음식을 조리하거나 설거지할 때 함께 유출되는 유지방을 배수배관에 유입되기 전 최종방류 지점에서 분리 배출한다.

46 ③

출고계수 = 1 ÷ 정미율 × 100 = 1 ÷ 80 × 100 = 1.25

47 ③

• 곡류, 건어물 : 부패성이 적어 1개월분을 한 번에 구입한다.
• 육류 : 중량과 부위별로 구입하고 냉장시설이 갖추어져 있으면 1주일분을 구입한다.
• 어류 : 신선도를 확인하고 필요에 따라 수시로 구입한다.
• 과일류 : 산지별, 품종, 상자당 수량을 확인하고 필요에 따라 수시로 구입한다.

48 ②

병원급식 : 일요일 및 공휴일에도 급식이 이루어져야 하고, 연중무휴로 1일 3식을 생산해야 한다.

49 ④

육류의 결합조직을 장시간 물에 넣어 가열했을 때 콜라겐이 젤라틴으로 된다. 결합조직의 콜라겐이 젤라틴화 되면서 조직이 부드러워진다.

50 ②

오답 피하기

지방, 아미노산은 무기질이 아니다.

51 ④

세균성이질 : 소화기계 감염병으로 분변이나 토물에 의해서 소화기계 감염병이나 기생충 질환의 병원체가 체외로 배설된다.

52 ③

보균자 : 병원체를 보유하고 있지만 증상은 나타나지 않는 자로 건강 보균자, 잠복기 보균자, 병후 보균자가 있다.

53 ①

기생충	제1중간숙주	제2중간숙주
간흡충(간디스토마)	왜우렁이	붕어, 잉어
요꼬가와흡충	다슬기	담수어, 은어, 잉어
광절열두조충(긴촌충)	물벼룩	연어, 송어

54 ②

오답 피하기

세균성이질, 파라티푸스, 장티푸스는 세균이다.

55 ①

음의 강도는 데시벨이다.

56 ②

- 발생률 : 특정 기간 내 발생하는 새로운 환자 숫자
- 유병률 : 특정 기간에 존재하는 환자 숫자

57 ③

요충은 집단 감염과 항문소양증이 있다.

58 ③

납 중독에서 검출되고 증상으로는 연빈혈, 칼슘대사이상, 신장 장애, 적혈구 수 증가가 있다.

59 ②

자외선은 관절염 치료에 사용된다.

60 ③

물의 자정 작용은 지표수가 자연히 정화되는 작용을 말한다.